Christine de Pizan

Das Buch von der Stadt der Frauen

CHRISTINE DE PIZAN

DAS BUCH VON DER STADT DER FRAUEN

Herausgegeben, aus dem Mittelfranzösischen übersetzt und mit einem Nachwort von Margarete Zimmermann

AvivA

INHALTSVERZEICHNIS

ZU DIESEM BUCH

Das *Buch von der Stadt der Frauen* ist eine witzige Streitschrift gegen die Flut von hasserfüllter Rede gegen Frauen, die um 1400 gerade Konjunktur hat.

Als Antwort darauf führt Christine de Pizan in lebendiger Wechselrede mit drei weltlichen Tugenden – mit Frau Vernunft, Frau Rechtschaffenheit und Frau Gerechtigkeit – Gespräche über angebliche weibliche Schwächen und Laster und über männliche Vorwürfe und Verleumdungen.

Zu deren Widerlegung erzählt sie Geschichten von Herrscherinnen, Kriegerinnen, Prophetinnen, Dichterinnen oder Erfinderinnen, aber auch von zarten Märtyrerinnen, die ihre Folterknechte das Fürchten lehren. Außerdem debattiert sie mit ihren Gesprächspartnerinnen über häusliche Gewalt und fordert den uneingeschränkten Zugang zur Bildung für Frauen. In den Diskussionen ihrer dreiteiligen Streitschrift spielen die Amazonen und ihr Reich eine zentrale Rolle.

Die Autorin schöpft dabei aus den Geschichtsbüchern, Chroniken und Legendensammlungen sowie aus der antiken und mittelalterlichen Literatur, hier vor allem aus Boccaccios *Decameron* und seiner Sammlung *Über berühmte Frauen*. Die Geschichten von großen Frauen aller Zeiten bieten den Leserinnen Modelle der Identifikation und sind zugleich die Bausteine einer großen, die Zeiten überdauernden »Stadt der Frauen«, die hier in drei Bauabschnitten errichtet wird und die weltweit von ungebrochener Aktualität ist, wie es Krimis, Blogs, Gedichte, Rap-Texte oder Street-Art-Projekte wie das große Turiner Wandbild von Camilla Falsini (s. S. 296) zeigen.

Margarete Zimmermann, im März 2023

Christine de Pizan: *Le Livre de la Cité des Dames*, Bibliothèque Nationale de France, Ms. fonds français 607, fol. 2r.

1

I. HIER BEGINNT DAS BUCH VON DER STADT DER FRAUEN, DESSEN ERSTES KAPITEL DAVON ERZÄHLT, WESHALB UND AUS WELCHEM ANTRIEB DIESES BUCH VERFASST WURDE.

Als ich eines Tages in meiner Studierstube saß, so wie ich es gewohnt war und es meinem Lebensrhythmus entsprach, umgeben von vielen Büchern aus verschiedenen Sachgebieten, und mich dem Studium der Schriften widmete, da war mein Verstand es zu jener Stunde einigermaßen leid, die gewichtigen Lehrsätze verschiedener Autoren, mit denen ich mich seit Längerem auseinandersetzte, zu durchdenken. Also sah ich von meinem Buch auf und beschloss, diese komplizierten Dinge eine Weile ruhen zu lassen und mich stattdessen bei der Lektüre heiterer Dichtung zu zerstreuen. Auf der Suche nach irgendeinem Lesestoff fiel mir völlig unerwartet ein seltsames Buch in die Hand. Es war nicht aus meinen eigenen Beständen, sondern mir mit anderen Bänden zur Aufbewahrung anvertraut worden. Ich öffnete es, entnahm dem Titelblatt, dass es Matheolus* hieß und lächelte, denn bislang hatte ich es zwar noch nie einsehen können, aber schon oft gehört, es verbreite, im Gegensatz zu anderen Büchern, Gutes über die Frauen. Ich hoffte also, mich bei seiner Lektüre zu entspannen, kam jedoch kaum dazu, darin herumzublättern. Denn kurz danach rief mich meine liebe Mutter und holte mich zu einem stärkenden Abendessen ab, denn es war an der Zeit. Deshalb legte ich dieses Buch zunächst einmal beiseite, nahm mir aber fest vor, es mir am folgenden Tag genauer anzusehen.

Als ich am nächsten Morgen wieder wie gewöhnlich in meiner Studierstube saß, vergaß ich nicht, wie beabsichtigt erneut das Buch des Matheolus in die Hand zu nehmen. Ich begann also, darin zu lesen und kam auch ein Stück voran. Da mir aber sein Inhalt für all jene, die an Verleumdung keinen Geschmack finden, nicht besonders erheiternd schien, da ich in ihm keinerlei Nutzen für den Entwurf eines ethischen oder moralischen Systems erkennen konnte und es außerdem anstößige Ausdrücke und Themen enthielt, blätterte ich nur ein wenig darin herum und legte es, nach einem Blick auf den Schluss, beiseite, um mich anspruchsvolleren und nützlicheren Studien zuzuwenden. Aber so unbedeutend dieses Buch im Grunde auch sein mochte, es lenkte meine Gedanken doch in eine neue Richtung: In meinem Innern war ich verstört und fragte mich, welches der Grund, die Ursache dafür sein könnte, dass so viele und so verschiedene Männer, ganz gleich welchen Bildungsgrades, dazu neigten und noch immer neigen, in ihren Reden, Abhandlungen und Schriften derartig viele teuflische Widerwärtigkeiten über Frauen und ihre Lebensweisen zu verbreiten. Und zwar nicht nur einer oder zwei oder nur jener literarisch völlig unbedeutende Matheolus, der Lügengewäsch verbreitet, nein: Überall, in allen möglichen Abhandlungen, scheinen Philosophen, Dichter, alle Redner (ihre Auflistung würde zu viel Raum beanspruchen) wie aus einem einzigen Munde zu sprechen und alle zu dem gleichen Ergebnis zu kommen, dass nämlich Frauen in ihrem Verhalten und ihrer Lebensweise zu allen möglichen Formen des Lasters neigen.*

Da mich diese Dinge sehr beschäftigten, begann ich, mich selbst und mein Verhalten als ein Wesen weiblichen Geschlechts zu überprüfen; und in ähnlicher Weise diskutierte ich mit anderen Frauen, denen ich begegnete: mit vielen Fürstinnen, unzähligen Frauen unterschiedlichster sozialer Herkunft, die mir liebenswürdigerweise ihre geheimsten Gedanken offenbarten, damit ich auf der Grundlage dieses Wissens und völlig unvoreingenommen abwöge, ob das zutrifft, was so viele ehrenwerte Männer über die Frauen verbreiten. Aber trotz allem, was ich über diese Kanäle erfuhr, und obwohl ich äußerst gründlich beobachtete und prüfte, fand ich keinerlei Anhaltspunkte für derart abschätzige Urteile über meine Geschlechtsgenossinnen und die weiblichen Stände.* Dennoch bezog ich Position gegen die Frauen, weil ich meinte, es sei völlig undenkbar, dass so bedeutende Männer – berühmte Gelehrte von beträchtlichem intellektuellen Format, scharfsinnig in jeder Hinsicht, so wie jene es zu sein schienen – dass diese Männer Lügen über die Frauen verbreitet hätten; und dies an so vielen Stellen, dass ich kaum einmal einen Band moralischen Schrifttums fand (ganz gleich, aus welcher Feder), ohne bereits nach kürzester Zeit auf frauenfeindliche Kapitel oder Aussprüche zu stoßen! Schon daraus schloss ich, dies müsse stimmen – obwohl ich selbst in meiner Einfalt und Unwissenheit unfähig war, meine eigenen schlimmen Schwächen und die der anderen Frauen zu erkennen. Und so verließ ich mich mehr auf fremde Urteile als auf mein eigenes Gefühl und Wissen.

In diesen Gedanken steigerte ich mich dermaßen hinein, dass ich wie betäubt schien. Ich dachte in diesem Zusammenhang an eine Unzahl von Autoren, die einer nach dem anderen in meine Erinnerung zurückkehrten, gerade so wie ein Quell, der von neuem zu sprudeln beginnt. Zu guter Letzt kam ich sogar zu dem Schluss, Gott habe mit der Frau ein niederträchtiges Wesen erschaffen. Allerdings konnte ich es mir nicht erklären, wie der so überaus würdige Schöpfer sich zu einem solch abscheulichen Werk hatte herablassen können: zur Erschaffung eines Gefäßes, einer Brutstätte und eines Hortes aller Gemeinheiten und Laster, wie jene Männer behaupten. In solche Gedanken verstrickt, erfüllten mich gewaltiger Überdruss und große Verzagtheit, denn ich verachtete mich selbst und mit mir das gesamte weibliche Geschlecht, als wäre es ein Irrtum der Natur. In meinem Kummer sprach ich die folgenden Worte: »Ach, Gott, wie ist das überhaupt möglich? Denn wenn mich mein Glaube nicht trügt, dann darf ich doch annehmen, dass Du in Deiner grenzenlosen Weisheit und vollkommenen Güte nichts Unvollkommenes erschaffen hast. Aber hast Du nicht selbst, und zwar auf eine ganz besondere Weise, die Frau erschaffen und sie dann mit all jenen Eigenschaften versehen, die Du ihr zu geben beliebtest? Es ist doch undenkbar, dass Du auf irgendeinem Gebiet versagt haben solltest! Und dennoch gibt es so viele und gewichtige Beschuldigungen, mehr noch: Urteile, Versicherungen, Schlussfolgerungen zu Ungunsten der Frauen. Dies ist ein Widerspruch, den ich nicht aufzulösen vermag. Wenn es nun stimmt, teurer göttlicher Herr, und das weibliche Geschlecht ist wirklich ein Ausbund allen Übels, wie es so viele Männer bezeugen (und Du sagst selbst, das Zeugnis vieler trage zur Glaubwürdigkeit bei), weshalb sollte ich dann daran zweifeln? Ach, Gott, warum hast Du mich nicht als Mann auf die Welt kommen lassen, damit ich Dir mit meinen Gaben besser dienen könnte, damit ich mich niemals irrte und ich überhaupt so vollkommen wäre, wie es der männliche Mensch zu sein vorgibt? Da Du jedoch Deine Großmut nicht an mir hast walten lassen, musst Du auch nachsichtig hinsichtlich meiner Schwächen sein, wenn ich Dir diene, teurer göttlicher Herr, denn so ist es nun einmal: Je weniger Lohn ein Diener von seinem Herrn bekommt, desto mehr enthebt ihn das von der Verpflichtung zu Dienstleistungen.« In meinem Unmut richtete ich diese und noch viele andere Worte an Gott, beklagte mich und haderte in meiner Torheit damit, von Gott in einem weiblichen Körper auf die Erde geschickt worden zu sein.

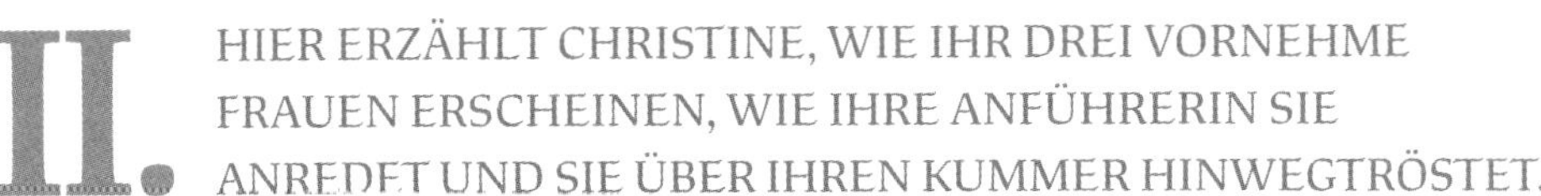

II. HIER ERZÄHLT CHRISTINE, WIE IHR DREI VORNEHME FRAUEN ERSCHEINEN, WIE IHRE ANFÜHRERIN SIE ANREDET UND SIE ÜBER IHREN KUMMER HINWEGTRÖSTET.

Während ich mich mit so traurigen Gedanken herumquälte, ich den Kopf gesenkt hielt wie eine, die sich schämt, mir Tränen in den Augen standen und ich den Kopf in meiner Hand barg, den Arm auf die Stuhllehne gestützt, sah ich plötzlich einen Lichtstrahl auf meinen Schoß fallen, als wenn die Sonne schiene. Und ich, die ich mich an einem dunklen Ort aufhielt, wo zu dieser Stunde die Sonne gar nicht hinkommen konnte, schreckte auf, wie eine aus dem Schlaf gerissene Person. Auf der Suche nach der Lichtquelle hob ich meinen Kopf und erblickte drei gekrönte, sehr vornehm aussehende Frauengestalten, die leibhaftig vor mir standen. Das von ihren hellen Gesichtern ausstrahlende Licht erleuchtete mich und alles um mich herum. Man kann sich meine Überraschung vorstellen, denn alle Türen waren fest verriegelt, und trotzdem war es ihnen gelungen einzudringen. In der Befürchtung, es handele sich um eine mir als Versuchung auferlegte Geistererscheinung, schlug ich in meiner Angst auf meiner Stirn das Zeichen des Kreuzes. Da redete die erste der drei Frauen mich lächelnd folgendermaßen an: »Teure Tochter, erschrick nicht, denn wir sind nicht gekommen, um dir zu schaden oder Kummer zu bereiten, sondern um dich zu trösten und dich aus deiner Unwissenheit zu erlösen, weil uns deine Verwirrung leidtut. Sie verdunkelt so sehr deinen Verstand, dass du das, was du mit Sicherheit weißt, abstreitest und das glaubst, was du selbst nicht aus eigener Anschauung oder eigener Erfahrung, sondern lediglich aus den zahlreichen Meinungsäußerungen fremder Menschen weißt. Du gleichst dem Narren aus dem Schwank, dem man, während er in der Mühle schlief, Frauenkleider anzog und der beim Erwachen, weil seine Gegner ihm weismachten, er sei eine Frau, diesen Lügen mehr Glauben schenkte als der Gewissheit seines Seins. Wie geht das an, schöne Tochter? Wo ist all dein Scharfsinn geblieben? Hast du denn vergessen, dass feines Gold in der Feuersglut seine Beschaffenheit beweist, die sich nicht verändert und sich höchstens noch verfeinert, je mehr es auf unterschiedliche Weise gehämmert und bearbeitet wird? Weißt du denn nicht, dass die höchsten Dinge zugleich die umstrittensten sind? Und wenn du dein Augenmerk auf die allerhöchsten Dinge, die Ideen, das heißt: die himmlischen Dinge richtest, so solltest du auch einmal erwägen, ob nicht die größten Philosophen aller Zeiten, die du gegen dein eigenes Geschlecht einsetzt, vielleicht falsche Schlüsse gezogen haben; und ob nicht der eine auf den anderen antwortet und sie sich wiederholen: Genau das hast du ja selbst im Buch von der Metaphysik beobachtet, wo Aristoteles fremde Meinungen wiedergibt und sowohl Platon als auch andere wiederholt. Und bedenke ebenfalls, dass der heilige Augustinus und andere Kirchenväter sogar Aristoteles korrigiert haben und damit den Fürsten der Philosophie, der in der Natur- und Moralphilosophie zu höchsten Erkenntnissen gelangt war.

Außerdem hat es den Anschein, dass für dich jede Äußerung eines Philosophen den Status eines Glaubensgrundsatzes hat und du es für ausgeschlossen hältst, dass auch sie sich irren könnten. Was die Dichter angeht, von denen du sprichst: Weißt du denn nicht, dass sie schon oft nichts anderes als Ammenmärchen verbreitet haben und zuweilen das Gegenteil von dem meinen, was sie in ihren Schriften kundtun? Aber man bekommt sie mit Hilfe einer rhetorischen Figur zu fassen, die ›Antiphrase‹ heißt; wie du weißt, bezeichnet sie den Sachverhalt, dass man jemanden als schlecht bezeichnet, in Wirklichkeit aber meint, er sei gut, und umgekehrt. Deshalb rate ich dir, ihre Werke in deinem Sinne zu lesen und die frauenfeindlichen Passagen, in welcher Absicht auch immer sie verfasst sein mögen, so zu verstehen. Vielleicht meinte es ja auch jener Autor, der in seinem Buch als Matheolus auftritt, gerade so; denn es gibt viele Dinge, die, wortwörtlich verstanden, pure Ketzerei wären. Ferner: Die Erfahrung hat bewiesen, dass die heftige Kritik am heiligen und gottgewollten Stand der Ehe, so wie sie sich vor allem im *Rosenroman**, aber auch anderenorts findet, weil dessen Autor großen Einfluss hatte, völlig unberechtigt ist und die Anklage der Frauen jeglicher Grundlage entbehrt. Denn wo hat es jemals einen Ehemann gegeben, der sich dermaßen von seiner Frau beherrschen ließ und es duldete, sich von ihr so viele abscheuliche Beschimpfungen an den Kopf werfen zu lassen, wie jene es den Frauen nachsagen? Was immer du zu diesem Thema gelesen, aber nie selbst erlebt hast: Ich halte es für plumpe Lügen. Teure Freundin, deshalb sage ich dir zu guter Letzt, dass allein die Einfalt die Ursache deiner gegenwärtigen Auffassung ist. Darum werde wieder du selbst, bediene dich deines Verstandes, und kümmere dich nicht weiter um solche Torheiten! Denn eines musst du wissen: Alle Bosheiten, die allerorts über die Frauen verbreitet werden, fallen letzten Endes auf die Verleumder und nicht auf die Frauen zurück.«

III. HIER ERZÄHLT CHRISTINE, WIE DIE FRAU, DIE SIE ANGESPROCHEN HAT, IHR IHRE IDENTITÄT, IHR WESEN UND IHRE PFLICHTEN ENTHÜLLT UND WIE DIESE IHR VERKÜNDET, SIE WERDE EINE STADT GEMEINSAM MIT DEN DREI HOHEN FRAUEN ERRICHTEN.

Diese Worte richtete die ehrwürdige Frau an mich, und ich bin außerstande zu sagen, welchen meiner Sinne ihre Gegenwart stärker in Anspruch nahm: War es mein Ohr, als ich ihren bedeutsamen Worten lauschte? Oder meine Augen, mit denen ich ihre unvorstellbare Schönheit, ihre gesamte Erscheinung, ihre ehrwürdige Haltung und ihre bewunderungswürdige Selbstsicherheit betrachtete? Ähnlich ging es mir mit den anderen Frauen; ich wusste nicht, welche von ihnen ich ansehen sollte, denn die drei hohen Frauen ähnelten sich so sehr, dass ich nur mit Mühe auseinanderhalten konnte. Eine Ausnahme machte höchstens die letzte: Sie trat ebenso ehrfurchtgebietend auf wie die anderen, hatte jedoch einen so strengen Gesichtsausdruck, dass auch der Mutigste Angst davor hatte, schuldig zu werden, wenn er ihr nur in die Augen blickte. Sie schien die Fähigkeit zu besitzen, Übeltäter in Angst und Schrecken zu versetzen. So stand ich also vor ihnen (ich hatte mich zuvor zu ihrer Begrüßung erhoben) und betrachtete sie stumm, wie jemand, dem es vor lauter Überraschung die Sprache verschlägt. Ich war von großer Bewunderung erfüllt und fragte mich, wer diese Frauengestalten wohl sein könnten, und wenn ich es gewagt hätte, hätte ich mich nur allzu gern nach ihrem Namen und Stand erkundigt, nach der Bedeutung der verschiedenen kostbaren Gegenstände, die jede in ihrer rechten Hand hielt, und nach dem Grund ihres Kommens. Aber da ich mich für unwürdig hielt, mich mit solchen Fragen an so vornehme Frauen wie diese zu richten, wagte ich es nicht, sondern sah sie weiterhin an, halb erschrocken und halb beruhigt durch die an mich gerichteten Worte, die meinen ersten Verdacht zerstreut hatten. Jedoch begegnete die überaus weise Frau, die mich angesprochen hatte und in ihrer Scharfsichtigkeit meine Gedanken erriet, meiner Nachdenklichkeit mit den folgenden Worten:

»Geliebte Tochter, wisse, dass die göttliche Vorsehung, die nichts dem Zufall überlässt, uns – obgleich wir himmlische Wesen sind – dazu bestimmt hat, in dieser Welt unter Menschen zu weilen. Wir haben die Aufgabe, die von uns nach göttlichem Willen in den verschiedenen Bereichen geschaffenen Einrichtungen in Ordnung und Gleichgewicht zu erhalten. So ist es meine Aufgabe, diejenigen Männer und Frauen, die die Orientierung verloren haben, aufzurichten und wieder auf den rechten Weg zu bringen. Und wenn sie im Irrtum befangen sind, so nähere ich mich ihnen (vorausgesetzt, sie sind klug genug, mich zu erkennen) insgeheim über ihren Verstand, wirke auf sie ein und predige ihnen, indem ich sie über ihren Irrtum und ihre Fehlschlüsse aufkläre und ihnen die Ursachen dafür nenne. Dann lehre ich sie, das Sinnvolle zu tun und das Schlechte zu lassen. Und da es mir obliegt, allen ihre eigenen Pflichten und Verirrungen in aller Deutlichkeit zu zeigen und bewusst zu machen, siehst du mich statt eines Zepters diesen funkelnden Spiegel in meiner Rechten halten. Und wisse: Niemand, welches Wesen auch immer, spiegelt sich darin, ohne zu einer klaren Erkenntnis seiner selbst zu gelangen. Oh! Mein Spiegel ist von großer Erhabenheit (nicht zufällig umrahmen ihn, wie du siehst, kostbare Edelsteine), offenbart er doch das Wesen, die Eigenschaften, die Verhältnisse und Maße aller Dinge; ohne ihn kann nichts gelingen. Da du aber ebenfalls wissen möchtest, welches die Befugnisse meiner beiden Schwestern sind, die du hier siehst, und damit unsere Aussagen dich überzeugen, wird jede von uns selbst Auskunft über ihren Namen und ihr Wesen geben.

Jedoch will ich dir jetzt gleich den Grund für unser Kommen erläutern. Da wir nichts ohne guten Grund unternehmen, erkläre ich dir, dass unser Erscheinen an diesem Ort kein Zufall ist. Denn obwohl wir an manchen Orten nicht präsent sind und uns nicht allen Menschen offenbaren, verdienst du es jedoch, teure Freundin, wegen deiner leidenschaftlichen Liebe zur Ergründung der Wahrheit durch langes und beharrliches Studium, um dessentwillen du dich aus der Welt hierhin in die Einsamkeit zurückziehst, in deiner Verstörung und Traurigkeit von uns aufgesucht und getröstet zu werden. Dein Blick soll geschärft werden für jene Dinge, die dein Selbstbewusstsein mit trüben Gedanken beschmutzen und verdüstern.

Es gibt allerdings noch einen gewichtigeren, tieferen Grund für unser Kommen, den du unserem Bericht entnehmen kannst: Wisse, wir sind hier, um ebenjenen Irrtum, dem du aufgesessen bist, aus der Welt zu schaffen, und um künftig allen edlen und tüchtigen Frauen einen Ort der Zuflucht, eine umfriedete Festung gegen die Schar der boshaften Belagerer zu bieten. Allzu lange schon stehen die edlen Frauen ganz allein, sind ungeschützt wie ein Feld ohne Hecke, ohne einen Kämpfer, der zu ihrer Verteidigung in angemessener Weise auf den Plan getreten wäre. Von Rechts wegen hätten sie eigentlich die Edelleute verteidigen müssen, aber sie haben es aus Nachlässigkeit und Gleichgültigkeit geduldet, dass man den Frauen übel mitspielte, weshalb es nicht weiter verwunderlich ist, dass ihre missgünstigen Gegner und die gewaltbereiten Finsterlinge, die auf die Frauen alle möglichen Pfeile abgeschossen haben, diesen Krieg für sich entscheiden konnten, fehlte es doch an einer angemessenen Verteidigung. Welche Stadt, ganz gleich, wie stark ihre Befestigungen sind, ließe sich nicht einnehmen, wenn es an Widerstand mangelt? Und welcher noch so ungerechte Streitfall würde nicht in Abwesenheit des Angeklagten gewonnen von dem, der ohne Anhörung der Gegenpartei plädiert? Die Frauen, gutmütig und ohne Falsch, haben das göttliche Gebot der Langmut befolgt und gelassen die schweren Beschimpfungen erduldet, die ihnen in Wort und Schrift völlig zu Unrecht zugefügt wurden und die sie mit vollem Recht Gott überließen. Aber nun ist es höchste Zeit, ihr gerechtes Anliegen den Händen Pharaos zu entreißen*! Wir, die drei großen Frauen, die wir hier vor dir stehen, haben deshalb der Regung des Mitgefühls stattgegeben und sind gekommen, um dir von einem Bauwerk ganz besonderer Art zu künden. Es wird der Umfriedung einer solide gemauerten und gebauten Stadt gleichen. Du bist dazu bestimmt, es mit unserer Hilfe und unserem Beistand zu errichten. Bewohnen sollen es ausschließlich hervorragende und lobenswerte Frauen, denn für solche, denen es an Tugend gebricht, werden die Mauern unserer Stadt ein unüberwindbares Hindernis sein.

IV. HIER WIRD NOCH BERICHTET, WIE JENE VORNEHME FRAU CHRISTINE VON DER STADT ERZÄHLT, DIE DIESE ERRICHTEN SOLL. SIE TEILT IHR FERNER MIT, DASS SIE ENTSANDT WURDE, UM IHR BEI DER ERRICHTUNG DER STADTMAUERN UND DER UMFRIEDUNG BEHILFLICH ZU SEIN, UND ZU GUTER LETZT NENNT SIE IHREN NAMEN.

Dir, schöne Tochter, wird auf diese Weise vor allen anderen Frauen das Vorrecht zuteil, die Stadt der Frauen zu errichten, und wie aus klaren Brunnen wirst du aus uns drei Frauen frisches Wasser schöpfen, um den Grundstein zu dieser Stadt zu legen und sie zu vollenden. Wir werden dich reichlich mit Baustoff versehen, der fester und haltbarer ist als Marmor und Zement zusammen. Deshalb wird deine Stadt von einzigartiger Schönheit und immerwährendem Bestand auf der Welt sein. Hast du denn nicht gelesen, wie der König Tros die große Stadt Troja mit Hilfe von Apollo, Minerva und Neptun, die die Menschen damals für Götter hielten, gründete und wie ferner Kadmos auf Geheiß der Götter den Grundstein für die Stadt Theben legte? Trotzdem sind diese Städte im Lauf der Zeit dem Verfall und der Zerstörung anheimgefallen. Ich aber, gleich einer wahren Sybille, prophezeie dir, dass die Stadt, die du mit unserer Hilfe gründen wirst, weder Zerstörung noch Verfall erleben wird, dass sie vielmehr, all ihren missgünstigen Feinden zum Trotz, über alle Zeiten hinweg blühen und gedeihen wird. Auch wenn sie manchem Angriff standhalten muss, wird sie doch niemals erobert oder besiegt werden.

In früheren Zeiten, so bezeugen es dir die Überlieferungen, wurde das Reich der Amazonen auf Geheiß und Bestreben mehrerer großherziger Frauen gegründet, welche die Knechtschaft verachteten. Über einen langen Zeitraum hinweg und unter der Herrschaft verschiedener Königinnen, sehr edle Frauen und von ihnen selbst gewählt, verteidigten sie es. Diese regierten sie mit Klugheit und hielten die Herrschaft mit großer Strenge aufrecht. Aber so mächtig und stark jene auch waren und obgleich sie in der Zeit ihrer

Herrschaft einen Großteil des gesamten Orients eroberten und alle Nachbarländer in Schrecken versetzten (sie wurden sogar von den Bewohnern Griechenlands, das damals das erste unter allen Ländern der Welt war, gefürchtet), zerfiel doch am Ende die Macht dieses Königreichs. So kam es – und dies gilt für alle Formen weltlicher Herrschaft –, dass heute nur noch der Name überlebt hat. Aber du wirst mit dieser von dir zu erbauenden Stadt ein weitaus beständigeres Werk schaffen. Nach unser dreier Ratschluss soll ich den Anfang machen und dich mit haltbarem, unverfälschtem Mörtel versehen, damit ein solider Grund gelegt wird; dann um sie herum starke Mauern ziehen, mit tiefen Aushebungen, breiten und starken Türmen und wehrhaften Kastellen mit Gräben, Festungsanlagen, Wassergräben und Bollwerken, eben allem, was zu einer stark und dauerhaft befestigten Stadt gehört. Und auf unser Geheiß wirst du sie tief in den Boden einlassen, damit sie mehr Halt haben, und dann ziehst du die Mauern so hoch, dass sie niemanden zu fürchten brauchen. Tochter, nun habe ich dir die Gründe für unser Kommen enthüllt, und damit du meinen Worten mehr Glauben schenkst, will ich dir jetzt meinen Namen sagen. Sein bloßer Klang wird dir offenbaren, dass du in mir, wenn du meine Anweisungen befolgst, eine Verwalterin für dein Werk gefunden hast, die dich vor Irrwegen bewahrt. Ich heiße Frau Vernunft*; nun überlege, ob du dich in guter Obhut befindest. Mehr sage ich dir vorläufig nicht dazu.«

V. HIER ERZÄHLT CHRISTINE, WIE DIE ZWEITE VORNEHME FRAU SIE ÜBER IHREN NAMEN UND IHREN AUFGABENBEREICH UNTERRICHTET UND IHR SAGT, AUF WELCHE WEISE SIE IHR BEIM BAU DER STADT DER FRAUEN BEHILFLICH SEIN WIRD.

Nachdem jene hohe Frau ihre Rede beendet hatte, begann die zweite, bevor ich die Möglichkeit hatte zu antworten, folgendermaßen: »Ich werde Rechtschaffenheit genannt, und meine Bleibe ist eher im Himmel als auf Erden.

Aber als Strahl und Abglanz Gottes, als Botin seiner Güte, verkehre ich mit den Gerechten und halte sie dazu an, das Gute zu tun, jedem nach besten Vermögen das Seinige zu verschaffen, die Wahrheit zu verkünden und zu unterstützen, den Armen und Unschuldigen zu ihrem Recht zu verhelfen, niemandem Leid durch unrechtmäßige Inbesitznahme zuzufügen und den Leumund der zu Unrecht Angeklagten zu verteidigen. Ich bin der Schild und die Hilfe der Gefolgsleute Gottes. Ich schiebe der Macht und dem Einfluss der Bösen einen Riegel vor, verschaffe den Arbeitenden Lohn und den Wohltätern Verdienst. Seinen Freunden offenbart Gott über mich seine Geheimnisse. Ich bin im Himmel ihre Anwältin. Dieses funkelnde Lot, das du mich anstelle eines Zepters in der rechten Hand halten siehst, ist die gerechte Regel, die Recht vom Unrecht trennt und den Unterschied zwischen Gut und Böse anzeigt: Wer ihr folgt, geht nie fehl. Es ist der Friedensstab, der die Guten versöhnt und auf den sie sich stützen, der Stab, der die Bösen schlägt und straft. Was soll ich dir außerdem noch sagen? Dieses Lot zeigt allen Dingen ihre Grenze an, denn unbegrenzt ist seine Macht. Wisse außerdem, dass es dir behilflich sein wird, die Berechnungen für den Bau der Stadt, mit dem du betraut bist, auszuführen. Du wirst es wirklich brauchen können, um das Innere der genannten Stadt zu erbauen, hohe Gotteshäuser zu errichten, die Paläste, Häuser und alle Gebäude, die Straßen und Plätze und all jene Dinge auszumessen, die notwendig sind, um sie mit Leben zu füllen. Ich bin gekommen, um dir zu helfen, das wird meine Aufgabe sein. Nun erschrick nicht angesichts der ungeheuren Dicke und des gewaltigen Umfangs der Umfriedung und des Mauerwerks, denn mit Gottes und unserer Hilfe wirst du schon alles aufs Vollkommenste ausfüllen und wunderschöne, gut befestigte Wohnstätten und Gebäude errichten, ohne Leerräume zu lassen.«

VI. HIER ERZÄHLT CHRISTINE, WIE DIE DRITTE VORNEHME FRAU SIE ÜBER IHREN NAMEN UND IHREN AUFGABENBEREICH UNTERRICHTET UND IHR MITTEILT, AUF WELCHE WEISE SIE IHR BEI DER ERRICHTUNG DER HOHEN DÄCHER DER TÜRME UND PALÄSTE HELFEN UND IHR DIE KÖNIGIN IN BEGLEITUNG HOCHGESTELLTER FRAUEN ZUFÜHREN WIRD.

Alsdann ergriff die dritte Frau das Wort, um Folgendes zu sagen: »Teure Christine, ich bin Gerechtigkeit, die einzigartige Tochter Gottes, und mein Wesen hat seinen unmittelbaren Ursprung in Ihm. Mein Aufenthaltsort ist im Himmel, auf der Erde und in der Hölle: der Himmel, zum Ruhme der Heiligen und der Seelen der Glückseligen; die Erde, um einem jeden den ihm zustehenden Anteil an Gut und Böse zuzuteilen und zu geben; die Hölle, zwecks Bestrafung der Bösen. Ich bin in jeder Hinsicht unnachgiebig und besitze weder Freund noch Feind, und mein Wille schwankt nicht. Weder vermag mich Mitleid zu überzeugen noch Grausamkeit zu bewegen. Meine einzige Aufgabe besteht darin zu urteilen, zu schlichten und Frieden nach dem gerechten Verdienst eines jeden zu stiften. Ich sorge dafür, dass jedes Ding an seinem Platz bleibt, und ohne mich wäre nichts von Dauer. Ich bin in Gott, Gott ist in mir, und wir sind wie Eins. Wer mir folgt, kann nicht fehlen, denn mein Weg ist sicher. Ich lehre jeden vernunftbegabten Mann und jede vernunftbegabte Frau, der oder die mir Glauben schenken will, zunächst sich selbst zu bessern, zu erkennen und sich wieder in die Gewalt zu bekommen, dem Mitmenschen das zuzufügen, was man selbst erfahren möchte, alles gerecht aufzuteilen, die Wahrheit zu sagen, die Lüge zu meiden und zu hassen und alles Lasterhafte zu unterlassen. Dieses Gefäß aus feinem Gold, das du mich in der rechten Hand halten siehst und welches die Form eines runden Maßes besitzt, gab mir Gott, mein Vater; es dient dazu, einem jeden das ihm Zukommende zu bemessen. Sie trägt das Zeichen der Lilie der Dreifaltigkeit, und bei allen Zuteilungen beweist sie Gerechtigkeit: Niemand kann sich über mein Maß beklagen. Aber die Menschen auf der Erde benutzen andere Maße, von denen sie fälschlicherweise behaupten, diese hingen mit meinem zusammen und stammten von ihm ab. So manches Mal messen sie in meinem Namen, aber nie ist ihr Maß gerecht, sondern stets für die einen zu groß, für die anderen zu klein.

Ich könnte dir noch sehr lange etwas über die Besonderheiten meiner Pflichten erzählen, aber, um es abzukürzen: Ich nehme eine Sonderstellung unter allen Tugenden ein, weil sie sich alle auf mich beziehen. Wir, die drei vornehmen Frauen, die du hier siehst, sind wie ein einziges Wesen, denn die eine kommt nicht ohne die andere aus; was die Erste verfügt, ordnet die Zweite an und setzt es in Gang, dann führe ich es weiter und bringe es zum Abschluss. So haben wir drei Frauen beschlossen, dass ich dir bei den letzten Arbeiten an deiner Stadt behilflich sein soll. Meine Aufgabe wird sein, die hohen Dächer der Türme, der vornehmsten Wohnstätten und Gebäude zu errichten, die aus feinem, leuchtendem Gold bestehen sollen. Ferner werde ich deine Stadt mit würdigen Bewohnerinnen bevölkern und mit der vornehmen Königin, die ich dir zuführe und der die höchste Ehre und der höchste Rang unter den edelsten Frauen gebührt. Auf diese Weise will ich, mit deiner Hilfe, die Erbauung deiner Stadt zu einem Abschluss bringen, sie mit Befestigungen und starken Toren himmlischen Ursprungs versehen, und ganz zum Schluss werde ich dir die Schlüssel aushändigen.«

VII. HIER ERZÄHLT CHRISTINE, IN WELCHER WEISE SIE DIE DREI VORNEHMEN FRAUEN ANSPRICHT.

Am Ende dieser Reden, während derer ich den drei hohen Frauen mit der allergrößten Aufmerksamkeit lauschte und die mich aus der trübseligen Stimmung vor ihrem Kommen befreit hatten, warf ich mich zu ihren Füßen nieder, das heißt, ich kniete nicht einfach vor ihnen, sondern warf mich, da ich es mit so herausragenden Frauen zu tun hatte, lang auf dem Boden hin. Ich küsste die Erde im Umkreis ihrer Füße, huldigte ihnen gleich Ruhmesgöttinnen und richtete diese meine Rede an sie: »Oh allerhöchste Frauen, Abglanz des Himmels und Licht der Erde, Quellen des Paradieses und Wonne der Glückseligen: Wie ist es möglich, dass Eure Hoheit einer solchen Erniedrigung gewichen ist und Ihr geruhtet, von Euren päpstlichen Stühlen und funkelnden Thronen herabzusteigen in die trübe, dunkle Behausung der einfältigen, unwissenden Studierenden? Wer vermöchte angesichts einer solchen Wohltat angemessene Worte des Dankes zu finden? Mit dem süßen Nass und Tau Eurer auf mich herabgeflossenen Rede habt Ihr die Dürre meines Verstandes durchdrungen und benetzt; deshalb verspürt er sogleich die Bereitschaft, Keime zu entwickeln und neue Pflanzen herauszubilden, denen eine ebenso nützliche wie köstliche Frucht entwachsen wird. Wie aber kommt es, dass gerade mir diese Gnade zuteilwird und gerade ich, nach Euren Worten, damit betraut werde, in diesem Augenblick eine neue Stadt auf der Welt zu gründen? Ich bin doch keineswegs der heilige Apostel Thomas*, der mit Hilfe der göttlichen Gnade dem König von Indien im Himmel einen prächtigen Palast erbaute; außerdem versteht sich mein schwacher Verstand weder auf die Technik oder Ausmessungen noch hat er sich jemals mit der Theorie und Praxis des Maurerhandwerks befasst. Und selbst wenn ich diese Dinge theoretisch beherrschte, woher sollte mein schwacher Frauenkörper die notwendige Kraft für die Durchführung eines so gewaltigen Projekts nehmen? Aber, edle und hochverehrte Frauen, selbst wenn die uneingeschränkte Freude an dieser Neuheit mir fernliegt, so weiß ich doch, dass Gott nichts unmöglich ist, und ich darf nicht bezweifeln, dass, was auch immer mit Eurem Rat und Eurer Hilfe unternommen wird, nicht vollendet würde. Deshalb lobe ich Gott von ganzem Herzen, desgleichen Euch, Ihr edlen Frauen, die Ihr mich zu der Ausführung eines so ehrenvollen Auftrags bestimmt habt, den ich mit großer Freude annehme. Vor Euch steht Eure Magd, zum Gehorsam bereit. Nun befehlt, ich werde gehorchen, und alles soll von mir nach Euren Anweisungen ausgeführt werden.«

VIII. HIER ERZÄHLT CHRISTINE, WIE SIE AUF GEHEISS UND MIT HILFE VON FRAU VERNUNFT BEGINNT, DIE ERDE AUSZUHEBEN, UM DIE FUNDAMENTE ZU LEGEN.

Daraufhin antwortete Frau Vernunft und sprach: »Jetzt fang an, Tochter. Lass uns, ohne noch mehr Zeit zu verlieren, hinaus aufs Feld der Literatur gehen: Dort soll die Frauenstadt auf einem fetten und fruchtbaren Boden errichtet werden, dort, wo alle Früchte wachsen, sanfte Flüsse fließen und die Erde überreich ist an guten Dingen aller Art. Nimm die Spitzhacke deines Verstandes, grabe tief und hebe überall dort einen tiefen Graben aus, wo es dir mein Lot anzeigt, und ich werde dir mit meinen eigenen Schultern helfen, die Erde fortzuschaffen.«

Um nun ihrem Befehl nachzukommen, richtete ich mich voll auf und fühlte mich bereits durch den Einfluss der Frauen bedeutend kräftiger und leichter als zuvor. Sie ging also voraus, ich folgte ihr, und als wir auf dem besagten Feld angekommen waren, begann ich die Aushebungsarbeiten mit der Spitzhacke der Erkundung und hielt mich genau an ihre Anweisungen. Mein erstes Werk sah folgendermaßen aus:

»Edle Frau, ich erinnere mich sehr wohl daran, dass Ihr mir zuvor – als von den zahlreichen Männern die Rede war, die zu allen Zeiten Frauen verschiedener Stände vehement getadelt haben – sagtet, Gold werde umso feiner, je länger man es der Feuersglut aussetzt. Das bedeutet doch wohl, dass Verdienst und Ruhm der Frauen wachsen, je häufiger sie zu Unrecht beschuldigt werden. Aber ich bitte Euch, erklärt mir, weshalb das so ist, warum so viele verschiedene Schriftsteller in ihren Büchern gegen die Frauen das Wort ergriffen haben, denn nun weiß ich ja bereits von Euch, dass dies völlig ungerechtfertigt ist. Gibt die Natur ihnen dies ein, oder tun sie es aus Hass, und worauf ist dies alles zurückzuführen?« Darauf antwortete sie mir: »Tochter, damit du noch tiefer graben kannst, schaffe ich diese erste Kiepe mit Erde fort. Du musst wissen, nicht die Natur ist die Ursache dafür, ganz im Gegenteil, denn es gibt auf der Welt kein so mächtiges, starkes Band wie die große Liebe, die die Natur nach dem Willen Gottes zwischen Mann und Frau entstehen lässt. Die Gründe, die zahlreiche Männer in Vergangenheit und Gegenwart dazu bewegt haben, die Frauen zu tadeln, wie auch die Schriftsteller in ihren Büchern, so hast du selbst gesehen, sind äußerst vielschichtig. Einige taten es in guter Absicht, das heißt, um einige verirrte Männer davon abzubringen, Umgang zu pflegen mit gewissen lasterhaften und sittenlosen Frauen, die manche Männer zuweilen um den Verstand bringen; oder um sie davor zu bewahren, von ihnen um den Verstand gebracht zu werden sowie in der Absicht, einen jeden Mann von einem Leben in Lüsternheit und Wollust abzuhalten. Aus diesem Grund wurden alle Frauen verleumdet, um sie den Männern hassenswert erscheinen zu lassen.«

»Teure Frau«, warf ich nun ein, »verzeiht, wenn ich Euch hier unterbreche. Demnach handeln also diese Männer richtig, da sie ja von einer guten Absicht geleitet werden? Denn letzten Endes, so sagt man, erlaubt es die Absicht, einen Menschen zu beurteilen.«

»Schöne Tochter, das ist ein Missverständnis«, erwiderte sie, »denn platte Unwissenheit entschuldigt überhaupt gar nichts. Wenn man dich in guter Absicht, jedoch wegen einer irrigen Meinung tötete – wäre das dann etwa gut gehandelt? Vielmehr haben die, die so etwas tun, schlimmstes Unrecht begangen; es ist einfach nicht gerecht, die eine Partei mit Schimpf und Schande zu überhäufen, um einer anderen beizustehen. Es widerspricht der Wahrheit, wie ich dir unter Rückgriff auf Erfahrung zeigen werde, pauschal das weibliche Verhalten zu tadeln. Nehmen wir meinetwegen ruhig an, sie hätten es getan, um die Narren von ihrer Narrheit zu kurieren: Das ist gerade so, als wenn ich das Feuer rügte (das, für sich betrachtet, eine gute und nützliche Sache ist), nur weil einige sich an ihm verbrennen; oder das Wasser, nur weil einige darin ertrinken! Ähnliches lässt sich von allen guten Dingen sagen, von denen man guten oder schlechten Gebrauch machen kann. Wenn also einige Narren Missbrauch treiben, so darf man deshalb nicht gleich das ganze Geschlecht tadeln. Du selbst hast zu diesen Dingen an anderer Stelle in deinem Werk kluge Dinge geschrieben. Aber diejenigen, die sich, in welcher Absicht auch immer, in ihren Schriften lang und breit über die Frauen ausgelassen haben, waren nicht gerade zimperlich, wenn es galt, ihr Ziel zu erreichen. Genauso macht es derjenige, der sich ein langes, weites Gewand aus einem großen Stück Stoff schneidern lässt, das ihn nichts kostet und bei dessen Nutzung ihm niemand Beschränkungen auferlegt: Auf diese Weise nimmt er fremden Besitz für sich in Anspruch und teilt ihn sich selbst zu seinem eigenen Vorteil zu. Wie du früher einmal ziemlich treffend gesagt hast (und ich bin da ganz deiner Meinung): Diese Autoren hätten Großes geleistet, hätten sie nach Mitteln und Wegen gesucht, um die Männer von ihrer Torheit abzuhalten und davor zu bewahren, in diese Falle zu gehen, indem sie den Lebenswandel und die Sitten verderbter, lasterhafter Frauen getadelt hätten; denn es gibt, unter uns gesagt, auf der Welt nichts Abstoßenderes als ein bösartiges, sittenloses, perverses Weib, eine Missbildung der Natur, ein Wechselbalg, der ihrer natürlichen Veranlagung zu Einfachheit, Zurückhaltung und Ehrbarkeit widerspricht. Tadelt man jedoch alle, obwohl es doch so zahlreiche herausragende Frauen gibt, dann versichere ich dir, dass das rein gar nichts mit mir zu tun hat und dass alle, die solche Wege beschreiten, in dem allergrößten Irrtum befangen waren und es noch immer sind. Deshalb weg mit diesen hässlichen, nutzlosen schwarzen Steinen, denn für das schöne Bauwerk deiner Stadt sind sie völlig unbrauchbar.

Wiederum andere Männer haben die Frauen aus anderen Gründen getadelt: einige wegen ihrer eigenen Laster, andere wegen einer eigenen körperlichen Missbildung, wiederum andere aus purem Neid oder wegen des ihnen eigentümlichen Vergnügens an übler Nachrede. Noch andere, die ihre Belesenheit beweisen wollen, verlassen sich auf das, was sie in irgendwelchen Büchern gefunden haben und plappern einfach etwas nach, wobei sie sich auf die großen Autoren berufen.

Von eigenen Lastern dazu angetrieben worden sind Männer, die ihre Jugend mit einem ausschweifenden Leben und zahlreichen Liebschaften zu verschiedenen Frauen vergeudet haben. Aufgrund ihrer Erfahrungen sind sie mit allen Wassern gewaschen und in ihrem Zustand der reuelosen Sündhaftigkeit frühzeitig gealtert; nun bedauern sie die Dummheiten der Vergangenheit und das ausschweifende Leben in ihrer Jugend. Aber ihre natürlichen Kräfte sind ermattet und erlauben ihrem Begehren nicht mehr, das auszuführen, wonach ihnen der Sinn steht und worauf sich ihr kraftloser Appetit richtet. So schmerzt es sie zu sehen, dass das Leben – das sie als gute Zeit zu bezeichneten – für sie jetzt vorbei ist und dass die jungen Leute, die so sind, wie sie selbst einst waren, die Zeit auf ihrer Seite zu haben scheinen. Doch um ihre eigene Traurigkeit zu verjagen, fällt ihnen nichts Besseres ein, als schlecht über die Frauen zu reden, um diese so den anderen Männern verhasst zu machen. Und deshalb sieht man häufig solche Greise lüsterne und unanständige Reden führen, wie du es genauso bei Matheolus beobachten kannst, der selbst zugibt, ein impotenter Greis voller Begehren zu sein. Sein Beispiel ist ein Beweis für das, was ich dir sage, und ich bin ganz sicher, dass Ähnliches für viele andere gilt.

Aber diese verdorbenen Greise, vergleichbar mit unheilbarem Aussatz, dürfen nicht mit jenen guten und rechtschaffenen alten Männern verwechselt werden, an deren vollkommener Tugend und Weisheit ich arbeite; denn nicht alle Greise haben Lasterhaftes im Sinn, das wäre sehr bedauerlich! Vielmehr bezeugen alle Worte aus dem Munde jener Guten Vorbildlichkeit, Ehrsamkeit und Umsicht, entsprechend ihrer Gesinnung. Sie hassen das Böse in Tat und Wort und tadeln und verleumden weder Männer noch Frauen; sie verabscheuen die Laster und verurteilen diese allgemein, ohne jemanden zu beschuldigen oder anzuklagen. Sie raten, das Böse zu meiden und den Weg der Tugend und Geradlinigkeit zu beschreiten.

Diejenigen, die angestachelt worden sind von der Schwäche ihres eigenen Körpers, sind schwächliche, in ihren Gliedern missgebildete Männer mit einem scharfen und boshaften Verstand. Sie konnten sich für den Schmerz über ihre eigene Gebrechlichkeit nicht anders rächen als mit der Beleidigung der Frauen, die vielen Männern Freude bereiten. Auf diese Weise glaubten sie den anderen das Vergnügen zu verderben, das ihnen selbst versagt blieb.

Diejenigen, die Frauen aus Missgunst verleumdet haben, sind Kleingeister, die zahlreichen ihnen an Klugheit und Verhalten überlegenen Frauen begegnet sind. Sie reagierten darauf mit Schmerz und Verachtung, und so hat ihre große Missgunst sie dazu bewogen, allen Frauen Übles nachzusagen. Auf diese Weise meinten sie, den Ruhm und die Ehre jener Frauen zu mindern und zu schmälern, gerade so wie es ich weiß nicht welcher Mann in einer seiner Schriften mit dem Titel *Über die Philosophie* tut, wo er sich gewaltig abrackert, um zu beweisen, wie ungehörig es sei, dass einige Frauen von Männern aufs Höchste verehrt werden. Er behauptet, jene, die so großes Aufheben um diese Frauen machen, pervertierten den Titel seines Buches: Das heißt, sie verwandelten die Liebe zur Weisheit in die Liebe zur Torheit. Dagegen versichere ich dir, dass er selbst, aufgrund der Verlogenheit seiner Argumentation in dieser Angelegenheit, aus dem Inhalt seines gesamten Buches ein Zeugnis der Liebe zur Torheit macht.

Bei denjenigen, die von Natur aus zu übler Nachrede neigen und über jeden herziehen, ist es nicht weiter verwunderlich, wenn sie auch über Frauen schlecht reden. Auf jeden Fall versichere ich dir eines: Wenn ein Mann Gefallen an der Beschimpfung des weiblichen Geschlechts findet, so liegt die Ursache hierfür in einer gewaltigen Niedrigkeit der eigenen Gesinnung, handelt er doch wider die Vernunft und die Natur. Wider die Vernunft insofern, als er sich überaus undankbar und ungefällig verhält angesichts der großen Wohltaten, die die Frau ihm geschenkt hat, so groß, dass er diese nicht erwidern kann und er ihrer immer noch und häufig bedarf. Wider die Natur insofern, als es weder ein lebendiges Tier noch einen Vogel gibt, der von Natur aus nicht seinesgleichen, das Weibchen, liebt. Und deshalb ist es widernatürlich, wenn der vernunftbegabte Mensch das Gegenteil tut.

Da es aber kaum ein bedeutendes Werk eines angesehenen Verfassers gibt, das nicht Nachahmer fände, so gibt es gar manche, die sich aufs Abschreiben verlegen. Sie meinen, das könne gar nicht schiefgehen, da andere bereits in ihren Büchern das gesagt haben, was sie selbst sagen wollen – wie etwa die Frauenverunglimpfung; von dieser Sorte kenne ich eine ganze Menge. Einige von ihnen wollen hier mitmischen, indem sie fade, wässrige Gedichte produzieren, eins so unsäglich wie das andere, oder dümmliche Balladen, in denen vom Verhalten der Frauen, der Fürsten oder anderer Leute die Rede ist, und das, obwohl ihre Verfasser selbst sich weder zu erkennen noch in ihren niedrigen Verhaltensweisen und Neigungen zu ändern vermögen. Schlichte Gemüter jedoch, die genauso dumm sind wie jene Autoren, behaupten, es handle sich um hervorragende Werke.«

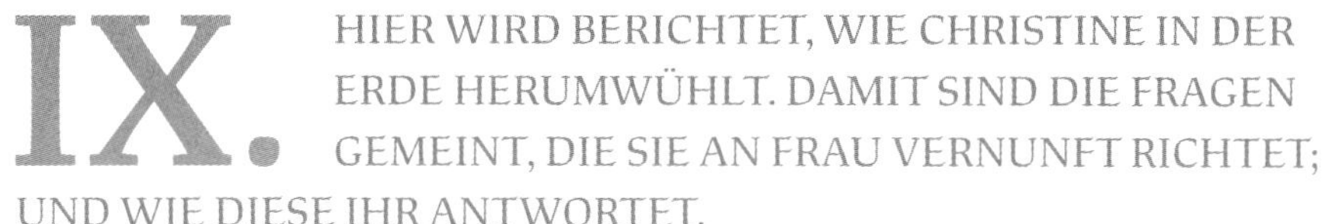

IX. HIER WIRD BERICHTET, WIE CHRISTINE IN DER ERDE HERUMWÜHLT. DAMIT SIND DIE FRAGEN GEMEINT, DIE SIE AN FRAU VERNUNFT RICHTET; UND WIE DIESE IHR ANTWORTET.

»Jetzt habe ich für dich eine große Aufgabe vorbereitet. Deshalb wühle weiterhin dort in der Erde, wo von mir vorgezeichnet.«

Um ihr zu gehorchen, schlug ich dann folgendermaßen mit meiner Spitzhacke zu: »Edle Frau, was fällt Ovid* ein, dem vornehmsten der Dichter (so die Meinung vieler, und ich schließe mich ihr an, auch wenn Ihr sie dahingehend korrigiert, dass Vergil mehr zu loben sei), dass er in mehreren Schriften die Frauen so sehr verunglimpfte, wie etwa in einem seiner Bücher, das er *Von der Liebeskunst* nannte, ferner in einem Buch mit dem Titel *Heilmittel gegen die Liebe* und in anderen seiner Werke.«

Antwort: »Ovid verstand eine Menge von der Kunst und Wissenschaft des Dichtens, ferner verfügte er über einen großen und lebhaften Verstand und bewies große Klugheit in allem, womit er sich beschäftigte. Das hinderte ihn aber nicht daran, seinen Körper in nichtigem Treiben und fleischlicher Lust verkommen zu lassen, wobei er nicht einer einzigen Liebe lebte, sondern mit allen Frauen umging, soweit es ihm möglich war; dabei kannte er weder Maß noch Treue, und wirklich am Herzen lag ihm keine einzige Frau. In seiner Jugend lebte er ein solches Leben, solange es ihm möglich war, und am Ende erhielt er die in einem solchen Fall angemessene Belohnung, das heißt: Ehrverlust, ferner die Einbuße seines Guts und seiner Gesundheit; denn wegen seiner großen Lüsternheit, die er in Wort und Tat auslebte, und weil er auch anderen empfahl, ein ähnliches Leben zu führen, wurde er ins Exil geschickt. Da er später dank der Gunst, in der er bei einigen jungen mächtigen Römern, seinen *followers*, stand, zurückgeholt wurde und nicht umhin konnte, dem alten Laster, dessentwegen er bereits bestraft worden war, erneut zu verfallen – wurde er außerdem wegen seiner Schlechtigkeit kastriert und verstümmelt. Und dann trifft genau das ein, wovon ich dir oben berichtet habe: Als er sah, dass er nicht mehr das Leben führen konnte, das ihm früher immer so viel Genuss verschafft hatte, begann er mit seinen spitzfindigen Argumenten die Frauen zu verunglimpfen und versuchte so, sie anderen Männern verhasst zu machen.«

»Edle Frau, nun sagt mir: Ich sah außerdem ein Buch eines anderen italienischen Autors, ich glaube, er kam aus dem Land oder den Marken der Toskana oder einem der angrenzenden Gebiete, Er heißt Cecco d'Ascoli* und verbreitet in einem Kapitel erstaunlichere Abscheulichkeiten als irgendwer sonst, dergestalt, dass sie von niemandem wiedergegeben werden sollten, der bei Verstand ist.« Antwort: »Wenn Cecco d'Ascoli Schlimmes über alle Frauen verbreitet, meine Tochter, so soll dich das nicht weiter verwundern, denn er verabscheute sie alle und empfand für sie Hass und Abneigung; da er ein sehr schlechter Mensch war, wollte er, dass alle anderen Männer sie auch hassten und verachteten. Aber er bekam dafür seinen gerechten Lohn, denn zur Belohnung für sein sträfliches Laster erlitt er den schmachvollen Feuertod.«

»Edle Herrin, ich sah ein anderes Büchlein in lateinischer Sprache; es nennt sich *Secreta Mulierum** und verbreitet eine Menge Unsinn über die Beschaffenheit des weiblichen Körpers.«

Antwort: »Ohne dass es eines weiteren Beweises bedarf, kannst du selbst erkennen, dass dieses Buch in einer bestimmten Absicht geschrieben und falsch ausgeführt wurde, denn wenn du es gelesen hast, dürfte dir aufgegangen sein, dass es von vorn bis hinten erlogen ist. Und obwohl manche behaupten, sein Verfasser sei Aristoteles, so ist doch völlig unvorstellbar, wie ein Philosoph seines Ranges solch einen Schwachsinn verzapft haben soll. Denn da die Frauen deutlich erkennen können, dass manche Dinge, von denen er spricht, pure Hirngespinste sind, können sie daraus ableiten, dass auch die übrigen von ihm behandelten Punkte ganz eindeutig erlogen sind. Aber hast du denn vergessen, dass er zu Beginn behauptet, irgendein Papst habe jeden Mann exkommuniziert, der daraus einer Frau vorläse oder es ihr zum Lesen gäbe?«

»Edle Frau, ja, daran erinnere ich mich wohl.«

»Weißt du denn auch, in welch boshafter Absicht den dummen und albernen Männern zu Beginn dieses Buches ein solcher Bär aufgebunden wurde?

»Nein, Herrin, es sei denn, Ihr sagt es mir.«

»Es geschah in der Absicht, die Frauen daran zu hindern, Kenntnis von diesem Buch und seinem Inhalt zu erlangen; denn sein Autor wusste sehr wohl: Wenn sie es läsen oder man ihnen daraus vorläse, dann durchschauten sie auch seine Lügen; sie hätten gegen das Buch Stellung bezogen und sich darüber lustig gemacht, und aus diesem Grunde wollte der Autor die Männer, die es läsen, überlisten und an der Nase herumführen.«

»Edle Frau, ich entsinne mich, dass er, nachdem er sich lange über die Gebrechlichkeit und Schwäche ausgelassen hat, die der Grund dafür seien, im Mutterleib ein weibliches Wesen entstehen zu lassen, unter anderem behauptet, die Natur schäme sich fast, wenn sie sähe, dass sie einen solchen Körper und ein so unvollkommenes Wesen hervorgebracht habe.«

»Ah! Sanfte Freundin, erkenne das Übermaß an Torheit, die Verblendung jenseits jeglicher Vernunft, die der Ursprung solcher Behauptungen ist! Wie, Natur, die Dienerin Gottes, wäre folglich mächtiger als ihr Herr, dass sie eine solche Macht ausüben könnte, mächtiger als ihr Herr, der allmächtige Gott, der einst Mann und Frau nach Seinen Vorstellungen formte? Als Ihm Sein heiliger Wille eingab, auf dem Feld von Damaskus Adam aus Lehm zu formen und Er es vollendet hatte, da führte Er ihn ins irdische Paradies, das der vornehmste Ort auf dieser Welt war und ist. Dort schlief Adam ein, und aus einer seiner Rippen formte Er den Körper der Frau; dies bedeutet, dass Er sie dazu bestimmte, ihm als seine Gefährtin zur Seite zu stehen – nicht jedoch dazu, als Sklavin zu seinen Füßen zu liegen –, und dass er sie lieben sollte wie sein eigenes Fleisch. Demzufolge war sich der allerhöchste Arbeiter nicht zu schade, den weiblichen Körper zu erschaffen und zu formen: Und die Natur sollte sich dessen schämen? Wirklich, dies zu behaupten, ist die allergrößte aller Dummheiten! Ja, und nach welchem Vorbild wurde sie denn erschaffen? Ich weiß nicht, ob du es begreifst: Sie wurde nach dem Bilde Gottes erschaffen. Oh! Welcher Mund wagt es, etwas zu verunglimpfen, das eine so edle Prägung verrät? Aber wenn die

Rede davon ist, dass Gott den Mann nach seinem Bilde geschaffen hat, so sind manche töricht genug zu glauben, dies bezöge sich auf den wirklichen Körper. Aber das stimmt nicht, denn Gott hatte in jener Zeit keine menschliche Gestalt angenommen: Vielmehr ist darunter die Seele zu verstehen, die das oberste geistige Prinzip ist und, darin der Göttlichkeit gleich, alle Zeiten überdauern wird. Diese schuf Gott und versah den weiblichen Körper mit einer ebenso guten, edlen und in jeder Hinsicht gleichwertigen Seele wie den männlichen. Aber, um noch etwas zur Erschaffung des Körpers zu sagen, die Frau wurde also vom allerhöchsten Arbeiter erschaffen. Und an welchem Ort geschah dies? Im irdischen Paradies. Aus was? Handelte es sich um einen schlechten Stoff? Keineswegs, vielmehr aus dem edelsten Material, das jemals erschaffen wurde: Gott schuf sie aus dem Körper des Mannes.«

»Edle Frau, nach dem, was ich aus Eurem Munde vernehme, ist die Frau ein sehr edles Wesen; nichtsdestoweniger behauptet [Marcus] Tullius [Cicero]*, kein Mann dürfe einer Frau dienen und derjenige, der es tue, erniedrige sich, denn niemand dürfe einem Geringeren dienen.«

Antwort: »Derjenige oder diejenige, der oder die einen höheren Grad der moralischen Vollkommenheit besitzt, ist der Höchstgestellte; nicht im Körper und im Geschlecht ist die Überlegenheit oder die Niedrigkeit von Menschen begründet, sondern in der Vollkommenheit der Sitten und der Tugenden. Und glückselig ist derjenige, der der Heiligen Jungfrau dient, der Herrscherin über alle Engel.«

»Edle Frau, außerdem sagt einer der beiden Catos, der ein bedeutender Redner war, dass wir uns, gäbe es keine Frauen auf dieser Welt, mit den Göttern unterhalten würden.«

Antwort: »Daran kannst du erkennen, wie töricht jener war, den man für weise hielt: denn dank der Frau regiert der Mensch an Gottes Seite. Und wenn jemand mir sagt, er sei wegen einer Frau, wegen Frau Eva, aus dem Paradies vertrieben worden, so sage ich, dass er dank der Jungfrau Maria eine weit höhere Stufe erreicht hat als den durch Eva verlorenen Zustand, indem sich die Menschheit mit der Gottheit verbunden hat. Ohne Evas Missetat wäre dies nie geschehen. Vielmehr sollte man Mann und Frau wegen dieses

Fehltritts loben, aus dem eine solche Ehre erwachsen ist. Denn so tief auch die menschliche Natur aufgrund ihres kreatürlichen Elements fiel, um so höher erhob sie der Schöpfer aufgrund ebendieses Elements. Was aber nun das Sprechen mit den Göttern angeht, wenn es keine Frauen gäbe, wie es jener Cato ausdrückt: So ist er näher an der Wahrheit, als er dachte, war er doch ein Heide, und die Menschen jenes Glaubens meinten, es gäbe sowohl in der Hölle wie im Himmel Götter. Das bedeutet, sie nannten die Teufel ›Götter der Hölle‹, und deshalb ist es gar nicht so unsinnig zu behaupten, die Männer würden mit solchen Göttern sprechen, hätte es Maria nicht gegeben.«

X. WEITER ZUM SELBEN THEMA: REDEN UND GEGENREDEN

Weiter behauptet jener Cato Uticensis*, dass die Frau, die einem Mann gefällt, der Rose ähnelt, die zwar hübsch anzusehen ist, unter der sich jedoch der scharfe Dorn verbirgt.«

Antwort: »Wiederum ist jener Cato näher an der Wahrheit, als er meint, denn jede gute und ehrbare Frau von untadeligem Lebenswandel ist nun einmal ein äußerst angenehmer Anblick. Dennoch gibt es im Herzen einer solchen Frau immer den Dorn der Angst vor dem Fehltritt und den Dorn der Ernsthaftigkeit. Er lässt sie in großer Ruhe und Furcht verharren, und genau das rettet sie.« »Hohe Frau, manche Autoren versichern allerdings, Frauen seien von Natur aus vernascht und maßlos im Hinblick auf ihr Essverhalten.«

»Tochter, bestimmt hast du schon so manches Mal ein Sprichwort gehört, das besagt: »Niemand kann das ausmerzen, was die Natur erst einmal angelegt hat.« Würden die Frauen wirklich von Natur aus derartig zu solchen Dingen neigen, dann wäre es schon höchst merkwürdig, dass man sie dennoch kaum oder gar nicht an den Orten antrifft, wo man Leckereien und Naschwerk verkauft, wie zum Beispiel in Tavernen und an anderen für diesen Zweck bestimmten Orten. Dort sieht man sie äußerst selten, und auf den Einwand, allein die Scham halte sie davon ab, erwidere ich, dass das nicht stimmt und sie allein ihr Stand*, der keineswegs zu solchen Dingen neigt, davor bewahrt. Selbst wenn wir einmal annehmen, sie besäßen diese Schwäche und die Scham verliehe ihnen eine solche Widerstandskraft gegen eine natürliche Neigung, so müsste man sie schon wegen dieser Tugend und Standhaftigkeit aufs Höchste loben. Erinnerst du dich in diesem Zusammenhang nicht daran, wie du vor kurzem, als du dich an einem Festtag an der Tür deines Wohngebäudes mit einem ehrenwerten Fräulein, deiner Nachbarin, unterhieltest, einen aus einer Kneipe kommenden Mann sahst, der dabei zu einem anderen sagte: ›Ich habe so viel in der Wirtschaft ausgegeben, dass meine Frau heute keinen Wein mehr trinken wird‹; daraufhin riefst du ihn herbei und fragtest ihn, weshalb sie nichts mehr trinken sollte. Er antwortete dir: »Edle Frau, aus dem guten Grund, weil sie die Angewohnheit hat, mich jedes Mal, wenn ich aus dem Wirtshaus komme, zu fragen, wieviel ich ausgegeben habe, und wenn es mehr als zwölf Deniers sind, dann will sie durch die Enthaltsamkeit ihres Mundes das wieder einsparen, was ich ausgegeben habe; sie sagt, unser Handwerk bringe nicht genug ein, um zu erlauben, dass wir beide das Geld zum Fenster hinauswerfen‹.«

»Hohe Frau«, sagte ich nun, »daran erinnere ich mich sehr wohl.«

Und sie zu mir: »Du kannst zahlreichen Beispielen entnehmen, dass Frauen von Natur aus maßvoll sind, und diejenigen, die es nicht sind, handeln wider die Natur. Es gibt für eine Frau kein abstoßenderes Laster als die Gefräßigkeit; denn dieses Laster, bei wem auch immer es sich einnistet, zieht verschiedene andere nach sich. Jedoch kannst du die Frauen mit Rosenkränzen und Stundenbüchern in riesigen Scharen und großer Menge in den Kirchen zur Stunde der Predigten und des Ablasses antreffen.«

»All dies ist völlig richtig, edle Frau«, bestätigte ich, »aber diese Männer behaupten, die Frauen begäben sich elegant und zurechtgemacht dorthin, um ihre Schönheit zur Schau zu stellen und die Männer in sie verliebt zu machen.«

Antwort: »Dies könnte man vermuten, liebe Freundin, sähe man dort nur die Jungen und Hübschen. Aber wenn du einmal darauf achtest, so kommen auf eine junge Frau, die du dort siehst, zwanzig oder dreißig alte Frauen in einfacher und sittsamer Kleidung, die sich an solchen Orten der Andacht widmen. Und so wie die Frömmigkeit in den Frauen ist, fehlt es ihnen ebenso wenig an Barmherzigkeit: Denn wer besucht die Kranken, tröstet sie, steht den Armen bei, sucht die Hospitäler auf, beerdigt die Toten? Dies alles sind, so scheint mir, Werke der Frauen, und diese Werke stellen die höchsten Richtlinien dar, die Gott zu befolgen befiehlt.«

»Edle Frau, Eure Worte sind nur allzu wahr, aber ein Autor verbreitet, Frauen seien von Natur aus insgesamt so schwach wie Kinder. Deshalb gingen diese so gern mit ihnen und sie so gern mit den Kindern um.«

Antwort: »Tochter, wenn du das Wesen des Kindes betrachtest, so stellst du fest, dass es von Natur aus Liebenswürdigkeit und Sanftheit liebt. Was aber auf der Welt ist sanfter und liebenswürdiger als eine gesittete Frau? Ah! Das sind üble, teuflische Menschen, die das Gute in sein Gegenteil verkehren und aus der Tugend der Sanftmut, die der Frau von Natur aus gegeben ist, eine schlechte Eigenschaft und einen Vorwurf machen. Denn wenn die Frauen die Kinder lieben, dann hängt das nicht mit dem Fehler der Unbedarftheit zusammen, sondern mit ihrer angeborenen Sanftmut. Und wenn sie von kindlicher Sanftmut sind, dann kann ihnen das nur zum Vorteil gereichen; denn das Evangelium berichtet, wie Unser Herr, als seine Apostel darüber stritten, wer von ihnen der Bedeutendste sei, ein Kind herbeirief, diesem die Hand auf das Haupt legte und sprach: »Ich aber sage euch, derjenige, der klein und demütig sein wird wie das Kind, wird am ehesten erhört werden.« Denn wer sich erniedrigt, der wird erhöht, und wer sich erhöht, der wird erniedrigt.«

»Hohe Frau, die Männer schmieden mir eine scharfe Waffe aus einem lateinischen Sprichwort, das sie den Frauen immer wieder unter die Nase reiben und das so geht: ›Gott hat den Frauen dies gegeben: das Flennen, Schwätzen und das Weben.‹«

Antwort: »Dieser Spruch, teure Freundin, hat gewiss einen wahren Kern; allerdings kann, ungeachtet dessen, was jene Männer glauben oder verbreiten, den Frauen kein Strick daraus gedreht werden. Zum großen Glück für alle Frauen, die durch Schwätzen, Flennen oder Weben errettet worden sind, hat Gott sie nämlich mit diesen Eigenschaften versehen. Gegen alle, die ihnen das Weinen vorwerfen, setze ich Folgendes: Wenn Jesus Christus, Unser Herr, dem kein Gedanke verborgen bleibt, der in jedes Herz schaut und dessen Innerstes ergründet, erkannt hätte, dass die Tränen der Frauen ihren Ursprung lediglich in Schwäche und Einfalt haben, hätte sich dann die Würde seiner unermesslichen Hoheit dazu herabgelassen, selbst Tränen des Mitgefühls, Tränen aus den Augen seines würdigen, glorreichen Leibes zu weinen, als er Maria Magdalena und ihre Schwester Martha weinen sah wegen des Todes ihres Bruders, des Aussätzigen, den er auferweckte?* Oh, wie viele große Gnadenbeweise gewährte Gott Frauen um ihrer Tränen willen! Die Tränen jener Maria Magdalena verachtete er keineswegs, sondern nahm sie so sehr an, dass er ihr dafür ihre Sünden verzieh, so dass sie nun dank jener Tränen im Himmel thront.

Desgleichen verschmähte er nicht die Tränen der Witwe, die um ihren einzigen Sohn weinte, den man zu Grabe trug. Und unser Herr, der sie weinen sah und der wie der Urquell allen Mitleids ist, war durch ihre Tränen von Mitgefühl bewegt und ging zu ihr, um sie zu fragen: ›Frau, weshalb weinst du?‹, und erweckte sogleich ihr Kind von den Toten. Andere Wunder, deren Erzählung zu viel Zeit beanspruchen würde und die in der Heiligen Schrift nachzulesen sind, ließ Gott an manchen Frauen um ihrer Tränen willen geschehen und tut dies noch jeden Tag. Denn ich bin der Ansicht, dass manche von ihnen dank der Tränen ihrer Frömmigkeit gerettet wurden, desgleichen andere, für die sie beteten. Wurde nicht der heilige Augustinus, der ruhmreiche Kirchenvater, durch die Tränen seiner Mutter zum Glauben bekehrt? Denn die vortreffliche Frau weinte ohne Unterlass und betete zu Gott, es möge Ihm gefallen, das Herz ihres Sohnes zu erleuchten, der Heide und verstockt gegen das Licht des Glaubens war. Deshalb sagte ihr der heilige Ambrosius, zu dem die heilige Frau oft ging, um ihn darum zu bitten, bei Gott für ihren Sohn zu beten: ›Frau, ich halte es für ausgeschlossen, dass so viele Tränen vergeblich sein sollen.‹ Oh gesegneter Ambrosius, du hast Frauentränen keineswegs für gering erachtet! Den Männern, die ihnen ihre Tränen so sehr zum Vorwurf machen, können die Frauen entgegenhalten: Allein den Tränen einer Frau ist es zu verdanken, wenn dieser heilige Lichtquell, der alles erhellt und erleuchtet, das heißt der Heilige Augustinus, mein Herr, an der Stirn der Heiligen Kirche existiert. Wenn die Rede auf diesen Sachverhalt kommt, werden die Männer plötzlich ganz still.

Ganz ähnlich verhält es sich mit der Gabe der Rede, mit der Gott die Frau – gelobt sei er dafür! – versah; hätte er es nicht getan, so wären sie stumm geblieben. Gegen das, was das besagte Sprichwort beinhaltet, von dem ich nicht weiß, wer es bewusst gegen die Frauen schuf, lässt sich setzen: Wäre die weibliche Rede etwas so Tadelnswertes und von so geringer Glaubwürdigkeit, wie manche es vorgeben, so hätte es Unser Herr Jesu Christ nie zugelassen, dass ein so großes Geheimnis wie das seiner überaus glorreichen Auferstehung als Erstes von einer Frau verkündet worden wäre, wie er es selbst der gebenedeiten Magdalena befahl, der er als Erster am Ostertag erschien und aufgab, sie möge es den Aposteln und Petrus erzählen und verkünden. Oh gesegneter Gott, gepriesen seist Du, weil Du – neben anderen unendlichen Gaben und Gnadenbeweisen, die Du dem weiblichen Geschlecht gegeben hast – eine Frau zur Überbringerin einer so wichtigen und würdigen Botschaft gemacht hast!«

»Wenn sie sich das wirklich vor Augen hielten, so sollte dies allen Neidern das Maul stopfen, edle Frau«, warf ich ein. »Aber ich lächele über eine Torheit, die manche Männer verbreiten, und ich entsinne mich, sie einige Male sogar von einigen närrischen Predigern verkündigen gehört zu haben. Sie sagen, Gott habe sich deswegen als Erstes einer Frau offenbart, weil er nur allzu gut wusste, dass sie nicht würde schweigen können; er habe es in der Absicht getan, seine Auferstehung so schnell wie möglich verkündet zu sehen.«

Antwort: »Tochter, du hast recht daran getan, diejenigen Narren zu heißen, die solches verbreiten; denn sie begnügen sich nicht damit, die Frauen zu verunglimpfen, sondern schmähen sogar Jesus Christus, wenn sie behaupten, er habe etwas so Vollkommenes und Würdiges mittels einer menschlichen Schwäche enthüllen wollen. Ich weiß nicht, wie ein Mann so etwas zu verbreiten wagt, und selbst wenn sie es nur aus Spaß sagen, so sollte man doch über Göttliches nicht spotten. Aber um noch einmal zur ersten Aussage zurückzukehren: Es war ein Glück für jene kanaanäische Frau, dass sie so viel redete, jene Frau, die nicht müde wurde, hinter Jesus Christus herzurufen und zu schreien in den Straßen von Jerusalem und die sagte: ›Herr, hab Erbarmen mit mir, denn meine Tochter ist krank!‹ Und was tat der gebenedeite Gott, er, der voll des Mitgefühls war und ist und dem ein einziges von Herzen kommendes Wort genügte, um sein Mitleid zu wecken? Er schien sich zu ergötzen an manchen Worten aus dem Munde jener Frau, die nicht nachließ in ihren Bitten. Aber weshalb tat er dies? Es geschah, um ihre Standhaftigkeit zu erproben, denn nachdem er sie mit den Hunden verglichen hatte – dies schien ein wenig grob, doch sie war fremden und nicht jüdischen Glaubens –, da schämte sie sich nicht, wohlgesetzt und klug zu sprechen, als sie antwortete: ›Das trifft zwar zu, Herr, aber die kleinen Hündinnen ernähren sich von den Brosamen, die von des Herren Tische fallen.‹ ›Oh, du überaus weise Frau, wer lehrte dich so zu sprechen? Durch deinen klugen Gebrauch der Sprache, der einer löblichen Absicht entsprang, erreichtest du dein Ziel.‹ Das ließ sich deutlich erkennen, denn Unser Herr bezeugte mit seinen eigenen Worten und wandte sich dabei seinen Aposteln zu, dass er in ganz Israel nicht so viel Glauben gefunden hätte, und erhörte ihre Bitte. Ah! Wer wäre in der Lage, diese Ehre für das weibliche Geschlecht, das die Missgünstigen verachten wollen, angemessen zu schildern und dabei zu berücksichtigen, dass Gott im Herzen einer schwachen kleinen Frau heidnischer Herkunft mehr Glauben fand als bei allen Bischöfen, Fürsten, als bei den Priestern und dem gesamten jüdischen Volk, die behaupteten, das wahre Volk Gottes zu sein? Auf diese Weise sprach auch die Samariterin lange und mit großer Redegewandtheit für ihre Sache; sie war zum Wasserholen an den Brunnen gekommen, wo sie Jesus Christus vorfand, der dort müde saß. Oh, gesegnete Gottheit, verbunden mit diesem würdigen Körper! Weshalb erlaubtest du es diesem heiligen Mund, sich zu öffnen, um Worte des Heils für diese kleine sündige Frau verströmen zu lassen, die noch nicht einmal deinem Glauben angehörte? Wahrhaftig, du hast nur allzu gut gezeigt, dass du das fromme weibliche Geschlecht nicht verachtetest. Gott, wie oft geschieht es schon, dass unsere Päpste sich heute dazu herablassen, Worte an eine einfache kleine Frau zu richten, selbst wenn es um deren Errettung ginge?

Nicht weniger weise sprach jene Frau, die sich setzte, Jesu Predigt lauschte und dann so entflammt von seinen heiligen Worten war, dass sie, gemäß der landläufigen Meinung von der weiblichen Unfähigkeit zu schweigen, schon bald aus diesem Anlass das Wort aussprach, das im Evangelium feierlich überliefert ist; sie sagte es, als sie sich in voller Absicht erhob und dabei laut die folgenden Worte sprach: ›Gesegnet sei der Bauch, der dich trug, und die Brüste, an denen du säugtest.‹«

»Schöne sanfte Freundin, du siehst: Gott hat hinlänglich bewiesen, dass er den Frauen die Sprache verlieh, um Ihm zu dienen. Deshalb darf ihnen nicht etwas zum Vorwurf gemacht werden, das die Quelle mancher Wohltat und weniger Übeltaten ist; äußerst selten erwächst anderen aus ihrem Sprechen Schaden.

Was das Spinnen angeht, so hat Gott wirklich gewollt, dass dies eine den Frauen natürliche Beschäftigung sei, denn es ist eine für den Gottesdienst notwendige Arbeit und dient jeder vernunftbegabten Kreatur; ohne diese Fertigkeit würden die weltlichen Speisekammern vollkommen verdrecken. Aus diesem Grunde ist es schon eine abgrundtiefe Bosheit, den Frauen etwas vorzuwerfen, wofür sie höchsten Dank, Ehr und Preis verdienen.«

XI. CHRISTINE FRAGT FRAU VERNUNFT, WESHALB FRAUEN NICHT AUF DER VERTEIDIGERBANK SITZEN; DIE ANTWORT.

»Höchste, ehrwürdige Herrin, Eure wohlgesetzten Begründungen haben meinen Geist voll befriedigt. Aber sagt mir noch, wenn es Euch genehm ist: Welches ist der wahre Grund dafür, dass Frauen weder Verteidigungsreden in Gerichtshöfen halten noch sich überhaupt mit Prozessen auskennen und auch keine Urteile aussprechen. Die Männer behaupten, dies sei die Schuld irgendeiner Frau, die sich am Sitz der Justiz danebenbenommen habe.«

»Tochter, das, was man über jene verbreitet, ist leichtfertiges, hinterhältiges Geschwätz. Aber dem, der nach den letzten Ursachen und Gründen aller Dinge fragte, müsste man allzu viel antworten, und das würde sogar Aristoteles, obwohl er in seinen Büchern *Problemata** und in *De proprietate rerum* so manches erklärt, überfordern. Aber um auf deine Frage zurückzukommen, schöne Freundin: Mit gleichem Recht könnte man fragen, weshalb Gott nicht gleichfalls angeordnet hat, die Männer sollten die Pflichten der Frauen und die Frauen die der Männer übernehmen. Zu diesem Problem lässt sich Folgendes sagen: So wie ein kluger, umsichtiger Hausvater seiner Hausgemeinschaft befiehlt, die Aufgaben zu verteilen und der eine dieses, der andere jenes ausführt, und was der eine tut, das tut der andere nicht; genauso hat Gott Mann und Frau dazu bestimmt, ihm in verschiedenen Bereichen zu dienen und dabei einander beizustehen und zu unterstützen, und zwar jeder in dem, was ihm zu tun aufgetragen ist. Einem jeden Geschlecht hat er eben das Wesen und eben die Neigung verliehen, wie es sie für seine Aufgaben braucht und benötigt. Den Männern hat er, obwohl das menschliche Geschlecht damit oft Missbrauch treibt, einen starken, kühnen Körper verliehen, der sie befähigt, sich furchtlos zu bewegen und zu sprechen. Und da die Männer nun einmal so beschaffen sind, eignen sie sich die Kenntnis der Gesetze an und sind sogar dazu verpflichtet, um die Welt in einer rechtmäßigen Ordnung zu erhalten. Falls jemand nicht den durch die Gesetzgebung begründeten Gesetzen gehorchen will, sind die Männer gehalten, diesen durch physische Gewalt und durch den Einsatz von Waffen zum Gehorsam zu zwingen. Frauen könnten so etwas nicht bewerkstelligen, auch wenn Gott einigen von ihnen große Klugheit verliehen hat; es ginge schon wegen der ihnen eigenen Ehrbarkeit nicht an, sich so hochfahrend wie die Männer bei der Rechtsprechung zu geben; das ist durchaus einleuchtend. Und außerdem: Was für einen Sinn hätte es, drei Männer mit dem Heben einer Last zu betrauen, die ebenso gut von zweien getragen werden kann?

Aber gesetzt den Fall, einige wollten behaupten, die weibliche Intelligenz reiche nicht aus für das Studium der Gesetze, so hat die Erfahrung das Gegenteil bewiesen; sie lehrt, dass es, wie im Folgenden erläutert wird, mehrere Frauen gegeben hat, die bedeutende Philosophinnen waren und wesentlich kompliziertere und wichtigere Wissenschaften erlernt haben, als es das geschriebene Gesetz und menschliche Institutionen sind. Und außerdem: Wenn jemand vorgeben sollte, sie seien von Natur aus weder zur Staatskunst noch zu Regierungsgeschäften begabt, so werde ich das Beispiel verschiedener großer Herrscherinnen vergangener Zeiten dagegenhalten. Damit du um so deutlicher die Wahrheit meiner Worte erkennst, werde ich dich außerdem an einige Frauen aus deiner Zeit erinnern, die Witwen geblieben sind und deren überlegte Verwaltung, in Gegenwart und Vergangenheit, all ihrer Angelegenheiten nach dem Tod ihrer Männer eindeutig beweist, dass eine kluge Frau zu allen Dingen befähigt ist.

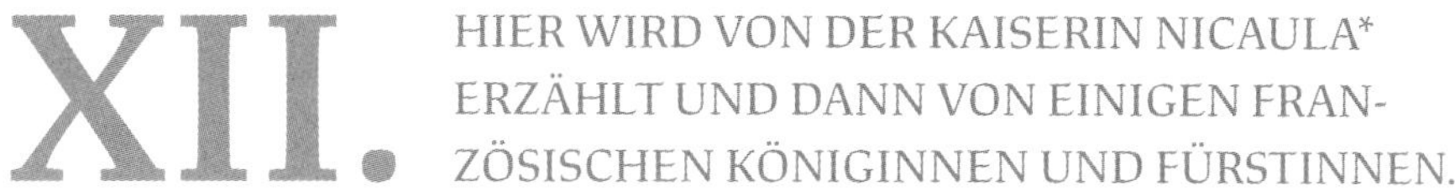

XII. HIER WIRD VON DER KAISERIN NICAULA* ERZÄHLT UND DANN VON EINIGEN FRANZÖSISCHEN KÖNIGINNEN UND FÜRSTINNEN.

»Ich bitte dich, sage mir: Wo hat es je einen in Staatskunst und Regierungsgeschäften beschlageneren König gegeben, einen von größerer Gerechtigkeit oder gar von prächtigerem Lebensstil, als es von der edlen Kaiserin

Nicaula zu lesen ist? Denn obwohl es in den großen, ausgedehnten und unterschiedlichen Ländern, über die sie herrschte, mehrere berühmte Könige, die Pharaonen, von denen sie abstammte, gegeben hatte, so war doch diese Herrscherin die Erste, die zur Zeit ihrer Herrschaft nach Gesetzen und festgelegten Organisationsformen regierte. Sie bereitete den rohen Lebensweisen der Regionen, über die sie herrschte, ein Ende und verbesserte die rüden Lebensgewohnheiten der wie die Wilden lebenden Äthiopier. Außerdem vollbrachte diese Herrscherin so viel Lobenswertes – so die Autoren, die von ihr berichten –, dass sie die Rohheit der anderen korrigierte. Sie wurde Nachfolgerin der erwähnten Pharaonen und erbte nicht etwa ein kleines Land, sondern das Königreich von Arabien, das von Äthiopien, von Ägypten und die Insel Meroe, die sehr lang und breit ist, reich an Schätzen aller Art und vom Nil umschlossen wird; sie regierte über alles mit wunderbarer Klugheit. Was soll ich dir sonst noch von dieser Herrscherin erzählen? Sie war so weise und eine so kluge Herrscherin, dass selbst die Heilige Schrift ihre große Tugend erwähnt. Sie selber schuf sehr ausgewogene Gesetze, um über ihr Volk zu regieren. Sie war von größtem Edelmut und verfügte über große Reichtümer – beinahe über ebenso viele wie alle Männer, die jemals gelebt haben. Sie besaß profunde Kenntnisse in den Schriften und den Wissenschaften und war von so edler Gesinnung, dass sie sich weder dazu herabließ zu heiraten noch zuließ, dass sich ein Mann ihr näherte.«

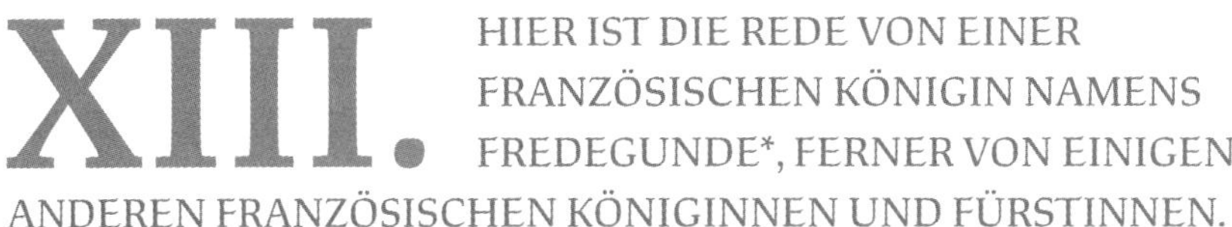

XIII. HIER IST DIE REDE VON EINER FRANZÖSISCHEN KÖNIGIN NAMENS FREDEGUNDE*, FERNER VON EINIGEN ANDEREN FRANZÖSISCHEN KÖNIGINNEN UND FÜRSTINNEN.

Über umsichtige Herrscherinnen vergangener Zeiten könnte ich dir eine ganze Menge erzählen, und das, was nun zu diesem Thema folgt, hat ebenfalls damit zu tun. In Frankreich lebte die Königin Fredegunde, die Frau des Königs Chilperich. Diese Edelfrau war zwar für ein weibliches Wesen ungewöhnlich grausam, regierte jedoch nach dem Tode ihres Mannes mit großem Geschick über das französische Königreich. Dieses befand sich zudem in einem Zustand großer Unsicherheit und Gefahr, denn nur ein kleiner Sohn im Kindesalter namens Chlothar war als Nachfolger des Vaters übriggeblieben. Um die Regierungsgewalt war unter den Adligen ein großer Streit entbrannt und über das Königreich bereits ein heftiger Krieg hereingebrochen. Aber jene edle Frau trug ständig ihr Kind mit sich herum. Sie berief den Rat der Barone ein und sprach zu ihnen: ›Edle Herren, hier seht Ihr Euren König. Seid stets der Treue eingedenk, die die Franzosen zu allen Zeiten beseelt hat, und verachtet ihn nicht, nur weil er ein kleines Kind ist: Denn mit Gottes Hilfe wird er groß werden und als Erwachsener seine Getreuen zu erkennen wissen und sie nach ihrem Verdienst belohnen – vorausgesetzt, Ihr bringt ihn nicht wider alles Recht und göttliches Gebot um sein Erbe. Was mich betrifft, so versichere ich Euch, ich werde alle diejenigen, die sich richtig und loyal verhalten, so reich belohnen, dass es ihnen von Stund an sehr gut gehen wird.‹ So beschwichtigte die Königin die Barone, und durch ihr geschicktes Verhalten erreichte sie in dieser Angelegenheit noch so viel, dass sie ihren Sohn aus der Hand seiner Feinde befreite und ihn selbst großzog. Von ihr empfing er die Krone und die Herrschaft über das Königreich; ohne ihr umsichtiges Handeln wäre dies niemals möglich gewesen.

Ähnliches kann man von der sehr weisen und in jeder Hinsicht edelmütigen Königin Blanca*, der Mutter Ludwigs des Heiligen, sagen. Während seiner Minderjährigkeit regierte sie so umsichtig und klug wie niemals ein Mann vor ihr über das Königreich Frankreich. Auch nachdem er das Erwachsenenalter erreicht hatte, behielt sie wegen der erwiesenen Klugheit ihrer Staatsführung die Leitung des Rates. Nichts geschah ohne sie, und sie folgte ihrem Sohn sogar in den Krieg.

Unzählige andere Beispiele könnte ich dir in diesem Zusammenhang nennen, verzichte jedoch aus Zeitgründen darauf. Aber da wir gerade dabei sind, von den großen Frauen Frankreichs zu sprechen, und ohne nach weiter zurückliegenden Geschichten zu suchen, du selbst sahst in deiner Kindheit die Königin Jeanne*, die Witwe des Königs Charles IV. Wenn du dich noch daran erinnern kannst, so bedenke die großen Wohltaten, die sich mit dem Namen dieser edlen Frau verbinden, sowohl hinsichtlich der bemerkenswerten Organisation ihres Hofes wie auch in der Lebensweise und in der Wahrung des höchsten Rechts. Noch nie hat man von einem Fürsten gehört, der mehr für die Gerechtigkeit eintrat und seinen Besitz hütete, als es diese edle Frau tat.

Sehr stark ähnelt ihr ihre edle Tochter, die mit dem Herzog von Orléans, dem Sohn des Königs Philipp, verheiratet wurde und die in der langen Zeit ihrer Witwenschaft die Gesetze in ihrem Land so streng wie nur irgend denkbar aufrechterhielt.

Gleiches gilt für Blanca*, Königin von Frankreich, die verstorbene Frau des Königs Johann; sie verteidigte ihr Land und regierte es unter völliger Wahrung von Recht und Gerechtigkeit.

Und was kann man über die tüchtige und weise Herzogin von Anjou* sagen, ehedem Tochter des heiligen Charles de Blois, Herzog der Bretagne, die verstorbene Frau des nach ihm ältesten Bruders des weisen französischen Königs Charles, des Herzogs, der später König von Sizilien wurde? Mit welch strenger Gerechtigkeit regierte jene edle Frau die Ländereien und Provinzen, sowohl in der Provence wie anderswo, über die sie herrschte und die sie in ihrer Hand vereinigte, solange ihre hochgeborenen Kinder noch klein waren! Oh, wie sehr verdient es diese Frau, für alle ihre Tugenden gepriesen zu werden! In ihrer Jugend war sie von so außerordentlicher Schönheit, dass sie alle anderen Edeldamen übertraf, aber gleichzeitig war sie von vollkommener Keuschheit und Weisheit. Im reifen Alter zeichneten sie, wie es den Anschein hatte, vortreffliche Regierungskunst, überlegene Umsicht, Kraft und Beständigkeit des Herzens aus; denn nach dem Tod ihres Ehemannes, der in Italien starb, erhob sich die gesamte Provence gegen sie und ihre Kinder. Jedoch bewirkte es diese edle Frau auf mannigfache Art, sowohl durch Gewalt wie durch Gunstbezeugungen, dass sie die gesamte Provinz wieder zum Gehorsam und zur Unterwerfung brachte. Sie ließ dort Recht und Ordnung walten, dergestalt, dass keinerlei Klage über irgendeinen Rechtsbruch durch sie lautbar geworden wäre.

Ich könnte dir noch viel über andere edle französische Frauen, die sich während ihrer Witwenschaft vorbildlich betragen und Recht haben walten lassen, erzählen. Die Comtesse de la Marche, Edelfrau und Comtesse von Vendôme und Castres*, eine Großgrundbesitzerin, die noch unter den Lebenden weilt: Was lässt sich über ihren Regierungsstil sagen? Will sie etwa nicht wissen, wie und auf welchem Wege ihre Gesetze eingehalten werden? Vielmehr interessiert sie sich selbst, als edelmütige und weise Frau, die sie ist, sehr für diese Dinge. Was soll ich dir noch zu diesem Thema sagen? Ich versichere dir, es gibt eine große Anzahl von Frauen aller Stände, für die Ähnliches gilt, und wenn man darauf achtet, so kann man feststellen, dass sie während ihrer Witwenschaft ihre Besitztümer in ebenso gutem Zustand gehalten haben und noch halten wie ihre Männer zu deren Lebzeiten und von ihren Untergebenen ebenso geliebt werden. Es gibt zweifellos noch Vortrefflichere als jene, so sehr dies auch den Männern missfallen mag, denn obwohl es dumme Frauen gibt, so gibt es doch auch viele, die intelligenter, geachteter und gerechtigkeitsliebender sind als viele Männer, nicht wahr? Wenn ihre Männer ihnen glaubten oder genauso intelligent wären, so gereichte dies ihnen zum Wohl und Vorteil.

Aber wenn sich die Frauen im Allgemeinen weder damit befassen zu richten oder die Streitfälle der Kläger darzustellen, dann braucht sie das nicht weiter zu bekümmern, denn auf diese Weise haben sie weniger seelische und körperliche Belastungen. Denn auch wenn dies alles notwendig ist, um die *Bösewichte* zu bestrafen und jedem sein Recht zu verschaffen, so gibt es doch genügend Männer in solchen Ämtern, die sich eigentlich wünschen müssten, von diesen Angelegenheiten nicht mehr als ihre Mütter gewusst zu haben: Denn bei Gott, wenn alle dabei auf dem rechten Pfad wandeln, einer aber davon abweicht, dann ist die Bestrafung dafür nicht gering.«

XIV. FORTSETZUNG DES WORTWECHSELS CHRISTINES MIT FRAU VERNUNFT; WEITERE EINWÄNDE CHRISTINES,

»Gewiss, edle Frau, Ihr habt vollkommen recht, und Eure Argumente finden in meinem Innersten große Zustimmung. Aber wenn man einmal von der Intelligenz absieht, so steht doch fest, dass Frauen einen schwachen, zarten und, was die physische Kraft angeht, einen unterlegenen Körper besitzen und dass sie von Natur aus furchtsam sind. Nach der Auffassung der Männer mindern diese Schwächen stark den Rang und die Würde des weiblichen Geschlechts, denn sie sagen gern: Je mehr es einem Körper an etwas mangelt, desto stärker ist er eingeschränkt und reduziert in seiner Kraft und folglich weniger des Lobes würdig.«

Antwort: »Teure Tochter, diese Schlussfolgerung taugt gar nichts und verdient es nicht, verteidigt zu werden, denn ohne Zweifel beobachtet man doch oft Folgendes: Wenn die Natur sich enthalten hat, einem von ihr geschaffenen Körper eine so große Vollkommenheit wie einem anderen zu geben, sondern ihn in mancherlei Hinsicht unvollkommen oder ungestalt geschaffen hat – im Hinblick auf seine Schönheit oder einer Unzulänglichkeit oder Schwäche der Glieder –, dann entschädigt sie ihn zuweilen durch eine andere Gabe, die viel bedeutender ist als das, was sie ihm genommen hat. Ein Beispiel: Es heißt von dem überaus bedeutenden Philosophen Aristoteles, er sei körperlich extrem hässlich gewesen; ein Auge saß tiefer als das andere, und er hatte merkwürdige Gesichtszüge. Aber auch wenn er körperlich etwas missgebildet war, so entschädigte ihn die Natur wahrhaftig überreich durch einen aufnahmebereiten Verstand und Klugheit, wie es seine authentischen Schriften bezeugen. So hat ihm diese Entschädigung mit einem großen Geist viel mehr eingebracht, als wenn er den gleichen oder einen ähnlichen Körper wie Absalom besessen hätte.

Ähnliches lässt sich von dem großen Herrscher Alexander sagen, der sehr hässlich, klein und von schwächlichem Körperbau war und doch anscheinend von alleredelster Gesinnung. So verhält es sich auch mit vielen anderen. Ich versichere dir, schöne Freundin, der große und starke Körper bedingt keineswegs einen tugendhaften, kraftvollen Sinn, vielmehr beruht dieser auf einer natürlichen moralischen Stärke, die ein Geschenk Gottes ist, und dieser überlässt es der Natur, einigen vernunftbegabten Wesen mehr davon zu verleihen als anderen. Diese Kraft wirkt im Verborgenen, im Verstand oder im Herzen, aber auf keinen Fall in der Kraft des Körpers oder der Glieder. Das erkennen wir oft in aller Deutlichkeit daran, dass viele große und körperlich starke Männer sich falsch und feige verhalten, während andere, die klein und körperlich schwach sind, Kühnheit und Kraft zeigen. Ähnlich verhält es sich mit den anderen Tugenden. Aber was die Kühnheit und jene Körperkraft betrifft, so haben Gott und die Natur genug für die Frauen getan, als sie ihnen körperliche Schwäche verliehen, denn wegen dieses angenehmen Mangels haben sie wenigstens eine Entschuldigung dafür, nicht die scheußlichen Grausamkeiten, Morde, großen und grausamen Schindereien zu begehen, die als Folge von Gewaltanwendung auf der Welt geschahen und immer noch ständig geschehen. Deshalb bekommen sie dafür auch nicht die Strafe, die solche Taten verlangen, und es bekäme den Seelen so mancher dieser Kraftprotze gut (und wäre es schon in der Vergangenheit gut bekommen), hätten sie ihre Pilgerfahrt auf dieser Welt in einem schwachen Frauenkörper unternommen. Wahrlich, ich sage dir und komme damit zu meinem Ausgangspunkt zurück: Wenn die Natur die Glieder des weiblichen Körpers nicht mit großer Kraft versehen hat, so hat sie dies dadurch vollkommen ausgeglichen, dass sie die Frauen mit der ehrbarsten aller Neigungen versehen hat, nämlich der Liebe zu Gott und der Furcht vor der Nichtbefolgung seiner Gebote; jene Frauen jedoch, die anders sind, handeln wider ihre Natur.

Gleichwohl bedenke, teure Freundin, auch wenn es scheint, als habe Gott in voller Absicht den Männern zeigen wollen, dass diese, selbst wenn die Frauen insgesamt über weniger Kraft und Wagemut als die meisten Männer verfügen, diese doch weder behaupten noch glauben sollen, das weibliche Geschlecht entbehre deshalb jeglicher Kraft und jeglichen Wagemuts. Der Beweis: Zahlreiche Frauen zeigten beträchtlichen Mut, Kraft und Kühnheit, indem sie schwierige Unternehmungen aller Art auf sich nahmen und durchführten, genau wie die großen Männer – gefeierte, ritterliche Eroberer, um die man in den Büchern so viel Aufhebens macht, wie ich dir im Folgenden anhand von Beispielen verdeutlichen werde.

Schöne Tochter und teure Freundin, damit habe ich dir einen großen, breiten Graben vorbereitet und alles von der Erde befreit, die ich in großen Kiepen auf meinen Schultern weggeschafft habe. Nun ist es an der Zeit, dass du innen die dicken, starken Grundsteine für die Mauern der Stadt der Frauen legst. Ergreife also die Maurerkelle deiner Schreibfeder und mach dich daran, solide zu mauern und äußerst sorgfältig zu arbeiten. Denn hier ist ein großer und voluminöser Quader, der den Grundstein für das Fundament deiner Stadt abgeben soll. Und wisse, dass Frau Natur ihn eigenhändig nach den Zeichen der Astrologie formte, damit er in dieses Werk eingefügt werde und dort seinen Platz finde. Jetzt trete ein paar Schritte zurück, und ich werfe ihn dir zu.

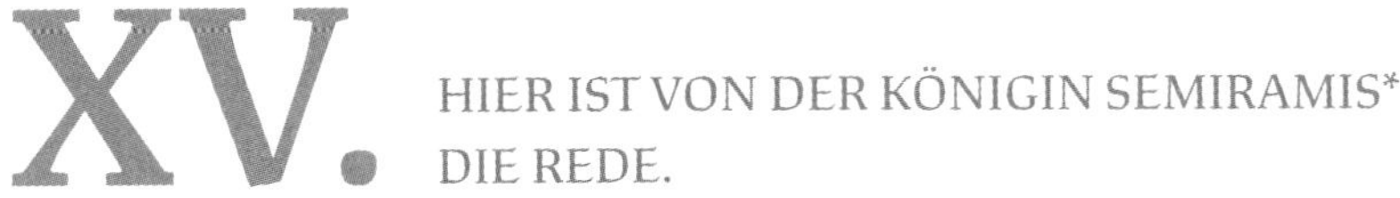

XV. HIER IST VON DER KÖNIGIN SEMIRAMIS* DIE REDE.

Semiramis war eine herausragende Frau, was die Tapferkeit und Stärke ihres Herzens bei ihren Taten angeht, zudem erfahren im Waffenhandwerk. Hierin war sie so hervorragend, dass die damaligen Menschen, die Heiden waren, sie aufgrund ihrer großen Macht über Land und Meer als Schwester des großen Gottes Jupiter und Tochter des alten Gottes Saturn bezeichneten; diese waren für sie die Götter des Landes und des Meeres. Jene edle Frau war die Gemahlin des Königs Ninos, der der Stadt Ninive seinen Namen gegeben hatte und ein so bedeutender Eroberer war, dass er mit der Hilfe seiner Frau Semiramis, die wie er bewaffnet zu Pferde saß, das große Babylonien, das große Land Assyrien und viele andere Länder eroberte.

Als diese Frau noch ziemlich jung war, wurde ihr Mann Ninos bei der Belagerung einer Stadt von einem Pfeil getötet. Aber nach den prunkvollen Bestattungsfeierlichkeiten, die jenem Ninos gebührten, verzichtete die edle Frau keineswegs auf die Ausübung des Waffenhandwerks, sondern machte sich daran, mit noch viel größerer Beherztheit als zuvor die Königreiche und Länder zu regieren und zu beherrschen, die sie gemeinsam mit ihrem Mann eigenhändig mit dem Schwert erobert hatte. Sie bewies ein bemerkenswertes Geschick darin, diese Königreiche und Länder durch strenge kriegerische Disziplin in ihrer Gewalt zu behalten. Auf diese Weise begann und vollendete sie so zahlreiche erstaunliche Unternehmungen, dass kein Mann diese edle Frau an Ausdauer und Kraft übertraf, die voll der kühnsten Gesinnung war. Sie scheute keine Mühe und ließ sich durch kein Risiko abschrecken. Sie setzte sich ihnen allen in so unübertrefflicher Weise aus, dass sie ihre gesamten Feinde besiegte, die gemeint hatten, sie während ihrer Witwenschaft aus den eroberten Ländern vertreiben zu können. In militärischer Hinsicht war sie deshalb so gefürchtet, dass sie nicht nur die Gewalt über die eroberten Länder behielt, sondern außerdem mit einem gewaltigen Heer nach Äthiopien zog, dort erbitterte Kämpfe austrug, das Land unterwarf und ihrem Reich einverleibte. Von da aus zog sie mit großem Gepränge nach Indien und setzte die Inder, denen sich bislang noch nie ein Mensch in kriegerischer Absicht genähert hatte, einer unerbittlichen Belagerung aus. Sie besiegte und unterwarf sie, und dann zog sie in andere Länder, so lange – um es kurz zu machen –, bis sie beinahe den ganzen Orient erobert und unter ihre Herrschaft gebracht hatte. Durch ihre überaus bedeutenden Eroberungen befestigte und erneuerte jene edle Semiramis die imposante, furchteinflößende Stadt Babylon, die von Nimrod und den Riesen gegründet und im Land Schinar errichtet worden war. Jene edle Frau jedoch verstärkte noch die Befestigungsanlagen durch zahlreiche Wehrbauten und ließ ringsherum breite, tiefe Gräben ausheben. Eines Tages hielt sich Semiramis in ihrem Gemach auf, umgeben von ihren Zofen, die ihr das Haupthaar kämmten. Da erreichte sie die Botschaft, eines ihrer Königreiche habe sich gegen sie erhoben. Sogleich sprang sie auf und schwor bei allem, was ihr zu Macht stand, der andere Zopf auf ihrem Haupte, der noch geflochten werden sollte, werde so lange ungeflochten bleiben, bis sie diese Schmach gerächt und das Land wieder in ihre Gewalt gebracht hätte. Sie ließ sofort eine große Schar ihrer Leute bewaffnen, trat den Aufständischen entgegen und brachte sie mit erstaunlicher Gewalt wieder unter ihre Herrschaft. Auf diese Weise versetzte sie diese und alle anderen Untertanen derartig in Schrecken, dass von da an es niemand mehr wagte, sich gegen sie zu erheben. Von dieser ebenso edlen wie mutigen Tat zeugte lange Zeit eine große Statue aus Erz, reich mit Gold verziert, die hoch auf einer Säule in Babylon errichtet wurde. Sie stellt eine Fürstin mit einem Schwert dar, deren Haupthaar auf der einen Seite geflochten ist, auf der anderen nicht. Diese Königin gründete und erbaute erneut mehrere Städte und Befestigungen, vollbrachte eine Reihe anderer großer Taten und so vieles, dass von keinem Mann jemals größere Kühnheit oder erstaunlichere, erinnerungswürdigere Leistungen überliefert worden wären.

Zwar haben manche sie getadelt (völlig zu Recht, wenn sie unserem Glauben angehört hätte), weil sie einen Sohn, den sie von ihrem Gatten Ninos empfangen hatte, heiratete. Aber vor allem zwei Gründe bewegten sie dazu: Erstens wollte sie in ihrem Reich nicht neben ihr eine andere gekrönte Frau dulden, was eingetroffen wäre, wenn ihr Sohn eine andere Frau geheiratet hätte; zweitens fand sie, kein anderer Mann außer ihrem eigenen Sohn sei würdig, sie zur Frau zu haben. Jedoch verdient es jene edle Frau, für diese gewaltige Verfehlung bis zu einem gewissen Grade entschuldigt zu werden, denn es gab damals noch kein geschriebenes Gesetz. Vielmehr lebten die Menschen nach dem Gesetz der Natur, das einem jeden gestattete, ohne damit schuldig zu werden, das zu tun, was das Herz ihm eingab. Denn zweifellos hätte sie es niemals getan, wäre sie der Auffassung gewesen, damit eine Sünde oder etwas Tadelnswertes zu begehen, denn sie war von überaus edler Gesinnung und liebte die Ehre über alle Maßen.

Aber damit ist der erste Grundstein unserer Stadt gelegt. Von nun an müssen wir viele Steine aufeinanderschichten, damit unser Bau Fortschritte macht.

XVI. ÜBER DIE AMAZONEN*

Am Ende von Europa, in der Nähe des großen Ozeans, der die ganze Welt umgibt, liegt ein Land namens Skythien*. Vor langer Zeit geschah es, dass dieses Land durch den Krieg alle namhaften Männer dieser Gegend verlor. Als die dort lebenden Frauen sahen, dass sie all ihre Ehemänner, Brüder und männlichen Verwandten verloren hatten und ihnen nur die Greise und die kleinen Kinder geblieben waren, fassten sie sich ein Herz, versammelten sich, berieten sich und beschlossen, von nun an ihre eigenen Feudalherrinnen zu sein, ohne sich Männern unterzuordnen. Sie schufen einen Erlass, der besagte, dass es keinem Mann gestattet sei, in ihr Hoheitsgebiet einzudringen; dass sie sich jedoch, um für Nachkommenschaft zu sorgen, zu bestimmten Zeiten des Jahres in benachbarte Gegenden begäben, dann in ihr Land zurückkehrten, und, wenn sie Jungen gebären würden, diese zu ihren Vätern schicken, Mädchen jedoch aufziehen wollten. Mit der Durchsetzung dieses Beschlusses betrauten sie zwei der edelsten Frauen unter ihnen, die sie zu Königinnen krönten; die eine hieß Lampeto, die andere Marpesia. Danach verjagten sie sogleich alle noch verbliebenen Männer aus ihrem Land; dann bewaffneten sie sich und lieferten alle, sowohl die Frauen als auch die Jungfrauen, ihren Feinden heftige Kämpfe. Mit Feuer und Schwert verwüsteten sie das gesamte Land, und es gab niemanden, der ihnen zu widerstehen vermocht hätte. Kurz und gut, sie rächten auf das Vortrefflichste den Tod ihrer Männer. Auf diese Weise begannen die Skytherinnen, Waffen zu tragen. Später nannte man sie Amazonen, was so viel bedeutet wie »Brustlose«, denn es war bei ihnen üblich, den Adligen unter ihnen im Kindesalter durch einen Kunstgriff die linke Brust zu entfernen, damit diese sie nicht daran hinderte, den Schild zu tragen; den Nichtadligen entfernte man die rechte Brust, damit sie besser mit dem Bogen schießen konnten. Sie übten das Waffenhandwerk mit so viel Vergnügen aus, dass sie durch Waffengewalt ihr Land und ihren Herrschaftsbereich beträchtlich vergrößerten, so dass die Kunde ihres großen Ruhms überallhin drang, wie ich dir bereits berichtet habe. Jene beiden Königinnen, Lampeto und Marpesia, zogen, eine jede an der Spitze eines großen Heers, in verschiedene Länder. Sie eroberten schließlich einen großen Teil Europas und Asiens, unterwarfen mehrere Königreiche und brachten sie unter ihre Herrschaft, gründeten viele Städte und Staaten, darunter, in Asien, die Stadt Ephesos, die lange Zeit berühmt war und es noch immer ist. Marpesia, die eine dieser beiden Königinnen, starb als Erste in einer Schlacht, und an ihrer Statt krönten die Amazonen eine ihrer jungfräulichen, vornehmen und schönen Töchter, die den Namen Synope trug. Diese hatte ein so edles und stolzes Herz, dass sie sich zeit ihres Lebens nie dazu herabließ, sich mit einem Mann zu paaren, sondern ihr Leben lang Jungfrau blieb. All ihre Liebe, all ihr Streben richtete sich auf das Waffenhandwerk; hierin lag ihr ganzes Vergnügen, und so groß war ihre Leidenschaft, dass sie nicht müde wurde, Länder zu belagern und zu erobern. Ihre Mutter wurde durch sie so großartig gerächt, dass sie alle Bewohner des Landes, in dem jene getötet worden war, mit dem Schwert niedermetzelte, das ganze Land verwüstete und gleichzeitig manchen anderen Landstrich eroberte.

XVII. VON DER AMAZONENKÖNIGIN TAMARIS

Auf diese Weise, wie du es vernehmen kannst, begründeten die Amazonen ihre Herrschaft und hielten sie über lange Jahre hinweg kraftvoll aufrecht; viele tapfere Edelfrauen herrschten als Königinnen über sie und lösten einander ab. Da es die Lesenden langweilen könnte, sie alle der Reihe nach aufzuzählen, mag es genügen, einige Wichtige zu nennen.

Königin über jenes Land war die tapfere, tüchtige und weise Tamaris. Ihrer Klugheit, List und Kraft war es zu verdanken, dass Cyrus, der starke und mächtige Perserkönig, besiegt und gefangen genommen wurde, jener König, der viele Wundertaten vollbracht, das große Babylon wie auch einen großen Teil der Erde erobert hatte. Nach manchen anderen von ihm durchgeführten Eroberungen kam es jenem Cyrus in den Sinn, in das Land und Königreich der Amazonen einzufallen, in der Hoffnung, es ebenfalls in seine Gewalt zu bringen. Als die weise Königin von ihren Spionen erfuhr, Cyrus bewege sich auf sie zu mit einer so großen Anzahl von Mannen, die ausgereicht hätten, die gesamte Erde zu erobern, erkannte sie, dass ein solches Heer unmöglich durch Waffengewalt vernichtet werden könnte und es einer List bedurfte. Bei der Nachricht, Cyrus sei schon weit in ihr Herrschaftsgebiet vorgerückt (was sie absichtlich und ohne Gegenwehr geduldet hatte), ließ die tüchtige Heerführerin alle ihre Frauen bewaffnen und gab ihnen den genialen Befehl, sich an verschiedenen Stellen im Gebirge und im Wald, dort, wo Cyrus vorbeikommen musste, im Hinterhalt auf die Lauer zu legen. Dort wartete Tamaris mit ihrem Heer mit großer Ruhe so lange, bis Cyrus und all seine Mannen nach ihm sich in die engen und dunklen Durchgänge, umgeben von Felsen und undurchdringlichen Wäldern, begeben hatten, die sie durchqueren mussten. Als die edle Frau ihre Stunde gekommen sah, ließ sie hell ihre Kriegstrompete erschallen. Cyrus, der darauf nicht weiter geachtet hatte, war höchst erschrocken, als er sich plötzlich von allen Seiten umzingelt sah: Denn oben von den hohen Bergen warfen die Frauen großes Gestein auf sie herunter, das sie massenweise zerschmetterte. Die Unwegsamkeit des Geländes machte ein Vorwärtsgehen oder Vorrücken unmöglich, und außerdem lauerte man ihnen vorne auf und tötete sie, sobald sie die Engpässe verließen; den Rückzug konnten sie jedoch auch nicht antreten, weil man ihnen von hinten gleichfalls auflauerte. So wurden sie dort alle getötet und zu Boden geworfen und Cyrus gefangen genommen; jedoch hatte man ihn auf Geheiß der Königin verschont. Nach der Niederlage ließ sie ihn zu sich in ein Zelt bringen, das sie dort hatte errichten lassen. Erfüllt von großem Zorn gegen ihn, aus Liebe zu einem ihrer Söhne, den sie gegen Cyrus eingesetzt und der dabei das Leben gelassen hatte, wollte sie ihn nicht verschonen; vielmehr ließ sie vor seinen Augen allen seinen Baronen den Kopf abschlagen und sagte dann zu ihm: ›Cyrus, der du in deiner Grausamkeit von Menschenblut niemals genug bekommen konntest, jetzt kannst du davon trinken, soviel du willst!‹ Darauf ließ sie seinen Kopf, den sie hatte abschlagen lassen, in einen Kübel fallen, in dem sie das Blut seiner Barone hatte auffangen lassen.

Schöne Tochter, meine teure Freundin, diese Dinge rufe ich dir ins Gedächtnis zurück, weil sie gut zu dem Thema passen, von dem ich dir erzähle, obwohl sie dir wohlbekannt sind, hast du sie doch früher selbst in deinem *Buch von den Wechselfällen des Schicksals (Livre de la mutacion de Fortune)* und in *Otheas Brief an Hektor (Epistre Othea)* wiedergegeben. Im Folgenden erzähle ich dir mehr dazu.

XVIII. WIE DER STARKE HERKULES UND SEIN GEFÄHRTE THESEUS MIT EINER GROSSEN FLOTTE AUS GRIECHENLAND GEGEN DIE AMAZONEN ANRÜCKTEN UND WIE DIE BEIDEN JUNGFRAUEN MANALIPE UND HIPPOLYTE SIE MIT IHREN PFERDEN UND ALLEM ÜBER DEN HAUFEN WARFEN UND WIE SCHLIESSLICH DIE BEIDEN RITTER DIE BEIDEN JUNGFRAUEN BESIEGTEN, TROTZ IHRER GROSSEN STÄRKE

Was soll ich dir noch erzählen? Dank ihrer Körperkraft hatten die edlen Frauen aus Amazonien bereits so viel vollbracht, dass man überall in Angst und Schrecken war. Selbst in das ziemlich weit entfernte Griechenland drang ihre Kunde: Dass jene Frauen unaufhörlich in Länder eindrängen und sie eroberten; dass sie überall umherzögen, Länder und Landstriche verwüsteten, falls sich ihnen nicht alle ergäben; und es keine Kraft gäbe, die der ihrigen widerstehen konnte. Über solches erschrak Griechenland und befürchtete, der Machtbereich jener Frauen könnte sich. schließlich auf das eigene Land ausdehnen.

Damals lebte in Griechenland der wundersame, starke Herkules, der sich in der Blüte seiner Jugend befand und während seines Lebens mehr erstaunliche körperliche Kraftakte zuwege brachte als irgendein anderes menschliches Wesen, von dem die Chroniken künden, denn er schlug sich mit Riesen, Löwen, mit Schlangen und wundersamen Ungeheuern herum und besiegte sie alle; kurz und gut, er war so stark, dass niemand, abgesehen von dem starken Samson, ihm an Kraft gleichkam. Jener Herkules sagte, es sei nicht sinnvoll zu warten, bis die Amazonen sie angriffen, vielmehr sei es am besten, sie als Erste zu überfallen. Um dies auszuführen, ließ er dann ein Schiff ausrüsten und versammelte eine große Anzahl edler Jünglinge, um zu diesem großen Unternehmen aufzubrechen. Als Theseus, der vortreffliche und tapfere König von Athen, davon erfuhr, sagte er, Herkules könne nicht ohne ihn gegen die Amazonen ziehen, vereinte sein Heer mit dem des Herkules, und so stachen sie mit einem großen Haufen von Kriegern in See und nahmen Kurs auf Amazonien. Als das Land in Sicht war, da wagte es Herkules trotz seiner erstaunlichen Kraft und Kühnheit und trotz des großen Heeres von tapferen Leuten, das ihn begleitete, nicht, tagsüber den Hafen anzulaufen und zu landen: So sehr fürchtete er die große Kraft und Kühnheit der Amazonen. Dies zu berichten, wäre höchst überraschend und kaum zu glauben, wenn nicht so viele Geschichtsbücher belegten, dass ein Mann, der von keinem Wesen jemals bezwungen worden war, weibliche Stärke fürchtete. Deshalb warteten Herkules und sein Heer bis zum Einbruch der finsteren Nacht; und dann, als die Stunde der Ruhe und des Schlafs für jedes sterbliche Wesen gekommen war, sprangen jene von ihren Schiffen, fielen ins Land ein und schickten sich an, überall in den Städten Feuer zu legen und jene niederzumetzeln, die arglos und schutzlos waren. In kürzester Zeit brach großes Geschrei aus; rasch liefen sie gemeinsam alle zu den Waffen und, so schnell sie konnten, rannten sie um die Wette in großen Scharen zur Küste, um sich auf ihre Feinde zu stürzen.

In jenen Zeiten herrschte die Königin Oreithyia, eine extrem tapfere Frau, die manches Land erobert hatte. Sie war die Mutter der großen Königin Penthesilea, von der im Folgenden die Rede sein soll. Diese Oreithyia war nach der kriegerischen Königin Antiope gekrönt worden, die die Amazonen in großer ritterlicher Disziplin geführt und regiert hatte und Zeit ihres Lebens sehr tapfer war. Diese Oreithyia erfuhr, wie die Griechen, ohne zuvor den Krieg erklärt zu haben, des Nachts in ihr Land eingefallen waren und dort alles niedermetzelten. Dass sie da wütend auf die Griechen war, das ist klar, und jene sollten ihren Zorn zu spüren bekommen! Sie stieß Drohrufe gegen jene aus, die sie nicht im geringsten fürchtete, und befahl sogleich, alle ihre Bataillone zu bewaffnen. Da hättet Ihr die Frauen sehen sollen, die geschäftig zu den Waffen liefen und sich um ihre Königin scharten, die bei Tagesanbruch alle ihre Truppen bereitstehen hatte!

Aber während diese sich versammelten und die Königin damit beschäftigt war, ihre Heere und Truppeneinheiten aufzustellen, warteten zwei tapfere, überdurchschnittlich kräftige, mutige und ungemein kühne, tüchtige Jungfrauen, Manalipe und Hippolyte mit Namen und enge Verwandte der Königin, nicht die Marschbefehle ihrer Herrin ab, sondern liefen so schnell sie konnten zum Hafen – bewaffnet, die Lanze in der Faust, die Schilde aus hartem Elfenbein über die Schulter gehängt und auf flinken Schlachtrossen sitzend; und mit großem Elan, gleichsam überwältigt von Zorn und Unmut, mit gesenkten Lanzen, preschten sie gegen die am meisten geschmückten Männer unter den Griechen vor, das heißt Manalipe gegen Herkules und Hippolyte gegen Theseus. Dass sie wütend waren, war sonnenklar, denn trotz der gewaltigen Kraft, der Kühnheit und Tapferkeit jener Männer verletzten die edlen Mädchen in einem scharfen Zusammenstoß diese so stark, dass eine jede ihren Ritter samt seinem Pferd und allem anderen zu Boden warf. Zwar stürzten sie selbst auch, erhoben sich jedoch sofort und setzten den Männern mit gezogenen Schwertern nach. Oh, welche Ehre gebührt diesen edlen Mädchen, wurden doch durch sie, durch zwei Frauen, die beiden tapfersten Ritter der ganzen Welt aus dem Sattel gehoben! Man könnte kaum glauben, dass sich dies wirklich zugetragen hat, wenn es nicht so viele glaubwürdige Autoren in ihren Büchern bezeugt hätten. Sogar diese Autoren wundern sich sehr über diese Begebenheit und entschuldigen (im Hinblick auf seine überdurchschnittliche Körperkraft) vor allem Herkules und behaupten, es könne am Pferd gelegen haben, das durch den starken Aufprall ins Stolpern geriet; denn, so meinen sie, hätte er auf seinen eigenen Füßen gestanden, wäre er nicht gestrauchelt. Die beiden Ritter schämten sich, von den beiden Mädchen abgeworfen worden zu sein.

Gleichwohl lieferten diese ihnen einen heftigen Kampf mit dem Schwert, der sich über einen langen Zeitraum erstreckte; aber ganz zum Schluss – und welch Wunder! denn nie gab es ein solches Paar – wurden die edlen Mädchen dann doch von ihnen gefangen genommen.

Diese Gefangennahme betrachteten Herkules und Theseus als eine so große Ehre, dass sie den Reichtum einer ganzen Stadt als Lösegeld ablehnten. Sie zogen sich sogleich auf ihr Schiff zurück, um sich auszuruhen und ihre Waffen abzulegen; sie meinten, eine große Tat vollbracht zu haben. Den edlen Mädchen ließen sie viel Ehre angedeihen, und als sie sahen, wie schön und lieblich diese ohne Waffen waren, verdoppelte sich ihre Freude, denn noch nie zuvor hatten sie eine so angenehme Beute errungen, und betrachteten sie mit großem Vergnügen.

Als die Königin mit einem starken Heer gegen die Griechen anrückte, erreichte sie die Nachricht von der Gefangennahme der beiden Mädchen, die sie ungemein schmerzte. Weil sie aber befürchtete, man würde die gefangenen Mädchen schlechter behandeln, wenn sie gegen die Griechen vorrückte, hielt sie nun inne und ließ ihnen durch zwei ihrer Edelfrauen ausrichten, sie möchten ein beliebiges Lösegeld für die Mädchen festsetzen und sie würde es ihnen schicken. Herkules und Theseus empfingen die Botinnen in allen Ehren und antworteten höflich: Wenn die Königin mit ihnen Frieden schließen und, gemeinsam mit ihren Edelfrauen, zusagen wolle, sich nie gegen die Griechen zu bewaffnen, sondern freundschaftliche Beziehungen zu ihnen zu pflegen, dann versprächen sie ihnen, die Mädchen gänzlich freizulassen und kein anderes Lösegeld zu verlangen als lediglich ihre Rüstungen; denn diese wollten sie unbedingt besitzen, um der Ehre willen und in ewiger Erinnerung an jenen Sieg, den sie über die edlen Jungfrauen davongetragen hatten. Da die Königin die beiden Mädchen, die sie sehr liebte, wiederhaben wollte, sah sie sich gezwungen, Frieden mit den Griechen zu schließen. Dann wurde so lange über diese Angelegenheit verhandelt und unter ihnen geschlichtet, bis die Königin ohne Waffen, umgeben von einem so schönen und reich geschmückten Gefolge edler Frauen und Mädchen, wie es die Griechen noch niemals erblickt hatten, ihnen entgegenging, um mit ihnen zu feiern und den Frieden zu bekräftigen, was voller Freude geschah. Aber dennoch missfiel es Theseus sehr, Hippolyte aus seiner Gewalt zu entlassen, denn schon war er in Liebe zu ihr entbrannt. Deshalb fragte Herkules an seiner Stelle die Königin, ob sie es erlaube, diese zur Frau zu nehmen und in sein Land heimzuführen. Daraufhin wurden großartige Hochzeitsfeierlichkeiten begangen, und danach brachen die Griechen auf. Auf diese Weise nahm Theseus Hippolyte mit, die später von diesem einen Sohn namens Hippolytos bekam; dies war ein hervorragender und über die Maßen berühmter Ritter. Als man aber in Griechenland erfuhr, mit den Amazonen sei Frieden geschlossen worden, herrschte eine unglaubliche Freude, denn es gab niemanden, vor dem sich die Griechen mehr fürchteten.

XIX. VON DER KÖNIGIN PENTHESILEA* UND WIE SIE TROJA ZUHILFE KAM

Diese Königin Oreithyia lebte lange, hielt das Reich Amazonien in großem Wohlstand, vergrößerte seine Macht beträchtlich und war schon sehr alt, als sie starb. Daraufhin krönten die Amazonen ihre edle Tochter, die sehr tapfere Penthesilea, die sich vor allen anderen die Krone der Klugheit, der Ehre, der Tapferkeit und des Mutes trug. Diese wurde weder des Waffentragens noch des Kämpfens jemals überdrüssig; mehr als je zuvor wuchs durch sie die Macht der Amazonen, denn sie gönnte sich keine Ruhe, und ihre Feinde fürchteten sie so sehr, dass niemand es wagte, ihr Widerstand zu leisten. Von so großem Stolz war jene Frau, dass sie sich nie dazu herabließ, sich mit einem Mann zu paaren und zeit ihres Lebens Jungfrau blieb. Zu ihren Lebzeiten fand der große Krieg zwischen Griechen und Trojanern statt. Wegen des großen Ruhms, der überall von der übergroßen Tapferkeit und Ritterlichkeit Hektors von Troja kündete und diesen als kühnsten und höfischsten Ritter der Welt erscheinen ließ, und weil es stets so ist, dass jeder seinesgleichen liebt, verfiel Penthesilea, die edelste aller Frauen der ganzen Welt, die ständig so zahlreiche Ruhmestaten vom tapferen Hektor verkünden hörte, in eine ehrenhafte und starke Liebe zu ihm und begehrte über alle Maßen, ihn zu sehen. Um sich diesen Wunsch zu erfüllen, verließ sie mit großem Gefolge ihr Reich und zog, begleitet von edlen, tapferen und mit kostbaren Waffen versehenen Frauen und Mädchen, nach Troja; der Weg dahin war nicht kurz, sondern sehr weit. Aber einem liebenden Herzen, das von einem starken Begehren erfüllt ist, erscheint nichts lang oder beschwerlich. Die edle Königin Penthesilea gelangte nach Troja, jedoch zu spät; denn sie fand Hektor bereits tot. Er war von Achilles in der Schlacht aus dem Hinterhalt getötet worden, und mit ihm war die Blüte der trojanischen Ritterschaft dahingeschieden. In Troja wurde Penthesilea von König Priamos, der Königin Hekabe und allen Edelleuten in großen Ehren empfangen. Aber es schmerzte sie so sehr, Hektor nicht mehr lebendig angetroffen zu haben, dass nichts sie erfreuen konnte. Der König und die Königin jedoch, die ohne Unterlass um ihren toten Sohn Hektor trauerten, sagten ihr, sie würden ihn ihr tot zeigen, da sie ihn ihr nicht lebendig hätten zeigen können. Sie führten sie in den Tempel, wo sie sein Grab hatten errichten lassen, das kostbarste und prunkvollste aller Gräber, von denen die Geschichtswerke berichten. Dort, in einer prächtigen Kapelle ganz aus Gold und Edelsteinen, vor dem ihren Göttern geweihten Hauptaltar, saß Hektors Leiche auf einem Thronsessel und war so einbalsamiert und hergerichtet, dass es den Anschein hatte, er sei wirklich lebendig: In seiner Hand hielt er das blanke Schwert, und es schien, als drohe sein stolzes Gesicht immer noch den Griechen. Dort war er, gehüllt in ein großes, weites Gewand, ganz aus feinem Gold gewebt, geschmückt und durchwirkt mit Edelsteinen, das bis auf den Boden reichte und die unteren Körperteile bedeckte; diese hatte man in edlen Balsam getaucht, der einen wunderbaren starken Geruch verbreitete. Dort ehrten die Trojaner diesen Leichnam, als hätte es sich um eine ihrer Gottheiten gehandelt, mit einem großen Wachsleuchter und übergroßer Helligkeit, niemand könnte den dort zur Schau gestellten Reichtum in Worte fassen. Dorthin führten sie die Königin Penthesilea, die, sobald die Kapelle geöffnet war und sie den Leichnam erblickte, niederkniete und ihm huldigte, als weilte er noch unter den Lebenden. Dann näherte sie sich ihm und schickte sich, während sie aufmerksam sein Gesicht betrachtete, weinend an, Folgendes zu sagen:

›Ach! Blüte und Vollendung weltlichen Rittertums, Spitze, Gipfel und höchste Vollkommenheit aller Tapferkeit, wer kann sich von nun an, nach Euch, jemals der Tapferkeit rühmen oder ein Schwert gürten, da nun das Licht und das Vorbild so großen Edelmuts erloschen ist?

Wehe! zu welcher Stunde wurde der verfluchte, ruchlose Arm geboren, der es wagte, aus purem Übermut die Welt eines so großen Schatzes zu berauben? Oh überaus edler Fürst, weshalb hat mir Fortuna so übel mitgespielt, dass ich nicht in Eurer Nähe weilte, als der Verräter, der Euch dieses zufügte, Euch auflauerte? Nie wäre dies geschehen, denn ich hätte Euch sehr wohl davor behütet. Und wenn er jetzt noch lebte, so würde ich mit Sicherheit an ihm Euren Tod, den großen Zorn und den Schmerz rächen, den mein Herz verspürt, wenn ich Euch so leblos sehe, ohne mit mir, die ich so sehr danach verlange, sprechen zu können. Aber da Fortuna es nun einmal so bestimmt hat und es nicht anders sein kann, schwöre ich bei allen hohen Göttern, die wir fürchten, und verspreche und versichere Euch, mein teurer Herr, dass, so lange mein Herz noch von Leben erfüllt ist, Euer Tod von mir an den Griechen gerächt werden wird!‹ Auf diese Weise vor dem Leichnam kniend, sprach Penthesilea mit so lauter Stimme, dass eine große Anzahl von Edelleuten, adligen Frauen und Rittern, die sich dort aufhielten, sie vernehmen konnten; alle weinten vor Mitleid, und sie brachte es nicht übers Herz, von dort fortzugehen. Indes küsste sie schließlich die Hand, in der er das Schwert hielt, und schied mit den Worten: ›Oh Zier und Vorbild der Ritterschaft, welch ein Held müsst Ihr zu Euren Lebzeiten gewesen sein, wenn von der Zurschaustellung Eures Leichnams immer noch so viel Hoheit ausgeht!‹ Dann schied sie leise weinend. Sie bewaffnete sich, so schnell sie konnte, und zog mit ihrem gesamten Heer in überaus prächtiger Ausstattung gegen die Griechen, die die Belagerung durchführten. Um mit wenigen Worten ihre Taten wiederzugeben: Mit Sicherheit schlugen sie und ihre Truppe sich so bravourös, dass niemand von den Griechen nach Griechenland zurückgekehrt wäre, wenn sie länger gelebt hätte. Sie schlug

Pyrrhos, den Sohn des Achill, seines Zeichens ein sehr tapferer Ritter, und richtete ihn so zu, dass er beinahe das Leben gelassen hätte. Nur mit großer Mühe retteten ihn seine Leute und trugen ihn wie tot von dannen; die Griechen glaubten bereits, er käme nicht mehr mit dem Leben davon und trauerten sehr um ihn, denn er war ihre ganze Hoffnung. Weil Penthesilea den Vater hasste, ließ sie es auch den Sohn verspüren. Um es kurz zu machen: Zwar vollbrachte die überaus tapfere Penthesilea noch bis zum Schluss erstaunliche Heldentaten, nachdem sie mehrere Tage lang mit ihrer Truppe so sehr gekämpft hatte, dass die Griechen beinahe alle besiegt waren. Pyrrhos, der sich von seinen Verwundungen erholt hatte, verspürte große Trauer und Scham, weil er von ihr niedergeworfen und misshandelt worden war, und befahl den Leuten seines Heeres, die äußerst kampflustig waren, sich in der Schlacht nur das eine Ziel zu setzen, nämlich Penthesilea zu umzingeln und von den Ihren abzusondern, denn er wollte sie eigenhändig töten. Für den Fall eines Erfolges versprach er ihnen eine große Belohnung. Die Leute des Pyrrhos brauchten lange, bis sie das fertigbrachten, denn wegen der gewaltigen Hiebe, die Penthesilea austeilte, fürchteten sie sich, ihr allzu nahe zu kommen. Aber sie schafften es schließlich eines Tages, an dem sie so sehr gekämpft hatte, dass es für einen Tag Trauer um Hektor genügen musste und sie entsprechend müde war, sie zu umzingeln, von ihrem Heer zu isolieren und die edlen Frauen so sehr zu bedrängen, dass sie ohne Hilfe dastand. Daraufhin zerschlug man ihr alle ihre Waffen, obwohl sie sich mit erstaunlicher Tapferkeit zur Wehr setzte, und hieb ihr ein großes Stück aus dem Helm. Pyrrhos war dort, der, beim Anblick ihres entblößten Hauptes und des hervorquellenden blonden Haares, ihr einen so starken Schlag auf den Kopf versetzte, dass er ihr den Kopf und das Gehirn zerhieb. Und so endete die überaus tapfere Penthesilea – für die Trojaner ein herber Verlust, für ihr gesamtes Land Anlass zu tiefer Traurigkeit. Große Trauer trug man dort, und zu Recht, denn nie wieder regierte eine ähnliche Herrscherin über die Amazonen, die unter Schmerzensrufen den Leichnam in ihre Heimat zurückbrachten.

Und so, wie du es hast vernehmen können, entstand und behauptete sich das Königreich der Frauen, war sehr mächtig und hatte eine Lebensdauer von mehr als achthundert Jahren. Anhand der Einteilung der Geschichtswerke kannst du dir selbst die Dauer dieses Reiches von seinen Anfängen bis zu seiner Einnahme durch den großen Welteroberer Alexander ausrechnen, denn es sieht so aus, als hätten zu seinen Lebzeiten das Reich und die Herrschaft der Amazonen noch bestanden. Die Chronik seiner Regierungszeit berichtet nämlich, wie er in jenes Reich zog und dort von der Königin und den edlen Frauen empfangen wurde. Jener Alexander lebte aber lange Zeit nach der Zerstörung Trojas und sogar noch mehr als vierhundert Jahre nach der Gründung Roms, die lange Zeit nach dem Untergang Trojas stattfand. Wenn du nun die Mühe auf dich nehmen willst, die Geschichtswerke untereinander zu vergleichen, um die Anzahl der Jahre zu berechnen, so wirst du herausfinden, dass jenes Reich und die Herrschaft der Frauen eine sehr lange Lebensdauer hatten. Ferner wirst du feststellen, dass man in keinem einzigen der Reiche von ähnlicher Dauer, die es auf der Erde gegeben hat, auf eine größere Anzahl berühmter Fürsten oder auf bedeutendere Helden stößt, als es die Königinnen und edlen Frauen jenes Amazonenreiches waren.

XX. HIER IST VON ZENOBIA*, DER KÖNIGIN DER PALMYRER, DIE REDE.

Die Frauen des Amazonenreiches waren nicht die einzigen tapferen Frauen: Kaum weniger Ruhm gebührt der mutigen Zenobia, der Königin der Palmyrer, einer Frau sehr vornehmen Geblüts, die von den Ptolemäern, den ägyptischen Königen, abstammte. Von Kindesbeinen an zeigten sich bei dieser vornehmen Frau ihr großer Mut und ihre Neigung zum Ritterhandwerk. Kaum herangewachsen, konnte niemand sie davon abhalten, den Aufenthaltsort der befestigten Städte, der königlichen Paläste und Kemenaten zu verlassen, um in den Wäldern und Forsten zu leben, wo sie, mit einem Schwert und mit Pfeilen ausgerüstet, mit großem Eifer Wild zur Strecke brachte. Dann ging sie von den Hirschen und Rehen dazu über, mit Löwen, Bären und anderen wilden Tieren zu kämpfen, die sie furchtlos angriff und wunderbarerweise besiegte. Dieser edlen Frau machte es nichts aus, im Wald zu schlafen, furchtlos, sommers wie winters auf der harten Erde; ebenso wenig bekümmerte es sie, durch die engen Schluchten der Wälder hindurch den Tieren nachzusetzen, auf Berge zu klettern und in Tälern umherzuschweifen. Diese Jungfrau war jeder Form von körperlicher Liebe abhold und lehnte lange Zeit eine Heirat ab, weil sie ihr ganzes Leben lang ihre Jungfräulichkeit bewahren wollte. Auf Druck ihrer Eltern nahm sie schließlich den König der Palmyrer zum Gatten, dessen Körper und Gesicht von großer Schönheit waren. Über die Maßen schön war auch die edle Zenobia, die allerdings wenig Aufhebens um ihre Schönheit machte; und Fortuna war ihrer Neigung so günstig, dass sie ihr einen Mann gewährte, der ihren Lebensgewohnheiten recht gut entsprach. Jener König, der von überaus edler Gesinnung war, hatte die Absicht, mit Waffengewalt den gesamten Orient und die umgebenden Reiche zu erobern. Es war die Zeit, als sich Valerian, der über das Römische Resch herrschte, in der Hand des Perserkönigs Sapor befand. Der König der Palmyrer rief sein gewaltiges Heer zusammen; da schickte sich Zenobia an, die sich nicht viel um die Erhaltung ihrer Frische und Schönheit scherte, die Mühsal des Kriegshandwerks gemeinsam mit ihrem Mann zu tragen: Sie legte eine Rüstung an und teilte mit ihm alle Strapazen einer kriegerischen Existenz. Der König, der Odaenathus hieß, bestimmte einen Sohn aus einer anderen Ehe mit Namen Herodes dazu, einen Teil seiner Armee als Vorhut anzuführen gegen den erwähnten Sapor, den König der Perser, der damals Mesopotamien besetzte. Dann ordnete er an, dass seine Frau Zenobia von der einen Seite mit einer großen Reiterschar auf ihn loszöge; er selbst, mit dem gesamten Drittel seines Heeres, würde von der anderen Seite vorstoßen. Mit dieser Anordnung zog er von dannen. Aber was soll ich dir darüber erzählen? Wie du den Chroniken entnehmen kannst, endete dieses Unternehmen damit, dass jene edle Zenobia sich dort so kraftvoll und mutig schlug und solche Kühnheit und Stärke an den Tag legte, dass sie mehrere Schlachten gegen den persischen König gewann und den Sieg davontrug; das ging so weit, dass sie durch ihre Tapferkeit Mesopotamien in die Gewalt ihres Mannes brachte. Schließlich belagerte sie Sapor in seiner Stadt, nahm ihn und seine Konkubinen mit Gewalt gefangen und eroberte einen großen Schatz.

Nach diesem Sieg geschah es, dass ihr Mann von einem seiner machthungrigen Verwandten ermordet wurde; aber das nützte letzterem gar nichts, denn die hochherzige Frau wusste sehr wohl seine ehrgeizigen Pläne zu vereiteln, denn beherzt und tapfer wie sie war, bemächtigte sie sich stellvertretend für ihre noch minderjährigen Kinder der Herrschaft über das Reich. Sie setzte sich selbst als Herrscherin auf den königlichen Thron, übte die Regierung mit großer Kompetenz und Umsicht aus und herrschte, das muss man schon sagen, mit so großer Klugheit und militärischer Disziplin, dass Galerius und nach ihm Claudius, beides römische Kaiser, es nicht wagten, irgendetwas gegen sie zu unternehmen, obwohl sie für die Römer einen Teil des Orients besetzt hielten. Ähnlich ging es den Ägyptern, den Arabern und den Armeniern: Sie fürchteten ihre Macht und ihren großen Stolz so sehr, dass sie völlig damit zufrieden waren, die Grenzen ihrer eigenen Länder zu behaupten. Jene edle Frau war von großer Weisheit und wurde von ihren Fürsten sehr verehrt, von ihrem Volk respektiert und geliebt und von ihren Rittern gefürchtet und geachtet; wenn sie zu Pferde unterwegs war, was häufig vorkam, sprach sie nur dann mit den Leuten ihres Heeres, wenn sie bewaffnet war und den Helm auf dem Kopf trug. Außerdem ließ sie sich in der Schlacht nicht in einer Sänfte herumtragen, wie es für die Könige damals üblich war, sondern saß stets auf dem Rücken eines flinken Schlachtrosses, und manchmal ritt sie unerkannt ihren Leuten voraus, um ihre Feinde zu erspähen.

Jene edle Zenobia, die bereits an ritterlicher Disziplin und Kunst allen Rittern der damaligen Welt überlegen war, übertraf gleichfalls alle übrigen edlen Frauen hinsichtlich ihres vornehmen, untadeligen Verhaltens und ihres ehrsamen Lebens; ihr Lebensstil war sehr einfach, sehr erhaben. Das hinderte sie jedoch nicht daran, häufig mit ihren Edelleuten oder mit ausländischen Gästen große Versammlungen oder Gastmähler zu veranstalten.

Bei solchen Gelegenheiten entfaltete sie große Pracht und königliche Freigiebigkeit in jedem Bereich, verteilte großzügige und schöne Geschenke und verstand es sehr wohl, mit ihrer Zuneigung und ihrem Wohlwollen hervorragende Menschen anzuziehen. Sie war von makelloser Keuschheit, denn sie hütete sich nicht nur vor den übrigen Männern, sondern wollte sogar mit ihrem Gemahl nur schlafen, um Nachkommenschaft zu haben: Dies bewies sie in aller Deutlichkeit, indem sie während der Zeit ihrer Schwangerschaften nicht bei ihm schlief.

Damit schließlich ihr Auftreten nach außen mit ihrer inneren Haltung übereinstimmte und diese bestätigte, achtete sie darauf, dass sich weder lüsterne Männer noch solche von zweifelhaftem Lebenswandelan ihrem Hof aufhielten, und sie verlangte von allen, die ihre Gunst erringen wollten, Ehrsamkeit und Wohlerzogenheit. Sie zeichnete Menschen aus um deren Güte, Tüchtigkeit und Tugenden willen, keineswegs jedoch aufgrund ihres Reichtums oder ihrer Herkunft, und schätzte Menschen von eher linkischem Auftreten sowie erfahrene Ritter.

Ihr Lebensstil war prächtig, extrem aufwendig und entsprach den Gepflogenheiten persischer Herrscher, deren Erhabenheit alle gemeinhin bei Königen üblichen Lebensgewohnheiten in den Schatten stellte. Die Mahlzeiten reichte man ihr in goldenen, edelsteingeschmückten und reichverzierten Gefäßen. Das Geld, das ihr zufloss, vereinigte sie mit ihrem eigenen Gut zu großen Schätzen und presste niemals jemandem etwas ab. Dort, wo es ihr sinnvoll schien, war sie vielmehr so freigiebig, dass sie jeden anderen Fürsten an Großzügigkeit und Hochherzigkeit übertraf.

Zu all diesen Dingen muss ich dir von der vornehmsten und wichtigsten ihrer Tugenden erzählen: Sie verfügte über profunde Kenntnisse in der Literatur, sowohl in der ägyptischen als auch in der ihrer eigenen Sprache. In ruhigen Zeiten widmete sie sich mit Fleiß dem Studium; sie wollte von dem Philosophen Longinus, der ihr Lehrer war und ihr die Grundlagen der Philosophie vermittelte, unterrichtet werden. Sie beherrschte die lateinische und die griechische Sprache, mit deren Hilfe sie selbst alle Geschichten unter knappen Begriffen ordnete und sie auf eine sehr merkwürdige Art wiedergab. Desgleichen verlangte sie, dass ihre Kinder, die sie sehr streng erzog, in die Wissenschaft eingeführt würden. Nun, teure Freundin, beachte und bedenke, ob du jemals im Leben oder in der Literatur irgendeinem Fürsten oder Ritter begegnet bist, der in umfassenderer Weise mit allen Tugenden gesegnet wäre.

XXI. VON DER EDLEN KÖNIGIN ARTEMISIA*

Kaum Geringeres als über die anderen tapferen Herrscherinnen lässt sich über die so edle, herausragende Herrscherin von Karien berichten. Als der Tod ihres Mannes, des Königs Mausolos, sie zur Witwe machte, brach ihr beinahe das Herz, denn sie liebte ihn sehr. Wie ich dir später noch erzählen werde, verblieben daraufhin zahlreiche Länder unter der Herrschaft dieser edlen Frau. Sie scheute jedoch keineswegs vor der Ausübung der Macht zurück und zeichnete sich durch unerschütterliche Tugend, vollkommenen Anstand und Umsicht in den Regierungsgeschäften aus. Ferner entwickelte sie große Kühnheit im ritterlichen Kampf und beherrschte dieses so gut, dass nach mehreren Siegen ihr Ruhm ins Unermessliche wuchs. Während ihrer Witwenschaft erwies sie sich nicht nur als eine äußerst umsichtige Herrscherin über ihr Land, sondern griff auch mehrfach zu den Waffen. Vor allem zwei Fälle sind berühmt: Einmal ging es um die Verteidigung ihres Landes, ein anderes Mal um die Wahrung eines Freundschaftspaktes und eines zuvor erteilten Versprechens. Das erste Mal handelte es sich um Folgendes: Als der bereits erwähnte König Mausolos, ihr Gemahl, starb, waren die Bewohner von Rhodos, die in unmittelbarer Nachbarschaft des Königreiches jener Adligen lebten, voller Machtgelüste und Verachtung angesichts der Tatsache, dass eine Frau über das Königreich von Karien herrschte. In der Hoffnung, sie zu verjagen und ihr Land erobern zu können, rückten sie mit einer riesigen Armee und einer starken Flotte gegen sie an und nahmen Kurs auf die Stadt Halikarnassos, die oberhalb des Meeres, an einem hochgelegenen und stark befestigten Ort namens Ikaros liegt. Diese Stadt verfügt über zwei Häfen. Einer davon befindet sich zwar innerhalb der Stadtmauern, ist jedoch völlig verborgen und nur über eine sehr enge Zufahrt erreichbar; vom Palast aus konnte man hinein- und hinausfahren, ohne von außen oder von den Stadtbewohnern gesehen zu werden. Der andere städtische Hafen liegt in der Nähe der Stadtmauern. Als die tapfere und weise Artemisia von ihren Spionen erfuhr, dass ihre Feinde anrückten, ließ sie ihre Mannen, von denen sie große Scharen hatte kommen lassen, bewaffnen. Bevor sie jedoch aufbrach, gab sie den Stadtbewohnern und einigen zuverlässigen Leuten, denen sie uneingeschränkt vertraute und die sie zu diesem Zwecke bestimmt und zurückgelassen hatte, die Anordnung, sie sollten bei einem gewissen, zuvor mit ihr vereinbarten Zeichen den Leuten von Rhodos ein Liebessignal geben, ihnen oben von den Stadtmauern zurufen und mitteilen, man übergäbe ihnen die Stadt, und dass sie [die Bewohner von Halikarnassos] mutig kommen und die anderen dazu bringen sollten, ihre Schiffe zu verlassen und sich zum Marktplatz der Stadt zu begeben. Nach dieser Anordnung verschwand die edle Frau mit ihrem gesamten Heer durch den kleinen Hafen und segelte über einen Umweg aufs offene Meer hinaus, ohne dass es die Feinde bemerkt hätten. Sobald sie das vereinbarte Zeichen gegeben und dem Signal der Stadtbewohner entnommen hatte, dass die Feinde eingedrungen waren, kehrte sie sogleich über den großen Hafen zurück, bemächtigte sich der feindlichen Flotte, zog in die Stadt und ließ die Leute von Rhodos mit aller Macht und von allen Seiten aus dem Hinterhalt angreifen, woran sie sich mit ihrem Heer beteiligte. Auf diese Weise tötete und vernichtete sie alle und trug den Sieg davon. Aber ein noch größeres Zeugnis ihrer Tapferkeit lieferte Artemisia: Sie bestieg dann mit ihrem gesamten Heer die feindlichen Schiffe, segelte nach Rhodos und flaggte das Siegeszeichen, gerade so, als wenn die Landesbewohner siegreich heimkehrten. Als die Einheimischen sie so sahen und annahmen, es handle sich um ihre Landsleute, da freuten sie sich sehr und ließen ihren Hafen geöffnet. Artemisia fuhr hinein, bestimmte einige Krieger dazu, für sie den Hafen besetzt zu halten und marschierte geradewegs auf den Palast zu. Dort nahm sie alle Fürsten gefangen und tötete sie; in gleicher Weise wurden die arglosen Bewohner von Rhodos gefangengenommen, und die edle Frau bemächtigte sich der Stadt und bald danach der gesamten Insel Rhodos. Nachdem sie diese gänzlich unter ihre Macht gebracht und tributpflichtig gemacht hatte, ließ sie sie, besetzt von zuverlässigen Leuten, zurück und wandte sich von ihr ab. Bevor sie jedoch losfuhr, ließ sie in der Stadt zwei erzene Standbilder anfertigen; das eine stellte Artemisia als Siegerin, das andere die Stadt Rhodos als Besiegte dar.

Die andere erinnerungswürdige Ruhmestat von all denen, die diese edle Frau vollbrachte, war folgende: Der persische König Xerxes war gegen die Lakedaimonier angerückt; das ganze Land quoll bereits über von seinen Reitern, seinem Fußvolk und seinem großen Heer; das Ufer war voll und besetzt von seiner Flotte und seinen Gefolgsleuten, und Xerxes verhielt sich wie jemand, der ganz Griechenland zu vernichten beabsichtigte. In diesem Augenblick gingen die Griechen, die mit jener Königin Artemisia einen Freundschaftspakt hatten, diese um Hilfe an. Sie schickte ihnen keinen Beistand, sondern, tapfer wie sie war, zog sie selbst mit großem Heer los. Um es kurz zu machen: Sie hielt ihre Stellung dort so gut, begann sogleich den Kampf gegen Xerxes und schlug diesen vernichtend. Nachdem sie ihn auf dem Lande besiegt hatte, kehrte sie zu ihrer Flotte zurück, war vor seinem Schiff und lieferte ihm in der Nähe der Stadt Salamis eine Schlacht. Während dieses heftigen Kampfes befand sich die tüchtige Artemisia unter den höchsten Baronen und Anführern ihres Heeres, beruhigte diese und machte ihnen Mut durch größte Kühnheit; dabei sprach sie: ›Jetzt stürmt los, meine Brüder und edle Recken, auf dass die Ehre unser wird! Auf diese Weise erwerbt Ihr Lob und Ruhm, und ich werde mit meinen unendlichen Schätzen nicht geizen.‹ Kurz und gut: Sie agierte so geschickt, dass sie Xerxes, den sie bereits zu Lande besiegt hatte, auch auf dem Meer vernichtend schlug. Dieser floh in Schimpf und Schande und mit ihm eine gewaltige Zahl von Leuten; denn nach dem Zeugnis mehrerer Geschichtsschreiber besaß er ein so großes Heer, dass überall dort, wo sie vorbeizogen, der Lauf der Quellen und Flüsse versiegte. Auf diese Weise trug jene Heroine diesen großartigen Sieg davon und kehrte ruhmreich, geschmückt mit dem Diadem der Ehre, in ihre Heimat zurück.

XXII. HIER WIRD VON LILLI*, DER MUTTER DES TAPFEREN RITTERS THEODERICH, ERZÄHLT.

Selbst wenn die edle Lilli nicht persönlich an der Schlacht teilnahm, soll man sie deshalb nicht sehr loben für ihr extrem tapferes Handeln? Denn sie ermahnte nämlich, wie du gleich hören wirst, ihren Sohn, den unerschrockenen Ritter Theoderich, in den Kampf zurückzukehren. Dieser Theoderich war in seiner Zeit einer der bedeutendsten Fürsten im Palast des Kaisers von Konstantinopel; er war von übergroßer Schönheit, erfahren und tapfer im Ritterhandwerk und außerdem, dank der überaus guten Erziehung und der Ermahnungen seiner Mutter, sehr tugendhaft und von vorbildlichem Betragen. Nun geschah es, dass ein Fürst namens Odoaker gegen die Römer anrückte, in der Absicht, diese und ganz Italien, falls möglich, zu vernichten. Und da die besagten Römer den oben genannten Kaiser von Konstantinopel um Hilfe angingen, schickte dieser ihnen Theoderich, die Zierde seiner Ritterschaft, in Begleitung eines gewaltigen Heeres. Als er in geregelter Schlachtordnung gegen Odoaker kämpfte, wendete sich sein Geschick derartig gegen ihn, dass er sich aus Angst gezwungen sah, in der Nähe der Stadt Ravenna Zuflucht zu suchen. Als nun die hochherzige und weise Mutter, die die Schlacht mit großer Anteilnahme verfolgte, ihren Sohn fliehen sah, schmerzte sie das sehr, denn sie war der Meinung, man könne einem Ritter keinen größeren Vorwurf machen als den, während einer Schlacht das Weite gesucht zu haben. In diesem Augenblick ließ ihre hochherzige Gesinnung sie jegliches mütterliche Mitleid vergessen, sodass sie es vorzog, ihren Sohn einen ehrenvollen Tod sterben als mit einer derartigen Schmach befleckt zu sehen. Deshalb stellte sie sich ihm sogleich entgegen und bat ihn inständig, er möge durch eine solche Flucht nicht seine Ehre aufs Spiel setzen, sondern seine Leute sammeln und in die Schlacht zurückkehren. Aber da sich jener durch ihre Worte nicht weiter erschüttern ließ, packte die edle Frau ein gewaltiger Zorn; sie hob vorne ihr Gewand in die Höhe und sprach zu ihm: »Wahrlich, schöner Sohn, dann bleibt dir eben kein anderes Ziel für deine Flucht, als zurück in den Bauch, aus dem du kamst!« Da schämte sich Theoderich so sehr, dass er nicht weiter daran dachte zu fliehen, seine Leute sammelte und sich erneut dem Kampf stellte; angestachelt durch die Scham, die er bei den Worten seiner Mutter empfand, schlug er sich dort so tapfer, dass er seine Feinde vernichtete und Odoaker tötete. Ganz Italien, das Gefahr lief unterzugehen, wurde so dank der Klugheit jener edlen Frau befreit. Die Ehre dieses Sieges gebührt, so scheint mir, eher der Mutter als dem Sohn.

XXIII. HIER IST NOCH EINMAL VON KÖNIGIN FREDEGUNDE* DIE REDE.

Ähnlich groß war die kämpferische Kühnheit jener fränkischen Königin Fredegunde, von der ich dir weiter oben erzählt habe; denn als sie, wie ich dir bereits kurz berichtete, die Witwe ihres Gemahls, des Königs Chilperich, wurde, ihr Sohn Chlothar aber noch ein Säugling war und Krieg im Königreich ausbrach, da richtete sie folgende Worte an die Edelleute: ›Edle Herren, erschreckt nicht angesichts der großen Zahl Feinde, die sich auf uns zubewegen. Ich habe mir nämlich ein Täuschungsmanöver ausgedacht, mit dessen Hilfe wir siegen werden; jedoch müsst ihr mir vertrauen. Ich will jede weibliche Furcht aufgeben und mein Herz mit männlicher Kühnheit wappnen, um Euren Mut und den unserer Mannen, aus Mitleid mit Eurem jungen Prinzen, wachsen zu lassen. Deshalb werde ich, mit dem Kind auf dem Arm, allen vorangehen, und Ihr werdet mir folgen; und alles, was ich dem Konnetabel zu tun befohlen habe, das müsst auch tun!‹ Die Barone antworteten, sie möge nur befehlen, sie wollten ihr in allen Dingen bereitwillig gehorchen. Sie ließ das gesamte Heer eine schöne Aufstellung nehmen; dann setzte sie sich an seine Spitze, hoch zu Ross, ihren Sohn auf dem Arm, gefolgt von den Baronen, und ganz zum Schluss kamen die Reiterheere. So ritten sie bis zum Anbruch der Nacht ihren Feinden entgegen und erreichten dann einen Wald. Dort schnitt der Konnetabel einen großen Zweig von einem Baum, und alle anderen taten ein Gleiches. Sie bedeckten alle ihre Pferde mit Maiengrün, und an manchen brachten sie Glocken und Glöckchen an, mit denen man Pferde versieht, die auf die Weide gehen. So ausgestattet, ritten sie dicht aneinandergedrängt an den Behausungen ihrer Feinde vorbei und hielten die großen, belaubten Zweige des Maiengrüns in der Hand. Kühn wie sie war, ritt die Königin immer noch an der Spitze, ermahnte alle, unter Zuhilfenahme von Versprechungen und sanften Worten, das Richtige zu tun, und hielt dabei den kleinen König auf dem Arm; die Barone, alle von großem Mitleid erfüllt und nun stärker für die Wahrung seines Rechts motiviert, folgten. Als sie meinten, sich ihren Feinden genügend genähert zu haben, hielten sie an und verharrten in völliger Lautlosigkeit. Beim Hereinbrechen der Morgendämmerung schickten sich die Späher des feindlichen Heeres, die sie sahen, an zu sagen: »Schaut, was für ein großes Wunder sich ereignet hat: Gestern Abend noch gab es in unserer Nähe weder Busch noch Wald, und nun steht dort ein riesiger, dichter Wald!« Die anderen, die sich dies anschauten, sagten, der Wald hätte schon vorher existiert haben müssen, das könne gar nicht anders sein; sie seien lediglich zu blöd gewesen, ihn wahrzunehmen; und dass es sich wahrhaftig um einen Wald handle, das bewiesen die Glocken der weidenden Pferde und Tiere. Wie sie also dergestalt miteinander diskutierten und nicht im entferntesten an eine List dachten, da warfen plötzlich die Leute des königlichen Heeres ihr Laubwerk ab. Was zuvor in den Augen ihrer Feinde Buschwerk zu sein schien, das entpuppte sich nun als bewaffnete Reiter. Diese stürzten sich auf sie, und zwar so plötzlich, dass den Feinden keine Zeit blieb, zu den Waffen zu greifen; sie lagen auch noch alle auf ihrem Lager ausgestreckt. Die Franken drangen daraufhin in die feindlichen Behausungen ein, töteten alle Leute und machten Gefangene. Auf diese Weise trugen sie dank Fredegundes Klugheit den Sieg davon.

XXIV. HIER IST VON DER JUNGFRAU CAMILLA* DIE REDE.

Über hervorragende und kühne Frauengestalten könnte ich dir viel erzählen; die Jungfrau Camilla stand an Tapferkeit den Obengenannten nicht nach. Jene Camilla war die Tochter eines sehr alten Volskerkönigs namens Metabus. Ihre Mutter starb bei ihrer Geburt, und bald darauf wurde ihr Vater von seinen eigenen gegen ihn rebellierenden Untertanen um seinen Besitz gebracht. So weit trieben diese es, dass er außer Landes fliehen musste, um sein Leben zu retten; dabei nahm er nichts mit als Camilla, seine zärtlich geliebte Tochter. Als er nun an einen breiten Fluss gelangte, den er schwimmend durchqueren musste, sah er sich in großer Verlegenheit, wusste er doch nicht, wie er sein Töchterchen hinüberbringen sollte. Nachdem er jedoch längere Zeit über dieses Problem nachgedacht hatte, riss er von den Bäumen große Korkstücke und fertigte daraus ein schiffchenähnliches Behältnis. Nun setzte er das Kind hinein, befestigte ohne weiter zu fackeln sein Schiffchen mit Hilfe starker Efeuranken an seinem Arm, ließ sich ins Wasser gleiten, zog schwimmend das Schiffchen hinter sich her und brachte so sich und sein Töchterchen sicher zum anderen Ufer. Jener König hielt sich im Wald auf, denn aus Angst vor den Spähern seiner Feinde wagte er es nicht, an einen anderen Ort zu gehen. Er ernährte seine Tochter mit der Milch wilder Rehkühe, bis sie kräftiger und größer geworden war und kleidete sich und das junge Mädchen in das Fell der Tiere, die er erlegte; sie hatten weder ein anderes Lager noch eine andere Decke. Als sie größer war, machte sie sich mit Eifer daran, die wilden Tiere zu bekämpfen und sie mit der Schleuder und mit Steinen zu töten; sie verfolgte sie und war dabei flinker als ein Windhund. Dies betrieb sie, bis sie erwachsen war; zu diesem Zeitpunkt verfügte sie über eine erstaunliche Kraft, Leichtigkeit und Kühnheit. Nachdem sie ihr Vater über das Unrecht aufgeklärt hatte, das seine Untertanen an ihm begangen hatten, verließ sie, die sich sehr stark und mutig fühlte, den Wald und griff zu den Waffen. Kurz und gut: Sie unternahm so viel und handelte so überlegt, dass sie selbst in erbitterten Kämpfen, unterstützt von einigen Verwandten, es schaffte, ihr Land durch Waffengewalt zurückzuerobern. Später gab sie das Waffenhandwerk nicht auf und erwarb in dieser Hinsicht erstaunlichen Ruhm. Aber so stolz war ihr Sinn, dass sie sich niemals dazu herabließ, einen Gatten zu nehmen oder sich mit einem Manne zu paaren. Jene Camilla war die Jungfrau, die, wie in den Geschichtswerken erwähnt wird, Turnus gegen Aeneas zu Hilfe kam, als er nach Italien zog.

XXV. HIER IST VON DER KÖNIGIN VERONIKA VON KAPPADOKIEN DIE REDE.

In Kappadokien gab es eine Königin namens Veronika; als Tochter des mächtigen Königs Mithridates, der einen großen Teil des Orients beherrschte, war sie vornehmer Abstammung und Gesinnung und die Gemahlin des Königs Ariarathes von Kappadokien. Diese Frau wurde Witwe, und während ihrer Witwenschaft zettelte ein Bruder ihres verstorbenen Gatten einen Krieg gegen sie an, um sie und ihre Kinder um ihr Erbe zu bringen. Als in diesen Kämpfen ein Onkel in einer Schlacht zwei seiner Neffen, das heißt: die Söhne ebenjener Dame, tötete, schmerzte sie das sehr, und ihre Wut befreite sie von jeglicher weiblichen Furcht. Deshalb griff sie selbst zu den Waffen, zog mit einem großen Heer gegen ihren Schwager und war schließlich so erfolgreich, dass sie ihn eigenhändig tötete, mit ihrem Wagen über ihn hinwegfuhr und in der Schlacht den Sieg errang.

XXVI. HIER WIRD VON CLELIAS* KÜHNHEIT ERZÄHLT.

Die edle Römerin Clelia war eine kühne, kluge Frau, obgleich sie das nicht in einem Krieg oder einer Schlacht bewies. Vielmehr verhielt es sich so, dass eines Tages, aufgrund bestimmter fester Zusagen zwischen ihnen und einem ehemals feindlichen König, die Römer zur Bekräftigung derselben ihm als Geiseln die edle Jungfrau Clelia und weitere vornehme römische Jungfrauen schicken mussten. Als dieser Zustand schon eine geraume Zeit angedauert hatte, dachte sie bei sich, es füge der Ehre der Stadt Rom gewaltigen Schaden zu, wenn sich so viele edle Jungfrauen als Gefangene in der Hand eines ausländischen Königs befänden. Deshalb wappnete Clelia ihr Herz mit großer Kühnheit, und es gelang ihr, mit süßen Worten und Versprechungen listig ihre Wächter zu täuschen, des Nachts auszubrechen, ihre Gefährtinnen mitzunehmen und bis ans Ufer des Tiber zu kommen. Auf einer Wiese dort fand Clelia ein weidendes Pferd. Da bestieg sie es, die im übrigen noch nie auf einem Pferd gesessen hatte, und, ohne sich auch nur im geringsten zu fürchten angesichts der Tiefe des Wassers, setzte sie eine ihrer Gefährtinnen hinter sich und brachte sie zum anderen Ufer. Auf diese Weise holte sie eine nach der anderen wohlbehalten über und brachte sie nach Rom zu ihren Familien zurück.

Die Römer bewunderten die Kühnheit jener Jungfrau sehr, und selbst der König, der sie als Geisel gefangen gehalten hatte, achtete sie aus ebendiesem Grunde und hatte sein Vergnügen an dieser Tat. Um die Erinnerung daran für immer lebendig zu halten, ließen die Römer Clelia als junges Mädchen auf einem Pferd malen und befestigten dieses Bild an erhabener Stelle auf dem Weg, der zum Tempel führte; dort blieb es lange Zeit hängen.

Doch nun sind die Fundamente unserer Stadt ausgehoben, und wir wollen damit beginnen, die hohe Mauer ringsum zu errichten.

XXVII. CHRISTINE FRAGT FRAU VERNUNFT, OB ES GOTT JEMALS GEFALLEN HABE, DEN WEIBLICHEN VERSTAND DURCH DIE ERHABENHEIT DER WISSENSCHAFTEN ZU ADELN; FERNER DIE ANTWORT, DIE FRAU VERNUNFT DARAUFHIN GIBT.

Nachdem ich mir dies alles angehört hatte, erwiderte ich der vornehmen Frau, deren Worte ohne Falsch waren: »Hohe Frau, Gott hat wahrhaftig Erstaunliches über die Kraft jener Frauen, von denen Ihr erzählt, offenbart. Aber ich bitte Euch, macht mich auch in einer anderen Hinsicht schlau: Hat es eigentlich jenem Gott, der den Frauen so zahlreiche Begünstigungen gewährte, auch gefallen, einige von ihnen mit überlegener Intelligenz und großer Gelehrsamkeit auszuzeichnen? Außerdem: Sind sie überhaupt genügend intelligent für solche Dinge? Dies interessiert mich ganz besonders, behaupten doch die Männer mit großer Beharrlichkeit, der weibliche Verstand sei von nur beschränktem Auffassungsvermögen.«

Antwort: »Tochter, du kannst schon anhand dessen, was ich zuvor dargelegt habe, erkennen, dass das genaue Gegenteil dieser ihrer Meinung zutrifft. Dies will ich dir ausführlicher darlegen und mit Beispielen beweisen. Noch einmal sage ich dir mit allem Nachdruck: Wenn es üblich wäre, die kleinen Mädchen eine Schule besuchen und sie danach, genau wie die Söhne, die Wissenschaften erlernen zu lassen, dann würden sie genauso gut lernen und die letzten Feinheiten aller Künste und Wissenschaften ebenso mühelos begreifen wie jene. Zudem gibt es ja solche Frauen. Wie ich dir weiter oben erläutert habe, verhält es sich folgendermaßen: Je stärker die Frauen den Männern an Körperkraft unterlegen, je schwächer und je weniger geschickt sie zu gewissen Dingen sind, umso mehr entfalten sie überall dort eine leichtere und subtilere Auffassungsgabe, wo sie sich wirklich ins Zeug legen.«

»Was sagt Ihr da, hohe Frau? Ich bitte Euch, verweilt doch noch einen Augenblick bei diesem Punkt, wenn es Euch genehm ist. Diese Streitfrage wird für die Männer niemals geklärt sein, es sei denn, sie würde erschöpfend beantwortet; denn sie würden mit dem Argument kommen, man beobachte doch allenthalben, wie unendlich überlegen die Männer den Frauen hinsichtlich ihres Wissens seien.«

Antwort: »Weißt du denn, weshalb Frauen weniger wissen?«

»Nein, edle Frau – bitte sagt es mir.«

»Ganz offensichtlich ist dies darauf zurückzuführen, dass Frauen sich nicht mit so vielen verschiedenen Dingen beschäftigen können, sondern sich in ihren Häusern aufhalten und sich damit begnügen, ihren Haushalt zu versehen. Doch nichts schult vernunftbegabte Wesen so sehr wie der Umgang mit zahlreichen verschiedenartigen Dingen und ihre Erfahrung .«

»Edle Frau, wenn sie also über einen ebenso aufnahme- und lernfähigen Verstand verfügen wie die Männer: Weshalb lernen sie dann nicht mehr?«

Antwort: »Tochter, weil es für die Gesellschaft nicht notwendig ist, dass Frauen sich um das kümmern, was, wie ich dir zuvor erklärt habe, den Männern aufgetragen worden ist. Es reicht, wenn sie den gewöhnlichen Pflichten nachkommen, für die sie eingesetzt werden. Und deshalb urteilt man vom bloßen Augenschein, dass üblicherweise Frauen weniger als Männer wissen, dass sie über eine geringere Intelligenz verfügen. Nun schau dir aber einmal die bäuerlichen Bewohner des Flachlandes oder die Bergbewohner an. In verschiedenen anderen Gegenden wirst du ebenfalls Wesen antreffen, die in ihrer Einfalt Tieren gleichen. Und dennoch kann es nicht den geringsten Zweifel geben: Die Natur hat sie mit ebenso vielen körperlichen und geistigen Gaben ausgestattet wie die weisesten und erfahrensten Männer, die in den Städten und Kommunen leben. Dies alles ist jedoch mit mangelnder Bildung zu erklären, auch wenn ich dir gesagt habe, unter den Männern und den Frauen seien manche eben klüger als andere. Dass es sehr gelehrte und über die Maßen kluge Frauen gab, lege ich dir im Folgenden dar, und zwar im Zusammenhang mit dem, was ich dir über die Gleichheit von weiblicher und männlicher Intelligenz sagte.

XXVIII. SIE BEGINNT, VON EINIGEN FRAUEN ZU ERZÄHLEN, DIE VON GROSSER GELEHRSAMKEIT ERLEUCHTET WAREN, UND SPRICHT ZU BEGINN VON DER EDLEN JUNGFRAU CORNIFICIA.

Die edle Jungfrau Cornificia wurde in ihrer Kindheit dank einer listigen Täuschung gemeinsam mit ihrem Bruder Cornificius zum Unterricht geschickt. Aber dieses erstaunlich kluge kleine Mädchen erreichte ein so hohes Bildungsniveau, dass sie begann, den süßen Geschmack am Erwerb von Wissen zu verspüren. Deshalb war es kein Leichtes, ihr dieses Vergnügen zu nehmen, dem sie sich mit Leib und Seele verschrieben hatte, nachdem sie alle anderen weiblichen Tätigkeiten vernachlässigt hatte. Sie beschäftigte sich längere Zeit so intensiv mit dem Studium, dass sie eine hervorragende Dichterin wurde. Ferner beherrschte sie nicht nur die Wissenschaft der Dichtkunst und war in diesem Bereich ebenso brillant wie erfahren, sondern schien mit der Milch der Lehre von der perfekten Philosophie genährt: Denn sie begehrte alle Wissenschaften zu erfassen und zu beherrschen und hatte in allem hervorragende Kenntnisse. Das ging so weit, dass sie ihren Bruder, einen überaus bedeutenden Dichter, an höchster Gelehrsamkeit übertraf. Ferner begnügte sie sich nicht mit bloßem Wissen, sondern schaltete ihren Verstand ein, griff zur Feder und stellte so mehrere äußerst bemerkenswerte Bücher zusammen. Diese Schriften und Traktate erfreuten sich zur Zeit des heiligen Gregorius, der sie auch erwähnt, großer Wertschätzung. Der große italienische Dichter Boccaccio lobte diese Frau in seinem Buch und sagte über sie: ›Oh! Höchste Ehre gebührt der Frau, die jegliches weibliche Tun aufgegeben und ihren Geist auf hoch wissenschaftliche Studien gerichtet und sich diesen gewidmet hat!‹ Außerdem spricht jener Boccaccio – und bestätigt damit das, was ich dir sagte – von dem Irrtum der Frauen, die an sich selbst und ihrer Intelligenz zweifeln. Als wären sie in den Bergen geboren und wüssten nicht, was gut und ehrenvoll sei, sind sie verzagt und behaupten, sie taugten zu nichts anderem als Männer zu umarmen und Kinder auszutragen und großzuziehen. Dabei hat sie Gott mit einem scharfen Urteilsvermögen versehen, um dieses, wenn sie es nur wollen, in allen Bereichen einzusetzen, in denen die ehrenwerten, hervorragenden Männer tätig sind. Wenn sie sich ernsthaft mit diesen Dingen beschäftigen wollen, dann werden diese ihnen ebenso vertraut wie den Männern, und wenn sie sich ernsthaft ins Zeug legen, dann können sie ewigen Ruhm erlangen, dessen Besitz. den vorzüglichsten Männern äußerst angenehm ist. Teure Tochter, du siehst daran, wie jener Schriftsteller Boccaccio das bekräftigt, was ich dir gesagt habe, und wie er weibliche Gelehrsamkeit lobt und billigt.

XXIX. HIER WIRD VON DER RÖMERIN PROBA* ERZÄHLT.

Von ähnlicher Überlegenheit war die Römerin Proba, die Frau des Adelphius, die Christin war. Diese war mit so hervorragenden Geistesgaben ausgestattet und widmete sich so hingebungsvoll dem Studium, dass sie die Sieben Freien Künste* perfekt beherrschte und eine hervorragende Dichterin wurde; sie studierte so eifrig die Bücher der Dichter, vor allem die Dichtung Vergils, bis diese ihr bei jeder Gelegenheit im Gedächtnis präsent war. Als sie einmal diese Bücher und diese Dichtung las, sich mit ihrem Geist und Denken sehr auf sie konzentrierte und sie sich deren Bedeutung (nach ihrem Verständnis) klarmachte, kam ihr die Idee, man könne doch nach dem Vorbild dieser Bücher die Heilige Schrift und die Geschichten des Alten und des Neuen Testaments in geschmeidige und gehaltvolle Verse fassen. Zweifellos, so der Schriftsteller Boccaccio, sei es bereits erstaunlich, dass eine solche Überlegung in einem weiblichen Gehirn entstehen konnte; aber noch bewunderungswürdiger ist es, so meint er, dies auch zu verwirklichen! Denn beseelt von dem Wunsch, ihren Plan auszuführen, machte sich jene Frau ans Werk und lief zu den *Bucolica*, dann zu den *Georgica* oder der *Aeneis* (es handelt sich um Bücher gleichen Namens, deren Autor Vergil ist), will sagen: Sie konsultierte und las diese. Dann übernahm sie an einer Stelle ganze Verse, an einer anderen verarbeitete sie einige kleine Teile. In einer äußerst kunstvollen, feinsinnigen und ihrem Gegenstand angemessenen Weise schuf sie vollständige Verse, fügte die kleinen Einzelteile zusammen, paarte und verband sie, unter Beachtung der Regeln und der Kunst, des Versmaßes und der Versverbindung. Ohne einen Fehler zu begehen, fügte sie alles so kunstvoll zusammen, dass es kein Mann besser vermocht hätte. Auf diese Weise wurde der Beginn der Welt zum Beginn ihres Buches, und dann gelangte sie über alle Geschichten des Alten und des Neuen Testamentes bis zur Ausgießung des Heiligen Geistes über die Apostel; Vergils Bücher brachte sie mit all dem so geschickt in Einklang, dass derjenige, der nicht um diese Verbindung wusste, glauben musste, Vergil sei zu gleichen Teilen Evangelist und Prophet gewesen. Um dieser Dinge willen, so sagt der nämliche Boccaccio, gebühre jener Frau große Ehre und Ruhm, denn man sieht sehr deutlich, dass sie über eine wahrhaftige und vollständige Kenntnis der heiligen Bücher und der Bände der Heiligen Schrift verfügte, was sogar bei manchem großen Gelehrten und Theologen unserer Tage nicht oft vorkommt. Jene herausragende Frau bestimmte ferner, dieses ihr Werk, von ihr mit großer Anstrengung geschaffen und zusammengefügt, solle *Cento* heißen. Und obwohl die zur Erschaffung dieses umfangreichen Werks notwendige Mühe für ein ganzes Menschenleben gereicht hätte, schrieb sie noch andere ausgezeichnete und rühmenswerte Bücher. Unter diesen befindet sich eins, das in Versen geschrieben ist und ebenfalls den Titel *Cento* trägt, weil es hundert Strophen umfasst. Zu diesem Zweck bediente sie sich der Dichtung und der Verse des Dichters Homer. Daraus kann man zu ihrem Lob schließen, dass sie nicht nur die lateinische Literatur kannte, sondern auch mit der griechischen aufs Beste vertraut war. Boccaccio sagt, den Frauen müsse es großes Vergnügen bereiten, etwas über diese Frau und diese Dinge zu erfahren.

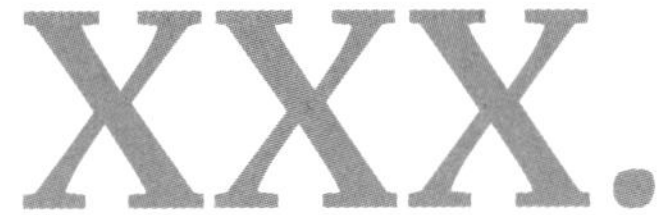

XXX. HIER IST DIE REDE VON SAPPHO*, DER HÖCHST SCHARFSINNIGEN DICHTERIN UND PHILOSOPHIN.

Die weise Sappho, die ein junges Mädchen aus der Stadt Mitylene war, verfügte über nicht weniger Wissen als Proba. Jene Sappho besaß einen sehr schönen Körper und ein sehr schönes Gesicht; ihre Haltung, Auftreten und Sprache waren äußerst angenehm und wohlgefällig. Aber ihre überlegene Intelligenz stellte alle anderen Gaben, mit denen sie versehen war, in den Schatten: Sie war sehr bewandert und ausgebildet in mehreren Künsten und Wissenschaften und kannte sich nicht nur in der Literatur und den Schriften anderer aus, sondern schuf selbst manch Neues; so schrieb sie mehrere Bücher und Traktate. Über sie sagt der Dichter Boccaccio in der Süße der Dichtersprache folgende Worte: ›Sappho, die unter den tierischen und unwissenden Männern ihres lebendigen Geistes und ihrer brennenden Wissbegier wegen geschmäht wurde, hielt sich auf dem Gipfel des Berges Parnassos, einem idealen Ort für Studien, auf. In ihrer glücklichen Kühnheit und ihrem Wagemut mischte sie sich, ohne fortgejagt zu werden, unter die Musen, das heißt unter die Künste und Wissenschaften. Und sie gelangte in den Lorbeerwald voll Maiengrün, Blattwerk, verschiedenfarbigen Blumen, süßen Düften und Kräutern verschiedener Art, in dem Grammatik, Logik und die edle Rhetorik, Geometrie und Arithmetik der Ruhe pflegen und ihre Bleibe haben. Sie setzte ihren Weg fort, bis sie zur tiefen Höhle Apolls, des Gottes der Wissenschaft, kam; dort fand sie das Rinnsal und die Wasserleitung zur Quelle Castolio. Sie ergriff das Plektron und griff in die Saiten der Harfe und ließ gemeinsam mit den Nymphen, die den Tanz anführten, liebliche Melodien nach den Regeln der Harmonie und des Wohlklangs erklingen!‹

Aus dem, was Boccaccio über sie sagt, lässt sich ihre übergroße Klugheit entnehmen; die von ihr verfassten Bücher waren von so tiefer Gelehrsamkeit, dass ihre Sentenzen selbst für sehr kluge und gebildete Männer große Bedeutung besitzen, wie es die Alten bezeugen. Ihre Schriften und

Dichtungen haben bis auf den heutigen Tag überlebt; sie sind in ihrer Machart und Komposition rühmenswert und dienen den Nachgeborenen als Licht und Beispiel vollkommener Dichtkunst und poetischen Schaffens. Sie ersann mehrere Lied- und Gedichtformen, Lais*, herzerschütternde Trauergedichte, merkwürdige Klagelieder über die Liebe und andere Gefühle, sehr gut geschrieben und in einer vollkommenen Form, die man nach ihr ›sapphische Ode‹ genannt hat. Über ihre Dichtung berichtet Horaz, man habe nach dem Tode Platons, des großen Philosophen und Lehrers von Aristoteles, das Buch mit den Gedichten der Sappho unter seinem Kopfkissen gefunden.

Um es abzukürzen:

Diese edle Frau war so ungemein gebildet, dass ihre Heimatstadt ihr zu Ehren und zur ewigen Erinnerung ein ehernes, hochaufragendes und ihr gewidmetes Abbild herstellen ließ. Ferner wurde jene Frau in die Reihe der großen, ruhmreichen Dichter eingeordnet, und Boccaccio sagt, weder die mit königlichen Diademen und Kronen noch mit den Mitren der Erzbischöfe verbundenen Ehrungen oder die der Sieger – Lorbeerkränze und Palmenkronen – seien bedeutender.

Ich könnte dir noch eine Menge über gelehrte Frauen erzählen. Die Griechin Leontion* war ebenfalls eine so bedeutende Philosophin, dass sie es wagte, unter Rekurs auf lautere und wahrheitskräftige Argumente, den in seiner Zeit hochberühmten Philosophen Theophrast zu tadeln und anzuklagen.

XXXI. HIER IST VON DER JUNGFRAU MANTO* DIE REDE.

In der Tat musst du wissen: So wie die Wissenschaften von den Frauen erfasst werden können und von ihnen studiert werden sollten, ebenso wenig ist ihnen, wie du nun hören wirst, der Zugang zu den Künsten verwehrt. Früher, zur Zeit des Heidentums, bedienten sich die Menschen der Orakel, um die Zukunft zu ergründen – so etwa durch den Flug der Vögel, die Flammen des Feuers und die Eingeweide toter Tiere. Dies war eine eigenständige Kunst oder Wissenschaft, die sich bei ihnen einer hohen Wertschätzung erfreute. Eine unübertroffene Meisterin dieser Kunst war ein junges Mädchen, die Tochter des Tiresias, der Hohepriester der Stadt Theben war – heute würden wir sagen: Erzbischof, denn in den heidnischen Religionen waren die Priester verheiratet.

Diese Frau, die Manto hieß und zur Zeit des Königs Ödipus von Theben in der Blüte ihrer Jahre stand, besaß einen so scharfen und hervorragenden Verstand, dass sie die Kunst der Pyromantik (dies bedeutet: das Weissagen aus dem Feuer) vollendet beherrschte. In grauer Urzeit praktizierten sie die Chaldäer, die diese Kunst erfunden hatten; andere wiederum behaupten, der Riese Nimrod habe sie erfunden. Jedenfalls gab es in ihrer Zeit niemanden, der sich besser mit den Bewegungen der Feuerflammen und ihren Farben, dem Geräusch des Feuers auskannte, desgleichen mit den Blutadern der Tiere, mit Pferdehälsen und tierischen Eingeweiden; aus diesem Grunde glaubte man, sie brächte durch ihre Künste oft die Geister zum Sprechen und bewöge diese dazu, ihr zu sagen, was sie zu erfahren begehrte. Zu Lebzeiten jener edlen Frau wurde Theben wegen der Kämpfe unter den Söhnen des Königs Ödipus zerstört. Deshalb zog sie fort, um sich in Asien niederzulassen; dort errichtete sie dem Gott Apollo, dessen Ruhm damals groß war, einen Tempel. Sie beendete ihr Leben in Italien, und man benannte, als Huldigung an ihre Bedeutung, eine Stadt dieses Landes nach jener edlen Frau – Mantua –, die auch heute noch existiert und in der Vergil geboren wurde.

XXXII. HIER IST VON MEDEA* DIE REDE UND VON EINER ANDEREN KÖNIGIN NAMENS CIRCE*.

Die in vielen Geschichtswerken erwähnte Medea war nicht weniger erfahren in Künsten und Wissenschaften als jene, von der zuvor erzählt wurde. Sie war die Tochter des Königs Aietes von Kolchis und Persien, sehr schön, hoch und gerade gewachsen und besaß äußerst liebliche Gesichtszüge. Bezüglich des Umfangs ihrer Kenntnisse jedoch stellte sie alle anderen Frauen in den Schatten: Sie wusste um die Eigenschaften aller Kräuter und um allen möglichen Zauber, und es gab keine erlernbare Kunst, die sie nicht beherrscht hätte. Mit Hilfe einer ihr bekannten Zauberformel vermochte sie es, die Luft zu trüben und zu verdunkeln, aus den Gräben und Höhlen der Erde Winde sich erheben, Unwetter sich in der Luft bilden zu lassen, den Lauf der Flüsse anzuhalten, Gifte zu mischen, mühelos Feuer entstehen zu lassen, um alles Mögliche zu verbrennen, und dergleichen mehr. Sie war es, die Jason durch ihre Zauberkunst dabei half, das Goldene Vlies zu erobern.

Circe war ebenfalls die Königin eines Landes am Meer, das an Italien angrenzt. Diese edle Frau war so beschlagen in der Zauberkunst, dass es nichts gab, was sie ausführen wollte und dank ihrer Zauberei nicht realisiert hätte. Mit Hilfe eines Tranks, den sie verabreichte, verstand sie es, menschlichen Körpern die Form von wilden Tieren und Vögeln zu geben: Dies wird in der Geschichte des Odysseus bezeugt, wo beschrieben wird, wie dieser nach der Zerstörung Trojas umkehrte und glaubte, in seine griechische Heimat zurückzukehren, Frau Fortuna jedoch und das Unwetter seine Flotte durch viele Stürme hindurch so lange bald hierhin, bald dorthin trieben, bis sie endlich im Hafen der Stadt der Königin Circe anlegten. Da jedoch der weise Odysseus auf keinen Fall ohne die Erlaubnis und Befugnis der Königin jenes Reiches an Land gehen wollte, schickte er seine Ritter zu ihr, um zu erfahren, ob es ihr genehm sei, wenn sie ihre Boote verließen. Aber jene edle Frau, die sogleich Feinde in ihnen witterte, flößte den zehn Gefährten ihren Zaubertrank ein, sodass sie im Handumdrehen in Schweine verwandelt wurden. Aber sofort danach ging Odysseus zu ihr und bewirkte ihre Rückverwandlung in ihre ursprüngliche Form. Ähnliches wird von manchen über Diomedes, einen anderen griechischen Fürsten, erzählt; sobald er in den Hafen der Circe kam, verwandelte sie seine Ritter in Vögel, und in diesem Zustand verharren sie noch immer. Diese Vögel sind sehr groß und von anderem Aussehen als normale Vögel; sie sind sehr stolz, und die Einheimischen nennen sie Diomeden.«

XXXIII. CHRISTINE FRAGT FRAU VERNUNFT, OB JEMALS EINE FRAU AUS EIGENEM ANTRIEB EINE ZUVOR UNBEKANNTE FERTIGKEIT ERFUNDEN HABE.

Ich, Christine, die ich diese Dinge aus dem Munde von Frau Vernunft vernommen hatte, erwiderte ihr in diesem Augenblick Folgendes: »Edle Frau, ich erkenne, dass es Euch keine Mühe bereiten würde, genügend und sogar sehr viele Frauen anzuführen, die sich in verschiedenen Wissensgebieten auskennen. Aber ich frage Euch: Könnt Ihr mir auch solche nennen, die dank ihrer Verstandesgaben, ihres Scharfsinns und ihrer Intelligenz aus eigenem Antrieb irgendwelche neuartigen, wichtigen, sinnvollen und nützlichen Künste und Fertigkeiten erfunden haben, die zuvor nicht bekannt waren? Denn es ist schließlich keine große Kunst, einem anderen in der Übernahme und im Erlernen von Fertigkeiten zu folgen; etwas ganz anderes ist es, selbst etwas Neues und Ungewöhnliches zu erfinden.«

Antwort: »Sei ganz im Gegenteil versichert, dass zahlreiche berühmte und bedeutende Fertigkeiten und Künste weiblicher Intelligenz und dem Scharfsinn von Frauen zu verdanken sind. Dies gilt sowohl für theoretische, schriftlich fixierte Überlegungen als auch für die praktisch-technische Ausführung, für die Entwicklung handwerklicher und arbeitstechnischer Errungenschaften. Dafür kann ich dir viele Beispiele anführen. Zuallererst will ich dir von der edlen Nicostrata erzählen, die die Bewohner Italiens Carmentis* nennen. Diese Frau, die Tochter des Königs Pallas von Arkadien, war überdurchschnittlich intelligent und von Gott mit besonderen geistigen Gaben versehen. So kannte sie sich etwa in der griechischen Literatur sehr gut aus und verfügte ferner über eine so elegante und wohlgesetzte Sprache, über eine so erstaunliche Redegewandtheit, dass die zeitgenössischen Dichter in ihren Werken von ihr behaupteten, sie sei die Geliebte des Gottes Merkur und habe von diesem Gott einen Sohn empfangen, den sie in Wirklichkeit von ihrem Gemahl, einem für seine Zeit äußerst gebildeten König, hatte.

Aufgrund gewisser Veränderungen in ihrer Heimat ging diese vornehme Frau außer Landes und gelangte in Begleitung ihres Sohnes, gefolgt von einer großen Menschenschar und einer großen Flotte, nach Italien und kam an den Tiber. Dort landete sie, bestieg dann einen hohen Berg, den sie nach ihrem Vater Palatin nannte und auf dem die Stadt Rom gegründet wurde. An diesem Ort legte jene edle Frau mit ihrem Sohn und ihrem Gefolge den Grundstein für eine Burg. Weil sie alle Einheimischen als völlig unzivilisiert betrachtete, schuf sie bestimmte Gesetze, durch die sie die Landesbewohner dazu anhielt, nach dem Gebot von Recht und Vernunft zu leben und sich an der Gerechtigkeit zu orientieren. Sie war also die erste, die in diesem in späteren Zeiten als Wiege des Rechts so berühmten Land Gesetze aufstellte.

Göttliche Eingebung und prophetischer Geist, über den sie neben ihren anderen Gaben in besonderem Maße verfügte, ließen diese edle Frau wissen, dass jenes Land, geadelt durch Überlegenheit und Ruhm, sich einst über alle anderen Länder der Welt erheben würde. Da dünkte es sie, es ginge nicht an, wenn die Hoheit des die gesamte Erde beherrschenden Römischen Reiches heranbräche, dass die Römer Schriftzeichen und Buchstaben verwendeten, die sich im Vergleich zu denen anderer Länder merkwürdig und minderwertig ausnähmen. Um zugleich kommenden Jahrhunderten ihre Weisheit und die Vortrefflichkeit ihres Geistes zu beweisen, arbeitete und studierte sie so lange, bis sie originelle und von denen anderer Nationen gänzlich verschiedene Buchstaben erfunden hatte: das heißt das ABC und die lateinische Schrift, die Verbindung der Buchstaben, den Unterschied zwischen Vokalen und Konsonanten und alle Anfangsgründe der Wissenschaft der Grammatik. Diese Buchstaben und diese Wissenschaft machte sie den Leuten zugänglich und wollte, dass sich alle damit vertraut machten. Es ist also weder eine unbedeutende noch überflüssige Fertigkeit, die jene Frau erfand. Auf diese Weise machte sie sich sehr verdient, und man kann getrost sagen, dass kaum etwas anderes der Überlegenheit dieser Kunst und ihrem Nutzen und Vorteil für die Welt gleichkommt.

Die Italiener haben sich hinsichtlich dieser Wohltat als dankbar erwiesen, und dies völlig zu Recht. So wunderbar dünkte sie dies, dass sie diese Frau nicht nur höher als einen Mann einschätzten, sondern sie als eine Göttin betrachteten und ihr deshalb zeit ihres Lebens mit göttlichen Ehrerbietungen huldigten. Nach ihrem Tode errichteten sie am Fuße des Berges, wo sie gewohnt hatte, einen Tempel und weihten ihn ihrem Namen. Und um jene edle Frau für immer in der Erinnerung fortleben zu lassen, übernahmen sie mehrere Namen aus der von ihr ersonnenen Kunst und verliehen des Weiteren ihren Namen verschiedenen Dingen: So nannten sie selbst, die Bewohner dieses Landes, sich in großen Ehren ›Lateiner‹, weil das Wissen um das Lateinische von jener Dame ersonnen worden war. Und weiter: Weil ›ita‹, was im Französischen soviel bedeutet wie ›oui‹, im Lateinischen die höchste Form der Bejahung ist, gaben sie sich nicht damit zufrieden, jenen Landstrich ›lateinisches Land‹ genannt zu sehen, sondern wollten, dass das ganze Land jenseits der Berge, das sehr groß ausgedehnt ist und manche verschiedene Gegenden und Herrschaftsgebiete besitzt, Italien hieße. Nach jener edlen Frau Carmentis wurden Gedichte auf Lateinisch ›Carmen‹ genannt; und selbst die Römer, die lange Zeit danach kamen, nannten eines der Tore der Stadt Rom ›Carmentalis porta‹. So reich die Römer auch wurden und soviel Macht einige ihrer Herrscher errangen, daran änderten sie nichts, wie man noch heute daran erkennen kann, dass diese Dinge noch immer bestehen.

Was willst du noch mehr, schöne Tochter? Lässt sich über einen von einer Frau geborenen Mann Großartigeres sagen? Aber glaub nur nicht, jene sei die einzige Frau auf der Welt gewesen, der mehrere und verschiedenartige Fertigkeiten zu verdanken wären.

XXXIV. HIER IST DIE REDE VON MINERVA*, DIE VERSCHIEDENE FERTIGKEITEN UND DIE MÖGLICHKEIT, WAFFEN AUS EISEN UND STAHL ZU SCHMIEDEN, ERSANN.

Wie du selbst an anderer Stelle geschrieben hast, war Minerva eine griechische Jungfrau mit dem Beinamen Pallas. Jene Jungfrau besaß einen so großen Scharfsinn, dass die närrischen Menschen von damals, die nicht genau wussten, wer die Eltern der Minerva waren, und die sie außerordentliche Dinge vollbringen sahen, behaupteten, sie sei eine Göttin und käme aus dem Himmel. Denn je weniger sie von ihrer Herkunft wussten – das sagt jedenfalls Boccaccio –, desto erstaunlicher mutete sie Minervas großes Wissen und ihre Überlegenheit über alle Frauen ihrer Zeit an. Sie war äußerst scharfsinnig und beschlagen, und zwar nicht nur in einem Bereich, sondern in allen Gebieten. In ihrer Klugheit ersann sie einige griechische Buchstaben, die man »Charaktere« nennt und mit deren Hilfe man eine lange Aufzählung von Dingen schriftlich mit wenigen und in kurzer Zeit zu schreibenden Lettern wiedergeben kann; die Griechen arbeiten noch heute damit: Es war eine kluge und Scharfsinn erfordernde Erfindung: Sie ersann die Zahl, die Technik des Zählens und des schnellen Addierens. Kurz und gut, sie besaß einen dermaßen von Wissen erleuchteten Geist, dass sie verschiedene Künste und neuartige Gegenstände ersann, an die zuvor niemand gedacht hatte: Die Kunst des Wollwebens und der Tuchherstellung sind gänzlich ihre Erfindungen, und sie dachte als erste daran, den Schafen die Wolle zu scheren, diese zu streichen, zu kämmen, mit verschiedenem Werkzeug zu kardieren, zu reinigen, mit Eisenspießen weichzumachen, mit dem Rocken zu spinnen; ferner ersann sie die Werkzeuge zur Tuchherstellung und schließlich zum Weben. Desgleichen stammt die Technik, Öl aus Oliven zu gewinnen und Obst zu pressen, um diesem die Flüssigkeit zu entziehen, von ihr. Ebenso erfand sie die Technik und die Gepflogenheit, Wagen und Karren herzustellen, um Gegenstände einfacher von einem Ort zum anderen zu transportieren.

Ferner tat diese edle Frau noch mehr und noch Erstaunlicheres, liegt es doch der weiblichen Natur eigentlich fern, an so etwas zu denken: Sie erfand die Technik und die Möglichkeit, die Rüstung und die Waffen aus Eisen und Stahl herzustellen, die die Ritter und Kriegsleute in der Schlacht benutzen und mit denen sie ihren Körper schützen; dies vermittelte sie zuerst den Athenern, denen sie auch beibrachte, welche Ordnung bei der Aufstellung eines Heeres und in einer Schlacht zu befolgen und in welcher sinnvollen Ordnung zu kämpfen sei.

Desgleichen erfand sie als erste Flöten und Flageolette, Trompeten und Blasinstrumente. Klug wie sie war, blieb diese bedeutende Frau ihr ganzes Leben lang Jungfrau. Und wegen der ihr eigenen großen Keuschheit schreiben die Dichter in ihren Dichtungen, Vulkan, der Gott des Feuers, habe lange mit ihr gekämpft, bis sie ihn schließlich besiegt und überwunden habe: Dies bedeutet, sie überwand die Hitze und die Begierde des Fleisches, die in der Jugend sehr mächtig sind. Aus diesem Grunde hatten die Athener eine solche Hochachtung vor dem Mädchen, dass sie Minerva gleich einer Göttin verehrten und sie die Göttin der Waffen und des Rittertums nannten, weil sie als erste deren Brauch erfand; sie nannten sie ebenfalls Göttin des Wissens wegen der großen Klugheit, mit der sie so reich bedacht war.

Nach ihrem Tod ließ man ihr in Athen einen ihrem Namen geweihten Tempel errichten. Innen stellte man ihr Bildnis auf, auf dem der Körper und das Gesicht eines jungen Mädchens zu sehen waren, die auf diesem Bild Weisheit und Rittertum bedeuteten: Die Augen auf diesem Bild waren schrecklich und grausam, weil es die Aufgabe des Rittertums ist, strenge Gerechtigkeit zu üben; außerdem bedeutete es, dass man nur selten ergründen kann, worauf die Absicht des Weisen zieht. Auf dem Kopf trug sie einen Helm, was bedeutet, dass ein Ritter beim Waffengang Kraft im gestählten und beständigen Herzen verspüren muss; ferner bedeutete es, dass die Ratschläge des Weisen verdeckt, geheimnisvoll und verborgen sind. Sie war in ein Panzerhemd gekleidet, das die Macht des ritterlichen Standes darstellte und zugleich bedeutete, dass der Weise stets gegen die Wechselfälle des Schicksals, sei es zum Guten oder zum Bösen, gewappnet ist. Sie hielt einen

Lanzenschaft mit einer sehr langen Lanze, die bedeutete, dass der Ritter der Stab der Gerechtigkeit zu sein hat; außerdem bedeutete es, dass der Weise seine Pfeile aus weiter Entfernung einstechen lässt. An ihrem Hals hing ein Schild aus Kristall, der bedeutete, dass der Ritter stets wachsam sein und an allen Orten um die Verteidigung des Landes und des Volkes besorgt sein muss; zugleich besagte es, dass dem Weisen alle Dinge offenkundig und deutlich sind. In der Mitte dieses Schildes war der Kopf einer Schlange, die man Gorgon nannte, abgebildet; sie bedeutete, dass der Ritter im Umgang mit seinen Feinden listig und wachsam wie die Schlange zu sein hat; zugleich bedeutete es, dass sich der Weise aller Schliche gewahr ist, durch die man ihm schaden könnte. Ferner stellten sie neben dieses Bild, gleichsam zu seiner Bewachung, einen Vogel, der des Nachts fliegt und den man Eule nennt; er bedeutete, dass ein Ritter Tag und Nacht zur Verteidigung des Gemeinwesens bereit sein muss, falls dies nötig sein sollte; zugleich bedeutet dies, dass der Weise zu jeder Stunde darüber wacht, was ihm zu tun günstig ist. Diese edle Frau wurde über einen langen Zeitraum hinweg sehr verehrt, und ihr Ruhm verbreitete sich so sehr, dass ihr an verschiedenen Orten geweihte Tempel errichtet wurden. Selbst als lange Zeit später sich die Römer auf dem Höhepunkt ihrer Macht befanden, stellten sie ihr Bild neben ihre anderen Götter.

XXXV. HIER WIRD VON DER KÖNIGIN CERES* ERZÄHLT, WELCHE DIE KUNST DES ACKERBAUS UND MANCH ANDERE FERTIGKEIT ERSANN.

Ceres, die in grauer Urzeit Königin von Sizilien war, kommt das Vorrecht zu, in ihrer großen Klugheit die Kunst und den Brauch des Ackerbaus und die dazugehörigen Werkzeuge erfunden zu haben. Sie lehrte ihre Untertanen zu zählen, die Rinder zu zähmen und diese daran zu gewöhnen, paarweise vor das Joch gespannt zu werden; außerdem erfand sie den Pflug und lehrte sie, mit Eisengerät die Erde zu durchziehen und zu lockern, desgleichen alle Arbeitsgänge, die dazugehören. Danach lehrte sie sie, Saatgut in dieser Erde auszusäen und es dann zuzudecken. Dann, nachdem das Ausgesäte gewachsen war und sich vermehrt hatte, brachte sie ihnen bei, das Getreide zu mähen und mit Dreschflegeln zu bearbeiten, um das Korn aus den Ähren zu lösen. Ferner vermittelte sie ihnen die Technik, es zwischen harten Steinen zu mahlen, Mühlen zu bauen und schließlich Brot und Mehl herzustellen. Auf diese Weise lehrte jene hochherzige Frau die Menschen, die sich bis zu diesem Zeitpunkt wie Tiere von Eicheln, wildem Korn, Äpfeln und Mehlbeeren ernährt hatten, eine angemessenere Nahrung zu sich zu nehmen.

Aber noch mehr bewirkte jene, denn sie ließ die Menschen von damals, die es gewohnt waren, hier oder da im Wald und an abgelegenen Orten zu leben und wie Tiere umherzuziehen, sich zu großen Scharen versammeln und brachte ihnen bei, feste Städte und Siedlungen zu errichten, um dort gemeinschaftlich zu leben. So war es das Verdienst dieser edlen Frau, die Epoche der Bestialität in eine menschenwürdige und vernünftige Existenzform einmünden zu lassen. Zu dieser Ceres ersannen die Dichter die Sage von dem Raub ihrer Tochter durch den Höllengott Pluto. Wegen ihres vielgeschätzten Wissens und der großen Wohltaten, die sie in die Welt gebracht hatte, beteten die Menschen von damals sie an und nannten sie Göttin des Getreides.

XXXVI. HIER IST DIE REDE VON ISIS*, DIE DIE KUNST, GÄRTEN ANZULEGEN UND PFLANZEN ZU ZIEHEN, ERFAND.

In ähnlicher Weise war Isis eine Frau von so großem Wissen in praktischen Dingen, dass man sie nicht nur als Königin von Ägypten, sondern auch als eine mit einzigartigen, ganz besonderen Fähigkeiten ausgestattete ägyptische Göttin bezeichnete. Die Sage berichtet von jener Isis, dass Jupiter sie geliebt habe, sie in eine Kuh verwandelt und wie sie schließlich ihre ursprüngliche Gestalt wiedererlangt habe. Dies alles weist, wie du es selbst in deinem *Épitre d'Othea* dargestellt hast, auf ihr bedeutendes Wissen hin. Sie erfand mehrere Arten von Kurzschriften, die sie den Ägyptern beibrachte und ihnen eine Form an die Hand gab, um ihre überlange Sprache abzukürzen.

Sie war die Tochter des griechischen Königs Inachos und die Schwester des überaus weisen Phoroneus. Mit diesem Bruder verschlug es jene Frau aufgrund gewisser Umstände von Griechenland nach Ägypten; dort brachte sie den Ägyptern unter anderem den Brauch des Gartenbaus und des Anbaus und der Veredelung von Pflanzen auf verschiedenen Stöcken bei. Sie schuf und erließ sinnvolle, gerechte Gesetze; sie lehrte die Ägypter, die roh und ohne Gesetz und Regel vor sich hinlebten, nach der Ordnung des Gesetzes zu leben. Kurz und gut, sie tat dort so viel, dass man sie zu Lebzeiten und auch als Tote hoch verehrte. Ihr Ruhm verbreitete sich auf der ganzen Welt, so dass ihr überall Tempel und Bethäuser errichtet wurden; und sogar in Rom bauten die Römer in der Zeit der Blüte ihres Imperiums einen der Isis geweihten Tempel. Dort ordneten sie Totenspenden und große Feierlichkeiten an im gleichen Stil, wie man sie ihr in Ägypten darzubringen pflegte.

Der Gatte dieser edlen Frau hieß Apis und war, nach dem Irrglauben der Heiden, der Sohn des Gottes Jupiter und der Niobe, der Tochter des Phoroneus, über die die alten Geschichtsbücher und die Dichter viel zu erzählen wissen.«

XXXVII. VON DEM GROSSEN WOHL, DAS DURCH DIESE EDLEN FRAUEN IN DIE WELT GEKOMMEN IST

»Hohe Frau, ich bin voller Bewunderung angesichts dessen, was ich Euch habe darüber erzählen hören, wie viel Gutes dank weiblicher Klugheit in die Welt gekommen ist. Und dabei behaupten die Männer stets, weibliche Fähigkeiten seien nichts wert, deshalb sagt man gemeinhin als Tadel, wenn von irgendeiner Torheit die Rode ist, dies sei Weiberwissen. Um es kurz zu machen: Die Meinung und die Rede der Männer gehen gewöhnlich dahin zu behaupten, die Frauen taugten zu nichts anderem auf der Welt als zum Kindergebären und Spinnen.«

Antwort: »Daran erkennst du die große Undankbarkeit jener, die dies behaupten. Sie gleichen Personen, die von bestimmten Wohltaten leben, deren Ursprung jedoch nicht kennen und niemandem dafür danken. Du kannst auf diese Weise ganz klar erkennen, wie Gott, der nichts ohne Grund tut, den Männern hat bedeuten wollen, dass er das weibliche Geschlecht ebenso wenig wie das männliche verachtet, indem es Ihm gefallen hat, im weiblichen Gehirn so viel Klugheit anzusiedeln; und zwar nicht nur genügend Klugheit, um die Wissenschaften zu erlernen und aufzunehmen, sondern aus eigenem Antrieb völlig neue zu erfinden, ja sogar Fertigkeiten von so großem Nutzen und Gewinn für die Welt, dass nichts notwendiger wäre. Das kannst du dem Beispiel jener Carmentis entnehmen, von der ich dir zuvor erzählt habe und die die lateinische Schrift erfand. Gott war von dieser Erfindung so angetan und hat die von dieser Frau ersonnene Fertigkeit so sehr verbreitet, dass beinahe der gesamte Ruhm der hebräischen und der griechischen Schrift, die in sehr hohem Ansehen standen, ausgelöscht wurde und beinahe ganz Europa, das einen großen Teil der ganzen Welt darstellt, sich dieser Schrift bedient. In ihr wurden unzählige Bücher und Bände jeder Art verfasst und geschaffen, in denen zum ewigen Gedächtnis die Taten der Menschen, die edlen und herausragenden Ruhmeswerke Gottes, die Wissenschaften und die Künste aufgezeichnet und bewahrt worden sind. Niemand soll nun behaupten, ich sagte dir diese Dinge aus reiner Gefälligkeit, denn es sind Worte aus Boccaccios Mund, deren Richtigkeit wohl niemand in Zweifel ziehen dürfte.

Daraus kannst du ableiten, dass die von dieser Frau vollbrachten Wohltaten unendlich sind; ihr ist es zu verdanken, dass die Männer, auch wenn sie es nicht anerkennen, aus dem Zustand der Unwissenheit befreit und in den der Erkenntnis versetzt worden sind. Ihr verdanken sie die Kunst, die Geheimnisse ihrer Gedanken und Absichten so weit zu senden, wie sie wollen, überall kundzutun und bekanntzumachen, was ihnen beliebt, desgleichen um die Dinge der Gegenwart, der Vergangenheit und zum Teil auch der Zukunft zu wissen. Wiederum dank der Klugheit jener Frau können die Männer Abkommen und Freundschaftsbündnisse mit verschiedenen, weit von ihnen entfernten Personen schließen und haben, durch die Antworten, die sie einander geben, die Möglichkeit, einander kennenzulernen, ohne sich zu sehen. Kurz und gut, es ist schier unmöglich, von allen durch die Buchstaben verursachten Wohltaten zu erzählen; denn sie beschreiben Gott, verbreiten seine Kunde und das Wissen über ihn, über die himmlischen Wesen, das Meer, die Erde, alle Menschen und alle Dinge. Deshalb frage ich dich: Wo gab es jemals einen Mann, der mehr Gutes bewirkt hätte?

XXXVIII. NOCH ZUM GLEICHEN THEMA

Desgleichen, wo gab es jemals einen Mann, durch den der Welt mehr Gutes geschah als durch jene edle Königin Ceres, von der ich dir zuvor berichtet habe? Wodurch lässt sich je mehr Ruhm erringen als dadurch, die nicht sesshaften, unzivilisierten, wie wilde Tiere in Wäldern hausenden, gesetzlosen Menschen dazu gebracht zu haben, in Städten und Kommunen zu wohnen und sie den Umgang mit dem Gesetz gelehrt zu haben? Ferner verschaffte sie ihnen Nahrung von besserer Qualität als Eicheln und wilde Äpfel, nämlich Weizen und Getreide, und dank dieser Nahrung wird der menschliche Körper schöner, die Menschen werden heller, die Glieder kraftvoller und beweglicher, denn diese Nahrung bekommt der menschlichen Natur besser und ist passender für sie. Und die Erde voller Disteln, Dornen, ungepflegtem Buschwerk, wildwachsender Bäume: Welch größeres Verdienst gibt es, als gelehrt zu haben, sie durch Arbeit zu verschönern, zu säubern und Saat auszusäen, so dass durch Bearbeitung aus dem unbestellten Boden freie, einem individuellen Haushalt zugehörige oder dem gemeinen Nutzen dienende, öffentliche Äcker werden? Ebenfalls dieser edlen Frau verdankt die menschliche Natur den Vorteil, von einem rohen, wilden Zeitalter in eine Epoche städtischer Kultur geführt worden zu sein. Ferner änderte sie den Sinn der vagabundierenden und trägen Menschen, die in Höhlen des Unwissens hausten, und zog und hob sie auf die Höhe der ihnen angemessenen Betrachtungen und geistigen Anstrengungen. Einige Menschen schickte sie zur Verrichtung der Arbeiten auf die Felder; dank ihrer Anstrengungen wurden viele Städte und Kommunen erneut gefüllt und diejenigen ernährt, die die übrigen zum Leben notwendigen Dinge tun.

Gleiches bewirkte Isis durch die Anlage von Gärten: Wer wäre in der Lage, die gewaltige Wohltat in Worte zu fassen, die sie der Welt verschaffte, indem sie lehrte, wie man Bäume, die so viele wohlschmeckende Früchte tragen, und alle Sorten guter Kräuter zieht, die der menschlichen Ernährung so angemessen sind?

Gleiches gilt für Minerva, die die menschliche Natur mit zahlreichen äußerst nützlichen Dingen ihres eigenen Wissensgebietes versah, wie etwa mit Bekleidung aus Wolle (früher trugen sie ausschließlich Tierfelle); ferner enthob sie sie der Mühsal, ihre Gerätschaften auf den Armen von einem Ort zum anderen zu schleppen, denn zu ihrer Entlastung erfand sie die Herstellung von Wagen und Karren; ferner ersann sie für die Adligen und die Ritter die Kunst und den Brauch, Rüstungen herzustellen, um ihren Körper im Kriegsfall sicherer zu schützen; dies, Christine, war etwas sehr viel Schöneres, Solideres und Angemesseneres, als das, was sie zuvor hatten und was nur aus Tierleder bestand!«

Und daraufhin sprach ich zu ihr: »Ah, edle Frau, Eure Worte lassen mich nun deutlicher als je zuvor die außerordentlich große Undankbarkeit und Unwissenheit jener Männer erkennen, die so viel Schlechtes über die Frauen sagen: Denn obschon, wie mir scheint, hinreichend Anlass besteht, sie nicht zu schmähen, weil die Frau jedem Manne Mutter ist und weil es so viele andere Wohltaten gibt, die die Frauen den Männern gemeinhin und ohne jeden Zweifel angedeihen lassen, so ist dies doch nun wahrlich die höchste aller Wohltaten und die edelste aller Gaben, die die Männer von ihnen empfangen haben und auch heute immer noch empfangen. Deshalb hätten die Männer schweigen sollen. Schweigen sollen von nun an die frauenverleumderischen Kleriker, all jene, die in Gegenwart und Vergangenheit in ihren Büchern und Dichtungen Übles über die Frauen verbreitet haben, desgleichen ihre Spießgesellen und Verbündeten. Mögen sie voller Scham die Augen niederschlagen angesichts all der Dinge, die sie in ihren Werken zu verbreiten gewagt haben, und in Anbetracht der Wahrheit, die ihren Aussagen so sehr widerspricht; oder auch im Hinblick auf jene edle Carmentis, die in ihrer überlegenen Klugheit den Männern wie eine Schulmeisterin (das können sie schließlich nicht leugnen!) gerade jene Fertigkeit beigebracht hat, dank deren Beherrschung sie sich als so überlegen und hochgeehrt betrachten: Die Rede ist vom lateinischen Alphabet!

Was aber werden die Adligen und die Ritter sagen, von denen so viele und völlig zu Unrecht den Frauen in ihrer Gesamtheit verleumden? Von nun an sollen sie ihren Mund halten und bedenken, dass der Brauch, Waffen zu tragen, Schlachten zu schlagen und in einer bestimmten Schlachtordnung zu kämpfen – dies ein Handwerk, dessen sie sich so sehr brüsten und das sie sich als Verdienst anrechnen – ihnen von einer Frau gezeigt und geschenkt wurde. Ferner: Hat, angesichts dieser Wohltaten, die Gesamtheit aller Männer, die sich von Brot ernähren und gesittet und nach einer bestimmten Rechtsordnung in den Städten leben, Anlass, so viele Frauen zu tadeln und abzulehnen, wie es viele dieser Männer tun? Mit Sicherheit nicht, denn durch Frauen, genauer gesagt durch Minerva, Ceres und Isis, kamen sie in den Besitz vieler nützlicher Einrichtungen, Wohltaten, die in Ehren gehalten werden und von denen sie jetzt und in Zukunft leben. Sind dies gewichtige Dinge? Ohne jeden Zweifel, edle Frau; mir scheint, weder die Lehre des Aristoteles, die dem menschlichen Verstand so viel Nutzen gebracht hat und um die man zu Recht so viel Aufhebens macht, noch die aller anderen Philosophen, die je gelebt haben, ist für die Welt von ähnlichem Nutzen, wie es diese auf der Klugheit der genannten Frauen beruhenden Werke waren und noch immer sind.« Sie erwiderte mir: »Dies sind nicht die einzigen, vielmehr gibt es noch viele andere; von einigen will ich dir noch berichten.«

XXXIX. HIER IST DIE REDE VON DER JUNGFRAU ARACHNE*, WELCHE DIE KUNST DES FÄRBENS VON WOLLE UND DER HERSTELLUNG EINES FEINEN GEWEBES, »NETZ« GENANNT, ERSANN, DESGLEICHEN DIE KUNST DES FLACHSANBAUS UND DES WEBENS.

Wahrlich, Gott hat sich keineswegs damit begnügt, der Welt nur durch jene edlen Frauen zahlreiche nützliche und passende Fertigkeiten zu schenken. Es gibt noch viele andere Frauen dieser Art, so etwa eine Jungfrau asiatischer Herkunft namens Arachne, die die Tochter des Idmon von Kolophon war und eine erstaunliche Intelligenz und Erfindungsgabe besaß. Nach längerem Nachdenken erfand sie die Kunst, wie ein Maler Wollfäden in verschiedenen Farben einzufärben und Gewebe und Stoffe in der Art herzustellen, die wir heute Netzgewebe nennen würden. Sie war in allen Bereichen der Webkunst von wunderbarer Subtilität. Es handelt sich um jene Frau, von der die Sage überliefert, sie habe Athene zu einem Wettkampf herausgefordert, und diese habe sie in eine Spinne verwandelt.

Eine weitere, noch nützlichere Technik erfand diese Frau, war sie doch die erste, die die Fertigkeit entwickelte, Flachs und Hanf anzubauen, zu sammeln, zu rötten, zu schneiden, zu kämmen, mit der Spindel zu spinnen und Tuch herzustellen, etwas, was mir ein großer Vorteil für die Welt scheint, auch wenn manche Männer den Frauen gerade die Ausübung dieser Tätigkeiten vorwerfen. Diese Arachne ersann ebenfalls die Herstellung von allerlei Vorrichtungen wie Schlingen und Netzen, um damit Vögel und Fische zu fangen, ferner die Kunst zu fischen und die starken, grausamen und wilden Tiere mit Hilfe von Netzen und Schlingen zu fangen und ihnen Fallen zu stellen, desgleichen den Hasen, Kaninchen und Vögeln, von denen die Männer vorher gar nicht wussten. Mich dünkt, jene Frau tat dadurch nichts Geringes für die Welt, die seitdem manchen Genuss und Vorteil aus diesen Dingen gezogen hat und auch heute noch tut.

Und dies gilt, obwohl manche Autoren, und unter ihnen selbst jener Dichter Boccaccio, der diese Dinge erzählt, gesagt haben, damals sei es besser um die Welt bestellt gewesen, als die Menschen nur von Mehlbeeren und Eicheln lebten und nichts anderes als Tierfelle trugen, besser als seit dem Zeitpunkt, als man sie Dinge lehrte, die zur Verfeinerung ihres Lebens beigetragen haben. Aber lassen wir einmal seinen Ruhm und den aller anderen beiseite, die behaupten möchten, die Erfindung jener dem Wohlergehen und der besseren Versorgung des menschlichen Körpers dienlichen Dinge habe der Menschheit zum Nachteil gereicht – ich setze Folgendes dagegen: Je mehr Wohltaten, Gnadenbeweise und bedeutende Gaben der Mensch aus Gottes Hand erhält, desto mehr ist er gehalten, Gott mit all seiner Kraft zu dienen. Und wenn der Mensch schlechten Gebrauch von den Wohltaten macht, die sein Schöpfer ihm versprochen und verliehen hat, damit sich Mann und Frau ihrer in sinnvoller, angemessener Weise bedienen, so sind daran die Schlechtigkeit und Verkommenheit derer, die diese missbrauchen, schuld. Das bedeutet jedoch keineswegs, dass die Dinge an sich nicht äußerst sinnvoll und nützlich wären, vorausgesetzt allerdings, man nutzt sie und bedient sich ihrer in sinnvoller Weise. Das hat uns Jesus Christus selbst am Beispiel seiner eigenen Person vor Augen geführt; denn er bediente sich des Brotes, des Weins, des Fleisches der Fische, farbiger Kleidung, des Leinens und aller notwendigen Dinge, was er mit Sicherheit nicht getan hätte, wenn es angebracht gewesen wäre, von Mehlbeeren und Eicheln zu leben. Der Erfindung der Ceres, das heißt: dem Brot, ließ er große Ehre zuteilwerden, als es ihm gefiel, Mann und Frau in der Form des Brotes eine so würdige Verkörperung zu geben und ihnen auftrug, sich seiner zu bedienen.

XL. HIER IST DIE REDE VON PAMPHILA*, DIE DIE KUNST ERFAND, SEIDE VON RAUPEN ZU GEWINNEN, DIESE ZU FÄRBEN UND SEIDENE STOFFE HERZUSTELLEN.

Im Zusammenhang mit sinnvollen, zweckmäßigen und nutzbringenden von Frauen ersonnenen Kunstfertigkeiten darf man, neben vielen anderen, auf keinen Fall jene vergessen, die die edle Griechin Pamphila erfand. Diese Frau war in verschiedenen Bereichen von einer hochentwickelten Erfindungsgabe; es bereitete ihr so viel Vergnügen, unbekannten Dingen nachzugehen und sie auch auszuprobieren, dass sie als erste die Kunst der Seidenherstellung ersann. Da ihr Hang zum Tüfteln und ihre Vorstellungskraft groß waren und sie die Seidenraupen auf den Bäumen des Landes, in dem sie lebte, beobachtete, nahm sie die von diesen Raupen hergestellten sehr schönen Kokons und schickte sich an, die Fäden mehrerer Kokons zu vereinigen. Dann probierte sie aus, ob dieser Faden sich in verschiedenen Tönen schön einfärben ließe, und nachdem sie dies alles versucht hatte und sah, wie hübsch es war, begann sie, Seidenstoffe herzustellen und zu weben. Dank der Geschicklichkeit jener Frau sind große Schönheit und Nutzen in die Welt gekommen und haben sich in allen Ländern verbreitet. Durch Ziergegenstände verschiedener Art ehrt und dient man auf diese Art Gott; ebenfalls aus Seide sind die kostbaren Gewänder und festlichen Roben der Prälaten für den heiligen Gottesdienst wie auch die der Kaiser, Könige und Fürsten und sogar die der Bewohner eines Landes, die keine anderen Gewänder tragen, weil sie keine Wolle, jedoch sehr viele Seidenraupen haben.

XLI. HIER IST DIE REDE VON THAMARIS*, DIE EINE VORZÜGLICHE MEISTERIN DER MALKUNST WAR, DESGLEICHEN VON EINER FRAU NAMENS IRENE* UND VON DER RÖMERIN MARCIA*.

Was soll ich dir außerdem noch zu der Frage sagen, ob eine Frau dazu begabt und befähigt ist, abstrakte Wissenschaften zu erlernen oder sogar neue zu ersinnen, desgleichen neue Techniken? Ich versichere dir, dass sie ebenfalls in höchstem Maße dazu fähig und begabt ist, diese, wenn sie sie erlernt hat, auszuüben und sehr umsichtig in die Praxis umzusetzen. So ist es von einer Frau namens Thamaris überliefert, die in der Kunst und der Wissenschaft des Malens von so großer Begabung war, dass sie zu ihren Lebzeiten den höchsten Rang unter allen bekannten Malern einnahm. Sie war, so berichtet Boccaccio, die Tochter des Malers Myconis und lebte zur Zeit der neunzigsten Olympiade. Olympiade nannte man einen Festtag, an dem verschiedene Spiele veranstaltet wurden; dem Gewinner gewährte man, was er wünschte, vorausgesetzt, es handelte sich um eine vertretbare Angelegenheit. Dieses Fest und diese Spiele wurden zu Ehren des Gottes Jupiter veranstaltet und alle sechs Jahre gefeiert, mit jeweils vier Jahren Zwischenraum zwischen zwei Olympiaden. Als Erster ordnete Herkules dieses Fest an; mit der ersten Olympiade ließen die Griechen ihre Zeitrechnung beginnen, ähnlich wie es die Christen mit der Menschwerdung von Jesus Christus tun.

Diese Thamaris, die alle gewöhnlichen weiblichen Beschäftigungen vernachlässigte, erlernte dank ihrer großen Geschicklichkeit die Kunst ihres Vaters, in der sie zur Zeit der Herrschaft des Archelaos über Makedonien große Berühmtheit erlangte. Deshalb ließen die Bewohner von Ephesus, die die Göttin Diana anbeteten, von Thamaris ein Bild mit der Darstellung ihrer Göttin malen. Dieses hielten sie noch lange Zeit später als bedeutendes und hervorragendes Kunstwerk in großen Ehren und zeigten dieses Bild nur aus Anlass des Festes und der Feierlichkeiten zur Huldigung der Göttin. Da dieses Bild über einen langen Zeitraum hinweg existierte, bezeugte es so sehr die künstlerische Fähigkeit dieser Frau, dass man sich bis auf den heutigen Tag an ihr Talent erinnert.

Für die Wissenschaft des Malens war eine andere Frau ebenfalls hoch begabt; sie stammte auch aus Griechenland, hieß Irene und war allen ihren Zeitgenossen überlegen. Sie war die Schülerin eines Malers namens Cratinos, der ein hervorragender Künstler war; sie jedoch war so begabt und eignete sich diese Wissenschaft so vollkommen an, dass sie ihren Meister in erstaunlicher Weise übertraf und in den Schatten stellte. Dies versetzte die Menschen jener Zeit in so großes Staunen, dass sie zu ihrem Andenken ein Bild von ihr anfertigen ließen, das eine malende Jungfrau darstellte, und es, um sie zu ehren, zwischen den Bildern und gewissen Meisterwerken hochberühmter Maler aufstellten, die vor ihr gelebt hatten. Bei den Alten war es nämlich üblich, jene zu ehren, die alle anderen in einer bestimmten hervorragenden Eigenschaft übertrafen – sei es an Wissen, Kraft, Schönheit oder einer anderen Tugend; und um bei den Menschen die Erinnerung an sie fortleben zu lassen, stellte man ihre Abbilder an hochgelegenen und ehrenvollen Stätten auf.

Auch die Römerin Marcia, die ebenfalls eine Jungfrau von großer Tugend, ehrbarem Leben und Verhalten war, besaß eine bedeutende Begabung auf dem Gebiet der Malerei. Sie arbeitete so kunstvoll und meisterhaft, dass sie alle Männer, und sogar Gaius und Dionysios, in ihrer Zeit die beiden berühmtesten Maler der Welt, übertraf. Um nichts zu verheimlichen: Sie übertraf – das jedenfalls behaupteten die Experten – alles, was man in dieser Disziplin leisten konnte. Neben anderen berühmten Werken schuf jene Marcia, damit das Andenken an sie überlebte, ein äußerst kunstvolles Gemälde; es zeigte sie beim Blick in einen Spiegel und war so naturgetreu, dass jeder, der sie sah, sie für lebendig hielt. Noch lange Zeit später wurde dieses Bild mit höchster Sorgfalt aufbewahrt und den Künstlern als berühmtes Kleinod gezeigt.«

Da sagte ich zu ihr: »Edle Frau, diesen Beispielen könnte entnommen werden, dass die Weisen früher sehr viel mehr geehrt und die Wissenschaften ungleich stärker geschätzt wurden. Jedoch kenne ich – da Ihr gerade von einigen in der Malkunst erfahrenen Frauen sprecht – in unserer Zeit eine

Frau namens Anastasia*, die so geübt ist im Malen von Weinblattornamenten zur Verzierung von Büchern und von Hintergrundmalerei, dass sie alle Künstler der Stadt Paris (die die besten der Welt beherbergt) übertrifft. Niemand zeichnet so feines Blumenwerk und so zarte Miniaturen wie sie, und keiner verkauft seine Arbeit so teuer – so kostspielig das Buch bereits sein mag – an den, der es bezahlen kann. Das weiß ich aus eigener Erfahrung, denn sie hat für mich selbst einige Arbeiten hergestellt, die unter den Ornamenten anderer berühmter Künstler eine Sonderstellung einnehmen.«

Antwort: »Das glaube ich wohl, teure Tochter; wenn man nur nach ihnen suchte, findet man schon eine große Anzahl begabter Frauen auf der Welt. Immer noch in diesem Zusammenhang will ich dir nun von einer Römerin erzählen.

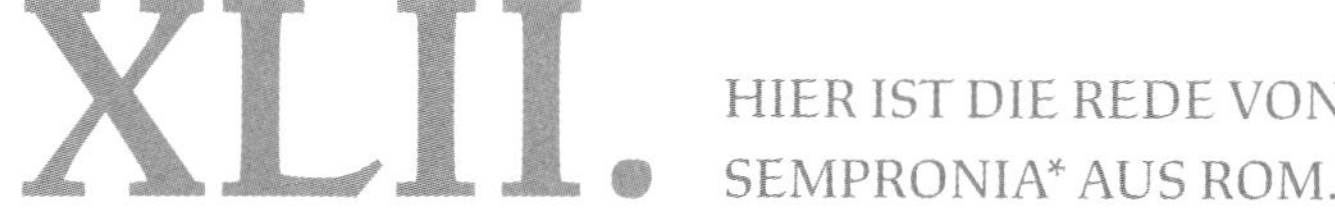

XLII. HIER IST DIE REDE VON SEMPRONIA* AUS ROM.

Jene Sempronia, die aus Rom stammte, war eine unglaublich schöne Frau. Aber auch wenn sie bereits alle Frauen ihrer Zeit an Schönheit des Körpers und des Angesichts übertraf, so war doch die Schärfe ihres Verstandes von noch größerer Überlegenheit. Ihre Klugheit war so groß, dass es nichts auch noch so Kompliziertes, sei es ein Wort oder eine Tat, gab, das sie nicht vollständig und vollkommen fehlerfrei im Gedächtnis behielt; dank der Geschicklichkeit ihres Körpers gelang ihr alles, was sie wollte, und sie wiederholte alles, was immer sie hörte, wie lang das Erzählte auch sein mochte. Sie beherrschte perfekt nicht nur die lateinische, sondern auch die griechische Sprache und drückte sich in ihr schriftlich so geistreich aus, dass es große Bewunderung hervorrief.

Desgleichen waren ihre Sprache, ihr Antlitz, ihr Auftreten so schön, so anziehend und so einnehmend, dass sie mit ihren Worten und ihrem

Verhalten für sich gewinnen konnte, wen sie nur wollte. Denn wenn sie jemanden zum Spielen animieren wollte, so schaffte sie es, auch den ärgsten Trauerkloß aus der Reserve zu locken und ihn zu Heiterkeit und Freude zu bewegen – oder, wenn es ihr in den Sinn kam, in Zorn oder Traurigkeit zu versetzen oder in Tränen ausbrechen zu lassen. Desgleichen vermochte sie, jeden Mann zu Kühnheit, zu irgendeinem Kraftakt oder einer anderen Unternehmung anzustacheln. Wenn sie es darauf anlegte, verstand sie es, sich alle ihre Zuhörer geneigt zu machen. Hinzu kam, dass ihre Sprechweise und ihre Art sich zu bewegen derartig höfisch und angenehm waren, dass man nicht überdrüssig wurde, sie anzuschauen und ihr zuzusehen. Sie verfügte über eine überaus schöne Stimme, spielte mit höchster Kunstfertigkeit alle Tasteninstrumente und ging siegreich aus allen Spielen hervor. Kurz und gut, sie zeigte sich in allen Dingen, auf die sich der menschliche Geist verstehen kann, äußerst geschickt und einfallsreich.«

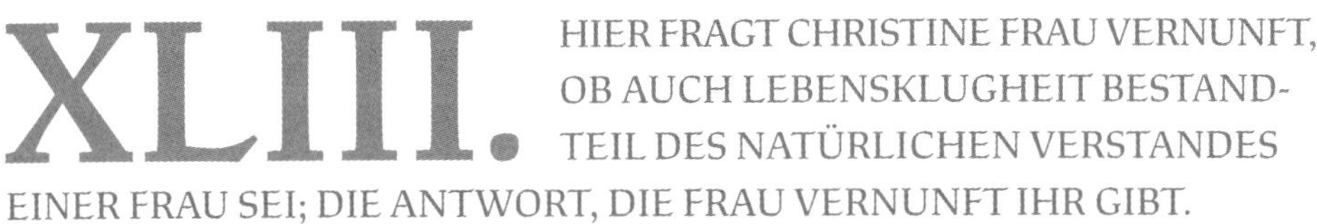

XLIII. HIER FRAGT CHRISTINE FRAU VERNUNFT, OB AUCH LEBENSKLUGHEIT BESTANDTEIL DES NATÜRLICHEN VERSTANDES EINER FRAU SEI; DIE ANTWORT, DIE FRAU VERNUNFT IHR GIBT.

Ich, Christine, sagte dann noch zu ihr: »Hohe Frau, ich erkenne sehr wohl, dass Gott (gelobt sei er dafür!) den weiblichen Verstand wirklich für das Verstehen, Analysieren und Memorieren aller begreifbaren Dinge gemacht hat. Aber angesichts so vieler Menschen, deren hohe Intelligenz sie dazu befähigt, alles zu verstehen und zu erfassen, was ihnen beigebracht wird; die so klug und mit einer solchen Auffassungsgabe versehen sind, dass ihnen keine Wissenschaft verschlossen bleibt; und die durch eifriges Studium eine gewaltige Gelehrsamkeit erwerben, wundere ich mich darüber, dass gerade unter den Berühmtesten, den großen Gelehrten und Hochgebildeten, so viele in ihrem eigenen Verhalten und in weltlichen Angelegenheiten so wenig Klugheit beweisen. Andererseits kann aber kein Zweifel daran bestehen, dass die Wissenschaften der Lebensführung den Weg bereiten und zu leben lehren. Nun wüsste ich gern Folgendes von Euch, hohe Frau: Eure Beispiele und das, was ich selbst sehe, zeigen, dass sich der weibliche Verstand auf die kompliziertesten Gegenstände versteht; aber gilt dies in gleichem Maße für die Bereiche, die von Prudentia* geregelt werden? Anders gefragt: Sind sie klug genug zu entscheiden, was zu tun und was zu lassen ist, und zwar auf der Grundlage vergangener Ereignisse, die sie durch das erlebte Exemplum erfahrener und weiser für eine Bewältigung der Gegenwart machen und ihnen Weisheit für die Einschätzung der Zukunft verleihen? Gerade diese Dinge lehrt, wie mir scheint, Prudentia.«

Antwort: »Wahr sprichst du, Tochter; aber wisse, dass es die Natur ist, die Männern und Frauen jene Prudentia, von der du sprichst, verleiht – den einen mehr, den anderen weniger. Keineswegs aber ist sie notwendig mit Gelehrsamkeit verbunden, auch wenn letztere denen, die von Natur aus bedacht handeln, eine gewisse Vollkommenheit verleiht; du weißt ja aus eigener Erfahrung, dass zwei gemeinsam wirkende Kräfte stärker und beharrlicher sind als jede von ihnen für sich genommen. Deshalb behaupte ich, dass einer Person, die von Natur aus jene umsichtige Klugheit, auch gesunder Menschenverstand genannt, und überdies erworbenes Wissen besitzt, hohes Lob gebührt angesichts so großer Vortrefflichkeit. Aber wie du selbst gesagt hast, gibt es durchaus Menschen, die zwar das eine, nicht jedoch das andere besitzen: Denn das eine ist eine Gottesgabe und wird auf natürlichem Wege verliehen, während das andere durch langes Studium erworben wird; von Vorteil ist beides.

Manch einer würde sich jedoch eher für den gesunden Menschenverstand und gegen erlerntes Wissen als für umfassendes erlerntes Wissen und für nur wenig gesunden Menschenverstand entscheiden. Jedenfalls gibt es hierzu unterschiedliche Meinungen, und diese wiederum provozieren zahlreiche Fragen. Denn einerseits wäre es legitim zu behaupten, es sei besser, sich für jenes Gut zu entscheiden, das einen höheren Wert für den öffentlichen, allgemeinen Vorteil und Nutzen besitzt; es verhält sich ja so, dass es für die Gemeinschaft von größerem Nutzen ist, wenn jemand in den

Wissenschaften beschlagen ist, denn er kann dies den anderen vermitteln. Anders verhält es sich mit der noch so großen Lebensklugheit, über die er verfügen mag: Diese ist an die Lebensdauer der Person gebunden, die sie besitzt – stirbt sie, so stirbt mit ihr auch ihre Lebensklugheit. Erworbenes Wissen dagegen währt ohne Unterlass für die, die es besitzen, das heißt: in ihnen, und nützt zugleich vielen Personen, weil es jene den anderen vermitteln und Bücher darüber für die kommenden Generationen abfassen. So stirbt ihr Wissen nicht mit ihnen; dies kann ich dir am Beispiel des Aristoteles und anderer beweisen. Über sie gelangte die Welt in den Besitz von Wissen, das ihr zu größerem Nutzen gereicht als alle umsichtige Klugheit, der das erworbene Wissen fehlt, aller Menschen der Vergangenheit und Gegenwart, selbst wenn dank der Lebensklugheit mancher von ihnen zahlreiche Königreiche und Imperien gut und gerecht regiert worden sind. Aber all diese Dinge sind vergänglich, verschwinden mit der Zeit, während die Wissenschaft alles überdauert.

Aber ich übermittle dir diese Streitfragen ungelöst und überlasse anderen die Beantwortung, denn sie sind ohne Bedeutung für den Bau unserer Stadt. Stattdessen nehme ich deine anfängliche Frage – ob die Frau natürliche Lebensklugheit besitzt – wieder auf. Ich antworte dir darauf mit ›Ja‹. Erkennen kannst du dies bereits an dem, was dir zuvor gesagt wurde; desgleichen kannst du es generell der Art und Weise entnehmen, wie sie sich angesichts ihnen übertragener Aufgaben verhalten. Wenn du so gut sein willst, einmal darauf zu achten, so wirst du sehen, dass alle oder doch zumindest die meisten gemeinhin große Anstrengungen unternehmen, die Geschicke ihrer Hausgemeinschaft zu lenken und für alles zu sorgen, so gut sie es vermögen; alle sind sie so sehr darauf bedacht und darin so eifrig, dass es zuweilen manchen ihrer nachlässigen Gatten verdrießt: Denn auf diese macht es den Eindruck, als wollten die Frauen sie allzu sehr dazu anstacheln und bewegen, ihren Pflichten nachzukommen. Die Männer behaupten, die Frauen wollten ihre Herrschaft an sich reißen und sie an Klugheit übertreffen; auf diese Weise verkehren sie das ins Böse, was viele Frauen ihnen in bester Absicht zu verstehen geben. Von ebenjenen klugen Frauen ist im Brief Salomos die Rede, dessen Inhalt, bezogen auf unser Thema, folgender ist.

XLIV. DER BRIEF SALOMOS* ODER DAS BUCH DER SPRICHWÖRTER

Demjenigen Ehemann, der eine tüchtige, das heißt lebenskluge Frau findet, wird es an nichts mangeln. Ihr guter Ruf eilt ihr im ganzen Land voraus, und ihr Gatte vertraut ihr, denn sie schenkt ihm zu allen Zeiten jede Art von Wohltat und Wohlstand. Sie besorgt und schafft Wolle herbei, um ihr Hausgesinde mit nützlichem Werk zu beschäftigen, schmückt ihr Haus und beteiligt sich selbst an der Arbeit. Sie gleicht dem Schiff des Kaufmanns, das alle Güter trägt und für den Lebensunterhalt sorgt. Ihre Gaben verleiht sie denen, die es wert sind; jene sind ihre Vertrauten. Nahrung gibt es in Hülle und Fülle, selbst für ihre Dienerinnen. Bevor sie es kauft, stellt sie den Wert des Hauses in Rechnung; den Wein, der zum Haus gehört, hat sie mit Verstand angebaut. Sie hat ihre Hüften mit Kraft zur Beständigkeit und Sorgfalt gegürtet, und ihre Arme sind gestählt durch beständiges, sinnvolles Schaffen. Nie wird das Licht ihrer Anstrengung erlöschen, so dunkel es auch sein mag. Auch harte Arbeit bürdet sie sich auf, ohne darüber die spezifisch weiblichen Arbeiten zu vernachlässigen, an denen sie vor allen anderen mitwirkt. Den Armen und Bedürftigen reicht sie die Hand und steht ihnen bei. Dank ihrer Fürsorge ist ihr Haus vor Kälte und Schnee geschützt und die, über die sie bestimmt, sind in gefütterte Kleidung gehüllt. Sie fertigt für sich selbst ein Gala- und Ehrenkleid aus Seide und Purpur an. Ihrem Mann werden Ehrungen zuteil, wenn er seinen Platz unter den Vornehmsten und den Alteingesessenen des Landes einnimmt. Sie stellt feines Gewebe und Leinwand her, die sie verkauft, und ihr Gewand besteht aus Kraft und Ehre. Ewige Freude wird ihr deshalb zuteil. Ihrem Mund entströmen stets Worte der Weisheit, und das Gesetz der Sanftmut regiert ihre Sprache. Sie schaut in allen Winkeln nach den Vorräten in ihrem Haus und verzehrt ihr Brot nicht im Müßiggang. Das Betragen ihrer Kinder zeigt, dass sie ihre Mutter ist, und aus ihrem Verhalten spricht Glück. Die saubere Kleidung ihres Mannes gereicht ihr zur Ehre. Sie beaufsichtigt ihre Töchter in allen Dingen, auch wenn diese schon erwachsen sind. Sie verachtet falschen Ruhm und eitle Schönheit. Eine solche Frau wird Unseren Herrn fürchten; ihr wird Lob zuteil werden, und gemäß ihren Werken, die allerorts ihr Lob singen, wird Er sie belohnen.

XLV. HIER IST VON GAIA CIRILLA* DIE REDE.

Im Zusammenhang dessen, was der Brief Salomos über die umsichtige Frau sagt, bietet es sich an, von der hochherzigen Königin Gaia Cirilla zu sprechen. Diese edle Frau stammte aus Rom oder aus der Toskana und war mit dem römischen König Tarquinius Priscus verheiratet. Im Hinblick auf ihr Verhalten war sie von überragender Klugheit, ferner von großer Tugend dank der großen Lebensklugheit, Treue und Güte, die sie besaß. Sie stand in dem Ruf, eine allen anderen Frauen überlegene, hervorragende Hausverwalterin von bemerkenswerter Umsicht zu sein. Und obwohl sie eine Königin war und auf jegliche manuelle Betätigung hätte verzichten können, lag es ihr doch am Herzen, stets nützlich und nie müßig zu sein; deshalb arbeitete sie stets an irgendetwas und hielt desgleichen die Frauen und Mädchen ihrer Umgebung, die sie bedienten, zur Arbeit an. Sie erfand die Möglichkeit, Wollfäden zusammenzufügen und verschiedenartige, feine Gewebe herzustellen; damit beschäftigte sie sich, und dies war zu ihrer Zeit eine sehr ehrenwerte Sache. Aus diesem Grunde wurde jene edle Frau von jedermann gepriesen, verehrt, geschätzt und geachtet. Aufgrund des Ruhms und zur Erinnerung an jene Frau geschah es auch, dass die Römer, die später noch sehr viel mächtiger wurden, als sie es zu Lebzeiten jener Frau waren, Folgendes anordneten und als Brauch aufrechterhielten: Wenn eine ihrer Töchter heiratete und die Ehefrau zum ersten Male das Haus des Mannes betrat, so fragte man sie, wie sie heiße, und sie antwortete: ›Gaia‹; damit gab sie zu verstehen, dass sie in ihren Taten und ihrem Wirken jener Frau nacheifern wollte, so gut sie es vermochte.

 XLVI. HIER IST VON DER LEBENSKLUGHEIT UND WEISHEIT DER KÖNIGIN DIDO* DIE REDE.

Wie du selbst zuvor gesagt hast, besteht Lebensklugheit darin, Weisheit und Umsicht bei den Dingen, die man beginnen will, walten zu lassen und ihren Ausgang zu bedenken. Um dir zu beweisen, dass Frauen zu solcher Umsicht fähig sind und dies sogar in bedeutenden Angelegenheiten, führe ich das Beispiel einiger mächtiger Frauen an, und zuerst das der Dido. Jene Dido, die zunächst Elissa hieß, lieferte mit ihren Taten, wie ich dir erzählen werde, den Beweis für ihre weise Lebensklugheit. Auf afrikanischem Boden gründete und errichtete sie eine Stadt namens Karthago, deren Herrin und Königin sie war. In der Art und Weise, wie die Gründung, der Landerwerb und seine Inbesitznahme vor sich gingen, äußerten sich ihre große Beharrlichkeit, ihre edle Gesinnung und ihre Tugend; ohne diese Gaben kann niemand in den Besitz wirklicher Lebensklugheit gelangen. Jene edle Frau stammte von den Phöniziern ab, die aus den entlegenen Landstrichen Ägyptens nach Syrien kamen und dort mehrere bedeutende Städte und Befestigungen errichteten und gründeten. Unter diesen Menschen gab es einen König, Agenor mit Namen, von dem der Vater jener Dido abstammte; dieser hieß Belus, war König von Phönizien und unterwarf das Königreich Zypern. Jener König besaß einen einzigen Sohn namens Pygmalion und außer jener Jungfrau Dido keine weiteren Kinder.

Als er im Sterben lag, legte er seinen Baronen nachdrücklich ans Herz, sie möchten seinen beiden Kindern Treue und Liebe entgegenbringen; um ganz sicher zu gehen, ließ er sie dies geloben. Als der König tot war, krönten sie seinen Sohn Pygmalion und verheirateten Elissa, die über die Maßen schön war, mit einem Herzog des Landes, dem Mächtigsten nach dem König, der Acerbas Sycheo oder Sychaeus hieß. Dieser Sycheo war nach dem Gebot ihrer Religion oberster Priester des Herkulestempels und zugleich unvorstellbar reich. Er und seine Frau liebten sich sehr und lebten in Frieden miteinander. Jedoch war der König Pygmalion von niedriger Gesinnung, grausam und ungemein habgierig: er konnte noch so viel besitzen und begehrte doch immer mehr. Seine Schwester Elissa, die seine gewaltige Habgier nur allzu gut kannte und wusste, dass ihr Mann einen großen Schatz besaß und für seinen Reichtum berühmt war, riet ihm und legte ihm nahe, er solle sich vor dem König hüten und sein Gut an einen sicheren Ort schaffen, damit es ihm der König nicht raube. Sychaeus nahm diesen Rat an, nahm sich selbst jedoch nicht genügend vor den Schlichen des Königs in Acht, wie sie es ihm geraten hatte. So geschah es, dass jener König ihn eines Tages töten ließ, um an seine gewaltigen Schätze zu kommen. Dieser Tod versetzte Elissa in derart große Trauer, dass sie beinahe vor Kummer gestorben wäre; lange Zeit verharrte sie in Weinen und Klagen, trauerte in mitleiderregender Weise um ihren Liebsten und Gemahl und verfluchte ihren grausamen Bruder, der ihn getötet hatte. Aber der hinterhältige König, der sich in seiner Hoffnung getäuscht sah, hatte er doch kaum etwas von dem Reichtum des Sychaeus bekommen, hegte großen Groll gegen seine Schwester, denn er vermutete, sie halte den Schatz versteckt.

Und jener, die deutlich erkannte, in welch großer Gefahr sie schwebte, gab ihre eigene Lebensklugheit ein, die Heimat zu verlassen und das Weite zu suchen. Nachdem sie sich hierzu entschlossen hatte, überlegte sie sich in ihrem tapferen Herzen, was sie zu tun hätte und wappnete sich mit Kraft und Festigkeit, um das durchzustehen, was sie sich vorgenommen hatte. Nur allzu gut wusste jene edle Frau, dass der König wegen der von ihm verübten Grausamkeiten und Schindereien weder bei den Baronen noch im Volk beliebt war. Deshalb ließ sie einige Fürsten, Bürger und Vertreter des Volkes zu sich kommen; nachdem sie sie hatte schwören lassen, das Geheimnis zu bewahren, legte sie ihnen in äußerst wohlgesetzten Worten ihre Absicht dar, und zwar so lange, bis sie von sich aus damit einverstanden waren, mit ihr zu gehen und ihr gelobten, gut und treu zu sein.

Daraufhin ließ jene Frau so schnell sie konnte und in aller Heimlichkeit ihr Schiff rüsten und brach mitten in der Nacht auf, mit all ihren großen Schätzen und in Begleitung vieler Gefolgsleute; den Matrosen befahl sie sehr nachdrücklich, so schnell wie möglich zu segeln. Aber noch listiger handelte jene, wusste sie doch nur allzu gut, dass ihr Bruder sie verfolgen lassen würde, sobald er von ihrem Aufbruch erführe. Aus diesem Grunde ließ sie heimlich große Koffer, Truhen und gewaltige Behältnisse mit schweren, jedoch völlig wertlosen Dingen füllen, als wenn dies ihr Schatz wäre; sie tat dies in der Hoffnung, die von ihrem Bruder auf sie angesetzten Verfolger würden sie in Ruhe ziehen lassen und ihre Reise nicht behindern, wenn sie ihnen diese Koffer und Behältnisse übergäbe. Genauso geschah es, denn kaum hatte sie mit ihren Leuten ihre Reise begonnen, da verfolgte sie schon eine Horde königstreuer Leute, um sie anzuhalten. Aber die edle Frau richtete wohlüberlegte Worte an diese und sagte, sie befände sich auf einer ihrer Pilgerfahrten und man möge sie nicht daran hindern. Als sie dann merkte, dass ihr dieser Vorwand nicht weiterhalf, da sagte sie, sie wisse sehr wohl, dass es ihrem königlichen Bruder nicht um ihre Person ginge; und wenn er nun endlich ihren Schatz haben wolle, so übergäbe sie ihn ihm gern. Jene, die wussten, dass ihrem König der Sinn nach nichts anderem stand, antworteten, sie solle nur mit dem Schatz herausrücken: denn auf diese Weise würden sie versuchen, den König zufriedenzustellen und seinen Zorn gegen sie zu besänftigen. Daraufhin ließ die edle Frau, mit traurigem Gesicht, als wenn sie dies sehr schmerzte, ihnen alle erwähnten Koffer und Truhen ausliefern und auf ihre Schiffe laden. Jene, die der festen Überzeugung waren, ihre Sache gut gemacht zu haben, brachen unverzüglich auf, um dem König die gute Nachricht zu überbringen.

Ohne sich auch nur das Geringste anmerken zu lassen, ließ die Königin so bald wie möglich Reisevorbereitungen treffen. Und dann segelten sie so lange, Tag und Nacht, bis sie zur Insel Zypern gelangten, wo sie sich ein wenig Ruhe gönnten. Nachdem sie den Göttern geopfert hatte, bestieg die edle Frau sogleich wieder ihr Schiff, nicht ohne einen gewissen Priester des Jupiter und dessen Gefolge mitzunehmen. Dieser hatte zuvor geweissagt, eine hochgeborene Frau aus Phönizien werde kommen, um derentwillen er seine Heimat verlassen und mit der er fortgehen werde. So brachen sie denn auf, ließen die Insel Kreta hinter sich und Sizilien zur rechten Hand liegen. Lange Zeit segelten sie an der Küste von Marseille entlang, bis sie nach Afrika gelangten; dort gingen sie an Land. Sogleich kamen die Einheimischen angelaufen, um sich das Schiff und seine Besatzung anzusehen. Als sie die edle Frau erblickten und erkannten, dass es sich um friedliebende Menschen handelte, brachten sie ihnen eine Fülle von Lebensmitteln. Die hochgeborene Frau richtete liebenswürdige Worte an sie und sagte, sie habe von jener Gegend so viel Gutes berichten gehört, dass sie in der Absicht gekommen wäre, dortzubleiben, wenn ihnen das genehm wäre. Jene antworteten, sie seien damit durchaus einverstanden. Die Frau, die so tat, als wolle sie auf fremdem Boden keine allzu großen Behausungen errichten, bat sie darum, ihr am Ufer nur so viel Land zu verkaufen, wie mit einer Rindshaut umgeben werden könne; darauf wolle sie dann ein Gebäude für sich und ihre Gefolgschaft richten lassen. Dies gewährte man ihr, und nachdem die Vereinbarung getroffen und der Handel zwischen ihnen abgeschlossen war, ließ die Frau, die alsdann ihr Wissen und ihre große Lebensklugheit unter Beweis stellte, die Haut eines Rindes in extrem feine Riemen schneiden und diese zu einem einzigen Gurt zusammenbinden; dann ließ sie den auf dem Land an der Küste spannen, was erstaunlich viel Boden umfasste. So verblüfft und erstaunt die Verkäufer auch angesichts der List und Klugheit jener Frau waren, so konnten sie doch nicht umhin, zu ihren Vereinbarungen zu stehen.

Auf diese Weise hatte sie Land in Afrika erworben; auf dem erwähnten Grundstück fand man einen Pferdekopf. Aus diesem Fund und aus dem Flug und dem Schrei der Vögel entnahmen die Einheimischen, ihren Weissagungspraktiken zufolge, dass die dort zu gründende Stadt in ihren Mauern kriegerische und im Umgang mit Waffen sehr tapfere Menschen beherbergen würde. Die edle Frau ließ alsbald überall nach Arbeitern aussenden und stellte die Mittel ihres Schatzes zur Verfügung. Sie ließ eine unglaublich schöne, große und gut befestigte Stadt, die sie Karthago nannte, erbauen; den Wehrturm und Zwinger nannte sie Byrsa, was »Fell« bedeutet.

Als sie sich nun anschickte, ihre Stadt zu errichten, da erreichten sie Nachrichten von ihrem Bruder, der sie und alle ihre Begleiter hart bedrohte, weil sie ihn zum Narren gehalten und um den Schatz gebracht hatten. Sie aber entgegnete den Gesandten, sie habe den Schatz sehr wohl übergeben, damit er ihrem Bruder gebracht würde; denkbar wäre allerdings, dass die Überbringer ihn selbst geraubt und durch wertloses Zeug ersetzt hätten; oder dass die Götter ihn verzaubert hätten, um zu verhindern, dass er in den Besitz des Schatzes käme, als Strafe für die Sünde, die der Bruder begangen hatte, als er ihren Gatten hatte ermorden lassen.

Aber was die Drohung angehe, so meine sie, sich mit dem Beistand der Götter sehr wohl gegen ihren Bruder wehren zu können. Dann ließ sie all jene herbeirufen, die sie mitgenommen hatte, und sagte ihnen, sie wolle keineswegs, dass jene gegen ihren Willen und ihr Gefühl bei ihr blieben, und dass sie sie an nichts hindere; wenn sie also zurückkehren wollten, so würde sie sie für ihre Mühen entgelten und sie heimschicken. Alle antworteten daraufhin jedoch einstimmig, sie wollten mit ihr leben und sterben und sie keinen einzigen Tag ihres Lebens alleinlassen. Daraufhin brachen die Gesandten auf; die edle Frau schickte sich an, den Bau ihrer Stadt, so gut sie es vermochte, zum Abschluss zu bringen. Als dies der Fall war, gab sie dem Volk Gesetze und Anordnungen, auf dass es dem Recht und der Gerechtigkeit gemäß leben möge. Sie regierte so vortrefflich und umsichtig, dass die Kunde davon in alle Länder drang; man sprach von nichts anderem als von ihr. Das ging so weit, dass man wegen ihrer großen Tugend, der Kühnheit und der Vollkommenheit ihres Werks und ihrer äußerst klugen Regierungsweise ihren Namen umänderte in Dido: Das bedeutet soviel wie ›virago‹ auf Lateinisch, will sagen: eine Frau, die die Tugend und die Kraft eines Mannes besitzt. Und so lebte sie lange Zeit in Ruhm und Ehren und hätte dies immer getan, wenn Fortuna ihr nicht geschadet hätte: Da diese häufig neidisch auf die ist, denen es gut geht, mischte sie ihr schließlich ein allzu bittres Getränk zurecht; doch davon werde ich dir später, an anderer Stelle, berichten.

XLVII. HIER IST DIE REDE VON OPS*, DER KÖNIGIN VON KRETA.

Opi oder Ops, die als Göttin und Mutter der Götter galt, stand in sehr fernen Zeiten im Ruf der Lebensklugheit, weil sie, nach Auskunft der alten Geschichtswerke, sich in den Wechselfällen des Lebens, denen sie ausgesetzt war, sehr klug und standhaft verhielt. Diese edle Frau war eine Tochter des Uranius, eines sehr mächtigen Griechen, und seiner Frau Vesta. Die Welt war damals noch roh und unkultiviert. So geschah es, dass sie mit Saturn, dem König von Kreta, ihren Bruder zum Gatten bekam. Im Traum wurde jenem König von Kreta offenbart, seine Frau werde ein männliches Kind zur Welt bringen, das ihn ermorden werde. Um diesem Schicksal zu entgehen, ordnete er an, alle männlichen Kinder der Königin zu töten. Aber für das, was die edle Frau tat – sie rettete durch ihre Klugheit und weise List ihren drei Söhnen, das heißt: Jupiter, Neptun und Pluto, das Leben – wurde sie in der Folgezeit hoch geehrt und ihre Umsicht gelobt. Aufgrund ihres Wissens und der Macht ihrer Kinder erwarb sie sich zu ihren Lebzeiten gewaltigen Ruhm und Ehre in der Welt, so dass die törichten Menschen sie Göttin und Göttermutter nannten; denn ihre Söhne galten bereits zu ihren Lebzeiten als Götter, weil sie in manchen Bereichen kundiger waren als die übrigen Menschen, die allesamt dumm waren. Aus diesem Grund wurden für jene hochgeborene Frau Tempel und Heiligtümer errichtet. Die Menschen in ihrer Narrheit verharrten lange Zeit in dieser Auffassung; und sogar im Rom der Glanzzeit der Römer dauerte dieser Unsinn noch an, und sie hielten diese Göttin in großen Ehren.

XLVIII. VON LAVINIA*, DER TOCHTER DES KÖNIGS LATINUS

Lavinia, die Königin der Laurenter, stand ebenfalls im Ruf großer Lebensklugheit. Diese edle Frau stammte gleichfalls von jenem kretischen König Saturn ab, von dem wir gesprochen haben, und war eine Tochter des Königs Latinus und später die Frau des Aeneas. Vor ihrer Eheschließung begehrte sie Turnus, der König der Rutuler. Ihr Vater jedoch, dem die Götter bedeutet hatten, sie solle einem Herzog von Troja zur Frau gegeben werden, schob die Hochzeit immer wieder auf, obwohl seine Gemahlin, die Königin, ihn sehr unter Druck setzte. Und als Aeneas dann nach Italien kam, ließ er jenen König Latinus um die Erlaubnis bitten, sein Land zu betreten. Aber dieser gestattete ihm nicht nur dies, sondern gab ihm sogleich seine Tochter Lavinia zur Frau. Aus diesem Grunde zettelte Turnus einen Krieg gegen Aeneas an, in dessen Verlauf viele Menschen, darunter er selbst, umkamen. Aeneas errang den Sieg und heiratete Lavinia, die später einen Sohn von ihm bekam, mit dem sie schwanger war, als Aeneas starb. Als der Zeitpunkt der Geburt näher rückte, begab sie sich in einen Wald und gebar dort ein Kind, das sie Julius Silvius nannte; denn sie hatte große Angst, ein Sohn namens Ascanius, den Aeneas von einer anderen Frau gehabt hatte, könnte aus Machtgier das Kind töten, das sie sich zu gebären anschickte. Jene Frau wollte nicht noch einmal heiraten; während ihrer Witwenschaft handelte sie mit großer Umsicht und hielt dank ihrer großen Klugheit das Königreich zusammen. Ihrem Stiefsohn brachte sie so viel Liebe entgegen, dass er weder gegen sie noch gegen seinen Bruder irgendwelchen Groll hegte. Nachdem er die Stadt Alba Longa gegründet hatte, zog er dorthin, um dort zu leben. Lavinia regierte gemeinsam mit ihrem Sohn in großer Weisheit so lange, bis dieser erwachsen war. Von diesem Kind stammten dann Remus und Romulus ab, die später Rom gründeten, und die hochgeborenen römischen Fürsten, die später kamen.

Was soll ich dir noch erzählen, teure Tochter? Ich habe, so scheint es mir, genügend Beweise für mein Vorhaben geliefert. Es bestand darin, dir durch lebensnahe Argumentation und Beispiele zu zeigen, dass Gott das weibliche Geschlecht ebenso wenig wie das männliche zu irgendeinem Zeitpunkt mit einem Fluch belegt hat, wie du in aller Deutlichkeit erkennen kannst und wie es aus den Aussagen meiner beiden Schwestern hier hervorgeht und noch zu vernehmen sein wird. Ich meine, dies müsste genügen, habe ich dir doch bei der Errichtung der Mauern, die die Stadt der Frauen umschließen, geholfen. Jetzt sind sie fertig und auch schon mit Farbe verputzt. Meine anderen Schwestern sollen hervortreten, damit du mit ihrer Hilfe und mit ihrem Rat den Bau vollendest.«

HIER ENDET DER ERSTE TEIL DES BUCHES
VON DER STADT DER FRAUEN.

Christine de Pizan: *Le Livre de la Cité des Dames*, Bibliothèque Nationale de France, Ms. fonds français 607, fol. 31v.

2

HIER BEGINNT DER ZWEITE TEIL DES BUCHS VON DER STADT DER FRAUEN, DER DAVON HANDELT, AUF WELCHE WEISE UND MIT WESSEN HILFE DAS INNERE DER STADT GEBAUT, ERRICHTET UND BEVÖLKERT WIRD.

I. DAS ERSTE KAPITEL SPRICHT VON DEN ZEHN SIBYLLEN*.

Nach dieser Ansprache der ersten vornehmen Frau namens Vernunft ging die zweite mit dem Namen Rechtschaffenheit auf mich zu, um folgende Worte an mich zu richten: »Teure Freundin, wenn es gilt, gemeinsam mit dir am Befestigungsring und am Mauerwerk der Frauenstadt zu arbeiten, die von meiner Schwester Vernunft bereits hochgezogen wurden, dann darf auch ich nicht zurückstehen. Nimm also dein Werkzeug und folge mir! Komm her, mische den Mörtel im Tintenhorn und mauere tüchtig drauflos, im Rhythmus des Eintauchens deiner Feder; genügend Material will ich dir schon beschaffen. Mit Gottes Hilfe werden wir binnen kurzem die hochaufragenden Königspaläste und prächtigen Wohnstätten für die vortrefflichen, hochberühmten Damen errichten, die in dieser Stadt bis ans Ende aller Zeiten Zuflucht und Bleibe finden sollen.«

Nachdem ich, Christine, diese Worte aus dem Mund der ehrwürdigen Frau vernommen hatte, antwortete ich folgendermaßen: »Edle Frau, Ihr seht mich bereit: Befehlt nur – ich brenne darauf zu gehorchen.« Daraufhin sprach jene zu mir: »Schau her, liebe Freundin, sieh dir die wunderschönen, funkelnden, überaus kostbaren Steine an, die ich für dich beschafft und präpariert habe, um mit ihnen das Mauerwerk zu verzieren, denn während du unter Anleitung von Frau Vernunft unermüdlich mauertest, war ich nicht untätig. Nun füge sie mit Hilfe meines Lotes hier und nach meinen Weisungen ein!

Unter den allerehrwürdigsten Frauen sind die unendlich klugen und weisen Sibyllen von höchstem Rang. Folgt man den Aussagen der zuverlässigsten Autoren in ihren Lehrbüchern, dann gab es zehn Sibyllen (manche Autoren gehen allerdings von nur neun aus). Und jetzt, teure Freundin, pass gut auf! Erwies jemals ein Gott hinsichtlich einer Weissagung irgendeinem Propheten (wer immer er gewesen sein und wie sehr Er ihn geliebt haben mochte) eine größere Ehre als jene, die Er den herausragenden Frauen, von denen ich dir erzähle, zuteil werden ließ? Versah er sie nicht mit solch einem prophetischen Geist, dass ihre Aussagen nicht wie Prophezeiungen der Zukunft, sondern wie Chroniken vergangener, bereits eingetroffener Ereignisse wirkten? Das, was sie sagten und aufzeichneten, war jedenfalls ebenso verständlich und gehaltvoll. Sogar von der Menschwerdung Christi, die sehr viel später eintraf, sprachen sie bedeutend klarer und detaillierter als alle nachfolgenden Propheten. Jene Frauen verharrten zeit ihres Lebens im Stande der Jungfräulichkeit und verachteten die Beschmutzung. Allesamt hießen sie Sibyllen, aber das bedeutet nicht, dass dies ihr Eigenname war; vielmehr bedeutete Sibylle ›kundig in der Ergründung der göttlichen Absichten‹. Außerdem nannte man sie so, weil sie derart erstaunliche Dinge prophezeiten, dass man vermuten musste, der Ursprung ihrer Weissagungen läge in der Reinheit des göttlichen Gedankens. Es handelt sich bei diesen Namen also um eine Berufsbezeichnung, nicht um einen Eigennamen. Jene Frauen erblickten in unterschiedlichen Gegenden der Erde und keineswegs zur gleichen Zeit das Licht der Welt. Alle kündigten sie große Ereignisse, vor allem aber Jesus Christus und dessen Menschwerdung in aller Deutlichkeit an, so wie es überliefert ist – und dies, obwohl sie heidnischen und nicht etwa jüdischen Glaubens waren.

Die erste stammte aus Persien und hieß deshalb Persica. Die zweite kam aus Libyen, weshalb sie Libica hieß. Die dritte war aus Delphi, und da sie im Tempel des Apollo gezeugt worden war, trug sie den Namen Delphica. Sie war es, die lange zuvor bereits die Zerstörung Trojas voraussagte; Ovid widmete ihr in seinem Buch mehrere Verse. Die vierte stammte aus Italien und wurde Cimeria genannt. Die fünfte erblickte das Licht der Welt in Babylonien, weshalb sie Erifila hieß; jene antwortete den Griechen, die sie befragten, Troja wie auch die Festung Ilion werde von ihnen zerstört werden und Homer werde Lügen über diese Ereignisse verbreiten. Jene wurde auch Erythrea genannt, weil sie auf der gleichnamigen Insel lebte, auf der man ihre Aufzeichnungen fand. Die sechste stammte von der Insel Samos und hieß Samia. Die siebte hieß Cumana und war aus Italien gebürtig, aus der Stadt Cumae in Kampanien. Die achte nannte man Hellespontina; sie wurde am Hellespont auf dem Gebiet von Troja geboren und hatte ihre große Zeit zu Lebzeiten des edlen Schriftstellers Solon und des Cyrus. Die neunte stammte aus Phrygien, weshalb sie Phrygica genannt wurde; sie sprach oft vom Zerfall mehrerer Reiche und beschrieb ebenfalls mit großer Anschaulichkeit die Ankunft des falschen Propheten, des Antichristen. Die zehnte hieß Tiburtia, mit einem anderen Namen auch Albunia; ihre Schriften stehen in großen Ehren, weil sie in aller Deutlichkeit über Jesus Christus schreibt. Und ungeachtet der Tatsache, dass alle Sibyllen von Heiden abstammten und geboren worden waren, missbilligten sie allesamt deren Glauben und tadelten den Brauch, mehrere Götter anzubeten; sie sagten, es gäbe nur einen einzigen und die Götzenbilder seien eitler Tand.

II. HIER IST VON EINER SIBYLLE NAMENS ERYTHREA DIE REDE.

Unter den Sibyllen besaß, das muss man wissen, Erythrea wegen ihrer Weisheit eine Sonderstellung: denn so groß war dank einer besonderen, ihr von Gott verliehenen Fähigkeit ihre Begabung, dass sie zukünftige Ereignisse so präzise beschrieb und voraussagte, als handele es sich eher um das Evangelium als um eine Weissagung. Auf Bitte der Griechen beschrieb sie in ihren Werken deren mühselige Unternehmungen, die Schlachten und die Zerstörung Trojas mit solcher Klarheit, dass die Ereignisse nach ihrem Eintreffen nicht klarer wurden als zuvor. In ähnlicher Weise beschrieb und schilderte sie in wenigen wahren Worten das römische Reich, die Herrschaft der Römer und ihre verschiedenen Taten, lange bevor dies alles Wirklichkeit wurde, und zwar so, dass es eher einer kurzen Chronik vergangener Ereignisse als der Schilderung künftiger Dinge gleicht.

Aber sie vollbrachte noch Erstaunlicheres, denn sie sagte in aller Deutlichkeit das Geheimnis der göttlichen Macht voraus und legte Zeugnis davon ab; von den Propheten war dies lediglich durch gewisse Zeichen und dunkle, geheimnisvolle Worte offenbart worden – ich meine das große Geheimnis des Heiligen Geistes, das in der Menschwerdung des Gottessohns durch die Jungfrau liegt. In ihrem Buch, dessen Titel auf Latein bedeutet: ›Jesus Christus, Gottessohn und Erretter‹, beschrieb sie sein Leben und seine Werke, den Verrat, die Gefangennahme, die Verspottung und den Tod, die Auferstehung, den Sieg und die Himmelfahrt, die Ausgießung des Heiligen Geistes über die Apostel, seine Wiederkehr am Tage des Jüngsten Gerichts. Dies alles geschah auf eine Art und Weise, dass es den Anschein hatte, sie habe die Mysterien des christlichen Glaubens beschrieben und zusammengefasst – und nicht etwas Zukünftiges vorhergesagt.

Über den Tag des Jüngsten Gerichts sprach jene mit folgenden Worten: ›An jenem Tag des Schreckens wird die Erde, als Zeichen des bevorstehenden Gerichts, Blut schwitzen. Vom Himmel wird der König herabsteigen, der über die ganze Welt urteilen wird; die Guten und die Bösen werden seiner ansichtig werden. Eine jede Seele wird in ihren Körper zurückkehren, und ein jeder nach seinem Verdienst belohnt. An jenem Tag verlieren Reichtümer und Götzenbilder ihre Macht. Der Schlund des Feuers wird sich öffnen und jedes Geschöpf bei lebendigem Leibe verbrennen. Weinen und trauern wird man, und die Menschen werden vor Verzweiflung ihre Zähne zusammenpressen. Sonne, Mond und Sterne werden erlöschen, Berge und Täler einander gleichgemacht, das Meer, die Erde und alle ihre Lebewesen ihre Unterschiede verlieren. Die Trompete des Himmels wird das menschliche Geschlecht herbeirufen, auf dass es gerichtet werde; dann wird ein großer Schrecken herrschen, ein jeglicher über seine Torheit weinen, und dann wird sich die Erde erneuern. Könige, Fürsten und alle Menschen werden vor dem Richter erscheinen, der einem jeden das ihm Zustehende geben wird. Vom Himmel herab wird ein Feuersblitz in die Hölle fallen.‹ Diese Dinge finden sich in den von jener Sibylle verfassten 27 Versen. Boccaccio sagt (und alle anderen weisen Schriftsteller, die über sie geschrieben haben, sind ähnlicher Meinung), Gott müsse sie sehr geliebt haben; ferner: Nach den Heiligen aus dem Paradies sei sie verehrungswürdiger als jede andere Frau. Sie wahrte ihr ganzes Leben lang ihre Jungfräulichkeit, und man darf annehmen, dass sie in ihrer Reinheit eine Erwählte war, denn in einem vom Laster erfüllten und beschmutzten Herzen kann es nicht soviel Erleuchtung und Wissen um Zukünftiges geben.

III. HIER IST VON DER SIBYLLE ALMATHEA DIE REDE.

Wie bereits erwähnt, erblickte die Sibylle Almathea das Licht der Welt in Kampanien in der Nähe von Rom. Sie besaß ebenfalls eine besondere Begabung des Geistes und der Weissagung. In manchen Chroniken heißt es, sie sei bereits zur Zeit der Zerstörung Trojas auf die Welt gekommen und habe bis zur Zeit des Tarquinius Superbus gelebt. Einige nannten sie Deyphebe. Obwohl jene edle Frau erstaunlich alt wurde, blieb sie zeit ihres Lebens Jungfrau. Wegen ihrer großen Weisheit vermuteten manche Dichter, Phöbus, den sie den Gott der Weisheit nannten, müsse sie geliebt haben und sie müsse von jenem Phöbus das Geschenk eines so gewaltigen Wissens und einer so langen Lebensdauer erhalten haben. Dies bedeutet, dass sie aufgrund ihrer Jungfräulichkeit und Reinheit von Gott, der Sonne des

Wissens, geliebt wurde und er sie mit dem Licht der Weissagung erleuchtete, dank dessen sie verschiedene zukünftige Ereignisse voraussagte und niederschrieb. Des Weiteren ist überliefert, ihr sei, als sie sich am Ufer von Baia in der Nähe des Averner Sees aufhielt, eine höchst wunderbare Antwort und göttliche Offenbarung zuteilgeworden, die aufgezeichnet, mit ihrem Namen verbunden und in gereimte Verse gefasst wurde. Obwohl dies schon sehr lange her ist, flößt diese Begebenheit doch jedem, der sich genauer mit ihr auseinandersetzt, Bewunderung angesichts der außerordentlichen Bedeutung dieser Frau ein. In wiederum anderen Geschichten heißt es, sie habe Aeneas in die Hölle und wieder aus ihr herausgeführt.

Jene kam nach Rom und trug neun Bücher mit sich, die sie dem König Tarquinius zum Kauf anbot. Weil er es jedoch ablehnte, den von ihr verlangten Preis zu zahlen, verbrannte sie drei davon vor seinen Augen. Da sie am folgenden Tag von ihm für die verbleibenden sechs Bücher den gleichen Preis wie für die neun Bücher verlangte und versicherte, sie würde, falls er ihr nicht den verlangten Preis bezahle, sogleich drei weitere Bücher und am nächsten Tag die restlichen drei verbrennen, bezahlte ihr der König Tarquinius den von ihr ursprünglich verlangten Preis. Deshalb hütete man diese Bücher gut, und es stellte sich heraus, dass sie alle großen Geschehnisse, die den Römern in der Folgezeit zustoßen sollten, weissagten. Man bewahrte sie mit besonderer Sorgfalt in den Schatzkammern der Herrscher auf, und wenn guter Rat nottat, so konsultierte man sie, geradeso als handele es sich um eine göttliche Verheißung.

Nun pass auf, süße Freundin, und sieh, wie Gott einer einzigen Frau eine solch große Gnade zuteilwerden ließ, dass sie befähigt war, nicht nur zu ihren Lebzeiten einen Herrscher zu beraten und zu warnen, sondern ebenfalls all jene, die, so lange die Welt besteht, in Rom an die Macht gelangen sollten; desgleichen sagte sie alle großen Ereignisse im Kaiserreich voraus. Nun sag mir bitte einmal: Wo hat es jemals einen Mann gegeben, der solches vollbrachte? Und du Närrin warst eben noch unglücklich darüber, vom gleichen Geschlecht wie solche Wesen zu sein, weil du glaubtest, Gott verachte es!

Vergil berichtete in seinem Buch in Versen von jener Sibylle. Sie beendete ihr Leben in Sizilien, und lange Zeit wurde ihr Grab gezeigt.

IV. VON VERSCHIEDENEN PROPHETINNEN

Aber auf der Welt gab es keineswegs nur jene zehn Frauen, die dank einer besonderen Gottesgabe Prophetinnen waren, sondern viele andere in allen existierenden Religionen. Denn wenn du dich im Judentum umblickst, so findest du eine ganze Reihe solcher Frauen, wie etwa Debora*, eine Prophetin zur Zeit der Richter von Israel. Durch sie und ihre Klugheit wurde das Volk Gottes aus der Knechtschaft des Königs von Kana befreit, der es zwanzig Jahre lang unterdrückt hatte. Ähnliches gilt für die gebenedeite Elisabeth*, die Base Unserer Lieben Frau: War sie etwa keine Prophetin, als sie zu der ruhmreichen Jungfrau, die sie besuchte, sprach: ›Wie kommt es, dass die Mutter Gottes mich aufsucht?‹ Woher sonst als dank des Geistes der Weissagung konnte sie wissen, dass sie den Heiligen Geist empfangen hatte?

Und besaß nicht auch Hanna*, die vortreffliche hebräische Frau, die im Tempel die Lichter anzündete, den Geist der Weissagung, ähnlich wie der Prophet Simeon, dem Unsere Liebe Frau am Tag der Lichtmess Jesus Christus am Altar des Tempels zeigte? Der heilige Prophet wusste, dass er der Erretter der Welt war und umschloss ihn mit seinen Armen, während er sagte: ›Herr, nun lässt du deinen Diener in Frieden fahren.‹ Als sie die Jungfrau erblickte, die mit ihrem Kind auf dem Arm in den Tempel kam, wusste indes Hanna, diese vortreffliche Frau, die im Tempel umherging und ihren Dienst verrichtete, in ihrem Geist sofort, dass es der Heiland war. Deshalb kniete sie nieder, betete ihn an und verkündete mit lauter Stimme, dies sei der, der gekommen sei, die Welt zu erretten. Wenn du einmal darauf achtest, so wirst du in der jüdischen Religion noch auf viele andere Prophetinnen stoßen; unzählige und auch eine Reihe Heilige gibt es in der christlichen Religion. Aber klammern wir diese einmal aus, denn sonst könnte man noch behaupten, Gott habe sie durch die Verleihung einer besonderen Gabe bevorzugt; lass uns deshalb voranschreiten und von anderen Frauen heidnischen Glaubens sprechen.

Sogar in der Heiligen Schrift wird die Königin von Saba* erwähnt, eine Frau von großer Klugheit. Diese hatte so viel über die Weisheit Salomos gehört, dessen Ruhm durch die ganze Welt eilte, dass sie ihn zu sehen wünschte. Sie brach also auf aus dem Orient, aus dem abgelegensten Teil der Welt, verließ ihre Heimat und ritt durch Äthiopien und Ägypten, an den Gestaden des Roten Meeres entlang und durch die großen arabischen Wüsten. In der überaus vornehmen Begleitung von Fürsten, Herren, Rittern und Edelfrauen, unter gewaltiger Prachtentfaltung und beladen mit Kostbarkeiten gelangte sie in die Stadt Jerusalem, um den weisen König Salomo aufzusuchen und zu ergründen, ob das, was man überall auf der Welt von ihm sagte, zutreffe. Salomo empfing sie in großen Ehren, wie es sich gehörte; sie verbrachte eine lange Zeit mit ihm und stellte seine Weisheit in vielen Bereichen auf die Probe. Sie richtete mehrere Fragen an ihn und legte ihm eine Reihe äußerst schwieriger Rätsel vor. Auf alles, was sie ihn fragte, antwortete er in so vollkommener Weise, dass sie sagte, Salomos Weisheit sei nicht der Ausdruck menschlicher Klugheit, sondern auf eine besondere Gabe Gottes zurückzuführen. Jene edle Frau schenkte ihm eine Reihe kostbarer Gegenstände, darunter die Pflanzen kleiner Bäume, die eine Flüssigkeit absondern und Balsam liefern. Der König ließ sie in der Nähe eines Sees namens Allefabter anpflanzen und befahl, sie mit Sorgfalt zu hegen und zu pflegen. Der König seinerseits schenkte ihr mehrere kostbare Schmuckstücke.

Mehrere Schriften erzählen von der Weisheit jener Frau und ihrer Sehergabe. Sie berichten, wie Salomo ihr während ihres Jerusalem-Aufenthaltes einen prachtvollen Tempel zeigte, den er hatte errichten lassen, und ihr Blick auf ein langes, flaches Brett fiel, das über einer morastigen Pfütze lag und als Steg über diese Sumpflache diente. Auf einmal blieb die edle Frau stehen, blickte auf das Brett, pries es und sprach: ›Dieses Brett, das gegenwärtig als verächtliches Ding gilt und unter die Füße gelegt wurde, wird einmal als vornehmste aller Holzplanken geehrt und mit kostbaren Steinen aus der Schatzkammer von Fürsten verziert werden. Denn auf dem Holz dieses Brettes wird jener sterben, der die jüdische Religion vernichten wird.‹ Die Juden nahmen diesen Ausspruch sehr ernst, entfernten das Brett und vergruben es an einer Stelle, von der sie vermuteten, dass niemand es dort finden werde Aber was Gott erhalten will, das wird sehr wohl erhalten: Denn die Juden versteckten es nicht gut genug, um zu verhindern, dass man es in der Zeit der Passion Unseres Herrn Jesus Christus wieder ausgrub. Aus diesem Holz, so sagt man, wurde das Kreuz gezimmert, an dem unser Heiland Tod und Leid erlitt. Auf diese Weise bewahrheitete sich die Weissagung jener edlen Frau.

V. ERNEUT ÜBER NICOSTRATA*, KASSANDRA* UND DIE KÖNIGIN BASENA*

Jene bereits weiter oben erwähnte Nicostrata war ebenfalls eine Prophetin; denn sobald sie den Tiber überquert und mit ihrem Sohn Evandro, über den die Geschichtswerke viel zu berichten wissen, auf den Palatin gestiegen war, weissagte sie, auf jenem Hügel werde man eine Stadt erbauen, die berühmteste aller Städte der Welt, die an der höchsten Spitze aller weltlichen Reiche stehen werde. Und um als Erste den Grundstein dazu zu legen, baute sie an dieser Stelle eine gewaltige Festung (wie zuvor berichtet); später wurde dort Rom gegründet und erbaut.

Ähnliches gilt für Kassandra, die vornehme trojanische Jungfrau, Tochter des Königs Priamos von Troja und Schwester des tapferen Hektor, die so klug war, dass sie alle Künste beherrschte, und war sie nicht auch eine Weissagerin? Da dieses junge Mädchen es ablehnte, einen Mann – und sei es ein noch so mächtiger Fürst – zum Gemahl zu nehmen und sie um das wusste, was den Trojanern zustoßen sollte, war sie stets traurig. Und je mehr sie Trojas großen Wohlstand blühen und je prächtiger sie die Stadt vor Ausbruch des Krieges der Trojaner gegen die Griechen sah, desto mehr weinte, klagte und trauerte sie. Angesichts der Vornehmheit und des Reichtums der Stadt und ihres schönen, berühmten und so preiswürdigen Bruders konnte sie nicht umhin, von dem zukünftigen großen Unheil zu sprechen, und als sie den Beginn des Krieges erlebte, wurde ihr Schmerz noch größer. Ohne Unterlass klagte sie, schrie und ermahnte ihren Vater und ihren Bruder, in Gottes Namen mit den Griechen Frieden zu schließen, weil sie sonst unausweichlich von diesem Krieg selbst vernichtet würden. Diese gaben jedoch nichts auf ihre Worte und schenkten ihnen keinen Glauben. Jene jedoch, die häufig und völlig zu Recht über diesen gewaltigen Verlust und Schaden klagte, konnte immer noch nicht schweigen, weswegen sie oft von ihrem Vater und ihren Brüdern geschlagen wurde, die behaupteten, sie sei verrückt. Trotzdem schwieg sie immer noch nicht; selbst unter Androhung der Todesstrafe hätte sie nicht geschwiegen und sich davon abhalten lassen, es ihnen ohne Unterlass zu verkünden. Deshalb sah sich ihre Familie, die ihre Ruhe haben wollte, genötigt, sie in einem Raum fernab von allen Menschen einzuschließen, um so ihr Lärmen aus der Reichweite ihrer Ohren zu entfernen. Aber sie hätten besser daran getan, ihr zu glauben, hatte sie doch alles, was ihnen dann zustieß, vorhergesagt. Zu guter Letzt bereuten sie es, doch da war es für sie zu spät.

Ferner: War es nicht ebenfalls eine erstaunliche Weissagung, die von der Königin Basena ausgesprochen wurde und von der die Chroniken berichten? Sie war zuerst die Frau des Königs der Thüringer, später die Gemahlin Childerichs. In der Nacht ihrer Eheschließung mit jenem König Childerich, so berichtet die Überlieferung, sagte sie ihm, er werde, falls er sich der Fleischeslust enthalte, eine außergewöhnliche Vision haben. Dann befahl sie ihm, er solle sich erheben, zur Tür des Gemachs gehen und genau auf das achtgeben, was er sehen werde. Der König begab sich dorthin, und es schien ihm, er sehe große, Einhorn genannte Tiere, ferner Leoparden und Löwen im Palast ein- und ausgehen; voller Schrecken kehrte er zurück und fragte die Königin, was das zu bedeuten habe. Sie aber antwortete, sie werde es ihm am Morgen sagen; er solle keine Angst haben, vielmehr sogleich an seinen Platz zurückkehren. So geschah es, und nun glaubte er, riesige Bären und Wölfe zu sehen, die sich anschickten, aufeinander loszustürzen. Die Königin schickte ihn ein drittes Mal fort, und nun schien ihm, er sehe Hunde und kleine Tiere, die sich alle gegenseitig zerfleischten. Und da der König deswegen sehr erschrocken und erstaunt war, sagte ihm die Königin, seine Vision der verschiedenen Tiere bedeute verschiedene Generationen von Prinzen, die in Frankreich regieren würden und ihre Nachkommen seien; das Verhalten und die Taten jener Prinzen glichen der Natur und der Verschiedenheit der Tiere, die er gesehen habe. Teure Freundin, daran könnt Ihr in aller Deutlichkeit erkennen, wie häufig Unser Herr Seine Geheimnisse durch Frauen offenbarte.

VI. VON ANTONIA*, DIE KAISERIN WURDE

Keineswegs eine Lappalie war das Geheimnis, das Gott über die Vision einer Frau dem Justinian enthüllte, dem Schatzmeister des Kaisers Justinus. Eines Tages war Justinian zu seinem Vergnügen durch die Felder gestreift, in seiner Begleitung befand sich seine geliebte Freundin, eine Frau namens Antonia. In der Mittagszeit bekam Justinian Lust, sich auszuruhen; er ließ sich also zum Schlaf unter einem Baum nieder und legte seinen Kopf in den Schoß seiner Freundin. Und als er eingeschlafen war, sah Antonia, wie ein großer Adler angeflogen kam, über ihnen verharrte und sich bemühte, seine Flügel zu entfalten, um Justinians Antlitz vor der Glut der Sonne zu schützen. Jene erkannte in ihrer Klugheit sogleich die tiefere Bedeutung; und als Justinian erwacht war, redete sie ihn in wohlgesetzten Worten an und sprach zu ihm: ›Schöner, süßer Freund, ich habe Euch sehr geliebt und liebe Euch immer noch, wie Ihr, der Ihr Herr über meinen Körper und über meine Liebe seid, sehr wohl wisst. Es gibt deshalb keinen Grund, dass der von seiner Freundin so sehr geliebte Freund dieser irgendetwas verweigerte. Deshalb erbitte ich von Euch, als Entgelt für meine Jungfräulichkeit und meine Liebe, eine einzige Gabe, die, so überaus wichtig sie für mich ist, Euch aber sehr gering dünken wird.‹ Justinian antwortete seiner Freundin, sie möge ohne jede Scheu ihren Wunsch äußern; er wolle nichts verweigern, was er geben könne. Darauf sprach Antonia: ›Das Geschenk, welches ich von Euch erbitte, ist Folgendes: Wenn Ihr Kaiser werdet, so sollt Ihr Eure arme Freundin Antonia nicht verachten, sondern sie Euch als Teilhaberin an Eurer Ehre und Eurem Reiche in rechtmäßiger Ehe verbinden. Dies, so bitte ich Euch, versprecht mir in diesem Augenblick.‹ Als Justinian das junge Mädchen so sprechen hörte, begann er zu lachen, denn er glaubte, sie habe es aus Spaß gesagt. Da er es für unmöglich hielt, Kaiser werden zu können, versprach er ihr, er werde sie mit Sicherheit zur Frau nehmen, falls er Kaiser werde. Dies bezeugte er im Namen aller seiner Götter, und jene dankte ihm hierfür. Zur Besiegelung dieses Versprechens ließ sie sich seinen Ring geben und händigte ihm ihren aus. Unmittelbar im Anschluss daran hob sie an, ihm zu sagen: ›Justinian, ich verkünde und versichere dir: Du wirst Kaiser werden, und dies wird dir binnen kurzem zustoßen.‹ Daraufhin gingen sie beide ihrer Wege.

Kurze Zeit später erkrankte der Kaiser Justinus, der sein Heer zum Krieg gegen die Perser gesammelt hatte, und starb. Als danach die Barone und Fürsten zwecks Wahl eines neuen Kaisers zusammenkamen und sie sich nicht einigen konnten, wählten sie, gleichsam um sich gegenseitig zu ärgern, Justinian zum Kaiser. Dieser fackelte nicht lange, sondern zog sogleich voller Angriffslust und mit einem großen Heer gegen die Perser, gewann die Schlacht, nahm den persischen König gefangen und errang große Ehre und beträchtliche Güter. Als er in seinen Palast zurückgekehrt war, vergaß seine Freundin Antonia ihre Belange nicht, und es gelang ihr, sich mit viel Geschick Zugang zu dem Raum zu verschaffen, in dem er inmitten seiner Fürsten thronte. Dort begann sie, vor ihm kniend, ihre Sache zu verfechten und sagte, sie sei ein junges Mädchen und gekommen, Recht und Billigkeit von einem jungen Mann zu fordern, der sich mit ihr verlobt und mit dem sie die Ringe getauscht habe. Der Kaiser, der nicht im Entferntesten an sie dachte, antwortete ihr: Falls es wahr sei, dass sich jemand mit ihr verlobt habe, so sei es rechtens, dass jener sie zur Frau nehme; er wolle ihr gern ihr Recht verschaffen, vorausgesetzt, sie könne es beweisen. In diesem Augenblick zog Antonia den Ring von ihrem Finger, reichte ihm diesen und sprach: ›Edler Kaiser, ich kann es mit Hilfe dieses Ringes beweisen. Sieh genau hin – vielleicht kennst du ihn.‹ Da erkannte der Kaiser sehr wohl, dass er sich in seinen eigenen Worten verstrickt hatte; weil er aber sein Versprechen halten wollte, ließ er sie sogleich in seine Gemächer führen und sie kostbar ausstatten, um sie zu heiraten.«

VII. CHRISTINE SPRICHT ZU FRAU RECHTSCHAFFENHEIT.

»Edle Frau, aus allem, was ich in aller Deutlichkeit vernehme und sehe, ergibt sich klarer als jemals zuvor, dass in allen Anklagepunkten das Recht auf der Seite der Frauen und großes Unrecht auf der Seite ihrer Ankläger ist. In diesem Zusammenhang muss ich von einer bei den Männern und sogar bei einigen Frauen sehr verbreiteten Gepflogenheit sprechen. Es handelt sich um Folgendes: Wenn die Frauen schwanger sind und ein Mädchen zur Welt bringen, werden manche Ehemänner ungehalten und murren, weil ihre Frauen keinen Sohn geboren haben. Und ihre törichten Frauen, statt überglücklich zu sein, weil Gott sie in Gesundheit hat gebären lassen und diesem aus ganzem Herzen dafür zu danken, werden angesichts eines Mädchens ebenfalls unwirsch, weil sie sehen, dass ihre Männer sich aufregen. Aber woher kommt es eigentlich, hohe Frau, dass sie das dermaßen bekümmert? Bereiten ihnen denn Töchter mehr Unannehmlichkeiten als Söhne? Oder zeigen die Mädchen weniger Liebe und mehr Gleichgültigkeit für ihre Eltern als die Jungen?«

Antwort: »Teure Freundin, da du mich nun einmal nach der Ursache hierfür fragst, entgegne ich dir: Das hängt mit der gewaltigen Dummheit und Unwissenheit derer zusammen, die aus diesem Anlass ungehalten werden. Gleichwohl liegt der wichtigste Beweggrund in den Kosten, die sie auf sich zukommen sehen, wenn sie die Mädchen verheiraten müssen; bei dieser Gelegenheit sind sie gezwungen, etwas von ihrem Geld und Gut herauszurücken. Andere sind bekümmert, weil sie an die Gefahren denken, denen naive junge Mädchen durch allerlei Einflüsterungen ausgesetzt sind. Aber all diese Gründe halten rationalen Argumenten nicht stand.

Was die Angst vor Fehltritten angeht: Man muss sie nur bereits im Kindesalter klug erziehen und die Mutter ihnen ein Vorbild an Ehrsamkeit und Anstand sein (denn wenn die Mutter sich Ausschweifungen hingäbe, so wäre das ein schlechtes Beispiel für die Tochter); außerdem ist schlechter Umgang von ihr fernzuhalten und sie muss streng erzogen werden, denn wenn man Kindern und Jugendlichen Disziplin beibringt, dann ist das der erste Schritt für ein das ganze Leben währendes untadeliges Benehmen. Ähnliches gilt für die Geldausgaben: Wenn die Eltern einmal genau darauf achteten, wie viel ihre Söhne sie kosten – sowohl für das Erlernen einer Wissenschaft oder eines Berufs als auch für ihre standesgemäße Ausstattung, seien sie nun vornehmer, mittlerer oder niedriger Abstammung, als auch für überflüssige Ausgaben in zweifelhafter Gesellschaft und für manche Albernheiten – täten sie dies, so fänden sie meiner Meinung nach kaum mehr Vorteile bei den Söhnen als bei den Töchtern. Und was den Ärger und die Sorgen angeht, die manche Jungen verursachen, weil sie häufig an üblen Raufereien und Streitereien beteiligt sind oder zum Kummer und auf Kosten ihrer Eltern ein ausschweifendes Leben führen, so glaube ich, dass all das mindestens genauso viel Sorgen bereitet wie ihre Töchter.

Schau dich doch einmal um und sag mir, wie viele Söhne sich liebevoll und geduldig um ihre alten Eltern kümmern, wie es ihre Kindespflicht wäre! Ich würde sagen, sie sind sehr spärlich gesät, denn das kommt äußerst selten vor, obwohl es doch so viele Söhne gibt und immer gegeben hat. Wenn nun Vater und Mutter ihre Söhne vergöttert haben, diese groß geworden sind und dank der Bemühungen des Vaters und ihrer guten Ausbildung oder dank eines glücklichen Geschicks im Geld schwimmen, ihr alter Vater aber durch einen Unglücksfall arm und gebrechlich geworden ist, dann verachten sie ihn, sind verärgert und schämen sich seiner, wenn sie ihn sehen. Ist der Vater reich, so sehnen sie seinen Tod herbei, um an seinen Besitz zu kommen. Oh, allein Gott weiß, wie viele Söhne großer Herren und reicher Männer auf den Tod ihrer Eltern warten, um in den Besitz von deren Ländereien und Vermögen zu gelangen! In dieser Hinsicht hat Petrarca recht, der sagt: ›Oh, du törichter Mensch! Du begehrst Kinder zu haben, besitzest jedoch keinen größeren Todfeind als diese: Bist du arm, so werden sie dich als Last empfinden und, um von dieser befreit zu werden, deinen Tod herbeiwünschen. Bist du aber reich, so sehnen sie ihn gleichfalls herbei, um an dein Vermögen zu kommen!‹ Nun will ich gar nicht behaupten, alle seien so, aber von dieser Sorte gibt es schon sehr viele. Wenn sie verheiratet sind, so weiß Gott, wie sehr sie darauf aus sind, ständig etwas von Vater und Mutter zu verlangen; und wenn es ihnen auch nicht viel ausmachen würde, die armen Alten vor Hunger sterben zu sehen, so ist es doch ungemein wichtig, dass sie selbst alles bekommen. Ah, das ist mir eine feine Brut! Oder wenn die Mütter Witwen werden, sie, die ihre Kinder so liebevoll aufgezogen haben, um im Alter an ihnen Stütze und Stab zu finden: Wie schlecht vergilt man ihnen ihre Mühsal! Ihre missratenen Kinder meinen nämlich, alles für sich beanspruchen zu dürfen. Falls die Mütter ihnen nicht alles gewähren, was sie begehren, schrecken die Kinder noch nicht einmal davor zurück, ihren Müttern schlimme Beschimpfungen an den Kopf zu werfen. Und wie es um die Achtung bestellt ist, das weiß allein der liebe Gott! Aber es kommt noch ärger, denn manche schrecken sogar nicht davor zurück, gerichtlich gegen die eigene Mutter vorzugehen. Dies ist der Lohn einiger Mütter dafür, sich ihr ganzes Leben lang für ihre Kinder aufgeopfert zu haben! Söhne dieses Schlags gibt es eine ganze Menge, manchmal vielleicht auch Töchter von dieser Sorte. Aber wenn du genau hinsiehst, wirst du wohl feststellen, dass es unter den wider die Natur handelnden Kindern mehr Söhne als Töchter gibt.

Selbst wenn wir einmal annehmen, alle Söhne seien gutherzig, so gibt es immer noch gewöhnlich mehr Töchter als Söhne, die ihren Eltern Gesellschaft leisten, sie häufiger besuchen und sich in Alter und Krankheit um sie kümmern. Dies hängt damit zusammen, dass die Söhne mehr in der Welt umherziehen und die Töchter ruhiger sind, sich eher in der Nachbarschaft aufhalten, wie du es an dir selbst sehen kannst; denn obwohl deine Brüder äußerst wohlgeraten, liebevoll und gutmütig sind, sind sie doch in die Welt hinausgezogen, und du allein bist zurückgeblieben, um deiner lieben Mutter Gesellschaft zu leisten; dies ist ihr im Alter ein großer Trost. Um zum Schluss zu kommen: Ich sage dir, diejenigen, die sich ärgern und traurig sind über die Geburt eines Mädchens, sind große Narren. Weil du mich auf dieses Thema gebracht hast, will ich dir von einigen Frauen erzählen, von denen die Überlieferung berichtet, Frauen, die ihrem Naturtrieb folgen und ihre Eltern ehren.

VIII. HIER BEGINNT SIE VON TÖCHTERN ZU SPRECHEN, DIE IHRE ELTERN LIEBTEN; ZUERST SPRICHT SIE VON DRYPETINA*.

Drypetina, die Königin von Laodikeia und die Tochter des großen Königs Mithridates, liebte ihren Vater über alles, so sehr, dass sie ihn in alle Schlachten begleitete. Sie war äußerst hässlich, denn sie besaß eine doppelte Zahnreihe, was ein großer Schönheitsfehler ist. Weder im Glück noch im Unglück wich sie von der Seite ihres Vaters, weil sie ihn so sehr liebte, und obwohl sie über ein gewaltiges Königreich herrschte und sich dem Müßiggang hätte hingeben können, nahm sie doch alle Schmerzen und Mühsal auf sich, die ihr Vater auf manchen seiner Feldzüge erlitt. Und als er vom großen Pompeius besiegt wurde, ließ sie ihn nicht im Stich, sondern kümmerte sich mit großer Sorgfalt und Aufmerksamkeit um ihn.

IX. HIER IST VON HYPSIPYLE* DIE REDE.

Hypsipyle begab sich in Todesgefahr, um ihren Vater namens Thoas zu retten, der König von Lemnos war. Da sein Land sich gegen ihn erhob und die Bewohner in großer Wut zum Palast rannten, um ihn zu töten, versteckte seine Tochter Hypsipyle ihn sofort in einer ihrer Truhen und lief dann nach draußen, um das Volk zur Vernunft zu bringen. Aber das nützte nichts; als man überall nach dem König suchte und ihn nicht finden konnte, richtete man die Schwerter auf Hypsipyle und drohte ihr mit dem Tode, falls sie nicht sagte, wo er sei. Gleichzeitig versprach man ihr – vorausgesetzt sie verriete es – sie zur Königin zu krönen und ihr zu gehorchen. Die gute, warmherzige Tochter jedoch, der am Leben ihres Vaters mehr lag als daran, selbst Königin zu werden, beugte sich nicht aus Angst vor dem Tode, sondern erteilte die mutige Antwort, er sei sicher schon lange über alle Berge. Weil die Leute ihn nicht finden konnten und sie ihnen im Brustton der Überzeugung versicherte, er sei geflohen, glaubten sie ihr schließlich und krönten sie zur Königin. Sie regierte eine Zeit lang in Frieden über ihr Volk. Da sie aber ihren Vater über eine geraume Zeit hinweg verborgen gehalten hatte und befürchtete, er könne am Ende doch noch von irgendwelchen Neidern verraten werden, brachte sie ihn des Nachts ins Freie und schickte ihn, mit allem Notwendigen reichlich versehen, hinaus aufs Meer in Sicherheit. Jedoch erfuhren die aufrührerischen Bürger zu guter Letzt davon und verjagten ihre Königin Hypsipyle. Sie hätten sie sogar umgebracht, wenn nicht einige von ihnen Mitleid empfunden hätten, weil die Königin so gut gewesen war.

X. VON DER JUNGFRAU CLAUDIA*

Oh, welchen gewaltigen Beweis ihrer Liebe gab die Jungfrau Claudia ihrem Vater, als dieser siegreich heimkehrte und man ihn, als Dank für seine großen Wohltaten und die bedeutenden Siege, die er in mehreren Schlachten errungen hatte, in Rom mit der höchsten Ehrung empfing; die Römer nannten das Triumphzug. Dies war eine große Ehrbezeugung, mit der sie die siegreich von bedeutenden Heldentaten zurückkehrenden Fürsten empfingen. Als nun aber Claudias Vater, einem der tapfersten römischen Edelleute, jener Triumphzug zuteilwurde, griff ihn ein anderer römischer Edelmann, der ihn hasste, an. Seine Tochter Claudia war dem Kult der Göttin Vesta geweiht (heute würden wir sagen: Sie war Nonne in einem Kloster). In Gesellschaft anderer Frauen ihres Ordens ging sie, wie es üblich war, jenem Fürsten entgegen. Als nun Claudia den Lärm vernahm und hörte, ihr Vater werde von seinen Widersachern angegriffen, ließ die Liebe der Tochter zu ihrem Vater sie die demütige und gesittete Haltung, die jungfräuliche Nonnen im Allgemeinen besitzen, vergessen. Desgleichen vergaß sie alle Furcht und Angst, sprang sofort von dem Wagen herunter, auf dem sie mit ihren Gefährtinnen saß, bahnte sich einen Weg durch die Menge und stellte sich tollkühn vor die auf ihren Vater gerichteten Schwerter und Degen, wobei sie sich wahrhaftig anschickte, dem ihr am nächsten Stehenden an die Gurgel zu springen und mit aller Kraft ihren Vater zu verteidigen. Daraufhin entstand ein riesiger Volksauflauf, und man trennte alsdann die Streithähne. Aber da die tapferen Römer gewöhnlich viel Aufhebens um jeden Menschen machten, der eine bewunderungswürdige Tat vollbracht hatte, schätzten sie auch jene Jungfrau sehr und priesen sie für ihre Tat.

XI. VON EINER FRAU, DIE IHRE MUTTER IM GEFÄNGNIS NÄHRTE

Einen ähnlich großen Liebesbeweis erbrachte eine Römerin*, von der die Geschichtswerke berichten, ihrer Mutter. Wegen eines von ihr begangenen Verbrechens wurde jene Mutter dazu verurteilt, im Gefängnis zu sterben, und es war verboten, ihr etwas zu essen oder zu trinken zu geben. Ihre Tochter, die ihre Mutter sehr liebte und sehr betrübt über diese Verurteilung war, erbat sich von den Bewachern ihrer Mutter eine besondere Gnade: Sie wolle jene, solange sie noch am Leben sei, jeden Tag besuchen, um sie so zu einem geduldigen Ertragen ihres Schicksals zu bewegen. Kurz und gut, sie weinte und flehte so lange, bis die Gefängniswärter Mitleid mit ihr verspürten und ihr erlaubten, ihre Mutter jeden Tag zu sehen. Bevor man sie jedoch zu ihr ließ, wurde sie einer peinlichen Leibesvisitation unterzogen, damit sie ihrer Mutter nichts zu essen mitbrächte. Nun dauerten diese Besuche schon viele Tage, und es schien den Wächtern unverständlich, dass eine Gefangene, falls alles mit rechten Dingen zuginge, so lange überleben könne, und sie wunderten sich, dass sie immer noch nicht tot war. Da sie aber nur Besuch von ihrer Tochter bekam, die jedes Mal sorgfältig untersucht wurde, bevor man sie zur Mutter vorließ, fragten sich die Gefängniswärter, wie dies möglich sei. Und wahrhaftig, eines Tages beobachteten sie Mutter und Tochter, und da sahen sie, wie die arme Tochter, die vor kurzem ein Kind geboren hatte, ihrer Mutter so lange die Brust gab, bis diese ihr all ihre Milch aus den Brüsten gesogen hatte. Auf diese Weise gab die Tochter der Mutter in ihrem Alter das zurück, was sie als Kind von dieser bekommen hatte. Diese beständige Fürsorge und die große Liebe der Tochter zur Mutter stimmten die Gefängniswärter milde; und nachdem sie den Richtern von dieser Angelegenheit erzählt hatten, die ebenfalls menschliches Mitleid verspürten, schenkte man der Mutter die Freiheit und gab sie ihrer Tochter zurück.

Was die Liebe einer Tochter zum Vater angeht, so könnte man auch von der vortrefflichen und klugen Griselda* erzählen, der späteren Markgräfin von Saluzzo, von deren großer Tugend, Festigkeit und Standhaftigkeit ich dir später noch erzählen werde. Oh! Mit welch großer Liebe, die ihren Ursprung in ihrem treuen Wesen hatte, ließ sie es sich angelegen sein, ihrem armen, alten und kranken Vater Giannucola mit großer Demut gehorsam zu dienen! Sie, in ihrer Reinheit und Jungfräulichkeit, sie, die in der Blüte ihrer Jugend stand: Mit welch liebevoller Sorgfalt ernährte und pflegte sie ihn! Mit ihrer Hände Arbeit verdiente sie unter großen Mühen und Anstrengungen ihrer beider Lebensunterhalt. Oh! Unter einem guten Stern sind Töchter von so großer Güte und solcher Liebe zu Vater und Mutter geboren, denn obwohl sie ja im Grunde nur ihre Pflicht tun, gereicht es ihrer Seele zu großem Verdienst; ihnen, wie auch ähnlich gearteten Söhnen, gebührt auf Erden großes Lob für eine solche Haltung.

Was soll ich dir sonst noch zu diesem Thema sagen? Ich könnte dir ohne Unterlass Beispiele ähnlicher Fälle anführen; aber das bisher Gesagte mag dir genügen.

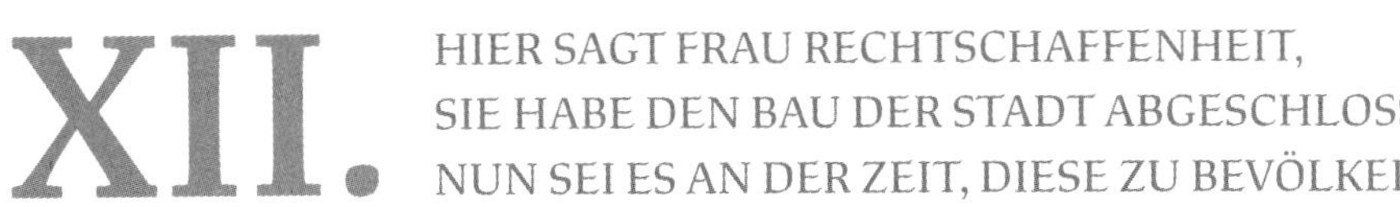

XII. HIER SAGT FRAU RECHTSCHAFFENHEIT, SIE HABE DEN BAU DER STADT ABGESCHLOSSEN; NUN SEI ES AN DER ZEIT, DIESE ZU BEVÖLKERN.

Teuerste Freundin, jetzt haben wir, so meine ich, unseren Bau ein großes Stück vorangetrieben und die Stadt der Frauen, an beiden Seiten ihrer breiten Straßen entlang, hoch errichtet, gewaltige königliche Paläste erbaut, und die Zwinger und Wehrtürme der Stadt recken sich so trutzig und aufrecht empor, dass man sie schon von weitem sieht. Aber nun ist es höchste Zeit, diese großartige Stadt zu bevölkern, damit sie nicht wüst und leer steht, sondern mit den vortrefflichsten Frauen (andere dulden wir dort nicht) bestückt wird. Oh, wie glücklich werden die Bewohnerinnen unserer

Stadt sein! Sie müssen nicht ständig fürchten, von fremden Eindringlingen verjagt zu werden, denn es ist eine Eigentümlichkeit dieser Stadt, dass ihre Einwohnerinnen nicht verjagt werden können. Dies ist der Beginn eines neuen Reiches der Frauen. Seine Würde ist allerdings ungleich höher als die des Frauenreichs früherer Zeiten, denn seine Frauen werden nicht gezwungen sein, ihr Territorium zu verlassen, um Nachfolgerinnen zu empfangen und zu gebären und so ihren Besitz über die Zeiten hinweg, von einem Geschlecht zum anderen, zu erhalten: Die Frauen, die wir jetzt dort ansiedeln, werden alle Zeiten überdauern.

Nachdem wir die Stadt mit vornehmen Bewohnerinnen bevölkert haben, kommen meine Schwester, die edle Frau Gerechtigkeit, und die alle überstrahlende Königin in Begleitung von Fürstinnen höchsten Ranges. Diese Frauen werden die erhabensten Plätze und höchsten Türme bewohnen. Bei ihrem Eintreffen soll die Königin die Stadt bereits von edlen Frauen bewohnt sehen, und diese sollen sie als ihre Herrin, als Herrscherin über ihr ganzes Geschlecht in großen Ehren empfangen. Aber mit welchen Frauen sollen wir die Stadt bevölkern? Etwa mit solchen, die bekannt sind für ihren schlechten Lebenswandel und einen üblen Ruf haben? Ganz bestimmt nicht! Vielmehr ausschließlich mit klugen Frauen, die großes Ansehen besitzen, denn man kann sich für eine Stadt keine angenehmeren Bewohner, keine größere Zierde denken als edle und kluge Frauen. Deshalb zögere nicht länger, liebe Freundin: Mach dich sogleich an die Arbeit und auf den Weg, denn wir wollen uns auf die Suche nach ihnen machen.«

XIII. CHRISTINE FRAGT FRAU RECHTSCHAFFENHEIT, OB WAHR SEI, WAS DIE BÜCHER UND DIE MÄNNER BEHAUPTEN, DASS NÄMLICH DAS EHELEBEN ALLEIN DURCH DIE SCHULD DER FRAUEN SO SCHWER ZU ERTRAGEN SEI. FRAU RECHTSCHAFFENHEIT ANTWORTET UND BEGINNT VON DER GROSSEN LIEBE EINIGER FRAUEN ZU IHREN MÄNNERN ZU ERZÄHLEN.

Als wir aufbrachen, um auf Geheiß von Frau Rechtschaffenheit die oben erwähnten Frauen zu suchen, sagte ich Folgendes: »Edle Frau, Ihr und Frau Vernunft habt mir wirklich alle meine Fragen so umfassend beantwortet, dass ich nichts mehr entgegnen kann und mein Wissensdrang voll und ganz befriedigt ist. Außerdem habe ich von Euch erfahren, wie alles, was machbar und erlernbar ist, ob nun durch Körperkraft, geistige Fähigkeiten oder alle möglichen anderen Eigenschaften, von Frauen mühelos bewältigt werden kann. Ich habe jedoch noch etwas anderes auf dem Herzen: Könntet Ihr mir wohl sagen, ob stimmt, was die Männer behaupten und so viele Schriftsteller bezeugen (und was mir selbst übrigens ganz besonders zu schaffen macht): dass das Eheleben für die Männer eine echte Qual ist, und zwar einzig durch die Schuld, die Unbeherrschtheit und das nachtragende Gejammer der Frauen, wie es in so zahlreichen Büchern nachzulesen ist? Dies bezeugen viele Männer und behaupten ferner, die Frauen liebten ihre Ehemänner und das Zusammensein mit diesen so wenig, dass ihnen nichts soviel Verdruss bereite wie ebendies. Zwecks Vermeidung solchen Ungemachs hat eine Reihe von Schriftstellern den Weisen von der Ehe abgeraten und zudem versichert, so gut wie keine Frau sei ihrem Ehemann treu.

Dies legt selbst Valerius* in seinem Brief an Rufinus dar, und Theophrast* sagt in seinem Buch, kein weiser Mann dürfe sich verehelichen, denn mit Frauen seien eine Fülle von Sorgen, wenig Liebe und jede Menge übler Nachrede verbunden; wenn ein Mann heirate, um im Krankheitsfall besser versorgt und betreut zu werden, dann könne ein treuer Diener, der ihn weniger koste, dies besser und sorgfältiger tun. Hinzu komme Folgendes: Erkranke die Frau, dann sei der Mann schlecht dran und werde nicht von ihrer Seite weichen. Er behauptet noch andere Dinge ähnlichen Kalibers, deren Wiedergabe zu viel Zeit beanspruchen würde. Daraus schließe ich, edle Herrin, dass alle Anmut und alle Tugenden, die Frauen möglicherweise besitzen, angesichts dieses Sachverhaltes null und nichtig werden – allerdings vorausgesetzt, diese Dinge sind wirklich wahr.«

Antwort: »Wie sagtest nicht du selbst, teure Freundin, vor geraumer Zeit zu diesem Thema: Wer einen Prozess ohne gegnerische Partei führt, hat ein leichtes Spiel! Du kannst sicher sein, dass die Bücher, die so etwas verbreiten, nicht von Frauen verfasst wurden. Aber andererseits gibt es für mich nicht den mindesten Zweifel: Wollte jemand wirklich über das Für und Wider der Ehe informieren und ein neues Buch schreiben, das sich an der Wahrheit orientierte, dann kämen ganz andere Geschichten ans Licht!

Ach, teure Freundin, du weißt selbst, wie viele Frauen es gibt, die aufgrund der Hartherzigkeit ihrer Ehemänner ein jämmerliches Leben unter dem Joch der Ehe fristen und die dabei mehr leiden, als wären sie Sklavinnen bei den Sarazenen! Wie viele grausame und völlig unverdiente Schläge, wie viele Beschimpfungen, Gemeinheiten, Beleidigungen, Erniedrigungen und Anfeindungen erdulden zahlreiche gutherzige und rechtschaffene Frauen, ohne dass sich eine von ihnen beklagte! Und all die Frauen, die vor Hunger und Armut, umgeben von einer großen Schar Kinder, sterben, während sich ihre Männer an Orten der Ausschweifung herumtreiben und mit nichtsnutzigen Weibern in der Stadt oder in Wirtshäusern umherziehen. Kommen diese Männer dann nach Hause, werden ihre Frauen auch noch geschlagen, und das ist ihr einziges Abendessen: Sag an, erfinde ich das alles? Hast du nie einige deiner Nachbarinnen in ähnlichen Umständen leben sehen?«

Daraufhin ich: »Gewiss, edle Frau, ich kenne viele solcher Fälle, die mich mit tiefem Mitleid erfüllten.« »Das will ich wohl meinen. Und was die Ehemänner betrifft, denen angeblich die Krankheiten ihrer Frauen so sehr zu schaffen machen: Sag an, meine Freundin, wo sind sie denn? Auch wenn ich dir nicht mehr zu diesem Thema sage, so kannst du selbst sehr wohl erkennen, dass diese in Wort und Schrift gegen die Frauen vorgebrachten

Gemeinheiten zu allen Zeiten frei erfundene, der Wahrheit widersprechende Dinge waren. Es verhält sich doch so, dass die Männer über ihre Frauen und keineswegs die Frauen über die Männer Herrschaft ausüben; überdies würden die Männer den Frauen niemals Macht über sich selbst zugestehen.

Aber zu deiner Beruhigung versichere ich dir: Nicht alle Ehen werden von solchen Kämpfen bestimmt, denn es gibt durchaus Eheleute, die in großer Friedfertigkeit, Liebe und Treue miteinander leben, weil die Ehepartner gutherzig, klug und einsichtig sind. Zwar gibt es schlechte Ehemänner, aber eben auch sehr gute, tüchtige und weise. Die Frauen, die solchen Männern begegnen, wurden zu einer günstigen Stunde geboren, was den irdischen Ruhm angeht, den Gott ihnen damit zuteilwerden ließ. Das alles weißt du aus eigener Erfahrung, hattest du doch einen Mann, wie du ihn dir besser nicht hättest wünschen können; einen Mann, den kein anderer an Güte, Friedfertigkeit, Zuverlässigkeit und in seiner Liebe zu dir übertraf. Niemals wird der Kummer darüber, dass der Tod ihn dir entriss, aus deinem Herzen weichen. Obwohl ich dir sage und es auch stimmt, dass zahlreiche gutherzige Frauen von ihren übellaunigen Ehemännern äußerst schlecht behandelt werden, so weißt du doch auch, wie viele launische, unvernünftige Frauen es gibt. Wenn ich dir sagen würde, alle wären gutherzig, dann könnte ich mit Leichtigkeit der Lüge überführt werden; allerdings befinden sich die Schlechten in der Minderzahl. Und um diese Sorte Frauen kümmere ich mich nicht, handelt es sich doch um gleichsam widernatürliche Wesen.

Um auf die rechtschaffenen Frauen zurückzukommen und was jenen von dir erwähnten Theophrast angeht, der behauptet, ein kranker Mann werde von seinem Diener genauso getreulich und liebevoll gepflegt wie von seiner Frau: Ah! Wie viele gutherzige Frauen gibt es, die aus unerschütterlicher Zuneigung nichts anderes im Sinn haben, als ihren Männern in guten wie in schlechten Zeiten so hingebungsvoll zu dienen, als wären sie Götter. Ich glaube, einen solchen Diener findet man wohl kaum; und da wir nun schon einmal dieses Thema angeschnitten haben, werde ich dir eine Reihe von Beispielen für die große Liebe und Treue von Frauen zu ihren Ehemännern an die Hand geben. So kehren wir, Gott sei's gelobt, in der Begleitung zahlreicher schöner, rechtschaffener Frauen, die wir dort ansiedeln werden, in unsere Stadt zurück. Den Anfang macht die edle Königin Hypsicrathea, ehedem Gemahlin des reichen Königs Mithridates. Da sie einer längst vergangenen Zeit entstammt und von überaus großer Bedeutung ist, siedeln wir sie als erste in der edlen Stätte und dem ihr bestimmten Palast an.

XIV. HIER IST VON KÖNIGIN HYPSICRATHEA* DIE REDE.

Welches Lebewesen könnte die überaus schöne, edle und treue Königin Hypsicrathea in ihrer Liebe zu ihrem Mann übertreffen? Für diese Liebe lieferte sie ihm zahlreiche Beweise. Sie war die Gemahlin des großen Königs Mithridates, des Herrschers über Länder mit vierundzwanzig verschiedenen Sprachen. Obgleich er ein ungemein mächtiger König war, führten die Römer einen erbitterten Krieg gegen ihn. In all der Zeit jedoch, während er sich ausgiebig und unter gewaltigen Anstrengungen diesen Schlachten widmete, wich seine edle Frau ihm nicht von der Seite, wohin auch immer er seine Schritte lenken mochte. Obwohl jener König nach heidnischer Sitte eine Reihe Konkubinen besaß, war jene vornehme Frau ihm stets in vollkommener Liebe zugetan und ließ es nicht zu, dass er etwas ohne sie unternahm. In den großen Schlachten, in denen er häufig sein Leben riskierte und sein Reich an die Römer zu fallen drohte, war sie oft an seiner Seite. Wohin auch immer er ziehen mochte, sei es in ein unbekanntes Gebiet oder ein entferntes Land, ob er das Meer überquerte oder gefährliche Wüsten durchquerte, immer war sie seine treue Gefährtin, die sich niemals von ihm trennte. Sie liebte ihn nämlich so sehr, dass sie der Überzeugung war, niemand sonst außer ihr könne ihrem Herrn so aufmerksam und so treu dienen wie sie selbst.

Und um dem, was der Philosoph Theophrast zu diesem Thema sagt, noch etwas entgegenzusetzen: Da jene Frau wusste, dass Könige und

Fürsten nur allzu oft falsche Diener haben, woraus ihnen schlechte Dienstleistungen erwachsen, wollte sie, die treue Liebende, ihm immer folgen, damit es ihrem Mann nicht an den ihm angemessenen und notwendigen Dingen mangele. Weil aber zu diesem Zweck Frauenkleider unpraktisch waren und es nicht ratsam war, dass sich in der Schlacht an der Seite eines so großen Königs und tapferen Kämpfers eine Frau aufhielt, schnitt sie, um einem Mann zu gleichen, ihr langes goldblondes Haar ab, das eine Frau so sehr schmückt. Doch damit nicht genug: Auch auf ihr schönes, jugendfrisches Antlitz nahm sie keine Rücksicht, stülpte sich vielmehr den Helm übers Gesicht, unter dem sie nur allzu oft voller Schmutz, Schweiß und Staub war. Ihren anmutigen, zarten Körper bekleidete sie mit Waffen, einer kleinen Kettenrüstung und trug Beinkleider aus Eisenringen. Nachdem sie die kostbaren Ringe und ihren reichen Schmuck abgelegt hatte, hielt sie stattdessen scharfe Äxte, Lanzen, Bögen und Pfeile in ihrer Hand und gürtete ein Schwert anstelle kostbarer Gürtel. Die Allmacht ihrer großen und unerschütterlichen Liebe bewirkte, dass die Zartheit ihres anmutigen, jungen, schwachen und in Sanftheit geformten Körpers verwandelt wurde in einen sehr kräftigen und tapferen bewaffneten Ritter. Boccaccio, der diese Geschichte erzählt, sagt dazu: ›Wie groß ist doch die Macht der Liebe, wenn jene, die es gewohnt war, ein sehr bequemes Leben zu führen, weich gebettet zu schlafen und von jeglichem Komfort umgeben zu sein, nun aus freien Stücken mit sich umspringen lässt, als wäre sie ein abgehärteter und starker Mann, auf Bergen und in Tälern, des Nachts und tagsüber, in Wüsten und in Wäldern schlafend, oft, aus Angst vor den Feinden, auf dem bloßen Erdboden, überall umgeben von wilden Tieren und Schlangen!‹ Aber all das war ihr lieb, befand sie sich doch ständig an der Seite ihres Mannes und konnte ihm Trost, Rat und Beistand in allen seinen Geschicken spenden.

Geraume Zeit später, nachdem sie über einen langen Zeitraum hinweg manche harte Pein hatte erdulden müssen, geschah es, dass ihr Mann von Pompeius, einem Anführer des römischen Heeres, grausam besiegt und in die Flucht geschlagen wurde. Als er nun von seiner gesamten Gefolgschaft im Stich gelassen worden war und allein zurückblieb, da verließ ihn seine hochherzige Frau nicht, vielmehr folgte sie ihm über Berge, durch Täler und durch düstere, unbewohnte Gegenden. Er, der von allen seinen Freunden Verlassene und Hoffnungslose, wurde von seiner vortrefflichen Gattin getröstet, die ihm sanft zuredete, auf ein besseres Geschick zu hoffen. Als beide sich in einem Zustand größter Verzweiflung befanden, da strengte sie sich noch mehr an, um ihm Freude zu schenken und ihn mit ihren süßen Worten zu erfreuen, damit er dank der anmutigen und vergnüglichen Spiele, die sie zu erfinden verstand, eine Weile seine Schwermut vergäße. Auf diese Weise und durch ihre große Sanftheit spendete ihm jene Frau so viel Trost, dass sie ihn alles erlittene Unglück, alles Leid und alle Pein vergessen ließ und er oft sagte, er fühle sich keineswegs als Exilant, sondern habe den Eindruck, mit seiner treuen Gattin höchst vergnügt im heimischen Palast zu leben.

XV. VON DER KAISERIN TRIARIA*

Triaria, die edle Kaiserin und Frau des römischen Kaisers Lucius Vitellius, ist der oben erwähnten Königin hinsichtlich ihres Schicksals und ihrer unverbrüchlichen Liebe zu ihrem Ehemann gleichzustellen. Sie liebte ihn so sehr, dass sie ihm überallhin folgte; in allen Schlachten, bewaffnet wie ein Ritter, stand sie ihm kühn zur Seite und schlug sich tapfer. Als jener Kaiser nun mit Vespasian um die Herrschaft über das Reich kämpfte und er gegen eine Stadt der Volsker stritt, brachte er es fertig, in die Stadt einzudringen und fand ihre Bewohner schlafend, woraufhin er ihnen grausam zusetzte. Jene edle Triaria jedoch, die während der gesamten Nacht ihrem Mann gefolgt war, befand sich in seiner Nähe, und da sie ihn siegen sehen wollte, kämpfte sie in voller Bewaffnung, gegürtet mit einem Schwert, unentwegt stolz an der Seite ihres Mannes, einmal hier, einmal dort, inmitten nächtlicher Dunkelheit. Weder Angst noch Schrecken ließ sie sich anmerken, sondern legte so große Tapferkeit an den Tag, dass ihr die höchste Auszeichnung in jener Schlacht gebührte und sie dort Wunder bewirkte. Auf diese Weise bewies sie in aller Deutlichkeit (so Boccaccio) ihre große Liebe zu ihrem Mann und lieferte ein Argument für die eheliche Verbindung, die von anderen mit so vielen Vorwürfen bedacht wird.

XVI. NOCH EINMAL ÜBER DIE KÖNIGIN ARTEMISIA*

Zu den Frauen, die ihre Männer sehr geliebt und dies durch Taten bewiesen haben, gehört auch jene edle Artemisia, die Königin von Karien. Als sie – ähnlich wie in den oben beschriebenen Fällen – dem König Mausolos in manche Schlacht gefolgt war und er plötzlich starb, da vollbrachte sie, die außer sich war angesichts eines solchen übermenschlichen Schmerzes und die zu Lebzeiten bewiesen hatte, wie sehr sie ihn liebte, bei seinem Tod etwas ähnlich Großartiges: Sie veranlasste alle Feierlichkeiten, die das Gesetz in einem solchen Fall für einen König vorschreibt, ließ im Rahmen einer großen Beerdigung und in Anwesenheit zahlreicher Fürsten und Barone den Leichnam verbrennen, dessen Asche sie selbst auflas, mit ihren Tränen benetzte und dann in einem goldenen Gefäß verwahrte. Nun dünkte es ihr, es sei nicht einzusehen, weshalb die Asche des Mannes, den sie so sehr geliebt, eine andere Begräbnisstätte haben sollte als das Herz und den Körper, die der Hort jener großen Liebe gewesen waren. Aus diesem Grunde trank sie diese Asche, vermischt mit etwas Flüssigkeit, nach und nach in kleinen Schlucken, so lange, bis sie alles in sich aufgenommen hatte.

Darüber hinaus wollte sie zu seinem Gedächtnis ein Grabmal schaffen, das über alle Zeiten hinweg die Erinnerung an ihn lebendig erhalten sollte. Nichts war ihr zu teuer für die Ausführung dieses Vorhabens. Sie schickte nach Spezialisten, die sich darauf verstanden, wunderbare Bauwerke zu entwerfen und zu errichten, und zwar nach Scopas, Bryaxis, Timotheus und Leochares, alles hervorragende Handwerker. Die Königin erläuterte ihnen, wie sie sich das Grabmal für ihren Mann, den König Mausolos, den erhabensten aller Könige und Fürsten der Erde, vorstellte, denn sie wollte, dass mit Hilfe des wunderbaren Werks der Name ihres Mannes die Zeiten überdauere. Jene willigten ein. Die Königin ließ ihnen daraufhin große Mengen Marmor, Jaspis in verschiedenen Farben und alles, was sie verlangten, herbeischaffen. Das Resultat war, dass die zehn Werkleute vor den Toren von Halikarnassos, der Hauptstadt von Karien, ein riesiges Gebilde aus Marmor errichteten. Der Marmor war äußerst kunstvoll bearbeitet und das Ganze viereckig, wobei jede Seite vierundsechzig und in der Höhe einhundertvierzig Fuß maß. Doch damit nicht genug des Wunderbaren: Dieses gewaltige Bauwerk ruhte auf dreißig gewaltigen Marmorsäulen, und jeder der vier Meister bearbeitete um die Wette eine Seite des Denkmals, dessen Beschaffenheit so erstaunlich war, dass es nicht nur an jenen erinnerte, für den es geschaffen worden war, sondern auch Bewunderung angesichts der Geschicklichkeit der Meister hervorrief. Zwecks Vervollkommnung jenes Werks traf der fünfte Spezialist mit Namen Ytheron ein: Er schuf die Grabspitze, die er vierzig Stufen höher als das setzte, was die anderen gemacht hatten. Schließlich traf ein sechster Meister namens Pithis ein, der aus Marmor einen Wagen meißelte und ihn auf die Spitze des Bauwerks setzte.

Dieses Werk war so wundersam, dass man es als eines der sieben Weltwunder betrachtete, und da es für den König Mausolos errichtet worden war, wurde das Denkmal nach ihm »Mausoleum« genannt. Weil es aber außerdem das gewaltigste aller jemals für einen König oder Fürsten errichteten Grabmäler war, wurden von da an, so berichtet Boccaccio, alle anderen Grabstätten für Könige oder Fürsten Mausoleen genannt. Auf diese Weise äußerte sich die unerschütterliche Liebe der Artemisia, die zeit ihres Lebens dauerte, in ihrem Verhalten und in wundersamen Taten.

XVII. HIER WIRD VON ARGEIA* DER TOCHTER DES KÖNIGS ADRASTOS, ERZÄHLT.

Wer wagt es, angesichts der unvorstellbar großen Liebe, die Argeia, Tochter des Königs Adrastos von Argos, für Polyneikes empfand und bewies, wer wagt es angesichts dieser Frau zu behaupten, eine Frau liebe ihren Mann nur wenig? Jener Polyneikes, Argeias Gemahl, kämpfte mit seinem Bruder Eteokles um die Herrschaft über das Königreich Theben, die ihm aufgrund bestimmter Abmachungen zwischen ihnen zustand. Da Eteokles jedoch das Königreich an sich reißen wollte, führte sein Bruder Polyneikes Krieg gegen ihn und wurde dabei von seinem Herrn, dem König Adrastos, voll unterstützt. Das Schicksal war aber Polyneikes so ungünstig gesonnen, dass er und sein Bruder sich gegenseitig in der Schlacht töteten. Vom gesamten Heer blieben nur der König Adrastos und ein Drittel seiner Gefolgsleute am Leben.

Als nun Argeia erfuhr, ihr Mann sei in der Schlacht ums Leben gekommen, da brach sie gemeinsam mit allen anderen Frauen der Stadt Argos auf und verließ ihre königliche Bleibe. Ihre Taten schildert Boccaccio folgendermaßen: Die edle Argeia hörte, der unbestattete Leichnam ihres Gemahls Polyneikes liege inmitten der Leichen und der verwesenden Körper einfacher Leute, die dort den Tod gefunden hatten. Voller Schmerz legte sie sogleich ihr königliches Gewand und ihren Schmuck ab und verzichtete auf die süße Bequemlichkeit des Lebens in ihren reich geschmückten Gemächern. Zugleich überwanden und besiegten ihr starker Wille und ihre brennende Liebe die weibliche Schwäche und Zaghaftigkeit. Sie legte auf ihren Tagesmärschen so große Entfernungen zurück, dass sie schon bald an den Platz des Kampfes gelangte. Auf dem Weg dorthin hatte sie sich weder durch die Nachstellungen hinterhältiger Feinde schrecken lassen, noch hatten sie die Länge der Wegstrecke und die heiße Witterung erschöpft. Und als sie auf dem Schlachtfeld angekommen war, fürchtete sie sich weder vor dem wilden Getier noch vor den großen Vögeln, die gewöhnlich die Leichen heimsuchen, und ebenso wenig vor den bösen Geistern, die, wie einige Dummköpfe behaupten, die

Leichname umflattern. Aber noch erstaunlicher ist, so Boccaccio, dass sie nicht im geringsten Kreons Erlass und Anordnung fürchtete; diese besagten, dass unter Androhung der Todesstrafe es niemandem, wer auch immer er sein möge, erlaubt sei, sich den Leichen zu nähern und sie zu bestatten. Aber schließlich war sie ja nicht dorthin gezogen, um diese Anordnung zu befolgen! Sobald sie also angekommen war (es wurde gerade dunkel), scherte sie sich nicht um die große Furcht, die die verwesenden Leichen verursachten; vielmehr begann sie, getrieben von einem ebenso brennenden wie schmerzvollen Willen, mit den Füßen bald diesen, bald jenen Leichnam beiseitezuschieben. Überall suchte sie nach dem geliebten Mann.

Dies währte so lange, bis sie im Licht der kleinen Fackel, die sie in die Höhe hielt, ihren über die Maßen geliebten Mann wiedererkannte und somit das Gesuchte gefunden hatte. Boccaccio kommentiert dies mit den Worten: ›Wie erstaunlich ist doch die Liebe, die gewaltige Willenskraft und Treue dieser Frau!‹ Jene liebte nämlich ihren Mann so sehr, dass sie sein Gesicht wiedererkannte, obgleich es vom Rost der Waffen halb zerfressen, voller Fäulnis, über und über blutverschmiert, schmutzig, von Dreck bedeckt und befleckt, leichenblass und geschwärzt zugleich und so gut wie nicht mehr zu identifizieren war. Weder die Fäulnis des Körpers noch das dreckverklebte Gesicht vermochten sie daran zu hindern, ihn mit Inbrunst zu küssen und zu umfangen; und weder der Erlass noch das Gebot des Königs Kreon hielten sie davon ab, mit lauter Stimme zu schreien: ›Ach, ich Unglückselige! Gefunden habe ich den, den ich einst liebte!‹ und ihn heftig zu beweinen. Nachdem sie durch wiederholtes Küssen auf den Mund versucht hatte zu ergründen, ob in ihrem Mann noch ein Funke Leben sei, nachdem sie mit ihren Tränen seine bereits stinkenden Glieder gewaschen und ihn dabei häufig, unter lautem Klagen, Weinen und Seufzen, angerufen hatte, da schließlich erwies sie ihm den letzten und traurigen Liebesdienst: Laut klagend verbrannte sie ihn und verwahrte seine Asche sorgfältig in einem goldenen Gefäß. Um ihren Mann zu rächen, fürchtete sie sich danach nicht vor dem Tod, sondern es gelang ihr, gemeinsam mit den anderen Frauen, die sehr zahlreich waren, die Mauern der Stadt zu überwinden. Daraufhin eroberten sie die Stadt und töteten alle Bewohner.

XVIII. VON DER EDLEN AGRIPPINA*

Ebenfalls in diese Reihe der adligen Frauen, die ihre Ehemänner sehr liebten, gehört Agrippina, die Tochter des Marcus Agrippa und der Julia, der Tochter des Kaisers Octavian, des Herrschers über den gesamten Erdkreis. Da diese vortreffliche Frau mit Germanicus, einem Fürsten von edler Abstammung und hervorragenden Sitten, einem weisen Verwalter des römischen Gemeinwohls, verheiratet wurde, packte Tiberius, den damaligen Kaiser, einen Menschen niedriger Gesinnung, ein derartiger Neid angesichts des Lobs, mit dem man Germanicus, den Mann jener Agrippina, bedachte, und angesichts dessen Beliebtheit, dass er ihm nachstellen und ihn umbringen ließ. Germanicus' Tod stürzte Agrippina in eine solche Verzweiflung, dass sie verlangte, ebenfalls getötet zu werden. Alles in ihrem Verhalten zielte darauf ab: Sie beschimpfte Tiberius ohne Unterlass, woraufhin dieser sie schlagen, grausam foltern und gefangen nehmen ließ. Da jene jedoch wegen der Trauer um ihren Mann, den sie nicht vergessen konnte, den Tod dem Leben vorzog, fasste sie den Entschluss, nie mehr etwas zu trinken oder zu essen. Als aber der Tyrann Tiberius von dieser Entscheidung hörte, da wollte er sie, um ihre Qualen zu verlängern, mit Gewalt zur Nahrungsaufnahme nötigen. Doch war jede Anstrengung umsonst, weshalb er schließlich darauf verfiel, sie zum Verzehr von Fleisch zu zwingen. Sie aber zeigte ihm, dass es zwar in seiner Macht stand, Menschen zu töten, nicht jedoch, sie am Sterben zu hindern, und bereitete ihrem Leben ein Ende, wie es ihre Absicht gewesen war.«

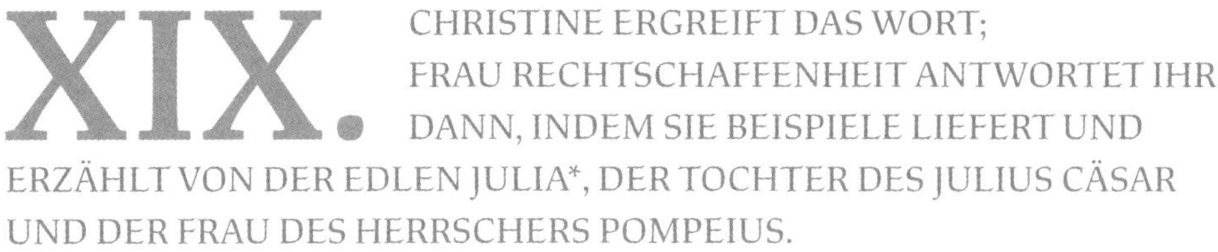

XIX. CHRISTINE ERGREIFT DAS WORT; FRAU RECHTSCHAFFENHEIT ANTWORTET IHR DANN, INDEM SIE BEISPIELE LIEFERT UND ERZÄHLT VON DER EDLEN JULIA*, DER TOCHTER DES JULIUS CÄSAR UND DER FRAU DES HERRSCHERS POMPEIUS.

Nachdem Frau Rechtschaffenheit mir diese Dinge erzählt hatte, antwortete ich ihr Folgendes: »Hohe Frau, es ist zweifellos eine große Ehre für das weibliche Geschlecht, die Geschicke so vieler herausragender Frauengestalten erzählt zu bekommen. Für alle ist es in höchstem Maße erfreulich zu erfahren, von wie tiefer Liebe – neben anderen Tugenden – das Herz einer verheirateten Frau beseelt sein kann. Sich schlafen legen und den Mund halten: Das ist alles, was Matheolus und all den anderen Lästermäulern, die so missgünstig und so verlogen gegen die Frauen argumentiert haben, noch zu tun bleibt! Hohe Frau, ich erinnere mich jedoch auch daran, dass der Philosoph Theophrast, von dem ich weiter oben gesprochen habe, behauptet, die Frauen hassten ihre Ehemänner, wenn diese vorgerückten Alters seien; außerdem liebten sie weder Wissenschaftler noch Gelehrte. Er verbreitet nämlich, das Studium der Bücher sei unvereinbar mit der Aufmerksamkeit, die man den Frauen im ehelichen Zusammenleben widmen müsse.«

Antwort: »Ah, schweig still, teure Freundin, ich habe sofort Gegenbeispiele parat, mit deren Hilfe wir sie mühelos widerlegen können!

Zu ihrer Zeit war Julia, die Tochter des späteren Herrschers Julius Cäsar und dessen Frau Cornelia, der Nachfahrin des Aeneas und der Venus von Troja, die erste unter den Römerinnen. Sie war die Frau des großen Eroberers Pompeius. Dieser, so Boccaccio, hatte manche Könige besiegt, indem er sie entmachtete und andere einsetzte, hatte ganze Länder unterworfen und den Übeltätern das Handwerk gelegt; er stand in der Gunst Roms und in der der Könige der ganzen Welt, weil er dank erstaunlicher Siege die Herrschaft nicht nur über Ländereien, sondern auch über das Meer und Wassergebiete errungen hatte. Er hatte den Höhepunkt seines Ruhms erreicht und war darüber alt und gebrechlich geworden. Trotzdem jedoch liebte ihn die edle

Julia, seine Frau, die noch sehr jung war, so unverbrüchlich, treu und stark, dass ein unglücklicher Vorfall ihrem Leben ein Ende setzte. Es geschah nämlich eines Tages, dass seine Frömmigkeit dem Pompeius eingab, die Götter für die ihm gewährten bedeutenden Siege zu preisen, und er wollte deshalb nach damaliger Sitte ein Opfer darbringen. Als nun das Opfertier auf dem Altar lag und der fromme Pompeius es von einer Seite festhielt, da wurde sein Gewand von dem Blut aus der Wunde des Tieres beschmutzt. Er zog es deshalb aus und ließ das Kleidungsstück, das er getragen hatte, von einem seiner Diener in sein Haus bringen, um ein anderes sauberes und frisches zu verlangen.

Durch einen unglücklichen Zufall traf jener, der das erwähnte Kleidungsstück trug, auf Julia, die Frau des Pompeius. Diese wurde beim Anblick des blutbefleckten Gewandes ihres Mannes plötzlich von einem solchen Herzeleid ergriffen, dass sie nicht länger leben wollte; sie wusste nämlich nur allzu gut, wie oft es in Rom vorkam, dass gerade die Besten vom Neid verfolgt und manchmal auch ermordet wurden. Beim Anblick jenes Zeichens erfüllte sie die absolute Gewissheit, etwas Ähnliches sei, aufgrund eines Unglücks, ihrem Manne widerfahren. Sie, die gerade schwanger war, fiel ohnmächtig, bleich, mit blutleerem Gesicht und verdrehten Augen zu Boden, und bevor man ihr helfen und ihr jene Angst nehmen konnte, war sie bereits verschieden. Ihr Tod muss für ihren Mann ein Anlass zu tiefer Trauer gewesen sein, aber er gereichte nicht nur ihm und den Römern zum Nachteil, sondern der gesamten damaligen Welt: Hätten sie und ihr Kind überlebt, dann hätte der gewaltige und für alle Länder verheerende Krieg, der später zwischen Julius Cäsar und Pompeius ausbrach, nie stattgefunden.

XX. VON DER EDLEN AEMILIA TERTIA*

Auch die schöne und gute Aemilia Tertia, die Frau des Staatsmannes Scipio Africanus, hasste ihren Mann trotz seines Alters nicht. Sie war von großer Klugheit und Tugend. Obgleich ihr Mann schon alt und sie noch jung und schön war, schlief er mit einer ihrer Dienerinnen, ihrer Zofe, und dies passierte so oft, dass es die rechtschaffene Frau schließlich merkte. Zwar schmerzte sie das sehr; aber ihre große Klugheit siegte über ihre Eifersucht, denn sie verbarg es so geschickt, dass weder ihr Mann noch irgendjemand anders jemals etwas davon erfuhr. Mit ihm wollte sie nicht darüber sprechen, da sie es für unpassend hielt, einen so bedeutenden Mann, wie er es war, zu tadeln; und noch weniger wollte sie einer anderen Person davon erzählen, hätte dies doch den Ruf und die Ehre eines so weisen Mannes beeinträchtigt, der zahlreiche Königreiche und Imperien erobert hatte. Trotz alledem hörte die gute Frau nicht auf, ihm getreulich zu dienen, ihn zu lieben und in Ehren zu halten. Nach seinem Tod schenkte sie der anderen Frau die Freiheit und verheiratete sie mit einem freien Mann.«

Daraufhin sprach ich, Christine: »Edle Herrin, das, was Ihr sagt, entspricht den Tatsachen, und ich erinnere mich in diesem Zusammenhang, ähnlichen Frauen begegnet zu sein. Obwohl jene wussten, dass sich ihre Männer ihnen gegenüber wenig loyal verhielten, hörten diese Frauen dennoch nicht auf, sie zu lieben und zu umsorgen. Außerdem trösteten diese Ehefrauen sogar noch jene Frauen und unterstützten sie, die von ihren Männern Kinder hatten. Ähnliches hörte ich zum Beispiel von einer bretonischen Edelfrau, die vor einiger Zeit lebte, der Gräfin von Coemen, die in der Blüte ihrer Jugend stand und alle anderen Frauen an Schönheit übertraf. Sie handelte so wegen ihrer außerordentlichen Beständigkeit und Güte.«

XXI. HIER IST VON XANTHIPPE*, DER FRAU DES PHILOSOPHEN SOKRATES, DIE REDE.

Die ungemein edelmütige Xanthippe, die Frau des großen Philosophen Sokrates, war von großer Klugheit und Güte. Obgleich dieser schon alt war und sich mehr dafür interessierte, Bücher aufzutreiben und über diesen zu meditieren, als dafür, für seine Frau nach hübschen, ausgefallenen Dingen zu suchen, war seine gutherzige Frau ihm in unverbrüchlicher Liebe zugetan und bewunderte, liebte und verehrte ihn aufgrund seines überlegenen Wissens, seiner großen Tugend und Charakterfestigkeit. Als nun jene rechtschaffene Frau erfuhr, ihr Mann sei von den Athenern zum Tode verurteilt worden, weil er deren Götterverehrung getadelt und gesagt hatte, es gäbe nur einen einzigen Gott, den man anbeten und verehren solle, da wollte sich die edle Frau mit diesem Urteil nicht abfinden. Mit aufgelöstem Haar und laut klagend brach sie deshalb eilig zu dem Gebäude auf, in dem sich ihr Mann aufhielt und wo sie ihn inmitten der falschen Richter antraf, die ihm bereits den giftigen Trank zwecks Verkürzung seines Lebens kredenzt hatten. Sie kam genau in jenem Augenblick an, als Sokrates den Kelch an seinen Mund setzen wollte, um das Gift zu trinken. Da stürzte sie sich auf ihn, riss ihm in unbändigem Zorn den Kelch aus der Hand und verschüttete dessen ganzen Inhalt auf dem Boden. Sokrates tadelte sie deswegen, ermahnte sie zur Geduld und sprach ihr gut zu. Weil nun jene seinen Tod nicht zu verhindern vermochte, brach sie in herzzerreißende Klagen aus und sprach: ›Ach, welch ein Jammer, welch gewaltiges Unglück ist es, einen so gerechten Mann auf der Grundlage eines völlig unrechtmäßigen Urteils zu töten!‹ Sokrates wurde nicht müde, sie zu trösten und sagte, es sei besser, er sterbe unschuldig, als wenn sein Tod auf einem gerechten Urteil basiere. Auf diese Weise schied er aus dem Leben. Im Herzen jener Frau, die ihn liebte, währte der Schmerz darüber ein ganzes Leben lang.

XXII. VON POMPEIA PAULINA*, DER FRAU DES SENECA

Obgleich der weise Philosoph Seneca schon alt war und nichts anderes mehr im Sinn hatte als seine Arbeit, wurde er doch von seiner jungen, schönen Frau Pompeia Paulina sehr geliebt. Der ganze Sinn jener edlen Frau war darauf gerichtet, ihrem Mann zur Seite zu stehen und alle Störungen von ihm fernzuhalten; sie war ihm in großer Treue und Zuneigung verbunden. Als sie erfuhr, der tyrannische Kaiser Nero, dessen Lehrer Seneca gewesen war, habe diesen dazu verurteilt, im Bade zu verbluten, verlor sie vor Schmerz beinahe den Verstand. Um gemeinsam mit ihrem Mann zu sterben, begann sie, dem Tyrannen Nero üble Beschimpfungen zuzurufen, um ihn dazu zu bewegen, seine Grausamkeit auch auf sie auszudehnen. Als jedoch dies alles nichts fruchtete, empfand sie so großen Schmerz angesichts des Todes ihres Mannes, dass sie selbst kurze Zeit später ebenfalls starb.«

Daraufhin sagte ich, Christine, zu der edlen Frau, die solches erzählte: »Hohe Frau, Eure Worte haben mich an zahlreiche andere schöne, junge Frauen denken lassen, die ihren Ehemännern in vollkommener Liebe zugetan waren, obwohl diese sehr alt und hässlich waren. In meinem eigenen Leben kannte ich ebenfalls eine Frau, die ihren Mann sehr liebte und ihm zeit seines Lebens eine unverbrüchliche Zuneigung bezeugte. Diese Adlige, die Tochter eines mächtigen bretonischen Barons*, wurde mit dem überaus tapferen Konnetabel von Frankreich, Herrn Bertrand Du Guesclin, verheiratet. Obwohl dieser körperlich nicht sehr anziehend und zudem schon recht betagt war, während jene edle Frau noch in der Blüte ihrer Jugend stand, gab sie doch mehr auf seine charakterliche Vollkommenheit als auf sein Aussehen und liebte ihn von Herzen so sehr, dass sie später zeit ihres Lebens seinen Tod beklagte. Von vielen anderen ähnlichen Fällen könnte ich berichten, verzichte jedoch aus Zeitgründen darauf.« Antwort: »Ich glaube dir aufs Wort und will dir nun noch mehr über Frauen, die ihre Ehemänner liebten, erzählen.

XXIII. VON DER EDLEN SULPICIA*

Sulpicia war die Frau des römischen Adligen Lentulus Cruscelio, den sie, wie dem Folgenden zu entnehmen sein wird, über die Maßen liebte. Als dieser nämlich wegen gewisser Dinge, die man ihm anlastete, von den römischen Richtern mit Schimpf und Schande des Landes verwiesen wurde, auf dass er im Exil jämmerlich sein Leben friste, zog es die äußerst gutherzige Sulpicia vor, ihrem Mann in die Armut und ins Exil zu folgen, statt allein zurückzubleiben und im Überfluss zu leben. Dies tat sie, obgleich sie in Rom über große Reichtümer verfügte und also unbehelligt, in Bequemlichkeit und Wohlstand, hätte weiterleben können. Stattdessen verzichtete sie auf ihr gesamtes Erbe, ihren Besitz und ihre Heimat. Einige Mühe kostete es sie, sich von ihrer Mutter und ihren Verwandten davonzustehlen, denn diese überwachten sie aus ebendiesem Grunde genauestens; schließlich machte sie sich verkleidet auf den Weg zu ihrem Mann.«

Christine sagte: »Edle Frau, Eure Worte lassen mich an Frauen aus meiner eigenen Zeit denken, die ich in ähnlichen Situationen erlebt habe. Ich kannte Frauen, deren Männer leprakrank wurden und die deshalb von ihren Mitmenschen isoliert und auf eine Lepra-Station gebracht werden mussten. Ihre rechtschaffenen Frauen jedoch wollten sie um nichts auf der Welt allein lassen und lieber mit ihnen ziehen, um ihnen in der Krankheit beizustehen und ihnen die bei der Eheschließung gelobte Treue zu halten, als ohne ihre Männer in aller Bequemlichkeit in ihren Häusern weiterzuleben. Und wenn mich nicht alles täuscht, so kenne ich heute eine junge, gutherzige und schöne Frau, deren Mann unter dem schweren Verdacht steht, diese Krankheit zu haben. Da jedoch ihre Eltern unablässig auf sie einwirken, sie möge ihn verlassen, um mit ihnen zu leben, antwortet sie ihnen, sie werde ihn keinen Tag seines Lebens allein lassen. Für den Fall, dass sie ihn untersuchen lassen sollten und es sich herausstelle, er sei von jener Krankheit befallen und deshalb gezwungen, jede menschliche Gemeinschaft zu meiden, werde sie auf jeden Fall mit ihm ziehen. Aus diesem Grunde verzichteten ihre Eltern darauf, ihn untersuchen zu lassen.

Ähnlich verhält es sich mit anderen Frauen aus meinem Bekanntenkreis (da es ihnen missfallen könnte, verzichte ich darauf, sie namentlich zu nennen), die so perverse Männer mit derart ausschweifendem Lebenswandel haben, dass die Verwandten der Frauen diesen Männern den Tod wünschen und alles unternehmen, um die Frauen zu sich zu holen und sie von ihren üblen Ehemännern zu entfernen. Die Frauen jedoch ziehen es vor, häufig geschlagen und schlecht versorgt zu werden und mit ihren Männern in großer Armut und Unterwürfigkeit zu leben, statt sie zu verlassen. Zu ihren Freunden sagen sie: ›Ihr habt ihn mir gegeben, und so werde ich mit ihm leben und sterben.‹ Dies alles sind Dinge, die man jeden Tag sieht, nur beachtet sie niemand.«

XXIV. HIER IST VON EINER GRUPPE FRAUEN DIE REDE, DIE IHREN MÄNNERN DAS LEBEN RETTETEN.

»Ich will dir nun noch von einer Gruppe von Frauen erzählen, die, ähnlich wie die oben Genannten, ihre Männer sehr liebten. Nachdem Jason auf Kolchis gewesen war, um das Goldene Vlies zu erringen, geschah es, dass einige der ihn begleitenden Ritter, die aus Orchomenos in Griechenland stammten, ihr Land und ihre Heimatstadt verließen, um in eine andere griechische Stadt namens Lakedämon zu ziehen. Wegen ihres alten Adels und ihrer Reichtümer wurden sie mit großen Ehren empfangen, und sie verheirateten sich dort mit hochgeborenen Töchtern der Stadt. Mit der Zeit wurden sie so reich, nahmen einen so hohen Rang ein und wurden so hochmütig, dass sie den Plan fassten, eine Verschwörung gegen den Herrscher der Stadt anzuzetteln, um selbst die Herrschaft an sich zu reißen. Jedoch flog ihr Komplott auf, alle landeten im Gefängnis und wurden zum Tode verurteilt.

Ihre Frauen jammerte dies sehr, und sie kamen zusammen – scheinbar, um gemeinsam zu klagen, in Wirklichkeit jedoch, um zu beraten, ob es möglich wäre, ihre Männer auf irgendeinem Wege zu befreien.

Zu guter Letzt entschlossen sich alle, bei Dunkelheit ärmliche Kleidung anzulegen und, um nicht erkannt zu werden, ihre Häupter unter einer lockeren Kapuze zu verbergen. In dieser Verkleidung gingen sie zum Gefängnis und setzten den Wächtern mit ihren Tränen, mit Versprechungen und Geschenken so lange zu, bis diese ihnen erlaubten, ihre Ehemänner zu besuchen. Dort angelangt, steckten die Frauen ihre Männer in ihre Kleidung und zogen selbst die Kleidungsstücke der Männer an. Dann brachten sie sie nach draußen, und die Gefängniswärter meinten, es handle sich um die zurückkehrenden Frauen. Am Tage ihrer Hinrichtung führten die Henker sie zu ihrer Leidensstätte, und als herauskam, dass man es mit Frauen zu tun hatte, war alle Welt voller Bewunderung und voll des Lobes für ihr kluges Verhalten. Daraufhin verspürten die Bewohner der Stadt Mitleid mit ihren eigenen Abkömmlingen, und keine einzige von ihnen musste sterben: Auf diese Weise retteten diese beherzten Frauen ihren Ehemännern das Leben.«

XXV. CHRISTINE BEKLAGT SICH BEI FRAU RECHTSCHAFFENHEIT ÜBER MÄNNER, DIE BEHAUPTEN, FRAUEN KÖNNTEN KEINE GEHEIMNISSE WAHREN. IN DER ANTWORT, DIE SIE DARAUFHIN ERHÄLT, WIRD AUF CATOS TOCHTER PORCIA* VERWIESEN.

»Hohe Frau, jetzt weiß ich mit absoluter Sicherheit – allerdings ahnte ich das schon –, wie groß die Liebe und das Vertrauen vieler Frauen in ihre Männer zu allen Zeiten gewesen sind. Um so mehr jedoch überrascht mich eine üble Unterstellung, die unter Männern ziemlich verbreitet ist (selbst der große Meister Jean de Meun behauptet dies steif und fest in seinem *Rosenroman,* und andere Schriftsteller folgen ihm darin): Kein Mann solle seiner

Frau ein Geheimnis anvertrauen, denn Frauen könnten nichts für sich behalten.« Antwort: »Liebe Freundin, du weißt selbst, dass weder alle Frauen noch alle Männer mit Klugheit gesegnet sind. Wenn also nun ein Mann ein Geheimnis hat, dann muss er sich eben darüber im Klaren sein, welches Maß an Klugheit und Güte seine Frau besitzt, bevor er ihr ein Geheimnis anvertraut, denn sonst kann es gefährlich werden. Wenn jedoch ein Mann der Überzeugung ist, eine gutherzige, kluge und verschwiegene Frau zu haben, dann gibt es keine Person auf der ganzen Welt, der er mehr vertrauen und von der er mehr Trost empfangen könnte.

Der römische Edelmann Brutus, der Gatte der Porcia, war vor vielen Jahren keineswegs der Meinung, Frauen, und vor allem solche, die ihren Mann lieben, seien so unzuverlässig, wie es jene Männer glauben machen wollen. Jene edle Porcia war die Tochter des Cato Uticensis, eines Urenkels des großen Cato. Ihr eben erwähnter Ehemann, der um ihre große Klugheit und ihren lauteren Charakter wusste, weihte sie in den Plan ein, den er gemeinsam mit Cassius, einem anderen römischen Ehrenmann, ausgeheckt hatte, Julius Cäsar während einer Ratssitzung zu ermorden. Die kluge Frau, die das daraus erwachsende Unheil vorhersah, riet ihm mit aller Macht davon ab und tadelte ihn deswegen, Diese Angelegenheit bereitete ihr so viel Sorge und Verdruss, dass sie die ganze Nacht nicht schlafen konnte. Am nächsten Morgen, als Brutus sein Zimmer verließ, um sein trauriges Geschäft zu erledigen, ergriff seine Frau, die ihn um jeden Preis davon abbringen wollte, das Rasiermesser eines Barbiers, scheinbar in der Absicht, sich die Nägel zu schneiden. Dabei ließ sie es fallen, tat so, als wolle sie es wieder aufheben und schnitt sich dabei absichtlich in die Hand. Ihre Dienerinnen, die sie verletzt sahen, brachen daraufhin in so großes Geschrei aus, dass Brutus zurückkehrte. Als er ihre Wunde sah, schalt er sie und sagte ihr, es sei nicht ihre, sondern die Aufgabe des Barbiers, mit einem Rasiermesser herumzuhantieren. Daraufhin entgegnete sie ihm, sie handele nicht ganz so töricht, wie er glaube, habe sie es doch in der Absicht getan, auszuprobieren, auf welche Weise sie sich umbringen könne, falls sein Unternehmen fehlschlage. Jener ließ sich jedoch nicht von seinem Vorhaben abbringen, brach auf und tötete kurz darauf, gemeinsam mit Cassius, Julius Cäsar. Sie wurden beide aus diesem Grunde vertrieben, und obwohl Brutus Rom verlassen hatte, wurde er später ermordet. Als jedoch seine edelmütige Frau Porcia von seinem Tod erfuhr, war ihr Schmerz so groß, dass sie auf jegliche Freude verzichtete und am Leben nicht mehr teilhatte. Da man alle Messer und anderen Gegenstände, mit denen man sich töten kann, aus ihrer Nähe entfernt hatte (denn man ahnte, was sie beabsichtigte), ging sie zur Feuerstelle, entnahm dieser glühende Kohlen, um sie zu verschlingen: Auf diese Weise verbrannte sie und brachte ihr Leben zum Erlöschen. So also, durch die merkwürdigste aller Todesarten, starb die edle Porcia.

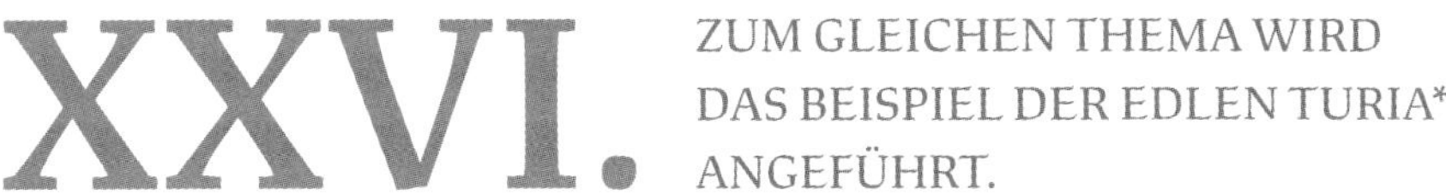

XXVI. ZUM GLEICHEN THEMA WIRD DAS BEISPIEL DER EDLEN TURIA* ANGEFÜHRT.

Ich werde dir in diesem Zusammenhang ein weiteres Argument gegen alle diejenigen an die Hand geben, die behaupten, Frauen könnten keine Geheimnisse wahren; zugleich gehört es in die Reihe der Beispiele für die außerordentliche Liebe, die viele Frauen ihren Männern entgegenbringen. Die edle Römerin Turia bewies im Umgang mit ihrem Mann Quintus Lucretius bewundernswert viel Vertrauen, Beständigkeit, Klugheit und aufrichtige Liebe. Als nämlich ihr Mann mit einigen Gleichgesinnten wegen eines ihnen zur Last gelegten Verbrechens zum Tode verurteilt wurde und sie Wind davon bekamen, man suche sie zwecks Vollstreckung der Strafe, fügte es sich so günstig, dass ihnen Zeit zur Flucht blieb. Da sie jedoch große Angst davor hatten, gefunden zu werden, versteckten sie sich in den Höhlen wilder Tiere, und selbst dort wagten sie sich kaum zu regen.

Lucretius aber, der den guten Rat seiner klugen Frau befolgte, verließ sein Zimmer nie. Und als die Häscher dorthin kamen, da hielt sie ihn in ihrem Bett im Arm, versteckte ihn aber so geschickt, dass man ihn überhaupt nicht bemerkte. Sie verstand es zudem, ihn im Innern ihres Gemachs so gut zu verbergen, dass noch nicht einmal ihre Hausgemeinschaft etwas davon erfuhr. Mit Hilfe der folgenden List gelang es ihr, diesen Tatbestand geheimzuhalten: In ärmlicher Kleidung, mit gelöstem Haar, weinend und mit Gesten der Verzweiflung lief sie, einer Wahnsinnigen gleich, durch die Straßen, zeigte sich in Kirchen und Klöstern. Überall stellte sie Nachforschungen über den Verbleib und das Schicksal ihres Mannes an: Denn wo immer er auch sein möge, sie wolle mit ihm gehen und mit ihm das Exil und all sein Elend teilen. Auf diese Weise verstand sie es, sich dermaßen geschickt zu verstellen, dass niemand auch nur den leisesten Verdacht schöpfte. So rettete sie ihn und spendete ihrem verängstigtem Mann Trost. Kurz und gut: Es gelang ihr, ihn vor dem Tod und dem Exil zu bewahren.

XXVII. IMMER NOCH ZUM GLEICHEN THEMA

Im Zusammenhang unseres Versuchs, Beweismaterial gegen diejenigen zu sammeln, die behaupten, Frauen könnten keine Geheimnisse wahren, könnte ich dir unendlich viele andere Beispiele nennen, will es aber bei einem einzigen, das ich dir nun noch schildere, bewenden lassen.

In der Zeit, als der tyrannische Kaiser Nero über Rom herrschte, gab es Männer, die angesichts der schrecklichen Gewalttaten und Grausamkeiten jenes Nero meinten, seine Ermordung wäre eine überaus nützliche Wohltat. Sie zettelten deshalb eine Verschwörung gegen ihn an und beschlossen seinen Tod. Jene Verschwörer pflegten sich bei einer Frau zu treffen, der sie so sehr vertrauten, dass sie nicht umhinkonnten, dieser ihr Vorhaben zu enthüllen. Eines Abends, als sie beschlossen hatten, ihr Unternehmen am nächsten Tag auszuführen, aßen sie bei ebendieser Frau und waren nicht klug genug, ihre Zunge zu hüten. So kam es, dass sie unglücklicherweise von jemandem belauscht wurden, der dem Kaiser schmeicheln und dessen Gunst erringen wollte und der deshalb sogleich aufbrach, um diesem das Gehörte mitzuteilen. Darum standen, kurz nachdem die Verschwörer die Frau verlassen hatten, die Schergen des Kaisers vor ihrer Tür. Da sie die Männer nicht fanden, führten sie die Frau dem Kaiser vor, der diese in jener Angelegenheit lange verhörte. Jedoch schaffte er es weder durch süße Versprechungen noch durch Folter, die er ihr nicht ersparte, ihr die Namen der Verschwörer zu entreißen, die sie im Übrigen nicht kannte, wodurch sie sich als unglaublich standhaft und verschwiegen erwies.«

XXVIII. BEWEISMATERIAL GEGEN DIEJENIGEN, DIE BEHAUPTEN, EIN MANN, DER DEM RAT SEINER FRAU FOLGE UND DIESER VERTRAUEN SCHENKE, SEI ZU VERACHTEN. – CHRISTINE STELLT EINE FRAGE, UND FRAU RECHTSCHAFFENHEIT ANTWORTET IHR.

»Hohe Frau, nach all dem, was ich aus Eurem Mund vernehme, und angesichts der Vernunft und der Güte, die Frauen eigen sind, wundert es mich, dass so viele sagen, Männer, die auf den Rat ihrer Frauen hörten, seien die allergrößten Dummköpfe.«

Antwort: »Dass keineswegs alle Frauen mit Klugheit gesegnet sind, habe ich dir bereits gesagt; die Männer jedoch, die gutherzige und umsichtige Frauen besitzen, handeln töricht, wenn sie deren Rat in den Wind schlagen. Dies kannst du dem zuvor Gesagten entnehmen: Denn hätte Brutus seiner Frau Porcia Glauben geschenkt und Julius Cäsar nicht ermordet, so hätte er selbst nicht das Leben verloren und all das Verhängnisvolle, was daraus folgte, wäre ungeschehen geblieben. Und da wir nun einmal bei diesem Thema sind, möchte ich dir von einigen Männern erzählen, denen es gleichfalls zum Nachteil gereichte, nicht auf ihre Frau gehört zu haben. Außerdem werde ich dir danach von solchen Männern berichten, die großen Vorteil daraus zogen. Hätte Julius Cäsar, von dem wir bereits sprachen, seiner sehr klugen und guten Frau Glauben geschenkt und wäre nicht zum Staatsrat gegangen, so hätte man ihn nicht ermordet. Seine Frau hatte, wegen mehrerer ihr offenbarten Zeichen, die den Tod ihres Mannes bedeuteten, und wegen des schlimmen Traums gleichen Inhalts in der Nacht zuvor, mit allen Mitteln versucht, ihn daran zu hindern, an jenem Tag in die Ratssitzung zu gehen.

Ähnliches gilt für Pompeius, der, wie zuvor berichtet, mit Julia, der Tochter des Julius Cäsar, verheiratet war und in zweiter Ehe mit einer anderen Frau sehr edler Abstammung namens Cornelia*. Um auf unser Thema zurückzukommen: Jene liebte ihn so sehr, dass sie auch im Unglück, das ihm zustieß, nicht von seiner Seite weichen wollte. Sie blieb sogar dann bei ihm und in allen gefährlichen Situationen an seiner Seite, als er, nachdem Julius Cäsar ihn in einer Schlacht besiegt hatte, über das Meer entkommen musste. Er gelangte in das Königreich Ägypten, dessen König Ptolomäus in seiner Falschheit vorgab, er sei über die Ankunft des Pompeius erfreut und ihm seine Leute entgegenschickte, scheinbar, um ihn in Freuden zu empfangen; in Wirklichkeit geschah dies jedoch in der Absicht, ihn zu ermorden. Die Leute des Königs legten ihm nahe, auf ihr Schiff zu kommen und sein eigenes Gefolge zurückzulassen, denn es sei einfacher mit ihrem leichteren Schiff den Hafen zu erreichen. Als er sich aber anschickte, das fremde Schiff zu betreten, riet ihm seine kluge und rechtschaffene Frau Cornelia davon ab, dies zu tun und sich von seiner Gefolgschaft zu trennen. Dann erkannte sie, dass er nicht davon abzubringen war und wollte ihn, da ihr Böses schwante, um jeden Preis auf das Schiff begleiten; dies wiederum wollte er nicht gestatten und ließ sie beinahe mit Gewalt festhalten. In ebendiesem Augenblick begann nun das Leid jener hochherzigen Frau, das sie von da an ihr ganzes Leben lang nie mehr verlassen sollte. Denn kurz nachdem er sie verlassen hatte, sah sie, die ihre Augen nicht von ihm abwenden konnte und ihm mit ihren Blicken folgte, wie er auf dem Schiff von den Verrätern ermordet wurde. Wäre sie nicht mit Gewalt daran gehindert worden, sie hätte sich aus Kummer ins Meer gestürzt.

Ein ähnliches Unglück traf den tapferen Hektor von Troja. In der Nacht vor seinem Tod hatte seine Frau Andromache einen überaus wundersamen Traum des Inhalts, Hektor werde mit Sicherheit sterben, falls er am nächsten Tag an der Schlacht teilnähme. Kein trügerischer Traum war dies, sondern eine wirkliche Prophezeiung, und dies erschreckte die edle Frau so sehr, dass sie vor ihrem Mann niederkniete, ihm seine beiden wohlgestalten Kinder in den Arm legen ließ und ihn mit gefalteten Händen anflehte, er möge doch darauf verzichten, an jenem Tag in die Schlacht zu ziehen. Er jedoch wollte um keinen Preis von seinem Vorhaben abrücken und schlug ihre Worte in den Wind, war er doch der Meinung, es müsse ihm zum Nachteil gereichen, wenn er sich aufgrund des Rates und der Rede einer Frau davon abhalten ließe, in den Kampf zu ziehen; ohne Wirkung blieben auch die Bitten seines Vaters und seiner Mutter, die seine Frau herbeiholen ließ. Alles traf jedoch genauso ein, wie sie es vorausgesagt hatte: Er wurde von Achilles getötet und hätte folglich besser daran getan, ihren Rat zu befolgen.

Ich könnte dir noch unzählige andere Fälle von Männern anführen, denen es in vielerlei Hinsicht geschadet hat, nicht den Rat ihrer klugen und vortrefflichen Frauen befolgt zu haben. Wenn allerdings jenen, die diesen Rat in den Wind schlagen, Schaden daraus erwächst, dann braucht man sie auch nicht zu bemitleiden.

XXIX. HIER IST VON EINIGEN MÄNNERN DIE REDE, DIE ZU IHREM EIGENEN VORTEIL DEN RAT IHRER FRAUEN BEFOLGTEN.

Nun will ich dir von Männern erzählen, die zu ihrem eigenen Vorteil den Rat ihrer Frauen befolgten. Die folgenden wenigen Beispiele mögen dir als Beweismaterial genügen; es ließen sich jedoch noch so viele anführen, dass das Verfahren überhaupt kein Ende nähme. Im Übrigen gilt in diesem Zusammenhang all das, was ich zuvor über zahlreiche kluge und hochherzige Frauen gesagt habe.

Der Kaiser Justinian, von dem ich weiter oben sprach, hatte einen General und Kampfgefährten, den er liebte wie sich selbst. Belisarios hieß er und war ein sehr tapferer Ritter. Der Kaiser hatte ihn zum obersten Führer über seine Reiterschaft gemacht; er gab ihm einen Platz an seiner Tafel und ließ ihm die gleiche Bedienung wie sich selbst zukommen. Kurz und gut, er erwies ihm so zahlreiche Gunstbeweise, dass die übrigen Barone sehr eifersüchtig wurden und dem Kaiser einflüsterten, Belisarios trachte ihm nach dem Leben, um die Herrschaft an sich zu reißen. Der Kaiser glaubte dies ohne Weiteres, und in der geheimen Absicht, ihn in den Tod zu schicken, befahl er ihm, gegen das Volk der Vandalen in den Krieg zu ziehen, ein so starkes Volk, dass niemand mit ihm fertig wurde. Als Belisarios diesen Befehl vernahm, erkannte er sehr wohl, dass der Kaiser ihn nur deshalb damit beauftragt hatte, weil er in Ungnade gefallen war. Tiefe Trauer bemächtigte sich seiner, und als er schließlich in sein Haus zurückkehrte, war er der Verzweiflung nahe.

Wie nun seine Frau Antonia*, eine Schwester der Kaiserin, ihren Mann so bleich, nachdenklich, die Augen voller Tränen, auf dem Bett liegen sah, ergriff sie großes Mitleid, und sie beschwor ihn, ihr um jeden Preis die Ursache seines Kummers zu enthüllen. Nachdem die kluge Frau erfahren hatte, um was es sich handelte, setzte sie ihre heiterste Miene auf, tröstete ihn und sprach: ›Wie! das ist Euer ganzer Kummer? Deswegen braucht Ihr wirklich nicht den Mut zu verlieren!‹

Nun muss man wissen, dass in jenen Jahren der christliche Glaube ein relativ neues Phänomen war; und so sprach die edle Frau, die Christin war: ›Habt Vertrauen in Jesus Christus, den Gekreuzigten: Mit seiner Hilfe werdet Ihr das Euch Aufgetragene bewältigen. Und wenn Euch die Neider durch üble Nachrede zu schaden suchen, dann werdet Ihr sie durch Eure Wohltaten als Lügner entlarven und ihre Intrigen scheitern lassen. Wenn Ihr mir vertraut und meine Worte nicht missachtet, werdet Ihr alle Eure Hoffnung in den lebendigen Gott setzen und, so versichere ich Euch, den Sieg davontragen. Hütet Euch davor, Euch den Kummer über diese Angelegenheit irgendwie anmerken zu lassen; niemals soll man Euch in traueriger Stimmung sehen, sondern ausgesprochen heiter, wie jemand, der sehr glücklich über diese Entwicklungen ist. Ferner rate ich Euch, Euer Heer so schnell wie möglich zu versammeln, ohne irgendjemandem mitzuteilen, wohin Ihr zu ziehen gedenkt. Gleiches veranlasst, damit Ihr über eine hinreichend große Flotte verfügt. Dann teilt Euer Heer in zwei Teile und fallt in aller Schnelle und Heimlichkeit in Afrika ein, um sogleich Eure Feinde anzugreifen. Ich werde meinerseits Euer restliches Heer anführen, und auf dem Seeweg werden wir von der anderen Seite in den Hafen eindringen. Während sich die Feinde nun darauf konzentrieren werden, gegen Euch zu kämpfen, brechen wir aus der anderen Richtung in die Städte und Befestigungen ein, töten alle Menschen, legen überall Feuer und rotten sie alle aus.‹ Belisarios befolgte den Rat seiner Frau, und er tat gut daran. Ihre Anordnungen exakt befolgend, gab er die für seinen Aufbruch notwendigen Befehle, und alles fügte sich so sehr zu seinem Vorteil, dass er seine Feinde besiegte und unterwarf und den König der Vandalen gefangen nahm. So errang er mit Hilfe des Rats, der Klugheit und der Tapferkeit seiner Frau einen so bedeutenden Sieg, dass der Kaiser ihn mehr als je zuvor schätzte.

Ähnliches gilt für einen anderen Fall. Durch die üble Nachrede der Neider fiel jener Belisarios beim Kaiser dermaßen in Ungnade, dass dieser ihm die Befehlsgewalt über das Reiterheer entzog; seine Frau jedoch tröstete ihn und machte ihm Mut. Ferner wurde der Kaiser selbst durch ebenjene Neider der Herrschaftsgewalt beraubt. Wiederum befolgte Belisarios den Rat seiner Frau, und unter Aufbietung all seiner Macht gelang es ihm, den Kaiser wieder in seine Rechte einzusetzen, obwohl dieser ihm großes Unrecht zugefügt hatte. Auf diese Weise erkannte der Kaiser die Treue seines Ritters und den Verrat der anderen, und dies alles aufgrund der Klugheit und des verständigen Rats der weisen Frau.

Auch der König Alexander verachtete keineswegs den Rat und die Meinung seiner Frau, der Königin, die eine Tochter des Perserkönigs Darius war. Als jener Alexander merkte, dass er von seinen infamen Dienern vergiftet worden war, und sich wegen des ihn peinigenden qualvollen Schmerzes in einen Fluss werfen wollte, um seinem Leben ein schnelleres Ende zu bereiten, da begegnete er seiner Frau. Obgleich diese sehr traurig war, begann sie doch, ihn zu trösten und bewog ihn dazu, zurückzukehren und sich auf sein Lager zu legen, um von dort aus zu seinen Baronen zu sprechen und seine Anweisungen zu geben, wie es sich für einen Herrscher seines Formats gehörte; denn es wäre seiner Ehre sehr abträglich gewesen, hätte man später behaupten können, er wäre der Unbeherrschtheit erlegen. Also schenkte er den Worten seiner Frau Glauben und gab seine Anweisungen, so wie sie es ihm geraten hatte.«

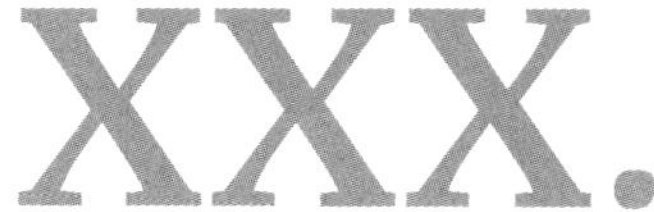

CHRISTINE WEIST AUF DIE BEDEUTENDEN WOHLTATEN HIN, DIE DER WELT ZU ALLEN ZEITEN DURCH FRAUEN ZUTEIL WURDEN.

»Edle Frau, ich sehe unzählige Wohltaten, die der Welt durch Frauen zuteil wurden – und trotzdem behaupten manche Männer, die Frau sei die Quelle allen Übels.«

Antwort: »Schöne Freundin, du kannst aus dem zuvor Vernommenen schließen, dass genau das Gegenteil dessen, was sie sagen, der Wahrheit entspricht. Niemand ist überhaupt in der Lage, die gewaltigen Wohltaten aufzuzählen, die in früheren Zeiten den Frauen zu verdanken waren und ihnen auch heute noch tagtäglich zu verdanken sind. Dies habe ich dir schon mit dem Hinweis auf die herausragenden Frauen bewiesen, die der Welt Wissenschaften und Künste schenkten, aber wenn dir dieser Hinweis auf weltliche Wohltaten, die auf Frauen zurückgehen, nicht genügt, dann werde ich dir noch von denen geistlicher Art berichten. Oh, wie kann ein Mann jemals so undankbar sein und vergessen, dass ihm von einer Frau die Pforte zum Paradies geöffnet wird? Wie dir zuvor dargelegt worden ist, geschieht dies und die Menschwerdung Gottes allein durch die Jungfrau Maria. Um welche gewaltigere Wohltat kann man noch bitten? Und wer könnte die großen Wohltaten vergessen, die die Mütter ihren Söhnen und Frauen überhaupt allen Männern angedeihen lassen? Auch sollten die Männer zumindest die Wohltaten im geistlichen Bereich nicht vergessen! Werfen wir außerdem einen Blick auf die alte jüdische Religion: Wenn du die Geschichte des Moses betrachtest, dem Gott die schriftlich fixierten Gesetze der Juden aushändigte, so wirst du feststellen, dass jener heilige Prophet, der in der Folgezeit so viel Gutes tat, durch eine Frau vor dem Tode bewahrt wurde; dies will ich dir nun erzählen.

Zur Zeit der jüdischen Knechtschaft unter den Königen von Ägypten erfolgte die Weissagung, ein Mann aus dem Stamme der Hebräer würde das Volk Israel aus der ägyptischen Gefangenschaft befreien. Dann geschah es, dass Moses, der edle Führer, von einer Mutter geboren wurde, die nicht wagte, ihn aufzuziehen, und die gezwungen war, ihn in ein Kästchen zu legen und den Fluss hinuntertreiben zu lassen. Da Gott, der rettet, wen er retten will, es so wollte, geschah es, dass Thermutis*, die Tochter des Königs Pharao, sich in ebendem Augenblick am Flussufer erging, als der kleine Schrein vorüberschwamm; sie ließ ihn alsbald herausfischen, um zu sehen, was er enthielte. Als sie sah, dass es ein Kind war, noch dazu ein über alle Maßen schönes Kind, war sie hocherfreut. Sie gab es als ihr eigenes aus und brachte es zu einer Amme; und da es wunderbarerweise keine Milch von einer Frau fremden Glaubens annehmen wollte, ließ sie es von einer Hebräerin stillen und aufziehen. Jenem Moses, dem Erwählten Gottes, händigte, als er erwachsen war, unser Herr das Gesetz aus, und Moses war es auch, der die Juden aus den Händen der Ägypter befreite, der das Rote Meer durchquerte und der Anführer und Leiter der Kinder Israel war. Dank einer Frau, die ihn rettete, wurde auf diese Weise dem jüdischen Volk solch großes Glück zuteil.

XXXI. ÜBER DIE HOCHHERZIGE WITWE JUDIT*

Die hochherzige Witwe Judit rettete in der Zeit, als der zweite Nebukadnezzar nach der Eroberung Ägyptens Holofernes, den obersten Befehlshaber seines Reiterheeres, auf die Juden ansetzte, das israelitische Volk vor dem Untergang. Da jener Holofernes die Juden mit gewaltiger militärischer Macht in ihrer Stadt belagerte und sie schon so weit bezwungen hatte, dass ihre Widerstandskraft allmählich erlosch, und als man sie bereits von der Wasserversorgung abgeschnitten hatte und die Lebensmittelvorräte knapp wurden, da hatten sie kaum Hoffnung, sich noch länger halten zu können. Die Juden standen also ganz kurz davor, von dem, der sie aufs Härteste bedrohte, gefangen genommen zu werden. Sie waren deshalb zu Tode betrübt, beteten ohne Unterlass und flehten Gott an, er möge doch Mitleid mit seinem Volk haben und sie vor den Händen ihrer Feinde bewahren. Gott erhörte ihre Gebete; und es hatte den Anschein, als wolle er das Menschengeschlecht durch eine Frau erretten, denn es gefiel Ihm, dem jüdischen Volk mittels einer Frau beizustehen und es so zu retten. In jener Stadt lebte also die hochherzige, rechtschaffene Judit; sie war eine noch junge und sehr attraktive Frau, aber noch mehr zeichnete sie sich durch ihren keuschen und untadeligen Lebenswandel aus. Großes Mitleid ergriff sie beim Anblick ihres Volkes, das sie in so großer Bedrängnis sah, und Tag und Nacht flehte sie Unseren Herrn an, er möge ihnen beistehen. Und da Gott, dem ihr ganzes Vertrauen gehörte, sie inspirierte, entschloss sie sich zu einer überaus kühnen Tat. Eines Nachts befahl sie sich der Obhut Unseres Herrn an, verließ in Begleitung einer Dienerin die Stadt und marschierte so lange, bis sie das Heereslager des Holofernes erreichte. Als die Wachen im Schein des Mondes sahen, wie schön sie war, führte man sie sogleich zu Holofernes, der die attraktive Frau voller Freude empfing. Er hieß sie, an seiner Seite Platz zu nehmen und pries sehr ihre Klugheit, ihre Schönheit und ihr Auftreten, und je länger er sie betrachtete, desto heftiger entbrannte er in begehrlicher, zügelloser Liebe zu Judit. Jene aber, deren Sinn nach anderem stand, betete insgeheim ohne Unterlass zu Gott, er möge ihr bei ihrem Vorhaben helfen.

Mit schönen Worten hielt sie Holofernes schließlich so lange hin, bis sie ihren Augenblick gekommen sah. Als nämlich die dritte Nacht hereinbrach, hatte Holofernes seine Heerführer zu einem Gastmahl geladen. Er selbst hatte sehr viel getrunken und war vom Wein und Fleischgenuss derartig erhitzt, dass er es gar nicht mehr erwarten konnte, mit der hebräischen Frau zu schlafen und also nach ihr schickte. Sie kam, und er offenbarte ihr seine Absichten, ohne auf Widerspruch zu stoßen. Sie sagte ihm lediglich, aus Rücksicht auf ihre Ehre bitte sie ihn darum, alle seine Leute aus dem Zelt zu entfernen; er solle sich ruhig schon auf sein Lager legen, sie selbst käme gegen Mitternacht, wenn alle schliefen, ganz bestimmt zu ihm. Holofernes willigte ein, und die hochherzige Frau begann ihre Gebete, in denen sie ohne Unterlass Gott darum bat, er möge ihrem furchtsamen weiblichen Herzen genügend Mut und Kraft geben, um ihr Volk von dem niederträchtigen Tyrannen zu befreien.

Als Judit vermutete, nun müsse Holofernes fest schlafen, brach sie, nur von einer Dienerin begleitet, in aller Stille auf, lauschte am Eingang des Zeltes und hörte, dass jener in tiefem Schlaf lag. Da sprach sie: ›Lass uns furchtlos hineingehen, denn der Herr ist mit uns.‹ Sie betrat also das Zelt, ergriff mutig das am Kopfende des Bettes hängende Schwert, zog es aus der Scheide, schwang es dann mit aller Kraft und schlug Holofernes den Kopf ab, ohne dass irgendjemand etwas gehört hätte. Sie verbarg den Kopf in ihrem Rock und lief, so schnell sie konnte, in Richtung Stadt. Ohne weitere Zwischenfälle erreichte sie endlich die Stadttore und rief: ›Kommt, kommt alle her und öffnet mir, denn Gott ist auf unserer Seite!‹ Nachdem man sie hereingelassen hatte, war die Freude angesichts dieser Tat unvorstellbar.

Am nächsten Morgen hängten sie den Kopf an einer Stange oberhalb der Stadtmauer auf, griffen alle zu den Waffen und stürzten sich auf ihre Feinde, die, nichts Böses ahnend, noch in ihren Betten lagen. Als die Feinde dann das Zelt ihres obersten Heeresführers betraten, um ihn in aller Eile zu wecken und geschwind aus dem Bett zu holen und sie ihn tot auffanden, war ihre Bestürzung groß. Daraufhin töteten die Juden viele Feinde und nahmen alle anderen gefangen. So wurde das Volk Gottes dank der hochherzigen Judit, die deswegen für alle Zeiten in der Bibel gepriesen wird, aus den Händen des Holofernes befreit.

XXXII. HIER IST VON DER KÖNIGIN ESTER* DIE REDE.

Gott beliebte es gleichfalls, sein Volk durch die edelmütige und kluge Königin Ester von dem Joch des Königs Artaxerxes zu befreien. Jener König Artaxerxes übertraf an Macht alle anderen Könige und herrschte über viele Reiche; er war Heide und hatte auch die Juden unterworfen. Als jener nun in allen Reichen nach den edelsten, schönsten und wohlerzogensten Jungfrauen Ausschau halten ließ, um diejenige, die ihm am besten gefiele, zu seiner Gemahlin zu erwählen, da wurde ihm gemeinsam mit den anderen eine Hebräerin, die edle, kluge, gutherzige, schöne und von Gott geliebte Jungfrau Ester zugeführt. Diese gefiel ihm mehr als alle anderen. Er heiratete sie und liebte sie so sehr, dass er ihr niemals einen Wunsch abschlug. Kurze Zeit später geschah es, dass ein doppelzüngiger Schmeichler namens Haman den König so sehr gegen die Juden einzunehmen wusste, dass dieser anordnete, sie allerorts gefangen zu nehmen und zu töten. Von alldem wusste die Königin Ester nichts, und hätte sie es erfahren, so hätte es sie sehr geschmerzt, ihr Volk so übel behandelt zu sehen. Ihr Onkel Mordechai jedoch, ein hochgestellter Jude, teilte es ihr mit und verlangte baldige Abhilfe von ihr, war doch der Tag nicht mehr allzu fern, an dem die Anordnung des Königs ausgeführt werden sollte. Die Königin war tiefbetrübt über das Gehörte. Sie kleidete und schmückte sich daraufhin mit aller erdenklichen Sorgfalt und begab sich in Begleitung ihrer Frauen wie zum Zeitvertreib in einen Garten, von dem sie wusste, dass der König ihn vom Fenster aus beobachtete. Als sie auf dem Rückweg wie zufällig am königlichen Gemach vorbeikam und sie den König am Fenster stehen sah, fiel sie sogleich auf die Knie und grüßte ihn, wobei sie auf dem Boden ausgestreckt blieb. Der König, dem ihre Demut sehr gefiel und der mit großem Vergnügen sich an ihrer überwältigenden, strahlenden Schönheit erfreute, richtete das Wort an sie und sagte ihr, was immer sie verlangen möge, das werde sie erhalten. Sie antwortete, sie begehre lediglich, dass er in ihren Gemächern eine Mahlzeit einnähme und Haman mitbrächte; dies gewährte er ihr mit Vergnügen. Nachdem er drei Tage hintereinander dort gegessen und sich an der freundlichen Aufnahme, an der Ehrbezeugung und an der Güte und Schönheit jener Frau ergötzt hatte und er sie drängte, einen Wunsch auszusprechen, warf sie sich zu seinen Füßen nieder. Weinend schickte sie sich an, ihm zu sagen, sie bäte ihn darum, Mitleid mit ihrem Volk zu haben; da er sie auf einen so hohen Rang erhoben habe, möge er sie nicht so maßlos demütigen und ihre Sippe und ihre Landsleute nicht auf eine so niederträchtige Weise umbringen lassen. Voller Zorn entgegnete daraufhin der König: ›Teure Frau, wer besitzt die Kühnheit, dies zu wagen?‹ Sie antwortete: ›Herr, dies veranlasst Euer Vogt Haman, der hier vor Euch steht.‹

Kurz und gut, der König widerrief seinen Befehl. Haman, der dies alles aus Neid angezettelt hatte, wurde gefangen genommen und für seine Schandtaten gehängt. Mordechai, der Onkel der Königin, wurde an Hamans Stelle gesetzt, die Juden wurden befreit und vor allen übrigen Völkern mit den meisten Vorrechten und Ehrungen ausgezeichnet. Ähnlich also wie im Falle Judits gefiel es Gott, sein Volk auch dieses Mal durch eine Frau zu erretten. Und glaube nur nicht, diese beiden Frauen seien die Einzigen in der Heiligen Schrift, mit deren Hilfe es Gott zu wiederholten Malen beliebte, sein Volk zu retten: Es gibt noch zahlreiche andere, die ich aus Zeitgründen übergehe. Zu denken wäre etwa auch an Deborah, von der ich weiter oben gesprochen habe und die ebenfalls ihr Volk aus der Knechtschaft befreite; andere Frauen vollbrachten Ähnliches.

XXXIII. ÜBER DIE SABINERINNEN*

Ich könnte dir ebenfalls viel über edle Frauen aus der heidnischen Vergangenheit erzählen, denen die Rettung von Ländern, Städten und Festungen zu verdanken war. Allein zwei sehr berühmte Beispiele, nicht mehr und nicht weniger, mögen als Hinweis auf solche Frauen genügen.

Nachdem Remus und Romulus die Stadt Rom gegründet hatten, bevölkerte und füllte Romulus ebendiese Stadt mit Rittern und Soldaten aller Art, die er nach mehreren Siegen hatte bezahlen und versammeln können. Des Weiteren trachtete Romulus mit allem Nachdruck danach, sie mit Frauen zu versehen, damit sie Nachkommen bekämen, die ihnen für immer die Herrschaft über die Stadt sicherten. Aber er wusste nicht genau, wie er es anstellen sollte, um sich selbst und alle seine Gefährten mit Frauen zu versorgen und zu verheiraten, denn der König, die Fürsten und die übrigen Einheimischen mochten ihnen ihre Töchter nicht geben, galten sie doch als unstetes Volk. Man zögerte also, sich mit ihnen zu verbinden, denn sie waren zu wild und unbeständig, Aus diesem Grunde ließ Romulus, einem genialen Einfall folgend, überall im Lande ein Turnier und ein Stechen ausrufen und forderte Fürsten, Könige und alle übrigen Männer auf, in Begleitung edler Frauen und Mädchen zu kommen, um sich die Lustbarkeiten der fremden Ritter anzuschauen. Am Tage des Festes herrschte auf beiden Seiten gewaltiger Andrang, und zahlreiche edle Frauen und Jungfrauen wollten den Spielen beiwohnen. Unter anderem hatte der König der Sabiner seine ebenso schöne wie anmutige Tochter mitgebracht, in deren Gefolge sich alle Edelfrauen und Jungfrauen des Landes befanden. Die Stechen fanden außerhalb der Stadt am Fuße eines Berges statt; alle Frauen hatten ihrem Rang nach auf dem Abhang Platz genommen. Unten rackerten sich die Ritter im Kampf gegeneinander ab, ihre Kraft und ihre Tapferkeit zu beweisen, denn die schönen Frauen, die sie erblickten, ließen ihre Kräfte und ihren Mut wachsen und spornten sie zu ritterlichem Verhalten an. Kurz und gut, nachdem sie eine ganze Weile gekämpft hatten, schien es Romulus an der Zeit, seinen Plan zu verwirklichen. Er ergriff also ein großes Horn aus Elfenbein und blies es mit aller Macht. Diesen Laut und dieses verabredete Zeichen vernahmen alle Männer deutlich, unterbrachen sofort ihre Kämpfe und stürzten sich auf die Frauen. Romulus ergriff die Tochter des Königs, die bereits von vielen begehrt wurde; alle anderen warfen sich ebenfalls auf eine Frau ihrer Wahl. Mit Gewalt hob man die Frauen auf die Pferde, ritt zur Stadt und verrammelte die Stadttore. Da war das Geschrei und Gejammer der Väter und Verwandten draußen und auch das der gewaltsam entführten Frauen groß, aber es half nichts. Unter großem Gepränge heiratete Romulus seine Frau, und alle anderen taten es ihm nach.

Dies war der Anlass zu einem erbitterten Krieg, denn sobald es dem König der Sabiner möglich war, zog er mit einem gewaltigen Heer gegen die Römer. Es war jedoch gar nicht so einfach, sie zu besiegen, denn sie schlugen sich äußerst tapfer. Der Krieg währte bereits fünf Jahre, als sich eines Tages die beiden Parteien in all ihrer Stärke gegenüberstanden, und es hatte den Anschein, als liefe das Ganze auf ein gewaltiges Blutbad und furchtbares Gemetzel hinaus. Die Römer waren schon mit einem großen Heer ausgezogen, als die Königin in einem Tempel alle Frauen der Stadt zu einer Ratsversammlung zusammenrief. Als weise, gutherzige und schöne Frau, die sie war, richtete sie die folgenden Worte an sie: ›Hochverehrte sabinische Frauen, meine teuren Schwestern und Gefährtinnen, Ihr wisst um den unsertwegen von unseren Männern unternommenen Raub, der die Ursache dafür ist, dass sich unsere Väter und Verwandten mit unseren Männern bekriegen. Es ist unmöglich, diesen tödlichen Krieg irgendwo und auf irgendeine Weise zu beenden oder weiter fortzusetzen (wer auch immer den Sieg davontragen mag), ohne dass es uns zum Nachteil gereichen würde: Denn wenn es sich so fügen sollte, dass unsere Männer besiegt werden, so wäre das für uns, die wir sie lieben, wie es sich gehört, und die wir bereits Kinder mit ihnen haben, ein Grund zu großem Schmerz und Verzweiflung, blieben dann doch unsere kleinen Kinder als Waisen zurück. Wenn es sich aber andererseits so fügt, dass unsere Männer den Sieg davontragen und unsere Väter und Verwandten töten und vernichten, dann muss es uns gewiss gewaltig jammern, dass uns ein derartiges Unglück zugestoßen ist. Was geschehen ist, ist geschehen und kann nicht rückgängig gemacht werden. Deshalb wäre es, so dünkt mich, von großem Nutzen, wenn wir darüber beraten könnten, wie in diesem Krieg ein Friedensschluss zu erreichen ist. Und wenn Ihr meinem Rat Glauben schenken, mir folgen und tun wollt, was ich tun werde, dann, so glaube ich, werden wir es schon schaffen!‹ Nach dieser Rede der edlen Frau antworteten alle, sie möge nur befehlen, und alle würden ihr gern gehorchen.

Daraufhin löste die Königin ihr Haar, und alle Frauen taten es ihr gleich; die, die Kinder hatten, trugen diese auf dem Arm und nahmen sie mit, so dass die Zahl der Kinder und der schwangeren Frauen groß war. Die Königin ging voraus, und der gesamte traurige Zug folgte ihr. Genau in dem Augenblick, als der große Zusammenprall beider Heere stattzufinden drohte, erreichten sie das Schlachtfeld, wo sie sich zwischen die beiden Heere stellten, so dass diese sich nur über die Frauen und Kinder hinweg bekämpfen konnten. Nun kniete die Königin nieder, und alle anderen Frauen folgten ihr; dabei riefen sie mit lauter Stimme: ›Überaus teure Väter und Verwandte und Ihr über alles geliebte Ehemänner, schließt um Gottes willen Frieden! Und wenn nicht, dann wollen wir alle unter den Hufen Eurer Pferde sterben!‹ Die Männer, die ihre weinenden Frauen und ihre Kinder sahen, waren sehr überrascht und einigermaßen verlegen, und wahrscheinlich liefen sie zu ihnen. Desgleichen rührte und bewegte es die Herzen der Väter sehr, ihre Töchter in dieser Lage zu sehen. Aus Mitleid mit den Frauen, die sie so demütig baten, sahen sie einander an, und ihre Wut verwandelte sich in liebendes Mitgefühl, wie es zwischen Vätern und Söhnen existiert. Dies führte dazu, dass sich beide Seiten gezwungen sahen, ihre Waffen fortzuwerfen, aufeinander zuzugehen, um sich zu umarmen und Frieden zu schließen. Romulus geleitete seinen Herrn, den König der Sabiner, in seine Stadt und ließ ihm wie seinem gesamten Gefolge große Ehren zuteil werden. Und auf diese Weise, dank der Klugheit und der Durchsetzungsfähigkeit jener Königin und ihrer Frauen, blieb den Römern und den Sabinern die Ausrottung erspart.

XXXIV. ÜBER VETURIA*

Veturia war eine Römerin edler Abstammung, die Mutter eines sehr bedeutenden Römers namens Marcius, eines Mannes voll großer Tugend und Verstand, klug und von rascher Auffassungsgabe, rechtschaffen und kühn. Dieser edle Ritter und Sohn der Veturia wurde von den Römern mit einer gewaltigen Armee gegen die Bewohner von Corioli geschickt; er besiegte sie und nahm die Festung der Volsker ein, weswegen er Coriolanus genannt wurde. Aus diesem Grund wurde er außerdem so geehrt, dass er beinahe die gesamte Herrschaft über Rom erhielt. Da es jedoch eine äußerst gefährliche Angelegenheit ist, ein Volk zu regieren und es allen recht zu machen, verurteilten ihn schließlich die gegen ihn aufgebrachten Römer zum Exil, und er wurde aus Rom verbannt. Jedoch wusste er sich dafür sehr wohl zu rächen, denn er lief zu denen über, die er zuvor besiegt hatte, und wiegelte sie gegen die Römer auf. Sie machten ihn zu ihrem Anführer, zogen mit einer gewaltigen Armee gegen die Stadt Rom und richteten auf ihrem Wege beträchtlichen Schaden an. Dies versetzte die Römer in große Furcht, und da sie sich in höchster Gefahr sahen, schickten sie ihm Botschafter entgegen, um über den Frieden zu verhandeln. Marcius jedoch schenkte ihnen kein Gehör. Erneut entsandten sie Botschafter, was aber nichts fruchtete, denn jener fuhr fort, ihnen Schaden zuzufügen. Nun entsandten sie Erzbischöfe und Priester in vollem Ornat, die ihn äußerst demütig anflehten. Aber selbst das nützte nichts, sodass die Römer in ihrer Ratlosigkeit die obersten Frauen der Stadt zur edlen Veturia, der Mutter des Marcius, schickten, um diese anzuflehen, sich für eine Versöhnung ihres Sohnes Marcius mit ihnen einzusetzen. Daraufhin verließ die gutherzige Veturia die Stadt in Begleitung aller Edelfrauen. Mit diesem Zug bewegte sie sich auf ihren Sohn zu; dieser, gutherzig und menschlich, wie er war, stieg bei ihrer Ankunft sogleich vom Pferd und ging ihr entgegen. Als diese ihn darum bitten wollte, Frieden zu schließen, antwortete er ihr, für eine Mutter gehöre es sich, ihrem Sohn zu befehlen und nicht, ihn anzuflehen. Auf diese Weise führte die edle Frau ihn nach Rom zurück. Ihr hatten die Römer es zu verdanken, dieses Mal noch vor dem Untergang bewahrt zu werden. Sie allein hatte etwas geschafft, was den hochgestellten Römern nicht gelungen war.

XXXV. HIER IST VON DER FRANZÖSISCHEN KÖNIGIN CHLOTHILDE* DIE REDE.

Was die großen geistlichen Wohltaten angeht, die, wie ich dir zuvor erläutert habe, Frauen zu verdanken sind: War es nicht so, dass durch Chlothilde, die Tochter des burgundischen Königs und Frau des mächtigen französischen Königs Chlodwig, der christliche Glaube zuallererst unter den französischen Königen und Fürsten verbreitet wurde? Kann man sich eine größere Wohltat als die durch sie bewirkte vorstellen? Als gute Christin und heilige Frau, erleuchtet vom Licht des Glaubens, wurde sie es nicht müde, ihren Ehemann anzustacheln und ihn darum zu bitten, den christlichen Glauben anzunehmen und sich taufen zu lassen. Allein er war dazu nicht bereit, weshalb jene edle Frau ohne Unterlass Gott weinend, unter Abhaltung von Fasten- und Andachtsübungen, anflehte, er möge doch das Herz des Königs erleuchten. So sehr bat sie darum, dass Unseren Herrn schließlich ihr Kummer dauerte und er sich dem König offenbarte, was folgendermaßen geschah: Als dieser eines Tages in eine Schlacht gegen den deutschen König gezogen war und ihm eine schwere Niederlage drohte, da richtete der König Chlodwig, auf eine göttliche Eingebung hoffend, seinen Blick gen Himmel und sprach in großer Traurigkeit: ›Allmächtiger Gott, an den meine Frau, die Königin, glaubt und zu dem sie betet: Wenn Du mir in dieser Schlacht beistehst, verspreche ich Dir, Deinen heiligen Glauben anzunehmen.‹ Kaum hatte er dies ausgesprochen, als sich der weitere Verlauf der Schlacht zu seinen Gunsten entwickelte und er schließlich einen eindeutigen Sieg davontrug. Dafür dankte er Gott, und nachdem er in großer Freude und zu seiner eigenen wie der Königin Erleichterung heimgekehrt war, ließ er sich taufen. Darin folgten ihm alle Barone und später das gesamte Volk. Den Gebeten jener guten und heiligen Königin war es zu verdanken, wenn von dieser Stunde an Gott seine Gnade auf Frankreich ruhen ließ, das von da an weder jemals vom Glauben abfiel, noch – Gott sei's gedankt – einen ketzerischen König bekommen sollte (was man im Falle anderer Könige und zahlreicher Kaiser nicht behaupten kann). Dies gereicht den französischen Königen zu großer Ehre, und aus diesem Grunde bezeichnet man sie als ›die sehr christlichen‹.

Wenn ich dir von allen bedeutenden Wohltaten weiblichen Ursprungs erzählen wollte, dann ließe sich ein dickes Buch damit füllen. Zu den Wohltaten geistlicher Art hier nur noch so viel: Wie viele heilige Märtyrer (über die ich zu einem späteren Zeitpunkt berichten werde) wurden nicht von zarten Frauen, von Witwen und anderen rechtschaffenen Frauenzimmern aufgerichtet, bewirtet und mit Nahrung versorgt? Bei der Lektüre ihrer Legenden wirst du wiederholt darauf stoßen, dass es Gott immer wieder gefiel, alle oder doch zumindest die meisten unter ihnen in höchster Bedrängnis und Not Trost bei Frauen finden zu lassen, mehr noch: Die Märtyrer, ja sogar die Apostel – der heilige Paulus und andere – und sogar Jesus Christus sind von Frauen unterstützt und getröstet worden. Und was die Franzosen angeht, die die sterblichen Überreste des heiligen Dionysius, der den christlichen Glauben nach Frankreich brachte, aus gutem Grund so sehr verehren: Verdanken sie diesen gebenedeiten Leichnam und diejenigen seiner gesegneten Gefährten, des heiligen Rusticus und des heiligen Eleutherius, nicht einer Frau? Der Tyrann nämlich, der sie hatte enthaupten lassen, ordnete an, die Leichen in die Seine zu werfen, worauf die damit beauftragten Männer diese in einen Sack steckten, um sie dorthin zu tragen. Unterwegs kehrten sie bei einer rechtschaffenen Witwe namens Catulla* ein; diese machte sie betrunken und steckte dann anstelle der heiligen Leichname tote Ferkel in den Sack. Sie begrub die gebenedeiten Märtyrer so ehrenvoll, wie ihr das in ihrem Hause möglich war, und brachte oberhalb der Grabstelle eine Schrifttafel an, damit dieser Ort später erkennbar wäre. Wiederum von einer Frau, der heiligen Genoveva*, wurde sehr viel später an ebendieser Stelle die erste Kapelle zu Ehren jener Märtyrer errichtet, und in der Folgezeit gründete der edelmütige König Dagobert von Frankreich dort die Kirche, die heute an dieser Stelle steht.«

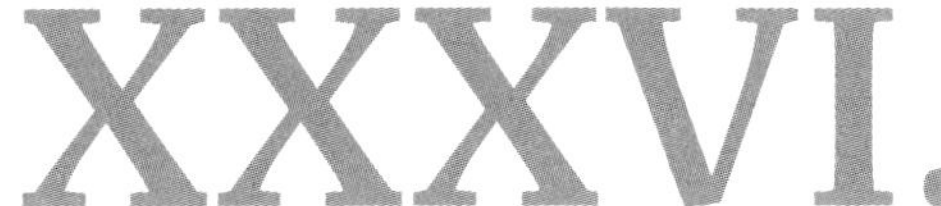

XXXVI. GEGEN JENE, DIE BEHAUPTEN, FRAUENBILDUNG SEI EINE VERWERFLICHE SACHE

Im Anschluss daran sagte ich, Christine, Folgendes: »Edle Frau, ich erkenne in aller Deutlichkeit, wie viele bedeutende Wohltaten den Frauen zu verdanken sind; und wenn auch einige schlechte Weibsbilder manche Schandtaten zu verantworten haben, so überwiegen doch, wie mir scheint, die durch rechtschaffene Frauen zu allen Zeiten verursachten Wohltaten. Ähnliches gilt für all das, was den weisen und in Künsten und Wissenschaften ausgebildeten Frauen, von denen zuvor die Rede war, zu verdanken ist. Sehr wundern muss ich mich deshalb über die Auffassung einiger Männer, die sagen, sie seien dagegen, ihre Töchter, Frauen oder weiblichen Verwandten eine der Wissenschaften erlernen zu lassen, weil dies der Moral abträglich sei.« Antwort: »Dies beweist dir lediglich, dass nicht alle Männermeinungen auf der Vernunft gründen und jene Männer Unrecht haben. Denn man kann nicht behaupten, der Umgang mit den Moralwissenschaften, die ja die Tugend lehren, schade den Sitten: Vielmehr verbessern und verfeinern sie diese. Es ist also weder vorstellbar noch glaubhaft, dass eine Person, der gute Lektion und Lehre zuteil werden, dadurch Schaden nimmt! Das ist völlig aus der Luft gegriffen! Allerdings behaupte ich keineswegs, es sei Männern oder Frauen anzuraten, sich mit Zauberkünsten oder anderen verbotenen Wissenschaften zu beschäftigen, denn nicht von ungefähr hat die Heilige Kirche sie der Allgemeinheit verboten; dass Frauen jedoch durch das Wissen um das Gute Schaden nehmen sollen, ist Unfug.

Hortensius Quintus, der große römische Redner und unübertreffliche Autor, war nicht dieser Meinung. Er besaß eine Tochter namens Hortensia*, die er um ihrer großen Klugheit willen sehr liebte. Deshalb gab er ihr eine literarische Ausbildung und ließ sie die Redekunst erlernen. Boccaccio berichtet, sie habe in diesem Bereich so viel gelernt, dass sie es ihrem Vater Hortensius nicht nur hinsichtlich ihrer Intelligenz, ihres ausgezeichneten Gedächtnisses und jeder Art von Beredtheit gleichtat, sondern auch in ihrer guten Aussprache und jeder Form der Redekunst; letztendlich war er ihr in keiner Hinsicht überlegen. Im Hinblick auf die zuvor erwähnten, auf Frauen zurückgehenden Wohltaten muss das durch diese Frau und ihr Wissen bewirkte Wohl als gleichwertig betrachtet werden.

Denn zur Zeit des römischen Triumvirats entschloss sich jene Hortensia, die Sache der Frauen zu unterstützen und etwas in Angriff zu nehmen, wovor die Männer zurückschreckten. Es ging um bestimmte Steuern, mit denen in Notzeiten die römischen Frauen und ihr Schmuck belastet werden sollten. Jene Frau war von so großer Beredsamkeit, dass man ihr ebenso gern zuhörte wie ihrem Vater, und sie den Sieg davontrug.

Man braucht jedoch gar nicht unbedingt Geschichten aus alter Zeit heranzuziehen. Auch in jüngerer Zeit gibt es ähnliche Fälle: So meinte etwa vor knapp sechzig Jahren der berühmte Jurist Giovanni Andreae aus dem reichen Bologna keineswegs, Bildung sei für Frauen von Nachteil und ließ deshalb seine schöne, gutherzige Tochter Novella*, die er über alle Maßen liebte, das Schrifttum und die Gesetze studieren. Sie war darin so beschlagen, dass der Vater sie damit beauftragte, an seiner Statt die Studenten vom Katheder aus zu unterrichten, wenn er selbst aus irgendwelchen Gründen verhindert war, Kolleg zu halten. Damit ihre Schönheit ihre Zuhörer nicht ablenkte, stand sie hinter einem kleinen Vorhang. Auf diese Weise vertrat und unterstützte sie ihren Vater in seiner Tätigkeit. Dieser liebte sie so sehr, dass er einer berühmten Interpretation eines Gesetzeswerkes den Namen seiner Tochter, *Novella*, verlieh.

Nicht alle Männer, und am wenigsten die weisesten unter ihnen, sind also der zuvor zitierten Meinung, dass Bildung den Frauen schadet. Eins steht jedoch fest: Zahlreiche Männer, die selbst nicht besonders klug sind, verbreiten dies, weil es ihnen missfiele, wenn Frauen ihnen an Wissen überlegen wären. Dein eigener Vater, ein bedeutender Naturwissenschaftler und Philosoph, glaubte keineswegs, das Erlernen einer Wissenschaft gereiche einer Frau zum Schaden; wie du weißt, machte es ihm große Freude, als er deine Neigung für das Studium der Literatur erkannte. Aber die weibliche Meinung deiner Mutter, die dich, wie es für Frauen gemeinhin üblich ist, mit Webarbeiten beschäftigen wollte, stand dem entgegen, und so wurdest du daran gehindert, in deiner Kindheit weitere Fortschritte in den Wissenschaften zu machen. Wie lautet jedoch das bereits zitierte Sprichwort: ›Niemand kann eine Eigenschaft verbergen, die ihm oder ihr die Natur verliehen hat‹. Deshalb ist es deiner Mutter nicht gelungen, dein Gespür für die Wissenschaft so vollständig zu unterdrücken, dass du nicht wenigstens, dank deiner natürlichen Neigung, einige kleine Bruchstücke aufgenommen hättest. Und ich gehe wohl richtig in der Annahme, du hältst dich deshalb nicht für minderwertig, sondern betrachtest dies als einen großen Gewinn – jedenfalls hast du allen Grund dazu!«

Ich, Christine, entgegnete darauf: »Gewiss, hohe Frau: Eure Worte sind so wahr wie das Vaterunser.«

XXXVII. CHRISTINE WENDET SICH AN FRAU RECHTSCHAFFENHEIT; ARGUMENTE GEGEN ALL JENE, DIE BEHAUPTEN, ES GEBE WENIGE KEUSCHE FRAUEN; AUSSERDEM WIRD VON SUSANNA* ERZÄHLT.

»Hohe Frau, ich sehe sehr wohl, dass Frauen mit Tugenden aller Art ausgestattet sein können. Aber wie ist es dann zu erklären, dass jene missgünstigen Männer behaupten, es gäbe nur sehr wenige keusche Frauen? Wäre dies wirklich so, dann wären ihre übrigen Tugenden nur wenig wert, denn die Keuschheit ist die höchste weibliche Tugend. Nach dem, was ich Euch habe bisher sagen hören, sieht die Wirklichkeit jedoch ganz anders aus als das, was jene unterstellen.«

Antwort: »Wahrlich, nach dem, was ich dir erzählt habe und dem, was du aus eigener Erfahrung weißt, kannst du in aller Deutlichkeit erkennen, dass vielmehr das genaue Gegenteil zutrifft; ich kann dir aber zu diesem Thema noch eine ganze Menge sagen und werde es auch tun. Oh, von wie vielen charakterstarken und sittsamen Frauen kündet die Heilige Schrift, von Frauen, die es vorzogen zu sterben, als ihre Keuschheit, ihre körperliche und seelische Reinheit preiszugeben! Ein gutes Beispiel hierfür bietet die schöne, gutherzige Susanna, die Frau des Jojakim, eines sehr reichen und mächtigen Juden. Als sich jene rechtschaffene Susanna eines Tages allein in ihrem Garten erging, stiegen ihr heimlich zwei Älteste, alle beide verlogene Priester, nach und machten ihr unsittliche Anträge. Sie aber weigerte sich empört, und als die Männer nun erkannten, dass ihr Bitten nichts fruchtete, drohten sie damit, sie vor Gericht zu verklagen und zu behaupten, man habe sie mit einem jungen Mann ertappt. Damals war es üblich, in solchen Fällen die Frauen zu steinigen, und deshalb sprach Susanna, nachdem sie ihre Drohungen vernommen hatte: ›Ich bin bedrängt von allen Seiten, denn tue ich nicht, was jene Männer von mir verlangen, so droht mir der Tod; tue ich es jedoch, dann sündige ich vor meinem Schöpfer. Aber trotz alledem ist es besser für mich, unschuldig zu sterben, als durch eine Sünde bei meinem Gott in Ungnade zu fallen.‹ Dann schrie Susanna laut, und das Hausgesinde kam angelaufen. Um es kurz zu machen: Die falschzüngigen Priester bewirkten mit ihrem lügnerischen Zeugnis tatsächlich, dass Susanna zum Tode verurteilt wurde. Gott jedoch, der stets für seine Getreuen sorgt, löste die Zunge des Propheten Daniel, der noch ein kleines Kind auf dem Arm seiner Mutter war; und als man Susanna, umgeben von einer großen Menschenmenge, die ihr Schicksal beweinte, zur Urteilsvollstreckung führte, rief er laut, man habe die unschuldige Susanna völlig zu Unrecht verurteilt. Daraufhin holte man sie zurück und unterzog die lügnerischen Priester, die sich dann prompt in ihren eigenen Widersprüchen verstrickten, einem schärferen Verhör. Die unschuldige Susanna wurde darauf sogleich freigelassen und jene Männer bestraft.

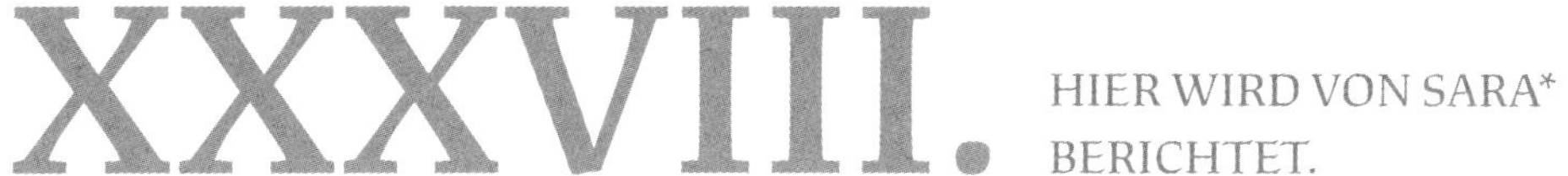

XXXVIII. HIER WIRD VON SARA* BERICHTET.

Die Bibel spricht im Umkreis des XX. Kapitels der Genesis von der Keuschheit und Rechtschaffenheit der Sara, der Frau des Erzvaters Abraham. Die Heilige Schrift weiß viel Gutes über diese edle Frau zu berichten; ich will mich jedoch kurz fassen und überspringe dies alles. Aber da wir weiter oben behauptet haben, es gebe zahlreiche schöne und keusche Frauen, kann man hier als Beweis Saras untadeligen Lebenswandel anführen.

Sie war nämlich von so unbeschreiblicher Schönheit, dass sie alle übrigen Frauen ihrer Zeit in den Schatten stellte, und aus diesem Grunde begehrten viele Fürsten sie. Sie jedoch war so treu, dass sie keinen einzigen erhörte. Unter diesen Verehrern befand sich auch der König Pharao, der sie mit Gewalt ihrem Mann entriss, weil er sie so sehr begehrte. Aber ihre große Güte, die ihre Schönheit noch übertraf, verschaffte ihr die Gnade Unseres Herrn. Dieser liebte sie so sehr, dass er sie vor allem Übel behütete, denn er setzte dem Pharao und dessen Gefolge so sehr mit schweren körperlichen und seelischen Plagen und düsteren Visionen zu, dass dieser Sara niemals berührte und sich schließlich gezwungen sah, sie Abraham zurückzugeben.

XXXIX. HIER IST VON REBECCA* DIE REDE.

Die gute, rechtschaffene Rebecca, die Frau des Erzvaters Isaak, Jakobs Vater, stand Sara hinsichtlich ihres Charakters und ihrer Schönheit in nichts nach. In der Heiligen Schrift wird sie für viele Dinge hochgepriesen; das XXIII.

Kapitel der Genesis handelt von ihr. So rechtschaffen, gut und ehrsam war jene, dass ihre Unbescholtenheit allen, die sie sahen, zum Vorbild gereichte. Des Weiteren legte sie trotz ihrer vornehmen Herkunft im Umgang mit ihrem Mann eine erstaunliche Demut an den Tag. Jener edlen Frau wurde jedoch aufgrund ihrer großen Keuschheit und ihrer Güte ein noch größeres Geschenk zuteil als aufgrund der Liebe zu ihrem Gemahl: die Gnade und die Liebe Gottes, der sie so sehr liebte, dass er ihr, obgleich sie schon alt und eigentlich unfruchtbar war, zwei leibliche Kinder bescherte: Das waren Jakob und Esau, die Urväter der Stämme Israels.

XL. ÜBER RUT*

Viel könnte ich dir noch über die rechtschaffenen, integren Frauen, die in der Heiligen Schrift erwähnt werden, erzählen, verzichte aber um der gebotenen Kürze willen darauf. Eine andere edle Frau war Rut, von der der Prophet David abstammt. Jene war sowohl in ihrer Ehe als auch während ihrer Witwenschaft von untadeligem Verhalten, und sie liebte gewiss ihren Mann über alles, denn aus Liebe zu ihm verließ sie nach seinem Tod ihr eigenes Land und ihren Stamm, um den Rest ihres Lebens unter den Juden, von denen ihr Mann abstammte, zu verbringen. Außerdem willigte sie ein, mit seiner Mutter zusammenzuleben. Kurz und gut, jene edle Frau war von so großer Güte und Integrität, dass ihr und ihrem Leben ein eigenes Buch gewidmet wurde, in dem jene Dinge aufgezeichnet worden sind.

XLI. ÜBER PENELOPE*, DIE FRAU DES ODYSSEUS

In der Literatur begegnet man auch heidnischen Frauen von ähnlicher Unbescholtenheit und Rechtschaffenheit. So war Penelope, die Gemahlin des Königssohns Odysseus, eine äußerst tugendhafte Frau, und man pries neben ihren anderen Vorzügen vor allem ihre Keuschheit. Mehrere Geschichtswerke berichten ausführlich über sie. Jene Frau verhielt sich nämlich sehr weise: Während ihr Gatte zehn Jahre lang Troja belagerte, erhörte sie keinen einzigen anderen Mann, und dies, obwohl ihr, einer sehr schönen Frau, viele Könige und Fürsten nachstellten. Sie war weise, umsichtig, fromm und vorbildlich in ihrer Lebensführung. Nach der Zerstörung Trojas wartete sie sogar noch weitere zehn Jahre auf ihren Gemahl, obwohl man annahm, er sei auf dem Meer, wo es viele Unglücksfälle gab, umgekommen. Bei seiner Heimkehr fand er sie bedrängt von einem König, der sie um ihrer großen Keuschheit und Güte willen um jeden Preis zur Frau begehrte. Ihr Gemahl verkleidete sich als Pilger und stellte Erkundungen über sie an; er war überglücklich, als er so viel Gutes über sie vernahm und seinen Sohn Telemachos, den er als kleines Kind zurückgelassen hatte, herangewachsen sah.« Ich, Christine, sagte daraufhin Folgendes: »Hohe Frau, nach allem, was ich aus Eurem Munde vernommen habe, hinderte jene Damen ihre Schönheit nicht daran, gleichzeitig sittsam zu sein. Viele Männer behaupten dagegen, eine schöne und keusche Frau sei so schwer zu finden wie eine Nadel im Heuhaufen.« Antwort: »Jene, die das sagen, täuschen sich gewaltig, denn zu allen Zeiten hat es ebenso schöne wie sehr ehrbare Frauen gegeben.«

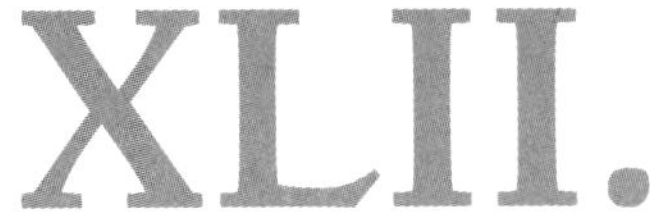

XLII. GEGEN JENE, DIE BEHAUPTEN, SCHÖNE FRAUEN SEIEN HÖCHST SELTEN SITTSAM; DAS BEISPIEL DER MARIAMNE*

Mariamne war eine Hebräerin, die Tochter des Königs Aristobolus, und so unbeschreiblich schön, dass man zu ihren Lebzeiten nicht nur meinte, sie übertreffe alle Frauen an Schönheit, sondern glaubte, sie sei eher ein himmlisches und göttliches Abbild denn eine sterbliche Frau. Man fertigte ihr Porträt an und schickte es dem König Antonius von Ägypten, der sich voller Staunen angesichts solcher Schönheit zu dem Urteil verstieg, sie müsse eine Tochter des Gottes Jupiter sein, hielt er es doch für undenkbar, dass ein Sterblicher eine solche Frau gezeugt haben sollte. Trotz ihrer strahlenden Schönheit und obwohl sie von mehreren mächtigen Fürsten und Königen umworben und begehrt wurde, widerstand sie allen dank ihrer großen Tugend und ihres starken Charakters; aus diesem Grunde wurde sie sehr gepriesen, und ihr Ruhm wuchs. Ihre Preiswürdigkeit wird noch größer, wenn man bedenkt, dass sie sehr unglücklich verheiratet war, und zwar mit Herodes Antipas, dem sehr grausamen König der Juden, der nicht davor zurückgeschreckt war, ihren Bruder töten zu lassen. Deshalb und aufgrund vieler schlimmer Dinge, denen er sie aussetzte, hasste sie ihn. Aber trotzdem blieb sie eine Frau von untadeligem Lebenswandel – und dies, obwohl sie von seiner Anordnung wusste, sie im Falle seines vorzeitigen Todes sogleich zu töten, damit sich kein anderer nach ihm des Besitzes einer so schönen Frau erfreue.

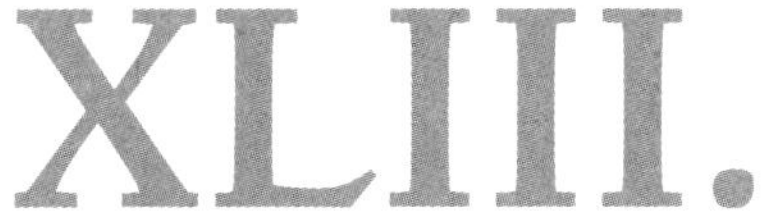

XLIII. IMMER NOCH ZUM GLEICHEN THEMA. ERZÄHLT WIRD VON ANTONIA*, DER FRAU DES DRUSUS TIBERIUS.

Man sagt gemeinhin, für eine schöne Frau, inmitten von Jünglingen und Höflingen, denen der Sinn nach Liebesabenteuern steht, sei es ebenso unmöglich, nicht vom Pfad der Tugend abzukommen, wie in der Feuersglut zu verweilen, ohne zu verbrennen. Die schöne und rechtschaffene Antonia, die Frau von Drusus Tiberius, der ein Bruder des Kaisers Nero war, wusste sich jedoch sehr wohl davor zu bewahren. Jene überaus schöne Frau blieb in der Blüte ihrer Jugend als Witwe ihres Mannes Tiberius zurück, der von seinem Bruder vergiftet worden war; die edle Frau verfiel deshalb in tiefe Trauer. Sie nahm sich vor, nie wieder zu heiraten und eine untadelige Witwenexistenz zu führen. An diesen Vorsatz hielt sie sich ihr ganzes Leben lang, und keine heidnische Frau wurde je wegen ihrer Keuschheit so sehr gepriesen. Boccaccio sagt, diese Haltung sei um so rühmenswerter, als jene Frau auf diese Weise am Hof und umgeben von eleganten, herausgeputzten, ansehnlichen, zur Liebe bereiten, müßigen Jünglingen lebte. Ihr ganzes Leben verbrachte sie dort, ohne jemals durch eine Unbedachtsamkeit Anlass zu Kritik zu bieten. Dies verdient auch deshalb höchste Anerkennung (sagt unser Autor), da es sich um eine sehr schöne junge Frau handelte, die Tochter des Marcus Antonius, eines Mannes, der seinerseits ein ebenso ausschweifendes wie liederliches Leben führte. Doch ungeachtet dieses abstoßenden Beispiels, das sie stets vor Augen hatte, blieb sie inmitten der heißen Flammen seelisch intakt, voller Ehrbarkeit, und dies alles nicht etwa nur für kurze Zeit, sondern ihr ganzes Leben lang bis zu ihrem Tode im hohen Alter.

Ich könnte dir eine ganze Menge anderer Beispiele für ähnlich schöne und zugleich sehr sittsame Frauen anführen, die in der Welt und sogar am Hof, umgeben von jungen Männern, lebten. Selbst heute gibt es noch eine große Anzahl solcher Frauen, und wir bedürfen ihrer sehr, was immer die bösen Zungen dazu sagen mögen. Allerdings glaube ich nicht, dass es in vergangenen Zeiten so viele Lästerzungen wie heute gab oder so viele Männer ohne jeden Grund Gefallen an der Verleumdung von Frauen fanden wie heute. Würden jene guten und schönen Frauen, von denen ich dir erzählte, in unserer Zeit leben, dann, so fürchte ich, würde man anstelle des Lobs, das die Alten ihnen spendeten, aus purem Neid allerlei Schmähungen über sie ergießen.

Doch kehren wir zu unserem Thema zurück: Valerius Maximus reiht unter jene rechtschaffenen, sittsamen und ehrbaren Frauen, die selbst inmitten einer sehr weltlichen Umgebung ihre Tugend bewahrten, die edle Sulpicia ein. Sie war sehr schön und galt dennoch als die sittsamste aller römischen Frauen.«

XLIV. GEGEN DIEJENIGEN, DIE BEHAUPTEN, FRAUEN WOLLTEN VERGEWALTIGT WERDEN, LIEFERT DIESES KAPITEL BEISPIELE MEHRERER FRAUENSCHICKSALE, UND AN ERSTER STELLE DAS DER LUCRETIA*.

Nun sagte ich, Christine, Folgendes: »Hohe Frau, ich glaube Euch aufs Wort und bin überzeugt, dass es genügend schöne, gute und sittsame Frauen gibt, die sich sehr wohl vor den üblen Machenschaften der Verführer zu hüten wissen. Um so mehr betrübt und bekümmert es mich jedoch, die Männer so häufig behaupten zu hören, Frauen wollten vergewaltigt werden; aber ich kann mir einfach nicht vorstellen, dass Frauen an einer solchen Gemeinheit Gefallen finden sollen.«

Antwort: »Sei ganz unbesorgt, liebe Freundin: Ehrbaren Frauen von untadeligem Lebenswandel bereitet eine Vergewaltigung wirklich nicht das geringste Vergnügen, sondern den größten aller Schmerzen. Die Wahrheit dieses Satzes haben zahlreiche Frauen mit dem Beispiel ihres eigenen Lebens bezeugt – allen voran Lucretia, jene sehr vornehme Römerin, die tugendhafteste aller römischen Frauen, die mit einem Edelmann namens

Tarquinius Collatinus verheiratet war. Und da sich Tarquinius der Hochmütige, der Sohn des Königs Tarquinius, heftig in sie verliebt hatte, es ihr jedoch nicht zu gestehen wagte, weil er sehr wohl sah, wie untadelig ihr Lebenswandel war, und weil er nicht hoffen konnte, sie durch Liebesgaben oder Bitten zu gewinnen, sann er darauf, sie sich mit Hilfe einer sorgfältig ausgeklügelten List gefügig zu machen. Er gab also vor, ein intimer Freund ihres Gemahls zu sein, um sich auf diese Weise Zugang zu dessen Haus zu verschaffen, wann immer es ihm gefiel. Eines Tages, als er den Ehemann außer Hauses wusste, kam er dorthin, und die edle Frau empfing ihn in allen Ehren, wie es sich eben für einen guten Freund ihres Gemahls ziemte. Tarquinius jedoch, dem der Sinn nach anderem stand, brachte es fertig, zu nächtlicher Stunde in Lucretias Gemach einzudringen, was diese in gewaltige Angst versetzte. Kurz und gut, nachdem er mit großen Versprechungen, Geschenken und Angeboten versucht hatte, sie sich gefügig zu machen, er aber merkte, dass ihm alles Bitten nichts half, da zog er sein Schwert und drohte ihr, sie umzubringen, falls sie nicht schweige und ihm zu Willen sei. Jene erwiderte, er solle sie nur töten: Sie wolle lieber sterben, als sich ihm hingeben. Tarquinius sah sehr wohl, dass dies alles nichts fruchtete und ließ sich deshalb eine weitere große Gemeinheit einfallen. Er sagte nämlich, er wolle überall verbreiten, er habe sie in den Armen eines seiner Männer ertappt. Um es abzukürzen: Der Gedanke, man werde seinen Worten Glauben schenken, versetzte sie in solche Angst, dass sie sich schließlich Gewalt antun ließ.

Diese ungeheuerliche Schmach konnte Lucretia jedoch nicht geduldig hinnehmen. Sobald es tagte, schickte sie deshalb nach ihrem Gemahl, ihrem Vater und ihren nächsten Verwandten, die zu den ersten Familien Roms gehörten, um ihnen unter vielen Tränen und herzzerreißenden Klagen das Geschehene zu erzählen. Als ihr Gemahl und ihre Verwandten, die Lucretia außer sich vor Schmerz sahen, sie trösteten, zog sie einen unter ihrem Gewand verborgenen Dolch hervor und sprach: ›Auch wenn ich mich auf diese Weise von Sünde reinwasche und meine Unschuld beweise, so befreie ich mich doch keineswegs von meiner Qual und Pein. Ich möchte auch nicht, dass für mich eine Ausnahme gemacht wird; keine ehrlose Frau soll sich künftig auf das Beispiel der Lucretia berufen können!‹ Nach diesen Worten stieß sie sich mit aller Gewalt den Dolch in die Brust und fiel sogleich tödlich getroffen zu Boden; dabei richtete sie den Blick auf ihren Gemahl und ihre Freunde. Diese stürzten sich unverzüglich und voller Wut auf Tarquinius, und in Rom kam es aus diesem Anlass zu einem Aufstand: Man jagte den König außer Landes und hätte sogar dessen Sohn umgebracht, wenn man seiner nur habhaft geworden wäre. Von diesem Tag an gab es in Rom keinen König mehr. Manche behaupten ferner, die Vergewaltigung der Lucretia sei der Anlass für ein Gesetz gewesen, das die Vergewaltigung von Frauen unter Todesstrafe stellte. Auf jeden Fall ist dies ein angemessenes, gerechtes und heiliges Gesetz.

XLV. ZUM GLEICHEN THEMA: DIE REDE IST VON DER KÖNIGIN DER GALATER*

Auch die Geschichte der edlen Königin der Galater und Gemahlin des Königs Orgiogontis passt gut in diesen Zusammenhang. In der Zeit, als die Römer ihre großen Eroberungen in fremden Ländern machten, geschah es, dass jener Galaterkönig mit seiner Frau von den Römern in einer Schlacht gefangengenommen wurden. Als man sie ins Lager gebracht hatte, gefiel die edle Königin, die ungemein schön, sanft, ehrbar und rechtschaffen war, einem mit ihrer und des Königs Bewachung betrauten Konnetabel des römischen Heeres sehr. Er redete lange auf sie ein, umwarb sie mit großartigen Versprechungen, und als er sah, dass all sein Bitten nichts half, vergewaltigte er sie kurzerhand. Die edle Frau litt sehr unter dieser Schmach und sann Tag und Nacht auf Rache. Sie beherrschte sich aber und wartete auf einen günstigen Augenblick. Als man das Lösegeld brachte, um ihren Mann und sie zu befreien, ordnete die edle Frau an, das Geld in ihrer Gegenwart jenem Konnetabel, ihrem Bewacher, zu übergeben. Diesem sagte sie, er solle das

Gold nur genau abwiegen, um auf jeden Fall auf seine Kosten zu kommen und nicht betrogen zu werden. Wie sie ihn nun damit beschäftigt sah, das Gold abzuwiegen und merkte, dass sich niemand von seinen Leuten in seiner Nähe befand, ergriff sie ein Messer, stieß es ihm in die Kehle und brachte ihn um. Dann nahm sie seinen Kopf und brachte ihn ungehindert zu ihrem Mann, dem sie von der Schandtat, ferner der Art und Weise, wie sie sich gerächt hatte, berichtete.

IMMER NOCH ZUM GLEICHEN THEMA: DIE REDE IST VON DEN SICAMBRERN UND VON EINIGEN JUNGFRAUEN.

Ich könnte dir noch zahlreiche andere Beispiele von verheirateten Frauen anführen, die den Schmerz über eine Vergewaltigung nicht verwanden, und ähnliches lässt sich von Witwen und Jungfrauen berichten.

Hyppo war eine Griechin, die von feindlichen Piraten gefangen genommen und geraubt wurde, und sie war so ungemein schön, dass die Seeleute ihr keine Ruhe ließen. Als Hyppo erkannte, dass sie einer Vergewaltigung nicht entgehen konnte, erfüllte sie dies mit so großem Abscheu und solchem Ekel, dass sie es vorzog zu sterben, sich ins Meer stürzte und ertrank.

Gleiches gilt für die Frauen der Sicambrer, die man heute Franken nennt. Diese belagerten einst mit einem starken Heer und vielen Mannen die Stadt Rom und hatten, in der Hoffnung, diese zu zerstören, bereits ihre Frauen und Kinder mitgebracht. Die Sicambrer wurden jedoch besiegt, und als ihre Frauen dies sahen, beschlossen sie unter sich, lieber zu sterben und ihre Reinheit zu bewahren (denn sie wussten nur allzu gut, dass nach Kriegsbrauch allen die Vergewaltigung drohte), als völlig entehrt zu werden.

Deshalb errichteten sie um sich herum aus ihren Wagen und Karren eine Festung, bewaffneten sich gegen die Römer und verteidigten sich mit aller Macht und töteten dabei eine große Anzahl ihrer Feinde. Als schließlich jedoch beinahe alle Frauen umgekommen waren, baten die Überlebenden mit flehend erhobenen Händen darum, den Rest ihres Lebens im Tempel der Vestalinnen dienen zu dürfen; falls man ihnen dies nicht gewähre, wollten sie lieber von eigener Hand sterben als vergewaltigt werden. Ähnliches gilt für manche Jungfrauen, wie zum Beispiel die edle Virginia, ein junges Mädchen aus Rom. Der niederträchtige Richter Claudius meinte, sich ihrer mit List und Gewalt bemächtigen zu können, nachdem er erkannt hatte, dass alles Bitten vergebens war. Sie jedoch zog trotz ihrer Jugend den Tod einer Vergewaltigung vor. Ähnliches ereignete sich in einer lombardischen Stadt, bei deren Eroberung der Grundherr von den Feinden getötet wurde. Seine sehr ansehnlichen Töchter verfielen aus Angst vor Vergewaltigung auf eine merkwürdige, jedoch sehr löbliche List: Sie schmierten sich nämlich rohes Kükenfleisch auf die Brust, das in der Hitze zu verwesen begann. Als sich die Feinde den Mädchen nähern wollten, stieg den Männern dieser Gestank in die Nase, woraufhin sie sofort von ihnen abließen und ausriefen: ›Bei Gott, diese Lombardinnen stinken wirklich wie die Pest!‹ Dieser Gestank jedoch gereichte ihnen zur Ehre.«

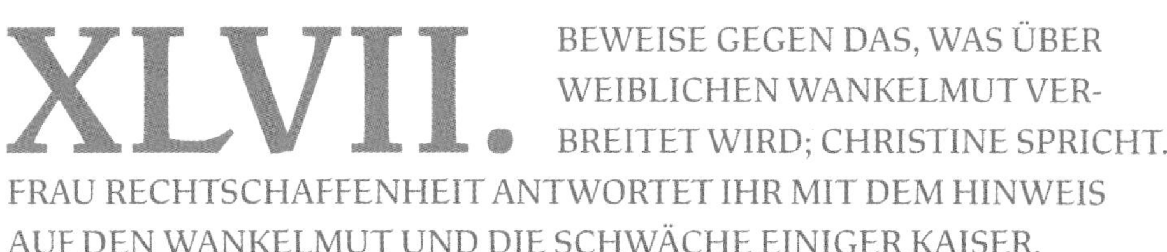

XLVII. BEWEISE GEGEN DAS, WAS ÜBER WEIBLICHEN WANKELMUT VERBREITET WIRD; CHRISTINE SPRICHT. FRAU RECHTSCHAFFENHEIT ANTWORTET IHR MIT DEM HINWEIS AUF DEN WANKELMUT UND DIE SCHWÄCHE EINIGER KAISER.

»Hohe Frau, Ihr liefert mir erstaunliche Beispiele für die Beständigkeit, Charakterfestigkeit und Tugend der Frauen. Ließe sich überhaupt Rühmlicheres über die charakterstärksten Männer aller Zeiten berichten? Und doch bezeichnen die Männer und sogar die Bücher alle in schöner Einstimmigkeit die Frauen als launisch und unbeständig, als wankelmütig und flatterhaft, als willensschwach und sprunghaft wie die Kinder, als bar jeder Standhaftigkeit. Sind denn diese Männer, die die Frauen so lauthals des Wankelmuts und der Unbeständigkeit bezichtigen, selbst so charakterfest, dass sie nie oder doch zumindest sehr selten schwanken? Wenn sie aber selbst diese Festigkeit nicht besitzen, dann ist es schon sehr übel, den Mitmenschen die eigene Schwäche zum Vorwurf zu machen oder vom anderen eine Tugend einzufordern, die sie selbst nicht besitzen.«

Antwort: »Schöne, sanfte Freundin, kennst du nicht das Sprichwort: Der Narr sieht sehr wohl den Splitter im Auge seines Nachbarn, aber den Balken im eigenen Auge bemerkt er nicht? Ich werde dir den gewaltigen Widerspruch erläutern, der in den Reden der Männer über den Wankelmut und die Unbeständigkeit der Frauen liegt. Die Männer versichern nämlich gemeinhin, Frauen seien von Natur aus sehr willensschwach; und da sie die Willensschwäche der Frauen anklagen, ist doch wohl anzunehmen, dass sie sich selbst als willensstark betrachten oder doch zumindest meinen, die Frauen seien es in geringerem Maße als sie selbst. Wahr ist jedoch, dass sie von den Frauen mehr Festigkeit verlangen, als sie selbst besitzen: Denn sie, die sich ihrer Stärke und ihrer hohen gesellschaftlichen Position rühmen, sind doch nicht vor gewaltigen Fehlern und Sünden gefeit, und zwar verfallen sie diesen nicht aus Unwissenheit, sondern aus reiner Charakterschwäche, denn sie wissen ganz genau, dass sie auf dem falschen Wege sind; aber sie finden für alles eine Entschuldigung und sagen, zu sündigen sei nur allzu menschlich. Wenn sich aber die Frauen so verhalten und außerdem durch langwierige männliche Machenschaften dazu gebracht wurden, dann sind die Männer sofort mit dem Vorwurf der Schwäche und Unbeständigkeit bei der Hand. Wenn es mir aber nun mehr als gerechtfertigt scheint, dass die Männer über die in ihren Augen so willensschwachen Frauen urteilen, dann dürfen sie sich aber ihre eigenen Schwächen nicht ohne Weiteres durchgehen lassen, um gleichzeitig den Frauen etwas als schweres Verbrechen anzukreiden, was sie bei sich selbst als geringfügiges Vergehen betrachten! Denn nirgends steht geschrieben, dass es allein ihnen, nicht jedoch den Frauen gestattet wäre, sich zu versündigen und dass die männliche Schwäche verzeihlicher wäre. Letztendlich maßen sie sich an, den Frauen nichts durchgehen zu lassen. Aus diesem Grund vergällen viele Männer den Frauen mit zahlreichen Vorwürfen das Leben. Des Weiteren vermögen sie nicht die Stärke und die Beständigkeit der Frauen zu erkennen, die sich bereits darin zeigt, dass diese die unerbittlichen Vorwürfe der Männer ertragen. Die Männer beanspruchen also in jeder Hinsicht alle Rechte für sich, sie wollen eben beide Enden des Riemens haben. Aber zu all diesen Dingen hast du ja ausführlich in deiner *Epistre au Dieu d'Amours** Stellung bezogen.

Was nun deine Frage betrifft, ob die Männer selbst so charakterfest und standhaft sind, dass sie das Recht hätten, andere der Unbeständigkeit zu bezichtigen: Betrachte den Zeitraum vom weisen Altertum bis heute, und ich versichere dir, dass du den Büchern und deinen eigenen Erfahrungen aus Vergangenheit und Gegenwart entnehmen kannst, dass es Vollkommenheit, Festigkeit und Beständigkeit durchaus gegeben hat. Zwar triffst du sie nicht bei einfachen Männern oder bei solchen niedriger Herkunft an, sondern nur bei denen der oberen Stände, aber dort gibt es zweifellos beständige, charakterfeste und weise Männer, derer wir bitter bedürfen.

Wenn ich dir jedoch in der Vergangenheit und in der Gegenwart Beispiele für solche Männer liefern soll, die, als wäre ihnen selbst jede Form von Wankelmut oder Unbeständigkeit völlig fremd, die Frauen heftig wegen dieser Schwäche anklagen, so solltest du dich einmal unter den mächtigsten Fürsten und den wichtigsten Männern, mehr noch: unter solchen von kaiserlichen Stand umschauen; denn dort ist ein solches Verhalten noch übler als bei den anderen. Und ich frage dich: Welches Frauenherz war jemals so schwach und ängstlich, so niederträchtig und unbeständig wie das des Kaisers Claudius? Seine Launenhaftigkeit war so groß, dass er das, was er in der einen Stunde angeordnet hatte, in der nächsten schon wieder rückgängig machte; auf sein Wort war nicht der geringste Verlass. Jedem fremden Rat beugte er sich. In seiner Verrücktheit und Grausamkeit ließ er seine eigene Frau ermorden – und fragte des Abends, weshalb sie sich nicht schlafen lege. Ähnlich schickte er nach seinen Vertrauten, denen er zuvor die Köpfe hatte abschlagen lassen, und forderte sie auf, mit ihm zu spielen. Und ein solches Hasenherz war dieser Mann, dass er immerzu vor Angst zitterte und sich vor jedermann fürchtete. Was soll ich dir sonst noch über ihn erzählen? Dieser schwächliche Kaiser war ein Ausbund an moralischer

Verkommenheit und niedriger Gesinnung. Aber weshalb erzähle ich dir gerade von ihm? War es etwa der einzige Schwächling auf einem kaiserlichen Thron? War eigentlich der Kaiser Tiberius ein wertvollerer Mensch? Besaß er nicht mehr Wankelmut, Unbeständigkeit, mehr Lüsternheit als irgendeine Frau?

XLVIII. HIER IST VON NERO DIE REDE.

Und da wir uns gerade mit den großen Taten der Kaiser befassen: Was für ein Mensch war denn eigentlich Nero? Seine gewaltige Schwäche und sein Wankelmut springen wohl allen in die Augen. Anfangs war er noch ganz erträglich und bemühte sich, es allen recht zu machen; später jedoch legte er seiner Lüsternheit, seiner Habgier und Grausamkeit keine Zügel mehr an. Um dies alles ungestört auszuleben, bewaffnete er sich häufig zu nächtlicher Stunde und brach mit seinen gefräßigen Spießgesellen zu Fressorgien und Lasterhöhlen auf, tollte wie närrisch durch die Straßen und vollbrachte alle möglichen Untaten. Um sich eine Gelegenheit zu einer Schandtat zu verschaffen, rempelte er Passanten an, und wenn sie etwas zu sagen wagten, fügte er ihnen Verwundungen zu und tötete sie. In Spelunken und anderen Orten der Ausschweifung richtete er Verwüstungen an; er vergewaltigte Frauen, und einmal hätte er dabei beinahe den Mann einer Frau, die er vergewaltigt hatte, umgebracht. Er organisierte Badeorgien und aß die ganze Nacht lang. Er ordnete einmal dies, dann wieder das an, wie es ihm seine Narrheit gerade eingab. Er brillierte in jeder Art von Wollust, in Nichtigkeiten und Schrullen jeglicher Art, in jeder Form von Eitelkeit und darin, das Geld mit beiden Händen zum Fenster hinauszuwerfen. Die Bösewichte liebte er und verfolgte die Guten. Mit dem Tod seines Vaters war er einverstanden, und später ließ er seine Mutter umbringen; nach ihrem Tod gab er den Befehl, sie aufzuschneiden, um den Ort, in dem er empfangen worden war, zu betrachten und sagte, nachdem er sie sich angesehen hatte, sie sei eine schöne Frau gewesen. Er ermordete seine Gemahlin, die rechtschaffene Octavia; dann nahm er sich eine andere, liebte sie anfangs sehr, brachte sie dann aber ebenfalls um. Claudia, die Tochter seines Vorgängers, ließ er ermorden, weil sie ihn nicht heiraten wollte. Er tötete seinen Stiefsohn, der weniger als sieben Jahre zählte, weil man diesen zum Spielen trug, als sei er ein Herzogssohn.

Seinen Lehrmeister, den edlen Philosophen Seneca, ließ er ins Jenseits befördern, weil er sich dessen, was er vor Senecas Augen tat, schämte. Unter dem Vorwand, er wolle ihn von einer Zahnkrankheit heilen, vergiftete er seinen Vogt. Mit Speisen und Getränken vergiftete er die edlen Fürsten, die vornehmen und einflussreichen Barone, die über viel Macht verfügten. Er ließ seine Tante ermorden, um sich ihrer Güter zu bemächtigen. Die vornehmsten Römer ließ er umbringen oder außer Landes jagen und ermordete ihre Nachkommen. Einen grausamen Ägypter ließ er darauf abrichten, rohes Menschenfleisch zu essen, damit er durch diesen alle bei lebendigem Leibe verspeisen lassen konnte. Was soll ich dir sonst noch über ihn erzählen? Es ist schier unmöglich, seine grausamen Schindereien und fürchterlichen Schandtaten in Worte zu fassen. Sein übles Tun gipfelte darin, dass er an allen Ecken Roms sechs Tage und sechs Nächte lang Feuer legen ließ. Viele Menschen kamen in diesem Unglück um, er jedoch betrachtete von seinem Turm aus das Feuer und die Zerstörung, ergötzte sich an der Schönheit der Flammen und sang. Während er aß, ließ er die Köpfe des heiligen Petrus, des heiligen Paulus und vieler anderer Märtyrer rollen. Nachdem er unter Ausübung solcher Schandtaten vierzehn Jahre lang regiert hatte, erhoben sich die Römer, die unendlich unter ihm gelitten hatten, gegen ihn; er gab schließlich auf und beging Selbstmord.

XLIX. ÜBER DEN KAISER GALBA UND ANDERE

Aber handelt es sich, wie es den Anschein haben könnte, bei der Bösartigkeit und dem Wankelmut des Kaisers Nero etwa um einen Einzelfall? Keineswegs, denn ich versichere dir, dass sein Nachfolger namens Galba kein bisschen besser gewesen wäre, hätte er nur ebenso lange gelebt. Seine Grausamkeit war grenzenlos, und neben seinen übrigen Lastern besaß er das einer unvorstellbaren Launenhaftigkeit. In seinem Wesen gab es weder Beständigkeit noch Ruhe – mal war er grausam und maßlos, dann wieder zu weich und ungerecht, nachlässig und misstrauisch, ohne Zuneigung für seine Fürsten und Ritter, schwächlich, hasenherzig und von einer Gier, die vor nichts haltmachte. Er regierte nur sechs Monate lang, dann ermordete man ihn, um seinen Untaten Einhalt zu gebieten.

Aber war denn Otho, der nächste Kaiser, viel besser? Den Frauen sagt man zwar nach, sie seien zu sehr mit sich selbst beschäftigt; er jedoch war so kokett und, was seinen Körper angeht, so verzärtelt, dass niemand verweichlichter war als er. Von schwächlicher Gesinnung, nur auf seine Bequemlichkeit bedacht, extrem habgierig, der größte aller Narren, ein gewaltiger Vielfraß, verlogen, wollüstig und ein hinterhältiger Verräter endete er, indem er drei Monate nach seinem Regierungsantritt Selbstmord beging, weil ihn seine Feinde besiegt hatten.

Keine Spur besser, sondern ein Hort jeglicher Verderbtheit war auch Vitellius, der Nachfolger Othos. Ich weiß nicht, was ich dir sonst noch erzählen soll. Aber glaube nur nicht, ich belüge dich! Lies doch einmal die Geschichten der Kaiser, ihre Lebensläufe, und du wirst erkennen, wie wenige von ihnen, ganz gleich in welcher Zeit, gut, rechtschaffen und charakterfest waren: Zu diesen wenigen guten Herrschern zählen Julius Cäsar, Augustus, die Kaiser Trajan und Titus. Aber ich versichere dir: Auf einen jener Guten kommen zehn von der allerübelsten Sorte.

Gleiches kann ich dir über die Päpste und die Angehörigen der Heiligen Kirche sagen, die als Auserwählte mehr als alle anderen Menschen zu Vollkommenheit verpflichtet sind. Zwar waren sie in den Anfängen des Christentums heilig; doch seitdem Konstantin der Kirche beträchtliche Einkünfte und Reichtümer verschafft hat*, ist es mit ihrer Unbestechlichkeit so eine Sache: Es genügt, einen Blick in ihre Berichte und Chroniken zu werfen. Wenn du nun einwenden möchtest, dies sei nur früher so gewesen und in unserer Zeit seien alle rechtschaffen, dann sieh dich doch einmal in allen Ständen um und sag mir, ob die Welt wirklich besser wird, ob in Taten oder den Ratsversammlungen, seien es nun die weltlichen oder geistlichen Fürsten, etwa große Entschlossenheit und Standhaftigkeit herrschen? Die Antwort liegt auf der Hand – jeden weiteren Kommentar kann ich mir also sparen. Ich weiß wirklich nicht, weshalb die Männer von weiblichem Wankelmut und Launenhaftigkeit sprechen. Sie sollten sich schämen, so etwas zu verbreiten, vor allem angesichts der großen Unentschlossenheit und Beliebigkeit, die in den von ihnen – und nicht etwa von den Frauen! – betreuten wichtigen Angelegenheiten waltet; das Ganze gleicht den Spielen kleiner Kinder, und von entsprechender Qualität sind dann auch die Reden und Beschlüsse auf ihren Ratssitzungen.

Schließlich und endlich bedeuten Unbeständigkeit und Launenhaftigkeit nichts anderes, als gegen die Gebote der Vernunft zu handeln, denn letztere gibt jedem vernunftbegabten Wesen ein, das Richtige zu tun. Wenn jedoch ein Mann oder eine Frau die Sinnlichkeit über die Gebote der Vernunft siegen lässt, dann ist das ein Zeichen von Schwäche und Unbeständigkeit; und je öfter eine Person ein großes Vergehen oder eine große Sünde begeht, desto schwächer ist sie, denn sie entfernt sich damit weit vom Gebot der Vernunft. Nach dem, was die Geschichtswerke übereinstimmend berichten, und im Einklang mit der Erfahrung verhält es sich jedoch so: Was immer die Philosophen und andere Schriftsteller über weiblichen Wankelmut verbreiten mögen – es hat keine Frauen von so großer Verderbtheit gegeben, wie sie vielen Männern eigen war.

Die schwärzesten Frauengestalten, deren Existenz du schriftlich belegt findest, waren Athalis* und ihre Mutter Jesabel*, die Königinnen von Jerusalem, die das Volk Israel verfolgten; dann die Frankenkönigin Brunhild* und einige andere. Nun bedenke aber andererseits die Niederträchtigkeit des Judas, der seinen guten Herrn, dessen Apostel er war und der ihm so viel Gutes getan, so grausam verriet, denk an die Härte und Grausamkeit der Juden und des Volkes Israel, die nicht nur Jesus Christus aus Missgunst töteten, sondern auch noch mehrere heilige Propheten vor ihm; die einen schlugen sie, unter den anderen wüteten sie und töteten sie auf verschiedene Weise. Und berücksichtige auch Julianus, den Abtrünnigen, den manche wegen seiner großen Verderbtheit für einen Antichrist hielten; denk an Dionysius, den falschen Tyrannen von Sizilien, der so verabscheuungswürdig war, dass es mehr als unerfreulich ist, seine Biografie zu lesen; denke des Weiteren an die zahlreichen charakterlosen Könige, die es in verschiedenen Ländern gibt, an treulose Kaiser, an ketzerische Päpste und andere Prälaten ohne Glauben, dafür aber voller Begehrlichkeit; an die verschiedenen Verkörperungen des Antichrist, die es geben dürfte: Dann wirst du erkennen, dass die Männer besser den Mund halten sollten! Die Frauen hingegen haben allen Grund, Gott dafür zu loben und zu preisen, das Kleinod ihrer Seelen mit einem weiblichen Körper umgeben zu haben. Doch mehr will ich im Augenblick nicht zu diesem Thema sagen. Um die Aussagen jener Männer, die die Frauen als äußerst willensschwach bezeichnen, mit einigen Gegenbeispielen zu widerlegen, will ich dir von Frauen erzählen, die außergewöhnliche Stärke bewiesen haben. Von ihnen zu hören, erfreut das Herz und regt zur Nachahmung an.

L. Hier wird von der Markgräfin Griselda von Saluzzo* erzählt, einer äusserst tugendhaften Frau.

Es steht geschrieben, dass es einmal einen Markgrafen von Saluzzo namens Gualtieri gab, der ohne Familie lebte. Er war ein gutaussehender und recht kluger Mann, jedoch etwas merkwürdig in seinem Verhalten. Oft redeten seine Barone auf ihn ein und baten ihn, er möge doch heiraten, um für Nachkommenschaft zu sorgen. Davon wollte dieser sehr lange nichts hören, teilte ihnen aber schließlich mit, er wolle nun heiraten, allerdings mussten sie ihm versprechen, die Frau, die er sich selbst aussuchen werde, zu akzeptieren; seine Barone waren damit einverstanden und bekräftigten dies mit einem Eid.

Der Markgraf vergnügte sich häufig bei Jagd und Vogelbeize. In der Nähe seines Schlosses befand sich nun ein kleines Dorf und dort wohnte, inmitten der anderen armen Tagelöhner, ein sehr bedürftiger, gebrechlicher, alter Mann namens Giannucola, der Zeit seines Lebens ein guter und rechtschaffener Mensch gewesen war. Dieser hatte eine achtzehnjährige Tochter namens Griselda, die sich äußerst liebevoll um ihn kümmerte und ihn durch ihre Arbeit am Spinnrocken ernährte. Dem Markgrafen, der oft durch jenes Dorf ritt, waren bereits die angenehmen Umgangsformen und die Ehrbarkeit jenes Mädchens aufgefallen, das von anmutiger Gestalt war und schöne Gesichtszüge besaß; aus all diesen Gründen mochte er sie sehr.

Der Markgraf, der seinen Baronen also zugesagt hatte, eine Frau zu nehmen, forderte sie auf, sich an einem bestimmten Tag zu versammeln, um seine Hochzeit zu feiern; alle Frauen von Adel sollten ebenfalls erscheinen. Er gab den Befehl zu sehr aufwändigen Vorbereitungen, und als am zuvor festgesetzten Tag alle, Männer wie Frauen, vor ihm versammelt waren, hieß er sie in seiner Begleitung den langen Weg hochzureiten, um die Braut abzuholen, Er ritt geradewegs auf das Haus des Giannucola zu, wo er Griselda antraf, die mit einem Wasserkrug auf ihrem Kopf gerade vom Brunnen kam. Er fragte, wo ihr Vater zu finden sei; Griselda kniete nieder und antwortete, er halte sich im Hause auf. ›Hol ihn mir herbei‹, befahl er. Als der gute Mann vor ihm stand, teilte ihm der Markgraf mit, er begehre seine Tochter zur Frau. Giannucola antwortete, er möge tun, was ihm beliebe.

Nun begaben sich die vornehmen Frauen in die kleine Kate, um die Braut reich zu kleiden und zu schmücken, wie es sich für den Stand eines Markgrafen gehört, und ihr die Gewänder und den Schmuck anzulegen, den er für diesen Zweck vorgesehen hatte. Dann nahm er sie mit und heiratete sie in seinem Palast. Um es abzukürzen: Griselda legte in der Folgezeit ein so vorbildliches Verhalten an den Tag, dass alle – die Adligen, Jung und Alt, das ganze Volk – sie sehr liebten; und sie verstand es, mit jedem in einer Weise umzugehen, dass sich alle glücklich schätzten. Des Weiteren umsorgte und liebte sie ihren Ehemann, wie es ihre Pflicht war. Im gleichen Jahr brachte die Markgräfin eine Tochter zur Welt, deren Geburt große Freude auslöste. Als das Kind jedoch entwöhnt war, wollte der Markgraf die Beständigkeit und die Geduld Griseldas auf die Probe stellen, und so machte er ihr weis, seinen Baronen missfalle es, später einmal von Griseldas Nachfahren beherrscht zu werden, und aus diesem Grunde wolle er das Kind umbringen lassen. Auf diese für jede Mutter unerträgliche Eröffnung entgegnete Griselda, es sei schließlich seine Tochter und er könne mit ihr tun, was ihm beliebe. Er ließ das Kind einem seiner Knappen übergeben; dieser tat so, als hole er es, um es zu töten, brachte es jedoch heimlich ins reiche Bologna zu der Gräfin von Panago, einer Schwester des Markgrafen, damit es in ihrer Obhut aufwüchse. Griselda jedoch, die annahm, man habe ihre Tochter getötet, ließ sich nichts anmerken und zeigte keinerlei Traurigkeit. Nach Jahresfrist wurde die Markgräfin erneut schwanger und von einem sehr schönen Knaben entbunden, über dessen Geburt große Freude herrschte. Der Markgraf aber wollte seine Frau in ähnlicher Weise wie zuvor auf die Probe stellen und teilte ihr mit, man müsse das Kind töten, um die Barone und sein Gefolge zufriedenzustellen. Daraufhin erwiderte die edle Frau, wenn der Tod ihres Sohnes noch nicht genüge, sei auch sie bereit zu sterben, falls er dies wünsche. Ähnlich wie bereits im Falle der Tochter übergab sie das Kind dem Knappen, ohne sich ihre Traurigkeit auch nur im Geringsten anmerken zu lassen. Sie trug diesem lediglich auf, das Kind, nachdem er es getötet habe, zu begraben, damit der zarte Kinderkörper weder wilden Tieren noch Raubvögeln zum Fraß anheimfalle. Aber auch angesichts dieser Unmenschlichkeit verzog Griselda keine Miene.

Es dauerte jedoch nicht lange, und der Markgraf wollte sie ein weiteres Mal auf die Probe stellen. Sie lebten nunmehr seit bereits zwölf Jahren miteinander, und in dieser Zeit hatte die edle Frau ein so untadeliges Verhalten an den Tag gelegt, dass es eigentlich als Beweis ihrer Tugend hätte genügen müssen. Eines Tages jedoch rief sie der Markgraf in sein Gemach und teilte ihr mit, er habe Schwierigkeiten mit seinen Untertanen und Gefolgsleuten bekommen und riskiere, um ihretwillen die Herrschaft zu verlieren, denn diese könnten sich nun einmal nicht damit abfinden, die Tochter des Giannucola zur obersten Landesherrin und Herrscherin zu haben. Um sie zu beschwichtigen, müsse Griselda zu ihrem Vater in dem Zustand, in dem sie gekommen war, zurückkehren, damit er selbst eine andere Frau edlerer Abstammung heiraten könne. Auf diese Enthüllung, die für sie äußerst schmerzvoll und bitter sein musste, antwortete Griselda: ›Mein edler Herr, ich habe schon immer gewusst und oft gedacht, dass zwischen deiner vornehmen Herrlichkeit und meiner Armut keine Verbindung möglich ist, und deshalb hielt ich mich niemals für würdig, deine Gemahlin zu sein, sondern höchstens deine Dienerin. Von diesem Augenblick an bin ich bereit, in das Haus meines Vaters zurückzukehren, um dort mein Alter zu verbringen. Du befiehlst, ich solle mein Heiratsgut wieder mitnehmen: Du weißt sehr wohl, wie auch ich es nicht vergessen habe, dass du mich damals, als du mich vor der Behausung meines Vaters erwartetest, meine alten Kleider ausziehen und mich die Gewänder anlegen hießest, in denen ich mit dir fortging; aus meinem Besitz brachte ich keine andere Mitgift mit in die Ehe als Glauben, Reife, Liebe, Ehrerbietung und Armut. Deshalb ist es nur recht und billig, wenn ich dir dein Gut zurückerstatte: Hier hast du dein Gewand, das ich ablege; ich gebe dir ebenfalls den Ring zurück, mit dem du mich dir verbandest, desgleichen alle anderen Schmuckstücke, Ringe, Kleidung, Putz und alles, womit man mich in deinem Gemach schmückte und ausstattete. Nackt und bloß verließ ich meines Vaters Haus, nackt und bloß werde ich dorthin zurückkehren. Allein es dünkt mich unschicklich, dass dieser

Leib, der die von dir gezeugten Kinder austrug, unbekleidet vor allen Leuten erscheint. Zum Lohn für meine Jungfernschaft, die ich in deinen Palast brachte, nun aber nicht wieder mitnehme, bitte ich dich untertänigst, mir ein einziges Hemd überlassen zu wollen, mit dem ich den Leib deiner Frau, der ehemaligen Markgräfin, verhüllen werde.‹ Da konnte der Markgraf die Tränen des Mitleids nicht zurückhalten; er bezwang jedoch seine Herzensregung und befahl beim Verlassen des Raumes, man möge ihr ein einziges Hemd geben.

Daraufhin entkleidete sich Griselda in Anwesenheit aller Ritter und Hofdamen, legte ihre Schuhe und all ihren Schmuck ab, bis ihr nichts anderes mehr blieb als ihr letztes Hemd. Überall hatte sich bereits die Neuigkeit verbreitet, der Markgraf wolle sich von seiner Frau trennen; alle, Männer und Frauen, kamen zum Palast gelaufen und waren aus ebendiesem Grunde von tiefer Trauer erfüllt. Griselda, mit nichts anderem als ihrem Hemd bekleidet, barhäuptig und barfüßig, wurde aufs Pferd gesetzt. Alle, Barone, Ritter und Hofdamen, begleiteten sie weinend, verwünschten den Markgrafen und beklagten die Güte der edlen Frau; auf Griseldas Gesicht aber war keine einzige Träne zu sehen. Man begleitete sie bis zum Haus ihres Vaters; der alte Mann hatte stets damit gerechnet, weil er annahm, sein Landesherr werde eines Tages Überdruss angesichts einer so armseligen Verbindung empfinden. Als er den Lärm hörte, ging er also seiner Tochter entgegen, brachte ihr altes, zerrissenes Gewand, das er immer noch aufbewahrt hatte, und zog es ihr wieder über, ohne sich auch nur den geringsten Schmerz anmerken zu lassen. Und so lebte Griselda eine ganze Zeit in aller Bescheidenheit und Armut mit ihrem Vater und versorgte ihn wie früher, ohne eine Spur von Traurigkeit oder Bedauern. Vielmehr tröstete sie ihren Vater über den Kummer hinweg, den er haben mochte, wenn er seine Tochter betrachtete, die von einem so hohen gesellschaftlichen Rang wieder in so bittere Armut herabgesunken war.

Als es dem Markgrafen schien, er habe nun seine getreue Frau hinreichend auf die Probe gestellt, da ließ er seiner Schwester ausrichten, sie möge sich, in der illustren Begleitung von Edelleuten und Hofdamen, auf den Weg machen, um ihm seine beiden Kinder zuzuführen, jedoch ohne bekannt werden zu lassen, es seien die Seinigen. Dann ließ er seine Barone und Untertanen wissen, er wolle eine andere Frau, ein überaus vornehmes junges Mädchen, das sich in Obhut seiner Schwester befinde, heiraten. An dem Tage der Ankunft seiner Schwester rief er in seinem Palast eine erlesene Gesellschaft von Rittern, Hofdamen und Edelleuten zusammen; zugleich ließ er Vorbereitungen für ein rauschendes Fest treffen. Er schickte nach Griselda und richtete die folgenden Worte an sie: ›Griselda, morgen wird hier das junge Mädchen, das ich heiraten will, eintreffen. Nun ist es mein Wille und Wunsch, meiner Schwester und ihrem vornehmen Gefolge einen prächtigen Empfang zu bereiten. Da du meine Gepflogenheiten kennst, desgleichen die Räume und Örtlichkeiten, möchte ich dich damit betrauen, dafür zu sorgen, dass alle, vor allem aber meine zukünftige Frau, standesgemäße Aufnahme finden; alle Bediensteten werden deine Anordnungen befolgen. Nun kümmere dich darum, dass alles ordnungsgemäß ausgeführt wird.‹ Griselda antwortete, dies wolle sie mit großem Vergnügen tun. Am nächsten Tag, nach dem Eintreffen der Gesellschaft, fand ein großes Fest statt. Griseldas ärmliches Gewand hinderte sie nicht daran, mit fröhlichem Gesicht auf das junge Mädchen – die junge Braut, wie sie meinte – zuzugehen, um sie demütig mit den Worten zu begrüßen: ›Seid willkommen, meine edle Herrin!‹ Ähnlich freudig begrüßte sie ihren Sohn und alle anderen Männer und Frauen der Gesellschaft, eine jede Person nach ihrem Rang. Und obwohl sie wie eine Frau aus den untersten gesellschaftlichen Ständen gekleidet war, merkte man doch ihrer ganzen Haltung die Frau von hohem Rang und erstaunlicher Klugheit an; die fremden Gäste fragten sich deshalb, wie eine solche Redegewandtheit und Würde mit einem so ärmlichen Gewand in Einklang zu bringen sei. Griselda hatte alles so vollkommen richten lassen, dass nichts daran auszusetzen war. Immer wieder jedoch näherte sie sich mit besonderem Vergnügen dem jungen Mädchen und dem Knaben und betrachtete deren Schönheit, die sie aufs Höchste lobte, mit größter Aufmerksamkeit.

Der Markgraf hatte alle Vorkehrungen treffen lassen, um glauben zu machen, er wolle das junge Mädchen heiraten. Als es Zeit für die Messe war, kam der Markgraf herbei, rief vor aller Gesellschaft Griselda und fragte sie in Gegenwart aller: ›Griselda, was hältst du von meiner neuen Braut? Ist sie nicht schön und sittsam?‹ Sie aber entgegnete mit fester Stimme: ›Gewiss, hoher Herr, eine Schönere oder Sittsamere ließe sich nicht finden. Um eins möchte ich dich aber in aller Offenheit bitten: Sei so gut und quäl sie weder so sehr, noch setze ihr mit solchen Prüfungen zu, wie du es mit der anderen unerbittlich getan hast. Denn diese ist jünger und hatte eine behütete Jugend, und deshalb vermag sie vielleicht nicht so viel zu ertragen wie die andere!‹ Als der Markgraf diese Worte aus Griseldas Mund vernahm, wurde er ihrer großen Beständigkeit, Kraft und Treue gewahr und bewunderte ihre Tugend sehr. Mitleid ergriff ihn, weil er sie ohne jeden Grund so sehr und so lange hatte leiden lassen.

Deshalb begann er vor allen Anwesenden zu sagen: ›Griselda, damit findet die Erprobung deiner Treue, des wahren Glaubens, der Verbundenheit und der großen Liebe, des Gehorsams und der Demut, die du mir entgegenbringst, ein Ende. Ich glaube, es gibt auf der ganzen Welt keinen einzigen Mann, der so zahlreiche Beweise für eheliche Liebe erhalten hat wie ich von dir.‹ Dann näherte sich der Markgraf ihr, schloss sie fest in seine Arme, küsste sie und sagte: ›Du allein bist meine Gemahlin, eine andere will ich nicht und werde ich nie besitzen. Dieses junge Mädchen, das du für meine Braut hältst, ist deine und meine Tochter, dieser Jüngling dein Sohn. Alle hier Anwesenden sollen wissen, dass alles, was ich tat, geschah, um meine treue Gemahlin auf die Probe zu stellen und nicht, um sie zu bestrafen. Meine Kinder habe ich im reichen Bologna bei meiner Schwester aufwachsen und sie keineswegs umbringen lassen: Hier seht ihr sie.‹ Als die Markgräfin diese Worte ihres Herrn vernahm, wurde sie beinahe ohnmächtig vor Freude, und als sie sich wieder gefasst hatte, nahm sie die Kinder in den Arm und benetzte sie mit Freudentränen. Es kann kein Zweifel daran bestehen, dass ihr Herz voll der größten Freude war, und alle anwesenden Männer und Frauen weinten Tränen der Freude und des Mitleids. Griselda stand nun in höherem Ansehen als je zuvor und wurde mit kostbaren Gewändern und Schmuck versehen. Ein ebenso ausgedehntes wie fröhliches Fest fand statt, auf dem alle in feierlichen Reden jene edle Frau priesen. Das Ehepaar lebte danach noch zwanzig Jahre lang in Freuden und Frieden zusammen. Der Markgraf ließ Griseldas Vater Giannucola, um den er sich zuvor nicht gekümmert hatte, in den Palast kommen und ihn dort in großen Ehren leben. Seine Kinder verheiratete er standesgemäß, und nach seinem Tode wurde sein Sohn mit dem Einverständnis der Barone sein Nachfolger.

LI. HIER WIRD VON DER RÖMERIN CRESCENTIA* ERZÄHLT.

Wenn Griselda, die Markgräfin von Saluzzo, über unvergleichliche Kraft und Beständigkeit verfügte, dann kommt ihr in dieser Hinsicht die edle römische Kaiserin Crescentia gleich, eine Frau, die großes Ungemach mit erstaunlicher Geduld ertrug; dies wissen die *Miracles de Nostre Dame** von ihr zu berichten. Jene edle Frau war von unvergleichlicher Schönheit, aber noch größer waren ihre Sittsamkeit und Tugend. Als ihr Mann wegen eines langen Kriegs zu einer weiten Reise aufbrechen musste, empfahl er sein Land und seine Gemahlin seinem Bruder an. Dieser wurde nach dem Aufbruch des Kaisers vom Teufel versucht und entbrannte in sündiger Liebe zu seiner Schwägerin Crescentia. Um es abzukürzen: Er bedrängte sie derartig, sie möge ihm zu Willen sein, dass sie befürchtete, er könnte es nach dem Bitten mit Gewalt versuchen; deshalb ließ sie ihn in einem Turm einsperren, und dort blieb er bis zu der Rückkehr des Kaisers. Als nun die Kunde von der Heimkehr jenes Kaisers zu ihr drang, ließ die vornehme Frau, die nie geglaubt hätte, der Schwager könnte sie verleumden, diesen frei, denn der Kaiser sollte nichts von der Falschheit seines Bruders erfahren und Letzterer sollte ihm entgegengehen. Aber sobald dieser vor dem Kaiser stand, beschuldigte er die edle Frau aller erdenklichen Vergehen, und zwar übelster Art, denn im Gefängnis hatte er genügend Zeit gehabt, dies auszuhecken. Der Kaiser, der ihm Glauben schenkte, schickte seine Leute voraus, mit dem Befehl, seine Frau vor seiner Ankunft in aller Heimlichkeit zu töten, denn er wollte sie weder sehen noch lebendig vorfinden. Sie jedoch, die angesichts dieser Neuigkeiten aufs Höchste erstaunt war, bat jene, die damit beauftragt waren, so inständig, dass man sie schließlich in einem fremden Gewand ziehen ließ.

Aufgrund dieses merkwürdigen Geschicks, das ihr zugestoßen war, zog jene vornehme Frau so lange umher, bis man ihr eines Tages das Kind eines mächtigen Fürsten anvertraute. Dessen Bruder verliebte sich so sehr in sie, dass er, nachdem er sie lange mit Bitten bedrängt hatte, aus Verdruss über ihre Weigerung das kleine Kind neben ihr tötete, während sie schlief; auf diese Weise wollte er sie ins Verderben stürzen. Mit großer Geduld und einem starken, unerschütterlichen Herzen ertrug die Kaiserin diese wirklich nicht kleinen Schicksalsschläge. Als man sie zu dem Ort führte, an dem sie als vermeintliche Kindsmörderin hingerichtet werden sollte, da wurden der Grundherr und seine Frau angesichts des untadeligen Lebenswandels und der bedeutenden Tugenden jener Frau so von Mitleid ergriffen, dass sie es einfach nicht übers Herz brachten, sie töten zu lassen, sondern sie aus dem Lande jagten. Da sie in der Verbannung geduldig äußerste Armut ertrug und Gott und dessen sanftmütiger Mutter huldigte, geschah es, dass sie eines Tages in einem Obstgarten nach Verrichtung ihrer Gebete einschlief. Im Traum befahl ihr die Heilige Jungfrau, sie möge ein gewisses Kraut, das unterhalb ihres Kopfes wuchs, pflücken: Dank seiner Heilkraft werde sie künftig ihren Lebensunterhalt damit verdienen, alle Krankheiten zu heilen.

Nachdem die edle Frau dank der Heilkraft jenes Krauts in der Folgezeit so viele Kranke geheilt hatte, dass sie überall deswegen gerühmt wurde, geschah es, dass Gott jenen Bruder des Fürsten, der das besagte Kind ermordet hatte, das Opfer einer sehr schrecklichen Krankheit werden ließ; aus diesem Grunde schickte man nach jener Frau, die ihn heilen sollte. Als sie nun vor ihm stand, teilte sie ihm mit, er könne in aller Deutlichkeit erkennen, dass Gott ihm eine Strafe geschickt habe, Wenn er öffentlich seine Sünde gestehe, werde er geheilt werden; auf einem anderen Wege sei eine Genesung nicht möglich. Jener, den große Reue ergriff, gestand daraufhin seine abgrundtiefe Bosheit und berichtete, wie er das Kind eigenhändig ermordet und dann die rechtschaffene Frau, die es gehütet, dieser Tat bezichtigt hatte.

Der Fürst war darüber sehr erbost und wollte seinem Bruder um jeden Preis den Prozess machen lassen. Der edlen Frau jedoch gelang es durch ihre Bitten, ihn zu beschwichtigen, und sie heilte den Bruder. Auf diese Weise vergalt sie nach dem Gebote Gottes Böses mit Gutem.

Ähnliches geschah kurze Zeit später, als jener Bruder des Kaisers, durch dessen Schuld Crescentia außer Landes gejagt worden war, so stark von Lepra befallen wurde, dass er beinahe lebendigen Leibes verfaulte. Da ihr bereits allerorts der Ruf vorauseilte, eine sehr heilkundige Frau zu sein, ließ der Kaiser nach ihr schicken; allerdings wusste er nicht, wer sie war, denn er glaubte seit langer Zeit, seine Frau sei tot. Als sie vor dem Kranken stand, sagte sie, er müsse eine öffentliche Beichte ablegen, denn sonst könne sie ihn nicht heilen. Lange weigerte er sich, dann jedoch gestand er schließlich und in allen Einzelheiten den üblen Streich, den er ohne jeden Grund der Kaiserin gespielt hatte; er wisse sehr wohl, dass Gott ihn für diese Sünde bestrafe. Als der Kaiser dies vernommen hatte, geriet er darüber sehr in Wut, weil er glauben musste, seine treue und von ihm sehr geliebte Gemahlin umgebracht zu haben, und er wollte daraufhin seinen Bruder ermorden lassen. Die edle Frau gab sich jedoch zu erkennen und versöhnte ihn mit seinem Bruder. Dank ihrer Geduld erlangte Crescentia auf diese Weise, zur großen Freude des Kaisers und aller Leute, erneut ihren Rang und das ihr gebührende Glück.

LII. VON DER FRAU DES GENUESERS BERNABÒ*

Was charakterstarke und weise Frauen anbelangt, so lässt sich ebenfalls mit Fug und Recht jene Geschichte anfuhren, die Boccaccio in seinem *Decameron* erzählt. Eines Tages trafen sich mehrere italienische, genauer gesagt: lombardische Kaufleute in Paris zu einem gemeinsamen Mahl. Da sie in dessen Verlauf über verschiedene Themen sprachen, kam das Gespräch mit einem Male auch auf ihre Frauen. Einer von ihnen, ein Genueser namens Bernabò, schickte sich schließlich an, seine Frau in höchsten Tönen hinsichtlich ihrer Schönheit, Klugheit, Sittsamkeit und aller erdenklichen Tugenden zu loben. Es befand sich aber in jener Gesellschaft ein Hitzkopf namens Ambrogiuolo, der behauptete, es sei ein Zeichen größter Dummheit, die eigene Frau vornehmlich für ihre Sittsamkeit zu preisen; es gebe nämlich keine einzige, so willensstark sie auch sein möge, die nicht herumzukriegen sei, wenn man ihr nur ordentlich mit Geschenken, Versprechungen und schönen Worten zusetze. Über diesen Punkt entbrannte ein heftiger Streit zwischen den beiden, der mit einer Wette um die Summe von fünftausend Florin endete. Bernabò wettete, der andere werde niemals mit seiner Frau schlafen, was immer er auch anstellen möge. Ambrogiuolo setzte dagegen, er werde es doch schaffen und Bernabò dafür eindeutige Beweise erbringen, die ihn zufriedenstellen würden. Die anderen ließen nichts unversucht, um diesem Streit ein Ende zu bereiten, doch das war vergebliche Liebesmühe.

Ambrogiuolo brach so schnell wie möglich auf und begab sich nach Genua. Dort angekommen erkundigte er sich sehr eingehend nach den Lebensgewohnheiten und Sitten von Bernabòs Frau. Um es abzukürzen: Er hörte so viel Gutes über sie, dass er bald jegliche Hoffnung verlor, jemals seinen Plan ausführen zu können, was ihn sehr verdross und ihn seine Torheit bereuen ließ. Da es ihn jedoch maßlos schmerzte, auf diese Weise fünftausend Florin zu verlieren, ersann er eine abgefeimte List. Nach längerem Hin und Her gelang es ihm schließlich, mit einer armen alten Frau ins Gespräch zu kommen, die im Hause jener Frau lebte, und er setzte ihr so lange mit Geschenken und Versprechungen zu, bis er, versteckt in einer Truhe, in das Schlafgemach der erwähnten Frau getragen wurde. Letzterer hatte die Alte zu verstehen gegeben, jene Truhe enthalte äußerst kostbare Gegenstände, die man ihr anvertraut habe. Da Diebe diese bereits hätten stehlen wollen, frage sie hiermit bei der Dame an, ob jene die Truhe für kurze Zeit, bis zur Rückkehr der Eigentümer, in ihrem Schlafgemach aufstellen könne. Die edle Frau gewährte ihr dies gern. Ambrogiuolo, der sich in der Truhe versteckt hielt, beobachtete sie zu nächtlicher Stunde so lange, bis er sie ganz unbekleidet gesehen hatte; außerdem entwendete er eine kleine Börse und einen bestickten, sehr kostbar gearbeiteten Gürtel aus dem Besitz der Frau des Bernabò. Danach schlich er sich lautlos wieder in seine Truhe zurück, ohne dass die edle Frau und ein junges Mädchen, das an ihrer Seite schlief, irgendetwas gemerkt hätten. Nachdem dies drei Tage lang so gegangen war, holte die Alte ihre Truhe wieder ab.

Ambrogiuolo war hocherfreut und meinte sehr klug gehandelt zu haben. In Anwesenheit der gesamten vornehmen Gesellschaft berichtete er dem Ehemann, wie er ganz nach seinem Belieben mit dessen Frau geschlafen habe. Als Erstes beschrieb er das Aussehen des Schlafgemachs und der dort hängenden Gemälde. Dann zeigte er ihm die Börse und den Gürtel, die der Ehemann nur allzu gut kannte, und behauptete, Bernabòs Frau habe sie ihm geschenkt. Schließlich und endlich, nachdem er den nackten Körper jener Frau beschrieben hatte, sagte er, sie habe unterhalb der linken Brust ein kleines rotes Muttermal. Angesichts dieser Beweise schenkte der Ehemann den Worten des Ambrogiuolo ohne weiteres Glauben; wie ihm dabei zumute war, kann man sich wohl vorstellen. Trotzdem zahlte er ihm sogleich die fünftausend Florin aus. Dann begab er sich so schnell er konnte nach Genua, ließ jedoch kurz vor seiner Ankunft in aller Eile nach einem seiner Gehilfen schicken, der sein Gut verwaltete und sein uneingeschränktes Vertrauen besaß. Diesem tat er kund, er solle, ohne Rücksicht auf seine Empfindungen, seine, Bernabòs, Ehefrau umbringen, und teilte diesem ferner mit, auf welche Weise dies zu geschehen habe.

Dieser Anordnung folgend hieß der Gehilfe die Gemahlin des Bernabò ein Pferd besteigen und gab vor, er wolle sie zu ihrem Mann geleiten. Die edle Frau glaubte ihm dies gern und brach voller Freude mit ihm auf. Aber als sie einen Wald erreicht hatten, teilte jener ihr mit, auf welche Weise er sie auf Geheiß ihres Gemahls töten sollte. Um es kurz zu machen: Jene edle, gutherzige und schöne Frau schaffte es, nachdem sie lange auf ihn eingeredet hatte, ihn dazu zu bewegen, sie ihrer Wege ziehen zu lassen. Allerdings musste sie ihm versprechen, das Land für immer zu meiden.

Die auf diese Weise dem Tode Entronnene begab sich in ein kleines Dorf, wo sie eine gute Frau dazu überredete, ihr Männerkleidung zu verkaufen. Dann schnitt sie sich die Haare ab und verkleidete sich als Jüngling. Sie zog eine Weile umher und verdingte sich schließlich bei einem reichen Katalanen namens Señor Ferrante, der gerade in einem Hafen sein Schiff verlassen hatte, um sich etwas zu erholen. Sie diente ihm so gut, dass er über die Maßen zufrieden mit ihr war und sagte, einen so hervorragenden Diener habe er noch nie besessen. Jene edle Frau hatte den Namen Sicuran da Finale angenommen. Senior Ferrante kehrte in Begleitung des Sicuran auf sein Schiff zurück, um bis nach Alexandrien zu segeln, wo er Falken und edle Pferde erwarb. Mit diesen suchte er den Sultan von Babylonien auf, der ihn sehr schätzte, und blieb daselbst eine geraume Zeit. Sicuran, der seinem Herrn so aufmerksam diente und den der Sultan außerdem ansehnlich und wohlerzogen fand, gefiel diesem so sehr, dass er Señor Ferrante bat, er möge ihn ihm überlassen, denn er wolle einen großen Herrn aus ihm machen. Auch wenn Ferrante dies schmerzte, erfüllte er doch des Sultans Wunsch. Kurz und gut: Sicuran war dem Sultan mit so großem Eifer und solcher Umsicht zu Diensten, dass dieser ihn zu seinem alleinigen Vertrauten machte, und so groß wurde Sicurans Macht schließlich, dass er den Sultan und alles Übrige beherrschte.

Nun geschah es aber, dass in einer der Städte des Sultans eine sehr bedeutende Handelsmesse stattfand, zu der Kaufleute aus allen Gegenden herbeieilten. Der Sultan beauftragte Sicuran damit, sich in jene Stadt zu begeben, um den Markt zu beaufsichtigen und auf die Wahrung seiner Rechte zu achten. Gott fügte es jedoch, dass sich in Begleitung anderer Italiener, die Kleinodien mit sich führten, auch jener falsche Ambrogiuolo, von dem zuvor die Rede war und der dank des Bernabòschen Geldes sehr reich geworden war, dort aufhielt. Sicuran, der in jener Stadt als Stellvertreter des Sultans fungierte, stand bei jedermann in hoher Achtung, und da er eine äußerst wichtige Persönlichkeit war, boten ihm die Kaufleute jeden Tag ausgefallene Schmuckstücke zum Verkauf an. Schließlich kam in Begleitung anderer auch jener Ambrogiuolo zu ihm. Als er nun einen kleinen Schrein voller Schmuckstücke öffnete und diese Sicuran zur Begutachtung vorlegte, lagen in jenem Schrein unter anderem die kleine Börse und der oben erwähnte Gürtel. Sicuran erblickte die Börse und erkannte sie sofort; er nahm sie in die Hand, betrachtete sie aufmerksam und fragte sich höchst verwundert, wie sie wohl dorthin gekommen sein möge. Ambrogiuolo jedoch, der die Begebenheit schon längst vergessen hatte, begann breit zu lächeln, Darauf sprach Sicuran, der ihn lachen sah, zu ihm: ›Guter Freund, ich vermute, Ihr lächelt, weil ich mich so sehr für diese kleine Börse interessiere, die ja ein weibliches Accessoire ist; aber sie ist nun einmal sehr schön!‹ Ambrogiuolo entgegnete ihm: ›Mein Herr, Ihr könnt über sie verfügen; wenn ich gelacht habe, so deshalb, weil ich mich daran erinnerte, auf welche Weise ich sie erwarb.‹ Sicuran antwortete: ›Dann erzähl mir doch in Gottes Namen, auf welche Weise du in ihren Besitz gekommen bist.‹ ›Nun gut‹, erwiderte Ambrogiuolo, ›ich erhielt sie von einer schönen Frau, mit der ich einmal eine Nacht verbrachte; zugleich gewann ich fünftausend Florin in einer Wette mit ihrem Dummkopf von Ehemann namens Bernabò, der die Stirn hatte, mit mir zu wetten, ich würde sie niemals nackt in meinen Armen halten. Später ließ dieser Unglücksvogel seine Frau deswegen umbringen, obgleich er im Grunde eher eine Strafe verdiente als sie: Denn jeder Mann muss doch wissen, dass jede Frau wankelmütig und mit Leichtigkeit herumzukriegen ist; aus diesem Grunde sollte man ihnen eben nicht so viel Vertrauen schenken!‹

Da erfuhr die edle Frau endlich die Ursache für den Zorn ihres Mannes, die ihr bislang verborgen geblieben war. In ihrer übergroßen Klugheit und Willensstärke fasste sie jedoch den sehr weisen Beschluss, alles so lange geheim zu halten, bis Ort und Stunde für sie günstiger wären. Sie tat also so, als bereite ihr diese Geschichte größtes Vergnügen. Außerdem sagte sie Ambrogiuolo, er sei ein angenehmer Geselle und solle ihr Freund werden; er solle im Lande bleiben und er werde mit großen Geldmengen versorgt, damit er in ihrer beider Auftrag lukrative Geschäfte abschlösse. Dieser Vorschlag gefiel Ambrogiuolo sehr. Sicuran ließ ihm tatsächlich eine Bleibe zuweisen, und um ihn noch besser zu täuschen, gab er ihm Geld und entwickelte eine so große Zuneigung zu ihm, dass er jeden Tag in seiner Nähe verbrachte. Außerdem ließ er ihn in Anwesenheit des Sultans seinen Streich erzählen, gleichsam in der Absicht, diesen zum Lachen zu bringen. Um die Auflösung dieser Geschichte abzukürzen: Sicuran erfuhr nach längeren Erkundungen von anderen Genuesern, die sich in jenem Land aufhielten, dass Bernabò sowohl wegen der gewaltigen Summe, die er hatte bezahlen müssen, als auch aufgrund des Kummers, an dem er litt, völlig verarmt war. Daraufhin ließ er Bernabò mitteilen, er solle sich auf Geheiß des Sultans in dessen Land begeben. Als Bernabò vor dem Sultan stand, ließ Sicuran sogleich Ambrogiuolo holen; zuvor hatte er den Sultan wissen lassen, dass Ambrogiuolo lüge, wenn er sich mit der Eroberung jener Frau brüste. Ferner hatte er den Sultan darum gebeten, Ambrogiuolo in angemessener Weise zu bestrafen, falls die Wahrheit in dieser Angelegenheit an den Tag kommen sollte, und der Sultan hatte ihm dies zugesichert.

Als Bernabò und Ambrogiuolo gemeinsam vor dem Sultan standen, begann Sicuran folgendermaßen zu sprechen: ›Ambrogiuolo, unserem hier anwesenden Herrn, dem Sultan, gefällt es, von dir in allen Einzelheiten zu erfahren, auf welche lustige Weise du den hier anwesenden Bernabò um die fünftausend Florin, von denen du erzähltest, gebracht hast und wie es dir gelungen ist, mit seiner Frau zu schlafen.‹ Da wurde Ambrogiuolo ganz blass, wie jemand, dem die Wahrheit kaum noch gestattet, eine so betrügerische Täuschung aufrechtzuerhalten; für ihn, der sich in völliger Sicherheit gewiegt hatte, kam dies alles zu plötzlich. Trotzdem fasste er sich wieder ein wenig und antwortete: ›Hoher Herr, es hat wenig Sinn, dass ich es erzähle, denn Bernabò weiß ja bereits alles, und seine Schande dauert mich sehr.‹ Voller Schmerz und Scham bat Bernabò inständig darum, ihm diese Dinge zu ersparen und ihn seiner Wege gehen zu lassen. Sicuran erwiderte jedoch mit einem feinen Lächeln, noch dürfe er nicht fortgehen, sondern müsse sich erst die Geschichte anhören. Als nun Ambrogiuolo merkte, dass an ein Entkommen nicht zu denken war, begann er zu sprechen und erzählte mit zitternder Stimme die Begebenheit, und zwar so, wie er sie früher Bernabò und später ihnen dargestellt hatte. Am Ende seiner Rede fragte Sicuran den Bernabò, ob das, was Ambrogiuolo gesagt habe, zutreffe; Bernabò antwortete, alles sei vollkommen richtig. ›Wie jedoch‹, gab Sicuran zu bedenken, ›könnt Ihr so absolut sicher sein, dass dieser Mann mit Eurer Frau schlief? Auch wenn er Euch einige Beweise lieferte: Seid Ihr wirklich zu dumm, um zu wissen, dass er durch mancherlei List erfahren haben konnte, welches

Aussehen ihr Körper hat, ohne jemals mit ihr geschlafen zu haben? Und aus diesem Grunde habt Ihr sie umgebracht? Den Tod verdient auch Ihr, denn Ihr verfügtet über keinen stichhaltigen Beweis!‹

Nun bekam Bernabò es mit der Angst zu tun. Schließlich sagte Sicuran, dem es an der Zeit schien, die Wahrheit zu enthüllen, zu Ambrogiuolo: ›Du falschzüngiger, treuloser Verräter, sag die Wahrheit, sag die Wahrheit, bevor man dich durch Folter dazu zwingt! Du musst nun endlich die Wahrheit sagen; es ist nämlich bewiesen, dass alles, was du erzählt hast, von vorn bis hinten erlogen ist. Du sollst wissen: Die Frau, mit deren Eroberung du dich brüstest, ist keineswegs tot, sondern hält sich ganz in deiner Nähe auf und kann gegen dein verbrecherisches Lügengewäsch protestieren, denn eins ist absolut sicher: Niemals in deinem Leben hast du sie berührt!‹ In diesem Augenblick waren viele Menschen anwesend, sowohl die Barone des Sultans wie auch zahlreiche Lombarden, die dies alles staunend vernahmen. Kurz und gut, man setzte Ambrogiuolo so sehr zu, bis er vor dem Sultan und allen anderen das gesamte Betrugsmanöver enthüllte, das er angezettelt hatte, weil er um jeden Preis die fünftausend Florin gewinnen wollte. Als Bernabò dies vernahm, wurde er beinahe wahnsinnig, musste er doch annehmen, seine Frau sei umgebracht worden. Die edelmütige Frau ging jedoch auf ihn zu und sagte: ›Bernabò, was würdest du demjenigen geben, der dir deine Frau ganz lebendig und unversehrt wiedergäbe?‹ Bernabò antwortete, er sei bereit, dafür alles zu geben, was er aufbringen könne. Daraufhin sagte sie ihm: ›Wie denn, Bernabò, Bruder und Freund, erkennst du sie tatsächlich nicht?‹ Und während jener immer noch so verdutzt war, dass er gar nicht wusste, wie ihm geschah, enthüllte sie ihre Brust und sprach zu ihm: ›Schau her, Bernabò, ich bin deine treue Gefährtin, die du ohne jeden Grund zum Tode verurteilt hast!‹ Nun fielen sie sich überwältigt vor Freude in die Arme. Auch der Sultan und alle anderen waren aufs Höchste erstaunt darüber und priesen die Tugend jener edelmütigen Frau. Beide erhielten kostbare Geschenke und den gesamten Besitz des Ambrogiuolo, den der Sultan unter großen Qualen hinrichten ließ. So beschenkt kehrten die beiden in ihre Heimat zurück.«

LIII. IM ANSCHLUSS AN FRAU RECHTSCHAFFENHEITS AUSFÜHRUNGEN ZU DEN WILLENSSTARKEN FRAUEN FRAGT CHRISTINE, WESHALB DENN ALL DIESE GROSSARTIGEN FRAUEN, DIE ES GEGEBEN HAT, NICHT DEN BÜCHERN UND DEN MÄNNERN, DIE SIE VERLEUMDETEN, WIDERSPROCHEN HABEN, UND DIE ANTWORT, DIE FRAU RECHTSCHAFFENHEIT DARAUF GIBT.

Dies alles erzählte mir Frau Rechtschaffenheit und noch einiges andere, das ich hier um der gebotenen Kürze willen auslasse: So etwa den Fall der Griechin Leonis, die noch nicht einmal durch Folterqualen dazu bewegt werden konnte, zwei mit ihr befreundete Männer zu verraten. Sie zog es vor, sich ihre Zunge mit ihren eigenen Zähnen in Anwesenheit ihres Richters abzubeißen, um diesem jede Hoffnung zu nehmen, durch Folter etwas aus ihr herauszupressen. Des Weiteren berichtete sie mir von zahlreichen anderen Frauen, die so standhaft waren, dass sie es vorzogen, Gift zu trinken und zu sterben, als gegen das Gebot von Recht und Wahrheit zu verstoßen. Im Anschluss an all diese Dinge sagte ich zu ihr: »Hohe Frau, Ihr habt mir zahlreiche Beispiele für die große Beständigkeit des weiblichen Herzens und für alle anderen Tugenden geliefert; von keinem Mann ließe sich Bedeutenderes berichten. Eins kann ich aber trotzdem nicht verstehen: Wie konnten es all diese großartigen Frauen, die es gegeben hat und die so weise und so gebildet, die des Weiteren des Schreibens mächtig und sogar in der Lage waren, schöne Bücher zu verfassen, wie konnten diese Frauen es so lange widerspruchslos hinnehmen, dass alle möglichen Männer so viele Scheußlichkeiten über sie verbreiteten – schließlich wussten sie nur allzu gut, dass man ihnen damit ein gewaltiges Unrecht zufügte?«

Antwort: »Teure Freundin, die Antwort auf diese Frage liegt auf der Hand. Dem zuvor Gesagten kannst du entnehmen, dass jede der edlen Frauen, von deren hervorragenden Eigenschaften ich dir erzählt habe, isoliert, für sich allein war und auf ganz verschiedenen Gebieten ihren Verstand einsetzte, dass sie sich jedoch niemals gemeinsam einer einzigen Sache widmeten: Dies war dir und nicht ihnen vorbehalten; bislang wurden höchstens von klugen und gerecht urteilenden Menschen die Werke der Frauen in angemessener Weise gelobt, ohne dass die Frauen selbst ein Buch über diese Dinge verfasst hätten. Und was die Länge der Zeit angeht, die verstrichen ist, ohne dass die Frauen ihren Anklägern und Verleumdern widersprochen haben, so sage ich dir: Nimmt man als Zeiteinheit die gesamte Dauer des irdischen Lebens, so geschehen alle Dinge letzten Endes doch im rechten Augenblick. Denn wie lange duldete Gott nicht die Existenz der Ketzerglauben auf der Welt, die sich gegen Seine heilige Religion richteten, die nur unter gewaltigen Anstrengungen ausgerottet werden konnten und die immer noch andauerten, wenn man ihnen nicht widersprochen und den Garaus bereitet hätte? Ähnliches gilt für viele andere Dinge, die zunächst eine lange Zeit geduldet, dann jedoch aufs Schärfste bekämpft und zurückgedrängt wurden.«

Erneut richtete ich, Christine, das Wort an sie: »Hohe Frau, Ihr habt völlig recht, aber ich weiß schon jetzt, dass dieses vorliegende Werk den Verleumdern Anlass zu allerhand Protestgemurmel geben wird. Selbst wenn es in der Vergangenheit und der Gegenwart einige rechtschaffene Frauen gegeben hat, werden sie einwenden, so seien dies doch keineswegs alle Frauen, ja, noch nicht einmal ihr größter Teil.«

Antwort: »Es ist falsch zu behaupten, die meisten Frauen seien schlecht. Hinreichend bewiesen durch das zuvor Gesagte und durch die Alltagserfahrung ist ferner, dass die Frauen gottesfürchtig sind und sich durch zahlreiche Akte der Nächstenliebe auszeichnen, dass außerdem die gewaltigen Schandtaten und all die Schlechtigkeiten, die ohne Unterlass auf der Welt geschehen, nicht das Werk von Frauen sind. Aber wen verwundert es schon, wenn nicht alle Frauen rechtschaffen sind! In ganz Ninive, einer großen Stadt mit vielen Einwohnern, ließ sich kein einziger Gerechter finden, als sich der Prophet Jona auf Befehl Unseres Herrn dorthin begab, um die Stadt der Zerstörung preiszugeben, falls sie sich nicht von Grund auf änderte. Gleiches gilt für die Stadt Sodom, die Lot verließ, als das Feuer des Himmels sie verbrannte. Bedenke auch – und dies ist noch gravierender –, dass sich selbst unter den Jüngern Jesu Christi, deren Zahl sich auf nur zwölf belief, schon wieder ein schlechter Mensch befand. Und ausgerechnet die Männer sollten wirklich die Dreistigkeit besitzen, von allen Frauen, ohne Ausnahme, moralische Vollkommenheit zu verlangen und außerdem noch zu behaupten, all jene, die diese Vollkommenheit nicht besaßen, müssten gesteinigt werden? Aber die Männer sollen sich doch zuerst einmal selbst betrachten – und nur derjenige, der ohne Sünde ist, der werfe den ersten Stein! Und sie selbst, wie sollten sie denn sein? Wahrlich, ich sage dir: Sobald die Männer selber vollkommene Wesen sein werden, wollen die Frauen ihrem Beispiel gern folgen.«

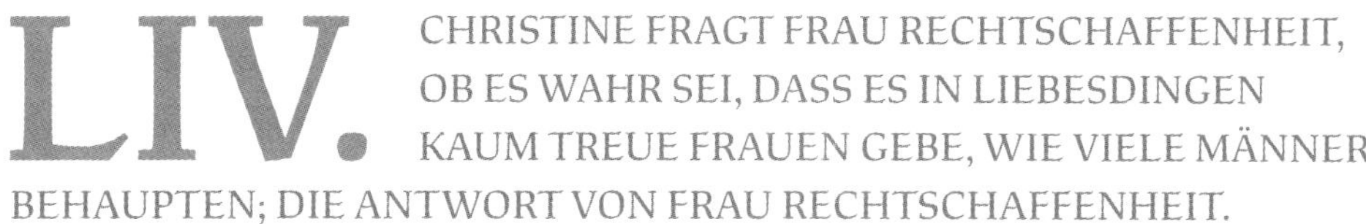

LIV. CHRISTINE FRAGT FRAU RECHTSCHAFFENHEIT, OB ES WAHR SEI, DASS ES IN LIEBESDINGEN KAUM TREUE FRAUEN GEBE, WIE VIELE MÄNNER BEHAUPTEN; DIE ANTWORT VON FRAU RECHTSCHAFFENHEIT.

Im Weitergehen sagte ich, Christine, Folgendes: »Hohe Frau, wir wollen damit diese Fragen auf sich beruhen lassen. Vorausgesetzt, es wäre möglich, die bislang respektierten Orientierungsmarken ein ganz klein wenig zu überschreiten, so würde ich Euch liebend gern ganz bestimmte Fragen stellen – wenn ich nur sicher sein könnte, Euch nicht zu verärgern! Denn der Bereich, den ich ansprechen möchte, hat zwar seinen Ursprung in einem Naturgesetz, aber er liegt doch etwas außerhalb des Geltungsbereichs der Vernunft.« Jene aber antwortete mir: »Teure Freundin, sag, was du möchtest, denn den Schüler, der etwas lernen soll, darf man auch dann nicht tadeln, wenn er den Lehrer alles Mögliche fragt.«

»Edle Frau, ein Naturgesetz bestimmt auf der Welt die Beziehungen zwischen Männern und Frauen. Dieses Gesetz ist nun keineswegs auf menschlichen Urteilsschluss, sondern auf körperliche Anziehungskraft gegründet, und es bewirkt, dass Männer und Frauen einander um eines nichtigen Vergnügens willen heiß und leidenschaftlich lieben. Die Gründe und Ursachen jener Liebe, die sich ihrer plötzlich bemächtigt, sind ihnen unbekannt. Hinsichtlich jener Art von Liebe, die ziemlich verbreitet ist und die man als ›Liebesleben‹ bezeichnet, behaupten nun die Männer, die Frauen seien, ungeachtet ihrer Beteuerungen, nur in den seltensten Fällen beständig, sie seien vielmehr lieblos, durch und durch falsch und von gewaltiger Verstellungskunst. Dies alles hänge mit ihrer Unbeständigkeit zusammen. Neben anderen Autoren, die die Frauen dieser Dinge bezichtigen, greift Ovid sie in seinem *Liebeskunst* genannten Buch deswegen scharf an. Wenn nun jener Ovid und andere Autoren in seinem Gefolge die Frauen dessen heftig anklagen, dann behaupten sie, alles, was sie über weibliche Täuschungsmanöver und Gemeinheiten in ihren Büchern niederschrieben, diene dem allgemeinen Nutzen. Es geschehe nämlich in der Absicht, die Männer vor den weiblichen Schlichen zu warnen, wie vor der Schlange, die sich unter dem Gras verbirgt, damit jene sich davor besser in Acht nehmen könnten. Hohe Frau, nun seid so gut und klärt mich über den Wahrheitsgehalt dieser Angelegenheit auf.«

Antwort: »Liebe Freundin, hinsichtlich der Verlogenheit, die die Männer den Frauen unterstellen, weiß ich nicht, was ich dir noch sagen soll: Schließlich hast du dich selbst ja sehr ausführlich zu genau diesen Themen geäußert, und zwar sowohl in deiner *Epistre au Dieu d'Amours (Sendbrief vom Liebesgott)* als auch in den *Epistres sur le Roman de la Rose (Briefen über den Rosenroman)*. Was jedoch die von dir erwähnte Rechtfertigung der Männer angeht, sie täten es im Hinblick auf den allgemeinen Nutzen, so werde ich dir beweisen, dass dies nicht der wahre Grund ist, und zwar deshalb: Als allgemeiner oder öffentlicher Nutzen gilt in einer Stadt, einer Region oder in einer menschlichen Gesellschaft allein das, was allen nutzt und zugutekommt, und an dem ein jeder, ob Frau oder Mann, teilhat. Alles jedoch, was im Hinblick auf den Nutzen Einzelner und zum Nachteil der anderen unternommen wird, muss als privater oder eigener Nutzen bezeichnet werden und verdient keineswegs die Bezeichnung ›allgemeiner Nutzen‹. Dies gilt in noch viel stärkerem Maße für ein Gut, das man den einen nimmt, um es den anderen zu geben. So etwas muss nicht nur als eigener oder privater Nutzen bezeichnet werden, sondern schlicht und einfach als Beraubung der einen Partei zugunsten einer anderen, als Leid, das man der einen zufügt, um die andere zu unterstützen. Denn diese Männer richten sich niemals an die Frauen, um sie vor den Schlichen der Männer zu warnen, obwohl es doch kein Zweifel daran geben kann, dass sie mit ihren Schlichen und Betrugsmanövern die Frauen sehr oft auf raffinierte Weise täuschen.

Außerdem kann nicht im Mindesten bezweifelt werden, dass die Frauen ebenso zum Volke Gottes und zu den menschlichen Wesen gehören wie die Männer, dass sie keineswegs zu einer anderen Art oder zu einem anderen Stamm gehören und deshalb von moralischen Lehren ausgeschlossen werden dürften. Daraus folgere ich also: Hätten diese Männer es wirklich zum Nutzen der Allgemeinheit, und das heißt: für beide Parteien, getan, dann hätten sie sich in gleichem Maße an die Frauen gewandt, um sie vor männlicher Hinterhältigkeit zu warnen, wie sie es für die Männer getan haben, damit diese sich vor den Frauen hüteten.

Aber lassen wir diese Frage und wenden wir uns der anderen zu, will sagen: Dass Frauen, wenn sie einmal lieben, weder so kalt noch so unbeständig sind, wie jene Männer es behaupten. Sollte dir als Beweis hierfür nicht das beispielhafte Zeugnis jener Frauen genügen, die treu bis in den Tod waren? Zuallererst will ich dir, obwohl du selbst früher in deinen Schriften bereits über sie gesprochen hast, von der edlen Dido, der Königin von Karthago, erzählen; von der außerordentlichen Bedeutung dieser Frau war bereits weiter oben die Rede.

LV. ÜBER DIDO*, DIE KÖNIGIN VON KARTHAGO, ALS BEWEIS FÜR DIE BESTÄNDIGKEIT WEIBLICHER LIEBE

Wie bereits weiter oben berichtet wurde, regierte die karthagische Königin Dido in Freuden, Frieden und in großen Ehren über ihre Stadt, als zufällig Aeneas dort ankam. Nach der Zerstörung Trojas hatte er diese Stadt als

Herzog und Anführer einer großen Schar Trojaner verlassen; schlimme Unwetter hatten ihm zugesetzt und seine Schiffe zerstört. Seine Vorräte waren knapp geworden und die meisten seiner Leute umgekommen. Aeneas sehnte sich nach Ruhe und besaß kein Geld mehr; er war es überdrüssig, über das Meer zu irren, brauchte dringend eine Herberge und erreichte also in diesem Zustand den Hafen von Karthago. Da er nicht riskieren wollte, fremden Boden ohne Erlaubnis zu betreten, schickte er Boten zur Königin mit der Anfrage, ob ihr seine Landung genehm sei. Die edle, hochherzige und rechtschaffene Frau, die sehr wohl wusste, dass die Trojaner in jener Zeit das angesehenste Volk waren und dass jener Herzog Aeneas vom trojanischen Königshaus abstammte, erteilte ihm nicht nur die Landeerlaubnis, sondern kam ihm in Begleitung sehr vornehmer Edelfrauen und Jungfrauen bis ans Ufer entgegen, um ihn und sein gesamtes Gefolge in großen Ehren zu empfangen. Sie geleitete ihn in ihre Stadt, ließ ihm alle Ehrungen zuteilwerden, veranstaltete Feste und sorgte für sein Wohlbefinden. Was soll ich dir sonst noch erzählen? Aeneas verbrachte dort so angenehme und geruhsame Tage, dass er all seine frühere Not beinahe vergaß. Dido und Aeneas sahen sich so häufig, dass Amor, der die Herzen unbemerkt zu stehlen versteht, die beiden sich ineinander verlieben ließ.

In der Wirklichkeit erwies sich jedoch Didos Liebe zu Aeneas als bedeutend stärker als seine Gefühle für sie; denn obwohl er ihr versprochen hatte, niemals eine andere Frau zu nehmen und für immer ihr zu gehören, verließ er sie, nachdem sie ihn wieder aufgerichtet, ihn mit Geld und allem Lebensnotwendigen versehen hatte, nachdem sein Schiff repariert, instandgesetzt und mit Schätzen und Gütern versehen worden war; Dido hatte, da es um den geliebten Mann ging, an nichts gespart. Ohne von ihr Abschied zu nehmen, schlich er sich des Nachts heimlich und ohne ihr Wissen davon: So belohnte er seine Gastgeberin. Diese Trennung schmerzte die arme Dido, deren Liebe grenzenlos war, so sehr, dass sie beschloss, von nun an auf jegliche Freude und überhaupt auf das Leben zu verzichten. Und tatsächlich stürzte sie sich, nach einer herzzerreißenden Klage, in ein großes Feuer, das sie hatte anzünden lassen. Andere Quellen berichten, sie habe sich mit dem Schwert des Aeneas umgebracht. Ein derart jammervolles Ende nahm also die edle Königin Dido, die zuvor in so hoher Ehre gestanden hatte wie keine andere Frau ihrer Zeit.

LVI. ÜBER DIE LIEBENDE MEDEA*

Medea, die Tochter des Königs von Kolchis, die über ein überwältigendes Wissen verfügte, empfand für Jason eine maßlose und allzu beständige Liebe. Jener Jason, ein griechischer Ritter und äußerst tapferer Krieger, erfuhr, dass es auf der Insel Kolchis, deren Herrscher der Vater Medeas war, ein wundersames goldenes Schaf gab, das durch allerlei Zaubermittel bewacht wurde; er erfuhr ferner, es sei, obgleich das Vlies jenes Schafes im Grunde gar nicht errungen werden könne, einem Ritter bestimmt, dieses zu erobern. Als Jason, der sehr begierig darauf war, seinen Ruhm zu vergrößern, dies vernahm, verließ er mit einem großen Gefolge Griechenland, um sich dieser Herausforderung zu stellen. Als er aber auf der besagten Insel Kolchis eintraf, teilte ihm der dortige König mit, das Goldene Vlies könne weder durch menschliche Tapferkeit noch durch Waffengewalt errungen werden, denn es sei verzaubert. Schon viele Ritter, die sich darin versucht hätten, seien dabei umgekommen und er, Jason, wolle doch sicher nicht sein Leben aufs Spiel setzen und riskieren, es im Nu zu verlieren. Jason entgegnete, er habe sich nun einmal auf dieses Abenteuer eingelassen und wolle nicht mehr zurück, selbst wenn er dabei sein Leben verlöre. Medea, die Tochter des Königs, sah, dass Jason sehr schön, von königlicher Abstammung und großem Ruhm war, und es schien ihr, er sei der geeignete Ehemann für sie und niemand auf der Welt ihrer Liebe würdiger als er. Aus diesem Grunde beschloss sie, sein Leben zu retten, denn es jammerte sie sehr, dass ein solcher Ritter auf diese Weise zugrunde gehen sollte. Sie unterhielt sich lange und in aller Ruhe mit ihm. Um es abzukürzen: Da sie sehr erfahren in dieser

Materie war, versah sie ihn mit allen möglichen Zauberkräften und zeigte ihm in allen Einzelheiten, wie und auf welchem Wege er das Goldene Vlies erobern konnte; zur Belohnung versprach Jason ihr, sie ohne eine andere Mitgift zur Frau zu nehmen und ihr für immer in unverbrüchlicher Liebe verbunden zu sein. Dieses Versprechen hielt Jason jedoch nicht, denn nachdem er bekommen hatte, was er begehrte, verließ er sie wegen einer anderen Frau. Sie aber, die sich eher hätte foltern lassen, als ihn auf diese Weise zu hintergehen, war darüber so verzweifelt, dass ihr Herz von dieser Stunde an weder Glück noch Freude kannte.

LVII. ÜBER THISBE*

Wie du weißt, erzählt Ovid in seinen *Metamorphosen* von zwei reichen und vornehmen Bewohnern der Stadt Babylon, die in so enger Nachbarschaft zueinander lebten, dass sich die Mauern der von ihnen bewohnten Paläste berührten. Jene besaßen zwei ungemein schöne, anmutige Kinder, der eine einen Sohn namens Pyramus, der andere eine Tochter namens Thisbe. Diese beiden Kinder, die, wie es im Alter von sieben Jahren zu sein pflegt, an nichts Böses dachten, empfanden bereits eine so tiefe Zuneigung zueinander, dass eins nicht ohne das andere sein mochte. Jeden Tag konnten sie gar nicht früh genug aufstehen und in ihren jeweiligen Häusern ihre Mahlzeit einnehmen, um dann so schnell wie möglich mit den anderen Kindern zu spielen und dort einander zu begegnen; bei all ihren Spielen waren diese beiden Kinder stets unzertrennlich. Dies ging nun eine ganze Weile so, und beide wuchsen allmählich heran; und je älter sie wurden, desto stärker wuchs die Flamme der Liebe in ihrem Herzen. Da sie jedoch immer zusammensteckten und dies allmählich auffiel, schöpfte man schließlich Verdacht. Thisbes Mutter wurde alles hinterbracht, diese sperrte daraufhin ihre Tochter in ihren Gemächern ein und verkündete zornentbrannt, sie werde Thisbe schon vor den Nachstellungen des Pyramus zu schützen wissen. Dieses Eingesperrtsein bereitete den Kindern so großen Kummer, dass sie herzzerreißend weinten und klagten. Die Unmöglichkeit, einander zu sehen, schmerzte sie maßlos. Dieser beklagenswerte Zustand währte lange Zeit, ohne ihre Liebe auch nur im Geringsten zu mindern oder sie erkalten zu lassen. Obgleich sie einander nicht sahen, wuchs die Liebe mit den Jahren, und auf diese Weise erreichten sie beide das Alter von fünfzehn Jahren.

Eines Tages wollte Frau Fortuna es, dass Thisbe, die an nichts anderes denken konnte, weinend und allein in ihrem Zimmer saß, die Wand betrachtete, die ihre beiden Häuser trennte, und dabei hochbetrübt sagte: ›Ach, Mauer aus hartem Stein, die du die Trennwand zwischen meinem Geliebten und mir bist, wenn du auch nur ein Fünkchen Mitleid besäßest, dann bekämst du einen Sprung, damit ich den, nach dem ich mich so sehr sehne, sehen könnte!‹ Und als sie diese Worte sprach, sah sie auf einmal, dass die Mauer in einem kleinen Winkel einen Riss hatte und sie den Lichtschimmer auf der anderen Seite wahrnehmen konnte. Sie näherte sich diesem Riss und vergrößerte, da ihr kein anderes Werkzeug zur Verfügung stand, mit ihrer Gürtelschnalle das Loch so gut es ging und so lange, bis Pyramus darauf aufmerksam wurde, was denn auch geschah.

An dieser Stelle trafen sich die Liebenden sehr oft, um durch die besagte Öffnung miteinander zu sprechen und sich herzzerreißend zu beklagen. So übermächtig war ihre Liebe, dass sie schließlich den Plan schmiedeten, sich des Nachts heimlich von ihren Eltern fortzuschleichen, um sich dann außerhalb der Stadt bei einer Quelle unter einem Maulbeerbaum wiederzufinden; an diesem Ort hatten sie in ihrer Kindheit oft gespielt. Thisbe, deren Liebe stärker war, erreichte die Quelle als Erste. Während sie auf ihren Geliebten wartete, hörte sie voller Schrecken, wie laut brüllend ein Löwe ankam, um aus der Quelle zu trinken, worauf sie davonlief, um sich im nahegelegenen Buschwerk zu verbergen; dabei ließ sie ihr weißes Kopftuch fallen. Der Löwe fand es und erbrach darauf die Eingeweide der Tiere, die er zuvor verschlungen hatte. Bevor Thisbe sich aus ihrem Busch hervorwagte, traf Pyramus ein. Weil er Thisbes Kopftuch und auf diesem im Lichte des

Mondes die Eingeweide ausgebreitet sah, war er fest überzeugt, die Geliebte sei verschlungen worden. Sein Schmerz darüber war so groß, dass er sich mit seinem eigenen Schwert umbrachte. Während er starb, kam Thisbe herbei und fand ihn in diesem Zustand; das Kopftuch, das sie ihn umschlungen halten sah, kündete ihr von der Ursache dieses Unglücks. Sie war darüber so verzweifelt, dass sie ebenfalls nicht länger leben wollte, und als sie sah, dass alles Leben aus ihrem Geliebten gewichen war, brach sie in lange, bewegende Klagen aus und tötete sich dann mit dem gleichen Schwert.

LVIII. DIE GESCHICHTE DER HERO*

Nicht weniger als Thisbe ihren Pyramus liebte die edle Jungfrau Hero Leander. Jener Leander setzte sich, um den Ruf seiner Geliebten zu schützen und ihr Liebesverhältnis geheim zu halten, lieber großen Gefahren aus, als sie ganz offen und vor aller Augen zu besuchen. Um die Dame seines Herzens zu sehen, hatte er sich deshalb Folgendes ausgedacht: Des Nachts erhob er sich oft geschwind und in aller Heimlichkeit, damit niemand es bemerke, von seinem Lager und ging allein zu einem ziemlich breiten Meeresarm namens Hellespont. Er durchschwamm diesen und gelangte zu einem Schloss am anderen Ufer namens Abydos. Dort stand Hero an einem Fenster und wartete auf ihn. In dunklen und langen Winternächten stellte sie sich mit einer Fackel hinter das Fenster, um ihm den richtigen Weg zu weisen. Über mehrere Jahre hinweg praktizierten die beiden Liebenden dieses Verfahren, und es ging so lange gut, bis Fortuna ihnen ihr vergnügliches Leben neidete und beschloss, ihnen einen Strich durch die Rechnung zu machen. In jener winterlichen Jahreszeit war eines Tages aufgrund eines Unwetters das Meer sehr gefährlich, sturmgepeitscht, und es herrschte starker Seegang. Dieses Unwetter tobte viele Tage lang ohne Unterlass, sodass den beiden

Liebenden die lange Wartezeit bis zum nächsten Stelldichein großen Verdruss bereitete. So lange klagten beide über den Wind und das nicht nachlassende Unwetter, bis schließlich die Sehnsucht Leander keine Ruhe mehr ließ. Er erblickte nämlich eines Nachts die von Hero gehaltene Fackel am Fenster, und es schien ihm, als riefe sie ihn durch dieses Zeichen herbei, und er meinte, ihm könne Feigheit vorgeworfen werden, wenn er nicht jede Gefahr auf sich nähme, um dorthin zu gelangen. Aber ach! die unglückliche Frau, die voller Furcht war und die es ihm, hätte sie es vermocht, am liebsten verboten hätte, solche Gefahren auf sich zu nehmen, um sie zu sehen, hielt die Fackel auf gut Glück; sie wollte ihm damit, für den Fall, dass er unterwegs wäre, lediglich die Orientierung ermöglichen. Nun wollte es jedoch das Unglück, dass Leander, sobald er zu schwimmen begonnen hatte, von den Wellen des Meeres überwältigt und so weit herausgetrieben wurde, dass er ertrank. Währenddessen weinte die arme Hero, deren Herz sie das Geschehene ahnen ließ, ohne Unterlass. Sie fand weder Schlaf noch Ruhe und stellte sich bei Tagesanbruch erneut ans Fenster, an dem sie bereits die ganze Nacht verharrt hatte, und als sie auf einmal den Leichnam ihres Geliebten auf dem Meer treiben sah, wollte sie nicht länger leben, stürzte sich in die Fluten und schwamm so lange, bis sie ihn in den Armen hielt. Auf diese Weise wurde ihr ihre übergroße Liebe zum Verhängnis.

LIX. ÜBER GHISMONDA*, DIE TOCHTER DES FÜRSTEN VON SALERNO

Boccaccio erzählt im *Decameron*, es habe einmal einen Fürsten von Salerno namens Tancredi gegeben. Dieser besaß eine sehr schöne, anmutige, kluge und wohlerzogene Tochter namens Ghismonda, die von ihrem Vater so sehr geliebt wurde, dass dieser nicht leben konnte, ohne sie zu sehen, und obwohl von vielen Seiten Druck auf ihn ausgeübt wurde, konnte er sich nur unter gewaltigen Schmerzen dazu durchringen, ihrer Verheiratung zuzustimmen. Schließlich wurde sie dem Herzog von Capua zur Frau gegeben, aber da der Herzog bald starb und sie also nicht lange verheiratet blieb, nahm der Vater sie wieder bei sich auf und beschloss, sie nie wieder zu verheiraten. Die edle Frau, die die ganze Freude ihres alten Vaters war, wurde äußerst liebevoll umsorgt. Sie war sich jedoch auch ihrer Schönheit und Jugend bewusst, und ich glaube schon, dass es sie nicht sehr glücklich machte, auf diese Weise unverheiratet ihre Jugend zu vergeuden; andererseits wagte sie es jedoch nicht, sich dem väterlichen Willen zu widersetzen. Jene edle Frau saß häufig im Rittersaal neben ihrem Vater, und als sie die Edelleute des Hofes betrachtete, fiel ihr Auge auf einen Knappen, der ihr ungemein gefiel und in jeder Hinsicht ihrer Liebe würdig schien, obwohl sich dort viele Ritter und Edelleute aufhielten. Kurz und gut, sein Auftreten zog so sehr ihre Aufmerksamkeit auf sich, dass sie beschloss, ihre Sinnlichkeit mit ihm auszuleben, um ihre Jugend in größerer Freude zu verbringen und dem Übermut ihres Herzens Genüge zu tun. Bevor sie ihm jedoch dies offenbarte, beobachtete sie sehr genau jeden Tag, während sie ihren Platz an der Tafel ihres Vaters einnahm, die Verhaltensweisen und die Haltung jenes Guiscardo; doch je mehr und je länger sie ihn beobachtete, desto vollkommener in jeder Hinsicht schien er ihr.

Nachdem sie ihn also eine ganze Weile beobachtet hatte, ließ sie ihn eines Tages zu sich holen und richtete die folgenden Worte an ihn: ›Teurer Freund Guiscardo, das Vertrauen, das ich in Eure Güte, Treue und Rechtschaffenheit setze, bewegt und ermutigt mich dazu, Euch Dinge anzuvertrauen, die mein Innerstes berühren und die ich niemandem sonst mitteilen würde. Bevor ich sie Euch anvertraue, bitte ich Euch jedoch zu schwören, sie niemals jemandem zu enthüllen oder mitzuteilen.‹ Guiscardo antwortete: ›Herrin, seid unbesorgt, ich werde nie etwas, was Ihr mir anvertraut, publik machen, und Ihr könnt Euch vollkommen auf meine Ergebenheit verlassen.‹ Daraufhin sagte Ghismonda zu ihm: ›Guiscardo, Ihr sollt wissen, dass sich mein Begehren auf einen Edelmann richtet, den ich liebe und auch lieben will. Weil ich jedoch weder offen mit ihm sprechen noch ihm durch einen Boten meine Absichten kundtun kann, will ich dich zu unserem Liebesboten bestimmen. Und nun denk einmal nach, ob ich dir nicht mehr als jedem anderen vertraue, wenn ich dir ohne jede Einschränkung meine Ehre anvertraue!‹ Daraufhin kniete jener nieder und sprach: ›Edle Herrin, ich weiß, wie vernünftig und tugendhaft Ihr seid und wie fern es Euch liegt, Euch auf etwas Unschickliches einzulassen. Deshalb danke ich Euch demütigst dafür, dass Ihr mir, vor allen anderen, so viel Vertrauen schenkt und mir Eure geheimsten Gedanken eröffnen wollt. Deshalb, teuerste Herrin, enthüllt mir nur ohne jedes Zögern Eure geheimsten Wünsche, wie jemandem, der sich mit Leib und Seele anbietet, so gut er kann, all Euren Befehlen zu folgen. Zugleich biete ich mich als überaus ergebener Diener desjenigen Mannes an, der sich der Liebe einer so hochgestellten Frau erfreut, denn eins ist gewiss: Er hat seine Liebe einer hochgeborenen und sehr edlen Person geschenkt.‹ Als Ghismonda, die ihn auf die Probe stellen wollte, ihn so wohlüberlegt sprechen hörte, da ergriff sie seine Hand und sagte zu ihm: ›Teurer Freund Guiscardo, wisse, du bist derjenige, den ich mir zum alleinigen Geliebten auserkoren habe und an dem allein ich meine Freude haben will, weil dich, so meine ich, deine edle Gesinnung und dein dir eigenes untadeliges Verhalten einer solch hochrangigen Liebe würdig macht.‹ Der Jüngling zeigte sich entzückt angesichts dieser Eröffnung und dankte ihr demütig dafür.

Kurz und gut, über eine lange Zeit hinweg huldigten sie diesem Liebesverhältnis, ohne dass irgendjemand etwas davon gemerkt hätte. Fortuna jedoch, die ihnen ihr Glück neidete, ertrug es nicht länger, die beiden Liebenden in Freude leben zu sehen, und verwandelte deshalb ihr Vergnügen durch eine wundersame Begebenheit in die allerbitterste Traurigkeit. An einem Sommertag, als sich Ghismonda in einem Garten mit ihren jungen Mädchen vergnügte, ergab es sich, dass ihr Vater, der nur in ihrer Nähe glücklich war, sich zu ebenjener Stunde allein in ihr Gemach begab, um sich dort zu unterhalten und zu vergnügen. Als er jedoch die Fenster geschlossen, die Bettvorhänge zugezogen und niemanden dort sah, nahm er an, sie hielte ihren Nachmittagsschlaf; da er sie nicht wecken wollte, legte er sich auf ein Lager und versank dort in tiefen Schlaf. Nachdem Ghismonda meinte, sie habe sich nun lange genug im Garten aufgehalten, begab sie sich in ihre Kemenate, legte sich nieder, als wollte sie der Ruhe pflegen, schickte alle ihre Frauen fort und ließ die Tür hinter sich verschließen, ohne dass sie die Anwesenheit ihres Vaters oder etwas anderes bemerkt hätte. Als sie sah, dass sie allein war, erhob sie sich von ihrem Lager und befreite Guiscardo aus einem ihrer Kleiderschränke, um ihn in ihr Gemach zu geleiten. Während sie sich jedoch, verborgen von den Bettvorhängen, unterhielten, wie es diejenigen tun, die ganz allein zu sein glauben, erwachte der Fürst und hörte, dass ein Mann bei seiner Tochter war. Dies schmerzte ihn so sehr, dass ihn der Gedanke daran, dem Ruf seiner Tochter zu schaden, nur mit großer Mühe davor zurückhalten konnte, sich auf diesen Mann zu stürzen; immerhin gelang es ihm, sich zu beherrschen, und er verstand, wer jener Liebhaber war. Dann schaffte er es, das Zimmer zu verlassen, ohne von den Liebenden bemerkt zu werden. Auch Guiscardo brach auf, nachdem die beiden eine geraume Zeit miteinander verbracht hatten.

Der Fürst jedoch, der ihm hatte nachspionieren lassen, ließ ihn sogleich festnehmen und ins Gefängnis werfen; dann ging er zu seiner Tochter, um ihr unter vier Augen, mit Tränen und trauriger Miene die folgenden Worte zu sagen: ›Ghismonda, ich glaubte mit dir eine Tochter zu haben, die alle Frauen an Schönheit, Keuschheit und Klugheit übertrifft, aber nun werde ich, wenn auch schweren Herzens und in großer Wut, eines Besseren belehrt – denn wenn ich es nicht mit eigenen Augen gesehen hätte, hätte ich es nie für möglich gehalten, dich bei der Liebe zu einem Mann, der nicht dein Ehemann ist, zu überraschen. Da dies jedoch passiert ist, bin ich sicher, dass die Trauer darüber mir mein Alter und die wenige Zeit, die es mir vergönnt ist zu leben, vergällen wird. Wenn ich daran denke, dass ich meinte, du überträfest alle Frauen an edler Gesinnung, dann bringt mich das nur noch mehr in Rage, denn ich stelle genau das Gegenteil fest: Du hast dein Auge auf einen der Geringsten meines Hofes geworfen. Wenn du schon so etwas vorhattest, dann hättest du in meinem Gefolge sehr viel edlere Männer als Guiscardo finden können, den ich den mir zugefügten Schmerz teuer bezahlen lassen will. Denn du sollst wissen, dass ich ihn umbringen lassen werde. Ähnlich würde ich mit dir verfahren, wenn ich nur mein Herz von der wahnsinnigen Liebe für dich befreien könnte, einer Liebe, die größer ist als alles, was je ein Vater für eine Tochter empfand, und die allein mich davon abhält!‹

Als Ghismonda vernahm, dass ihr Vater von dem, was sie um jeden Preis verheimlichen wollte, wusste, schmerzte sie das natürlich sehr; mehr als alles andere betrübte sie jedoch, dass er den von ihr so sehr geliebten Mann zu töten drohte. Deshalb wollte sie am liebsten auf der Stelle sterben. Doch sie bezwang ihr Herz, verzog keine Miene, vergoss keine Träne, obwohl sie sich bereits darauf einstellte, nicht länger zu leben, und antwortete folgendermaßen: ›Vater, da es Frau Fortuna gefallen hat, Euch das zu enthüllen, was ich um jeden Preis geheim halten wollte, erübrigt es sich für mich, Euch um irgendetwas zu bitten, außer um eines: Wenn es möglich sein sollte, von Euch Gnade für den zu erbitten, auf dessen Leben Ihr es so sehr abgesehen habt, indem ich mich selbst anbiete, dann flehe ich Euch an, mir mein Leben zu nehmen und ihm das Seinige zu lassen. Denn falls Ihr ihm das antun werdet, was Ihr ankündigt, dann will ich auch keine Vergebung von Euch, denn ich will in diesem Falle nicht länger leben und versichere Euch, dass Ihr mit seinem Tod auch meinem Leben ein Ende setzt. Die Sache jedoch, die Euch so sehr gegen uns aufbringt, habt Ihr niemand anderem als Euch selbst zuzuschreiben: denn Ihr, der Ihr ein Mann aus Fleisch und Blut seid, habt Ihr denn niemals daran gedacht, dass Ihr eine Tochter aus Fleisch und Blut und nicht aus Stein oder Eisen gezeugt habt? Auch wenn Ihr schon ein alter Mann seid, hättet Ihr doch daran denken müssen, wie sehr in einem angenehmen, bequemen Leben die Jugend zur Qual werden kann, wie viele starke Impulse des Begehrens dabei zu überwinden sind. Als ich Euch nun entschlossen sah, mich nie wieder zu verheiraten und da ich zugleich jung und erregt von meiner Attraktivität war, da verliebte ich mich in jenen Mann. Aber nicht ohne Grund und reifliche Überlegung gewährte ich meinem Herzen, was es wünschte, sondern erst, nachdem ich sein Verhalten genau geprüft und erkannt hatte, dass er jeden anderen Mann an Eurem Hofe moralisch überlegen war. Ihr selbst, der Ihr ihn erzogen habt, wisst dies nur allzu gut. Und worauf sonst gründet sich letzten Endes Adel als auf die Tugenden? Keineswegs jedoch hat er etwas mit Geblüt und Abstammung zu tun! Deshalb habt Ihr keinen Grund zu behaupten, ich hätte mich mit dem niedrigsten Eurer Höflinge eingelassen, und angesichts Eurer eigenen Schuld ist es auch nicht gerechtfertigt, sich so sehr gegen uns zu erzürnen, wie Ihr es eben getan habt. Wenn Ihr jedoch letztendlich zu so rigiden Strafaktionen schreiten wollt, dann geht es nicht an, damit seine Person zu treffen, denn dies wäre ein gewaltiges Unrecht und eine Sünde; vielmehr habe ich dies in sehr viel stärkerem Maße verdient, weil ich jenen, dem so etwas nie in den Sinn gekommen wäre, dazu ermutigte. Und was sollte er in dieser Situation schon tun? Hätte er eine so hochgestellte Dame abgewiesen, dann wäre das ein Zeichen niedriger Gesinnung gewesen. Aus diesem Grunde müsst Ihr bei diesem Vergehen ihm, keineswegs jedoch mir mildernde Umstände gewähren!‹

Daraufhin verließ der Fürst Ghismonda, allerdings ohne im Hinblick auf Guiscardo milder gestimmt zu sein: Vielmehr ließ er ihn am nächsten Tag umbringen und ordnete an, man möge ihm das Herz aus dem Leibe reißen. Der Vater legte das Herz in einen goldenen Kelch und ließ diesen über einen geheimen Boten seiner Tochter bringen, mit der Botschaft, er schicke ihr dieses Geschenk, um ihr mit dem eine Freude zu machen, was sie am meisten liebe; sie ihrerseits habe ihn mit dem erfreut, was er, der Vater, am meisten liebe.

Der Bote trat vor Ghismonda, übergab sein Geschenk und sagte, was ihm aufgetragen. Sie ergriff den Kelch, hob den Deckel und wusste sofort, was geschehen war. Aber obwohl sie ein unbezwingbarer Schmerz ergriff, änderte dies nichts an ihrer stolzen Gesinnung, und sie entgegnete deshalb, ohne die Miene zu verziehen: ›Teurer Freund, richtet dem Fürsten Folgendes aus: Wenn er jemals in irgendeiner Hinsicht weise gehandelt hat, dann auf jeden Fall darin, einem so edlen Herzen wie diesem eine angemessene Grabstätte gegeben zu haben, denn allein Gold und Edelsteine sind seiner würdig.‹ Daraufhin senkte sie ihr Antlitz auf das Gefäß, küsste das Herz und sprach währenddessen diese bewegenden Worte: ›Ach, süßestes aller Herzen, Hort all meiner Vergnügen, verflucht sei die Grausamkeit des Mannes, der dich vor meine Augen bringt, warst du doch vor den Augen meiner Gedanken bereits hinreichend gegenwärtig! Nun hat ein unglückliches Geschick den Verlauf deines edlen Lebens beendet, aber den Umtrieben der falschen Fortuna zum Trotz erhieltest du gerade von deinem Widersacher die Begräbnisstätte, die dir aufgrund deiner Vortrefflichkeit gebührt. Und nun steht dir, mein süßes Herz, der letzte Liebesdienst zu, der dir nicht verweigert werden wird: Gebadet und benetzt werden sollst du von den Tränen jener Frau, die du so sehr liebtest. Ferner soll deine Seele nicht ohne die Gesellschaft der ihrigen bleiben, denn dies ginge nicht an; schon bald wird diese der deinigen Gesellschaft leisten. Immerhin geschah dir, wiederum gegen den Willen der treulosen Fortuna, die dir so übel mitspielte, eine große Wohltat, denn mein grausamer Vater sandte dich zu mir: Auf diese Weise werden dir größere Ehren zuteil, und ich kann noch einmal mit dir sprechen, bevor ich diese Welt verlasse und sich meine Seele mit deiner, nach deren Gesellschaft ich mich sehne, ergötzt, denn weiß ich nur allzu gut, dass dein Geist mit aller Macht nach dem meinen verlangt.‹ Diese und zahlreiche andere Worte sprach Ghismonda, und sie waren so mitleiderregend, dass niemand sie hören konnte, ohne selbst in Tränen auszubrechen. Ghismonda weinte so sehr, dass es den Anschein hatte, in ihrem Haupte befänden sich zwei Brunnen, die sich ohne Unterlass in jenes Gefäß ergossen. Dies alles geschah ohne lautes Geschrei; sie sprach vielmehr mit leiser Stimme und küsste dabei das Herz.

Die Hofdamen und Edelfräulein in Ghismondas Gesellschaft zeigten sich sehr verwundert angesichts dieses Vorgangs, denn sie wussten nichts von der ganzen Angelegenheit und ahnten folglich auch nicht, welches die Ursache für Ghismondas übergroßen Schmerz sein konnte. Dennoch weinten sie alle aus Mitleid mit ihrer Herrin und bemühten sich, diese zu trösten, aber nichts half, und vergeblich fragten sie ihre engsten Vertrauten nach dem Grund für ihre Trauer. Sie aber, die von ihrem schrecklichen Schmerz überwältigt wurde, sprach, nachdem sie genug Tränen vergossen hatte: ›Oh du so sehr geliebtes Herz, ich habe alle meine Pflichten gegen dich erfüllt, und nun bleibt mir nur noch, dir meine Seele zu senden, auf dass sie der deinigen Gesellschaft leiste.‹ Nach diesen Worten erhob sie sich, öffnete einen Schrank und holte ein Fläschchen heraus, in dem sie zuvor giftige Kräuter in Wasser aufgelöst hatte und das sie für den Notfall bereithielt. Sie goss jene Flüssigkeit in das Gefäß, in dem das Herz lag, und trank sie furchtlos aus.

Danach warf sie sich in Erwartung des Todes auf ihr Lager und hielt dabei das Gefäß noch immer eng an sich gepresst. Als die Edelfräulein sahen, dass ihr Körper Anzeichen des Todes zu zeigen begann, schickten sie in großer Trauer nach dem Vater, der versucht hatte, sich durch Zerstreuungen von seiner Melancholie abzulenken. Er kam in dem Augenblick hinzu, als sich das Gift bereits in den Adern ausbreitete. Tiefer Schmerz erfüllte ihn angesichts des Geschehenen, und er bereute seine Tat. Mit sanften Worten und großer Traurigkeit begann er zu ihr zu sprechen und meinte sie zu trösten. Seine Tochter jedoch antwortete ihm, solange sie noch sprechen konnte: ›Tancredi, spar dir deine Tränen für einen anderen Anlass, hier sind sie überflüssig, denn ich will und wünsche sie nicht. Einer Schlange gleichst du, die zuerst einen Menschen tötet, um ihn dann zu beweinen. Wäre es nicht besser für dich gewesen, deine unglückliche Tochter ihrem Vergnügen nachgehen und sie heimlich einen rechtschaffenen Mann lieben zu lassen, als nun, als Folge deiner Grausamkeit, voller Trauer ihrem schweren Tod beizuwohnen, der zudem Dinge, die in aller Heimlichkeit geschahen, ans Licht der Öffentlichkeit bringt?‹ Dann konnte sie nicht mehr sprechen, und das Herz brach ihr, während sie immer noch den Kelch umklammerte. Der unglückselige alte Vater starb daraufhin vor Kummer. Auf diese Weise endete Ghismonda, die Tochter des Fürsten von Salerno.

LX. HIER IST VON LISABETTA* UND VON ANDEREN LIEBENDEN DIE REDE.

Im bereits erwähnten *Decameron* erzählt Boccaccio auch, dass in der italienischen Stadt Messina ein junges Mädchen namens Lisabetta lebte, deren drei Brüder aus Geiz ihre Verheiratung hinauszögerten. Jene besaßen einen Gehilfen, der sich um alle ihre Geschäfte kümmerte, einen sehr attraktiven, wohlerzogenen jungen Mann, den ihr Vater schon als Kind bei sich aufgenommen und aufgezogen hatte. Da er und Lisabetta einander ständig sahen, verliebten sie sich schließlich ineinander, und an dieser Liebe erfreuten sie sich eine ganze Weile. Schließlich jedoch erfuhren die Brüder davon. In ihren Augen war das Ganze zwar eine große Schande, aber sie vermieden einen Eklat, um den Ruf ihrer Schwester nicht zu ruinieren. Sie fassten den Entschluss, jenen jungen Mann, der Lorenzo hieß, umzubringen und nahmen ihn deshalb eines Tages mit in eines ihrer Landhäuser. Dort töteten sie ihn in ihrem Garten und begruben ihn unter Bäumen. Bei ihrer Rückkehr nach Messina verbreiteten sie unter ihren Leuten, Lorenzo sei in ihrem Auftrag in entfernte Gegenden geschickt worden.

Lisabetta, die dem Jüngling in inniger Liebe verbunden war, war es nicht wohl dabei, die Gegenwart ihres Geliebten verloren zu haben. Ihr Herz ließ sie Böses ahnen und setzte ihr so zu, dass sie eines Tages, getrieben von ihrer übergroßen Liebe, nicht umhin konnte, einen ihrer Brüder zu fragen, wohin sie denn Lorenzo geschickt hätten. Darauf antwortete ihr der Bruder mit großer Überheblichkeit: ›Was geht dich das an? Wenn du jemals wieder von ihm sprichst, wird das böse Folgen für dich haben!‹ In diesem Augenblick wurde Lisabetta klar, dass ihre Brüder Kenntnis von der Sache bekommen hatten, und sie war felsenfest davon überzeugt, sie hätten Lorenzo umgebracht. Als sie wieder allein war, verfiel sie deshalb in tiefe Trauer; des Nachts schlief sie nicht, sondern weinte sich die Augen aus und sehnte sich so sehr nach ihrem Geliebten, dass sie krank wurde. Während ihrer Krankheit bat sie ihre Brüder um Erlaubnis, sie für kurze Zeit zur Erholung auf ihr Erbgut außerhalb der Stadt ziehen zu lassen, was sie ihr gestatteten. Lisabetta, deren Herz sie das Geschehene ahnen ließ, hielt sich nun ganz allein in jenem Garten auf, in dem Lorenzo begraben lag, und als sie um sich blickte, sah sie, dass die Erde an einer Stelle vor kurzem umgegraben worden war, und zwar dort, wo sich der Leichnam befand. Da begann sie mit einer Hacke, die sie bei sich trug, so lange in der Erde zu graben, bis sie den Leichnam fand. Sie umschlang ihn in großer Verzweiflung und verfiel in grenzenlose Trauer. Da sie jedoch nur allzu gut wusste, dass sie sich dort nicht lange würde aufhalten können und Angst hatte, beobachtet zu werden, bedeckte sie den Körper wieder mit Erde und ergriff den Kopf ihres Geliebten, den ihre

Brüder abgetrennt hatten. Nachdem sie ihn mit vielen Küssen bedeckt hatte, hüllte sie ihn in ein schönes Tuch und begrub ihn in einem ihrer großen Töpfe, in denen man Levkojen pflanzt. Sie jedoch pflanzte darin eine große Anzahl von Pflanzen jenes schönen und wohlriechenden Krautes, das sich ›Basilikum‹ nennt, und kehrte mit diesem Topf in die Stadt zurück. Er war ihr so teuer, dass sie sich weder am Tage noch des Nachts von dem Fenster entfernte, an das sie ihn gestellt hatte, und ihn mit keiner anderen Flüssigkeit als ihren Tränen benetzte. Dies ging über sehr lange Zeit so; die Männer behaupten zwar, Frauen vergäßen mühelos, aber in ihrem Fall schien ihr Kummer jeden Tag zu wachsen. Das Basilikum gedieh in der fetten Erde prächtig und wuchs und wuchs. Kurz und gut, sie ging so lange auf diese Weise mit dem Pflanzentopf um, bis Nachbarinnen sie dabei beobachteten, wie sie ohne Unterlass am Fenster über jenem Topf weinte. Sie hinterbrachten es den Brüdern, die ihr nachspionierten und Zeugen ihres wunderlichen Kummers wurden. Sie waren sehr überrascht und fragten sich, was wohl dahinterstecken mochte; des Nachts stahlen sie ihr den Topf, und als Lisabetta ihn des Morgens nicht fand, erwuchs ihr daraus neuer Kummer. Sie bat inständig, sie möchten ihn ihr zurückgeben: wenn sie ihn wiederbekäme, überließe sie ihnen ihren Anteil an allen anderen Gütern. Unter herzzerreißenden Klagen sprach sie die folgenden Worte: ›Ach, zu welcher Stunde brachte mich meine Mutter gemeinsam mit so grausamen Brüdern auf die Welt – Brüdern, denen selbst mein bescheidenes Vergnügen so verhasst ist, dass sie mir einen armseligen Basilikumtopf, der sie nichts kostet, weder lassen noch ihn mir zurückgeben wollen, und das, obwohl ich sie als einziges Erbteil um diesen Topf bitte! Ach, sie bereiten mir damit großen Kummer!‹ So klagte die Unglückliche ohne Unterlass, bis sie schließlich sich auf ihr Lager legte und schwer krank wurde. Was immer man ihr auch während dieser Krankheit schenkte und zeigte, sie verlangte nur nach ihrer einzigen Freude, dem Basilikumtopf, und starb seinetwegen einen jämmerlichen Tod. Du musst nun nicht meinen, dies sei erlogen, denn man machte auf die Klagen dieser Frau und ihren Topf ein Lied, das auch heute noch gesungen wird.

Was soll ich dir noch zu diesem Thema sagen? Ich könne noch lange fortfahren und dir von Frauen erzählen, die eine solch wahnsinnige Liebe überwältigt hat und die, ohne je zu wanken, einer großen Liebe gehuldigt haben. Boccaccio erzählt von einer anderen Frau, deren Ehemann sie das Herz ihres Geliebten essen ließ*, worauf sie niemals in ihrem Leben wieder Nahrung anrührte.

Ähnlich handelte die edle Frau des Fayel*, die den Schlossherrn von Coucy liebte.

An übergroßer Liebe ging die Schlossherrin von Vergy* zugrunde, und Isolde*, die Tristan zu sehr liebte, teilte ihr Schicksal.

Deianeira*, die den Herakles liebte, nahm sich nach seinem Tode das Leben. Es kann also gar keinen Zweifel daran geben, dass eine charakterstarke Frau zu tiefer Liebe fähig ist, wenn sie einmal wirklich liebt; daneben gibt es natürlich auch flatterhafte Frauen.

Aber diese traurigen Beispiele, denen ich noch zahlreiche andere hinzufügen könnte, dürfen auf gar keinen Fall die Herzen der Frauen dahingehend beeinflussen, dass sie sich hinauswagen auf das so überaus gefährliche, verdammungswürdige Meer der maßlosen Liebe: Denn letzten Endes gereicht ihnen dies immer zum Nachteil, und sie tragen schweren Schaden davon, sowohl in materieller Hinsicht als auch bezüglich ihrer Ehre, an ihrem Körper und, was schwerer wiegt, an ihrer Seele. Deshalb handeln all jene klug, die diese Liebe aus Vorsicht meiden und jenen kein Gehör schenken, die alles in Bewegung setzen, um sie auf diese Weise ins Unglück zu stürzen.

LXI. HIER IST VON JUNO* UND EINIGEN ANDEREN BERÜHMTEN FRAUEN DIE REDE.

Du hast also gehört, von wie vielen Frauen die Überlieferung berichtet. Aber ich habe nicht vor, von allen zu erzählen, denn das wäre wirklich eine endlose Geschichte; ich will es deshalb genug sein lassen und darauf verzichten, noch weiteres Beweismaterial zur Widerlegung dessen vorzuführen, was nach deinen Worten einige Männer behaupten. Zum Schluss will ich dir von Frauen erzählen, die in der Welt größte Berühmtheit erlangten, und zwar weniger aufgrund großer Tugend als vielmehr aufgrund dessen, was ihnen zustieß. Juno, die Tochter des Saturn und der Ops, nach den Aussagen der Dichter und dem heidnischen Irrglauben, übertraf alle anderen Frauen ihres Glaubens an Ruhm, der mehr mit ihrem glücklichen Geschick als mit irgendeiner anderen hervorstechenden Eigenschaft zu tun hatte. Sie war die Schwester des Jupiter und mit ihm, den man den höchsten Gott nannte, verheiratet. Da sie und ihr Gemahl in Reichtum, Glück und Überfluss lebten, machte man sie zur Göttin des Besitzes, und die Bewohner von Samos meinten, sie seien vom Glück begünstigt, weil sie nach dem Tode dieser Göttin in den Besitz ihres Abbildes gelangt waren. Außerdem führten sie auf Juno die Vorteile der ehelichen Rechte zurück; die Frauen baten sie in ihren Gebeten um Beistand, und überall wurden ihr zu Ehren Tempel errichtet, Altäre aufgestellt, Spiele veranstaltet und Opfer dargebracht. Lange Zeit wurde sie auf diese Weise von den Griechen und Karthagern verehrt. Später wurde ihr Bildnis nach Rom gebracht und im Kapitol in einem dem Jupiter geweihten Raum an der Seite ihres Gemahls aufgestellt, wo sie von den Römern, den Herren der Welt, lange durch Feierlichkeiten verschiedener Art geehrt wurde.

Ähnliches gilt für Europa, die Tochter des Phöniziers Agenor. Sie erlangte Berühmtheit, weil Jupiter sie liebte, und sie verlieh einem Drittel der Erde ihren Namen. In diesem Zusammenhang ist es interessant zu wissen, dass verschiedene Länder, Staaten und Städte ihren Namen Frauen verdanken, wie etwa der Name England auf eine Frau namens Angela zurückgeht; gleiches trifft auf andere Länder zu.

In diesem Zusammenhang muss ebenfalls die Königen Jokaste* von Theben erwähnt werden, durch ihr großes Unglück berühmt geworden, denn sie hatte durch ein unglückseliges Geschick ihren eigenen Sohn geheiratet, nachdem dieser seinen Vater umgebracht hatte. Davon wusste jedoch weder sie noch ihr Sohn etwas. Sie erlebte seine Verzweiflung, als er davon erfuhr, und dann sah sie mit eigenen Augen, wie die beiden Söhne, die aus dieser Ehe hervorgegangen waren, sich gegenseitig umbrachten.

Berühmt war gleichfalls Medusa oder Gorgo*, denn sie war unvorstellbar schön und die Tochter des unermesslich reichen Königs Phorcis, dessen gewaltiges Königreich vom Meer umschlossen wurde. Von dieser Medusa berichten die alten Geschichten, sie sei so unglaublich schön gewesen, dass sie nicht nur alle anderen Frauen an Schönheit übertroffen habe, sondern – was sehr erstaunlich und übernatürlich ist – sie habe neben der Schönheit ihres Körpers, ihres Antlitzes und ihrer langen goldblonden Locken noch einen so verführerischen Blick besessen, dass sie jedes sterbliche Wesen, das sie anblickte, in ihren Bann schlug. Sie ließ die Menschen beinahe bewegungslos verharren, und deshalb heißt es in der Sage, sie seien versteinert worden.

Helena, die Gemahlin des Königs Menelaos von Lakedaimon und Tochter des Königs Tyndareos von Ebalien und seiner Frau Leda, war aufgrund ihrer großen Schönheit sehr berühmt. Da sie von Paris geraubt wurde und dies die Ursache für die Zerstörung Trojas war, sagen die Geschichtswerke, sie sei, so schön auch einige andere Frauen gewesen sein mochten, die schönste aller Frauen gewesen, die jemals von einer Frau geboren worden seien. Aus diesem Grunde verkündeten die Dichter, der Gott Jupiter habe sie gezeugt.

Ähnliches trifft auf Polyxene* zu, die jüngere Tochter von König Priamos; sie war die anmutigste Jungfrau, von der jemals in einer Geschichte die Rede war. Gleichzeitig war sie äußerst beständig und charakterfest, was sie bewies, als man ihr über dem Grab des Achilleus den Kopf abschlug, nachdem sie gesagt hatte, es sei ihr lieber zu sterben, als in die Knechtschaft geführt zu werden. Ich könnte dir noch eine Menge ähnlicher Fälle nennen, verzichte jedoch aus Zeitgründen darauf.«

LXII. Hier ergreift Christine das Wort, und Frau Rechtschaffenheit widerlegt all jene, die behaupten, Frauen lockten die Männer durch Koketterie in ihre Netze.

Ich, Christine, sagte Folgendes: »Hohe Frau, wenn ich noch einmal auf das zuvor Gesagte zurückkommen darf: Nach allem, was ich so sehe, tun kluge Frauen gut daran, auf die so gefährlichen Freuden der Liebe zu verzichten, denn diese gereichen ihnen nur zum Nachteil. Andererseits werden jedoch all jene scharf getadelt, denen es Freude macht, sich gut zu kleiden und zurechtzumachen. Gegen sie wird vorgebracht, sie täten es, um die Männer auf diese Weise erotisch anzulocken.«

Antwort: »Liebe Freundin, es ist nicht meine Sache, diejenigen Frauen in Schutz zu nehmen, die sich zu ausgefallen und elegant kleiden, denn dies ist ohne Zweifel ein Laster, und zwar kein kleines: Jede Form von übertriebener Aufmachung, die dem widerspricht, was einer jeden Frau durch ihre Standeszugehörigkeit vorgeschrieben ist, verdient Tadel. Diese Schwäche soll hier also keineswegs entschuldigt werden, sondern es geht lediglich darum zu verhindern, dass jene koketten Frauen unverhältnismäßig scharf verurteilt werden. Deshalb versichere ich dir, dass es nicht unbedingt der Liebestrieb ist, die manche Menschen, Männer wie Frauen, zu solchem Tun veranlasst, sondern vielmehr ihr Wesen und ihre natürliche Neigung. Diese bewegen sie dazu, sich an Firlefanz oder an schöner, teurer Kleidung, am Gepflegtsein oder an Luxusgegenständen zu ergötzen. Da die Natur ihnen dies eingibt, können sie nur wenig dagegen tun, auch wenn dies ein Zeichen großer Tugend wäre. Und wird nicht von dem Apostel Bartholomäus, einem Edelmann, überliefert, er habe sich, obwohl Unser Herr doch Armut predigte, in seidenes Tuch mit Fransen und einer Borte aus Edelsteinen gekleidet? Es lag einfach in seiner Natur, sich kostbar zu kleiden; dies ist zwar im Grunde merkwürdig und pompös, aber eine Sünde beging er deswegen nicht. Manche behaupten nun, der Herr habe es aus diesem Grunde geduldet, dass man Bartholomäus in seinen Marterqualen die Haut abzog. Jedenfalls erzähle ich dir dies alles, um dir zu zeigen, dass niemand vom äußeren Erscheinungsbild und der Kleidung auf das Innere eines Menschen schließen soll, denn Gott allein steht es zu, über die Geschöpfe zu urteilen. Dies will ich dir an einigen Beispielen erläutern.

LXIII. VON DER RÖMERIN CLAUDIA*

Boccaccio berichtet (und ähnliches findet sich bei Valerius), dass die edle Römerin Claudia großes Vergnügen an schöner, extravaganter Kleidung und aparten Accessoires hatte. Da sie in dieser Hinsicht viel anspruchsvoller als die anderen Römerinnen war, dachten manche Leute schlecht von ihr und ihrer Sittsamkeit, was ihrem Ruf schadete. Nun geschah es im fünfzehnten Jahr des zweiten Punischen Krieges, dass Pesimunte, die damals als die Mutter der Götter betrachtet wurde, nach Rom gebracht wurde. Alle vornehmen Römerinnen versammelten sich daraufhin, um ihr entgegenzugehen. Ihr Bildnis wurde in ein Boot auf den Tiber gesetzt, aber die Seeleute schafften es trotz aller Anstrengungen nicht, den Hafen zu erreichen. Claudia, die sehr wohl wusste, in welchem Ruf sie wegen ihrer Koketterie stand, kniete daraufhin vor dem Bildnis nieder und betete mit lauter Stimme zur Göttin. Sie sagte ihr, sie möge ihr, da sie um die Reinheit ihres Lebenswandels wisse, die Gnade gewähren, sie allein das Boot in den Hafen ziehen zu lassen. In vollem Vertrauen auf ihre eigene Unbescholtenheit nahm sie daraufhin ihren Gürtel, vertäute ihn mit dem Boot und zog es genauso mühelos ans

Ufer, als hätten ihr alle Seeleute der Welt dabei geholfen, was alle Leute aufs Höchste verwunderte.

Wenn ich dir diese Geschichte erzählt habe, so nicht deshalb, weil ich glaube, jenes von ihnen in ihrem Irrglauben als Göttin verehrte Bildnis habe die Macht gehabt, die Bitte der Claudia zu erfüllen; vielmehr geht es mir darum zu zeigen, dass jene so anziehende Frau deshalb nicht weniger untadelig in ihrer Lebensführung sein musste. Das bewies sie, indem sie auf die Wahrheit ihrer Unbescholtenheit vertraute, und dies – und nicht die Göttin – half ihr.

LXIV. FRAU RECHTSCHAFFENHEIT SAGT, ZAHLREICHE FRAUEN WÜRDEN AUFGRUND IHRER TUGENDEN MEHR GELIEBT ALS ANDERE AUFGRUND IHRER ÄUSSEREN VORZÜGE.

Selbst wenn wir davon ausgehen, dass Frauen, eben weil sie geliebt werden wollen, sich Mühe geben, hübsch, strahlend, liebenswürdig und gepflegt zu sein, so werde ich dir doch beweisen, dass dies für kluge und rechtschaffene Männer nicht unbedingt ausschlaggebend ist und sie solche Frauen deshalb nicht sogleich lieben. Vielmehr lieben Männer, die etwas auf Ehre geben, viel eher und ungleich mehr tugendhafte, ehrsame und einfache Frauen (wenn wir einmal annehmen, diese seien weniger schön) als solche, die sehr viel Wert auf ihr Äußeres legen. Nun könnte man mir entgegenhalten, es sei besser, die Frauen wären weniger tugendsam, da die Frauen den Männern aufgrund ihrer Tugend und ihrer Ehrsamkeit gefielen und dies generell von Übel sei. Aber dieses Argument zieht überhaupt nicht: Denn auch wenn einige Narren Missbrauch damit treiben, so darf man deswegen doch nicht aufhören, gute und nützliche Dinge zu pflegen und zu fördern. Alle müssen ihre Pflicht erfüllen und das Gute tun, was immer kommen mag. Nun werde ich dir aber den Beweis dafür antreten, dass viele Frauen gerade um ihrer Tugend und Ehrsamkeit willen geliebt wurden. Zuallererst könnte ich dir von zahlreichen Heiligen im Paradies erzählen, die von Männern um ihrer Ehrsamkeit willen begehrt wurden.

Dies gilt auch für Lucretia, von der ich dir bereits weiter oben erzählt habe; wenn sich Tarquinius in sie verliebte, so war dies noch mehr auf ihre große Ehrsamkeit als auf ihre Schönheit zurückzuführen. Eines Tages nahm nämlich ihr Mann in Gesellschaft jenes Tarquinius, der sie später vergewaltigte, und zahlreicher anderer Edelleute an einem Essen teil. Dort entspann sich ein Gespräch über ihre Ehefrauen, und jeder behauptete, die Seinige sei die beste. Um jedoch der Sache auf den Grund zu gehen und um herauszubekommen, welche von ihren Frauen das höchste Lob verdiente, stiegen sie auf ihre Pferde und ritten zurück nach Hause. Der Frau, die sie bei der ehrsamsten Beschäftigung anträfen, sollte der höchste Ruhm und die größte Ehre zustehen. Es traf sich, dass man Lucretia, diese über alles kluge und rechtschaffene Frau, bei der ehrsamsten Tätigkeit überraschte: Sie hielt sich, einfach gekleidet, zu Hause in Gesellschaft ihrer Frauen auf, beschäftigte sich mit Handarbeiten und sprach über erbauliche Themen. Jener Königssohn Tarquinius kam in Begleitung ihres Gemahls in ihr Haus und sah mit eigenen Augen ihre große Ehrbarkeit, ihr einfaches und anmutiges Auftreten und ihre zurückhaltende Art. Daraufhin verliebte er sich so sehr in sie, dass er den Plan zu jener Wahnsinnstat fasste, den er später auch ausführte.

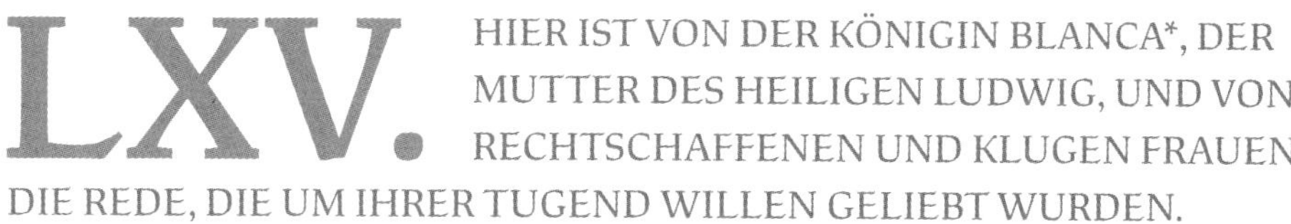

LXV. HIER IST VON DER KÖNIGIN BLANCA*, DER MUTTER DES HEILIGEN LUDWIG, UND VON RECHTSCHAFFENEN UND KLUGEN FRAUEN DIE REDE, DIE UM IHRER TUGEND WILLEN GELIEBT WURDEN.

In ähnlicher Weise wurde wegen ihres großen Wissens, ihrer Umsicht, Tugenden und Güte die edle Königin Blanca von Frankreich, die Mutter des heiligen Ludwig, vom Herzog der Champagne geliebt, obwohl sie nicht mehr die allerjüngste war. Jener edle Herzog hatte einen Krieg gegen den besagten König Ludwig den Heiligen angezettelt. Als er jedoch der klugen und guten Königin lauschte, wie sie wohlgesetzte Worte an ihn richtete, ihn sanft tadelte und ihm bedeutete, er dürfe dies auf keinen Fall tun angesichts der Wohltaten, die ihr Sohn ihm gewährt habe, da betrachtete der Herzog sie auf einmal mit größter Aufmerksamkeit. Er staunte über ihre große Charakterstärke und Tugend und wurde von so großer Liebe zu ihr überwältigt, dass er weder ein noch aus wusste. Ein Geständnis wollte er auf keinen Fall wagen, denn er wusste nur allzu gut, dass sie sich, unnahbar wie sie war, niemals zu so etwas hergeben würde. Deshalb ertrug er von dieser Stunde an Qualen schlimmster Art, verursacht durch das ihn peinigende, unsinnige Begehren. Immerhin schaffte er es noch, ihr zu antworten, sie brauche nicht zu befürchten, dass er jemals Krieg gegen den König führen würde – vielmehr wolle er ihr Gefolgsmann, ihr mit Leib und Seele ergeben sein und sich voll und ganz unter ihre Befehlsgewalt stellen. Von nun an liebte er sie sein ganzes Leben lang, und selbst die geringe Aussicht auf Erfolg vermochte ihn nicht davon abzubringen. Er beklagte sich in seinen Gedichten darüber bei Amor und pries seine Herrin in den höchsten Tönen. Aus diesen unglaublich schönen Gedichten entstanden bezaubernde Lieder, die er auf die Wände seines großen Saals in Provins und auch in Troyes schreiben ließ, wo sie auch heute noch zu finden sind. – Ich könnte dir noch viele solcher Geschichten erzählen.«

Da erwiderte ich, Christine: »Hohe Frau, was das eben Gesagte betrifft, so kenne ich aus eigener Erfahrung mehrere ähnliche Fälle. In meinem Bekanntenkreis gibt es tugendhafte, kluge Frauen, die mir gestanden haben (und mir gleichzeitig von ihrem Unbehagen darüber erzählten), dass sie jetzt, da die Zeit ihrer größten Schönheit und Jugend hinter ihnen liege, mehr umworben würden als in ihren Glanzzeiten. Sie kommentierten dies so: ›Um Himmels Willen, was hat das zu bedeuten? Habe ich mir etwa in den Augen dieser Männer irgendeine schlimme Unschicklichkeit erlaubt und ihnen damit Anlass zu der Vermutung gegeben, ich ließe mich zu einer so großen Dummheit hinreißen?‹ Aber nach dem, was Ihr sagt, wird mir klar, dass allein ihre große Charakterstärke die Ursache für diese Liebe ist.

Dies wiederum widerlegt die von vielen geteilte Auffassung, eine kluge, auf ihren guten Ruf bedachte Frau werde weder begehrt noch umworben – es sei denn, sie selbst lege es darauf an.«

LXVI. CHRSTINE SPRICHT, UND FRAU RECHTSCHAFFENHEIT WIDERLEGT ALL JENE, DIE BEHAUPTEN, FRAUEN SEIEN VON NATUR AUS KNAUSERIG.

»Teure Herrin, ich weiß gar nicht mehr, was ich Euch noch erwidern soll: Alle meine Fragen sind beantwortet. Nun ist, so scheint es mir, hinreichend bewiesen, dass die üblen Geschichten, die so zahlreiche Männer über die Frauen verbreiten, vollkommen erlogen sind. Es scheint noch nicht einmal das zuzutreffen, was sie allesamt bezeugen: Dass nämlich von den weiblichen Lastern der Geiz eine natürliche Eigenschaft aller Frauen sei.«

Antwort: »Liebe Freundin, ich versichere dir, dass Geiz den Frauen nicht natürlicher ist als den Männern, eher sogar wohl weniger. Dies weiß Gott, und du selbst siehst es mit eigenen Augen: Auf der Erde werden weit mehr Übeltaten begangen, die auf den übergroßen Geiz verschiedener Männer als auf den von Frauen zurückgehen. Aber wie dir bereits zuvor gesagt wurde – der Narr erkennt in aller Deutlichkeit den Splitter im Auge seines Bruders, ohne jedoch den Balken im eigenen Auge wahrzunehmen.

Weil man allerorts Frauen daran Gefallen finden sieht, Stoffstücke, Gewebefetzen und andere für den Haushalt nützliche Kleinigkeiten aufzulesen, heißt es, sie seien geizig. Aber ich versichere dir, es gibt zahlreiche Frauen, die, vorausgesetzt, sie verfügten über die entsprechenden Mittel, weder knauserig noch geizig wären bei der Bewirtung von Gästen oder der großzügigen Verteilung von Almosen an jene, die es verdienen; da jedoch eine mittellose Person dies wirklich nicht kann, ist sie eben knauserig. Gewöhnlich werden die Frauen mit Geld derartig knappgehalten, dass sie das

Wenige, über das sie verfügen, zusammenhalten, denn sie wissen nur allzu gut, wie schwierig es für sie ist, wieder an Geld zu kommen. Manch einer bezeichnet die Frauen auch deshalb als knauserig, weil einige von ihnen mit verrückten, verschwenderischen und gefräßigen Ehemännern geschlagen sind und diese Frauen nicht umhinkönnen, ihren Männern Vorhaltungen zu machen und sie zu größerer Sparsamkeit anzuhalten, denn solche Frauen wissen nur allzu gut, dass die gesamte Hausgemeinschaft Hunger leidet und sie und ihre unglücklichen Kinder für diese unsinnige Verschwendung büßen müssen. Aber so etwas kann ja wohl kaum als Geiz oder als Knauserigkeit bezeichnet werden, sondern zeugt vielmehr von großer Lebensklugheit! Ich denke dabei allerdings an jene Frauen, die dies taktvoll tun. In der Ehe kommt es oft zu Auseinandersetzungen dieser Art, weil den Männern solche Ermahnungen nicht behagen, und so tadeln sie die Frauen für etwas, für das sie sie eigentlich loben müssten. Dass die Frauen in Wirklichkeit keineswegs so sehr von jenem Laster des Geizes heimgesucht werden, wie manche es glauben machen wollen, zeigt sich bei der Verteilung von Almosen: Dies tun die Frauen von Herzen gern. Und Gott weiß, wie viele Gefangene (sogar solche im Land der Sarazenen), wie viele Hungerleidende, wie viele in Not geratene Edelleute und andere es gegeben hat und auch heute noch gibt, die seit dem Bestehen der Welt jeden Tag Trost und Hilfe durch Frauen und deren Geld und Gut erfahren.«

Darauf entgegnete ich, Christine: »Dies entspricht der Wahrheit, hohe Frau, denn ich erinnere mich in diesem Zusammenhang an Frauen, die sich, sofern es ihre Mittel erlaubten, durch eine sehr umsichtige Großzügigkeit auszeichneten; des Weiteren kenne ich heute Frauen, deren Freude, wenn sie sagen können: ›Da, nimm!‹ und ihre Gabe sinnvolle Verwendung findet, ungleich größer ist als die eines Geizhalses, wenn er Geld empfängt, um es im Geldschrank zu verwahren. Ich frage mich wirklich, weshalb gerade die Männer so häufig behaupten, Frauen seien knauserig. Zwar ist die Großzügigkeit Alexanders des Großen überliefert, aber sonst kann ich Euch versichern, dass ich selbst keine großzügigen Männer gesehen habe.« Daraufhin lachte Frau Rechtschaffenheit und sprach: »Da hast du völlig recht, liebe Freundin, und ganz gewiss waren die edlen Römerinnen nicht geizig, als die

Stadt sehr unter dem Krieg litt und man deshalb die städtischen Geldmittel für den Unterhalt von Soldaten ausgegeben hatte. Den Römern, die unbedingt Geld auftreiben mussten, um ein großes Heer aufzustellen, bereitete diese Situation großen Kummer und Verdruss. Die Frauen jedoch, ja sogar die Witwen, versammelten sich aus eigenem Antrieb, trugen ihren gesamten Schmuck und Besitz zusammen, ohne irgendetwas zurückzubehalten, brachten ihn den römischen Edelleuten und übergaben ihn freiwillig. Dafür wurde jenen Frauen höchstes Lob zuteil; später gab man ihnen ihren Schmuck zurück, völlig zu Recht, hatten sie doch die Rettung Roms bewirkt.

LXVII. HIER IST VON DER REICHEN UND GROSSZÜGIGEN BUSA* DIE REDE.

Auch die römische Chronik der *Faits des Romains* weiß von weiblicher Großzügigkeit zu berichten und erzählen von der hochherzigen, reichen Edelfrau namens Busa oder Paulina. Sie lebte in Apulien, zur gleichen Zeit, als Hannibal den Römern mit Feuer und Schwert so sehr zusetzte, dass er beinahe ganz Italien entvölkert und seiner Güter beraubt hatte. Nach der großen Niederlage bei Cannae, die für Hannibal ein gewaltiger Sieg war, ergriffen zahlreiche verwundet aus der Schlacht entkommene Römer die Flucht. Die rechtschaffene Busa jedoch nahm all jene bei sich auf, beherbergte rund zehntausend Mann auf ihren Besitzungen und ließ sie, da sie über gewaltige Reichtümer verfügte, auf ihre Kosten pflegen. Da sie allen auf diese Weise ihre Mittel zur Verfügung stellte und ihnen Hilfe und Trost gewährte, konnte die Männer nach Rom zurückkehren und erneut zu den Waffen zu greifen; für diese ihre Taten wurde Busa hoch gepriesen. Sei also ganz unbesorgt, liebe Freundin: Ich könnte dir sehr viel erzählen von großzügigen, höfischen und freigiebigen Gesten, die von Frauen vollbracht wurden.

Und selbst wenn man darauf verzichtet, andere Geschichten aus fernen Zeiten anzuführen, so könnte ich dir doch zahlreiche weitere Beispiele weiblicher Großzügigkeit aus deiner eigenen Zeit nennen: Bewies nicht die noch unter den Lebenden weilende edle Marguerite de la Rivière*, ehedem die Gemahlin des Burel de la Rivière, des Großkämmerers des weisen Königs Charles, große Freigiebigkeit? Eines Tages fügte es sich nämlich, dass jene vornehme Frau, die stets weise, besonnen und von untadeligen Sitten war, in Paris an einem prunkvollen Fest des Herzogs von Anjou und späteren sizilianischen Königs teilnahm; dort befanden sich zahlreiche höchst aufwändig gekleidete Edelfrauen, Ritter und Edelleute. Als jene Frau, damals noch jung und schön, die dort weilende edle Ritterschaft betrachtete, bemerkte sie das Fehlen eines ebenso bedeutenden wie berühmten Ritters jener Zeit, des Herrn Emenion von Poumiers. Obwohl dieser damals schon recht betagt war, hatte sie ihn keineswegs vergessen, sondern erinnerte sich wegen seiner Güte und Tapferkeit sehr wohl an ihn und meinte, seine Anwesenheit müsse trotz seines Alters einer solchen Versammlung bedeutender und berühmter Männer zur höchsten Zierde gereichen. Sie erkundigte sich also überall, wo denn jener Ritter sei und weshalb er nicht unter ihnen weile. Man teilte ihr daraufhin mit, man halte ihn im Kastell zu Paris gefangen, weil er wegen seiner häufigen Feldzüge Schulden in Höhe von fünfhundert Franken gemacht habe. Da sprach die vornehme Frau: ›Welch gewaltige Schande ist es für dieses Königreich, es auch nur eine einzige Stunde lang zu dulden, dass ein solcher Mann wegen seiner Schulden im Gefängnis sitzt!‹ Sie ergriff sogleich den äußerst kostbaren und eleganten goldenen Haarschmuck, der ihr Haupt zierte, und setzte stattdessen einen Kranz aus Immergrün auf ihren blonden Schopf. Dann übergab sie den Haarschmuck verlässlichen Boten und trug ihnen auf: ›Geht und hinterlasst diesen Schmuck als Pfand für seine Schulden, damit er sofort freigelassen wird und hierher kommt!‹ Dies geschah, und sie wurde sehr für diese Tat gepriesen.«

LXVIII. HIER IST VON DEN FÜRSTINNEN UND ERSTEN DAMEN FRANKREICHS DIE REDE.

Daraufhin ergriff ich, Christine, erneut das Wort: »Hohe Frau, da Ihr nun einmal an jene edle Frau, meine Zeitgenossin, erinnert und Euch den ersten Damen Frankreichs und jenen unter ihnen, die noch unter den Lebenden weilen, zugewendet habt, wüsste ich gern, ob Ihr der Auffassung seid, es wäre sinnvoll, einige von ihnen in unsere Stadt aufzunehmen. Denn warum sollten sie übergangen werden und die Frauen fremder Länder nicht?« Antwort: »Du hast völlig recht, Christine: ich kann dir bestätigen, dass es unter ihnen sehr tugendhafte Frauen gibt, die ich mit Freuden in unserer Stadt aufnehme. Und zuallererst werden wir Isabeau de Bavière*, die edle französische Königin und gegenwärtige Herrscherin von Gottes Gnade, nicht abweisen, denn Grausamkeit, Gewalttätigkeit oder Laster sind ihr fremd und sie ist voller Liebe und Wohlwollen für ihre Untertanen.

Verdient die schöne, junge, hochherzige und kluge Herzogin von Berry*, die Gemahlin von Herzog Johann, des Sohns des französischen Königs Johann und des Bruders des weisen Königs Charles, nicht ebenfalls höchstes Lob? Jene edle Herzogin, die noch in der Blüte ihrer zarten Jugend steht, legt in ihrem Verhalten soviel Sittsamkeit und eine so erstaunliche Klugheit an den Tag, dass ein jeder sie preist und ihr den Ruf großer Tugendhaftigkeit vorauseilt.

Und was soll ich dir über die Herzogin von Orléans*, die Gemahlin von Herzog Ludwig, des Sohns des weisen französischen Königs Charles, und ehedem Tochter des Herzogs von Mailand, erzählen? Welche Edelfrau könnte sich einer größeren Lebensklugheit, als jene sie besaß, rühmen? Diese Adelige besitzt ein festes, beständiges Herz, ist ihrem Gemahl in großer Liebe zugetan, ihren Kindern eine gute Erzieherin, eine kluge Herrscherin, die gegen alle Gerechtigkeit übt, in ihrem Verhalten Weisheit an den Tag legt und in jeder Hinsicht sehr tugendhaft ist: Dies alles ist hinreichend bekannt.

Und was ließe sich am Verhalten der Herzogin von Burgund* aussetzen, der Gemahlin von Herzog Johann, dem Sohn von Philipp, der seinerseits der Sohn des früheren französischen Königs Johann ist? Ist sie nicht äußerst tugendhaft, ihrem Gemahl in Treue verbunden, sanftmütig in ihrem Empfinden und Verhalten, von untadeligen Sitten und bar jedes Lasters? Ferner: die Herzogin von Clermont*, die Tochter aus der ersten Ehe jenes Herzogs von Berry, verheiratet mit Herzog Johann von Clermont, dem Sohn und Nachfolger des Herzogs von Bourbon – entspricht sie nicht in jeder Hinsicht den Erwartungen an eine hohe Fürstin hinsichtlich ihrer großen Liebe zu ihrem Gemahl, ihres untadeligen Verhaltens in allen Angelegenheiten, ihrer Schönheit, Weisheit und Herzensgüte? Kurz und gut: Ihre vorbildliche Haltung und ihr ehrsames Betragen sind Spiegel ihrer Tugenden.

Und jene, die du vor allen anderen und ganz besonders zu lieben Anlass hast, sowohl um ihrer moralischen Vortrefflichkeit als auch um der Barmherzigkeit und der aufrichtigen Zuneigung willen, die sie dir durch ihre Wohltaten bezeugte: die edle Herzogin der Niederlande und Baronin des Hennegau*, die Tochter jenes verstorbenen Herzogs Philipp von Burgund und Schwester des jetzigen burgundischen Herrschers: Muss diese edle Frau nicht zu den vornehmsten Vertreterinnen ihres Geschlechts gezählt werden? Ist sie nicht ohne Falsch, höchst umsichtig und weise als Herrscherin, barmherzig und von größter Demut gegen Gott und, mit einem Wort, vollkommen?

Sollte eine so ehrenwerte und in jeder Hinsicht preiswürdige Frau wie die Herzogin von Bourbon* nicht in die Reihe der ruhmreichen Fürstinnen aufgenommen werden? Was soll ich dir noch dazu sagen? Sehr viel Zeit würde es mich kosten, wollte ich von den bedeutenden Wohltaten all dieser Frauen Zeugnis ablegen. Die hochherzige, schöne, edle und rechtschaffene Baronin von Saint-Pol*, die Tochter des Herzogs von Bar und die Cousine ersten Grades des französischen Königs, verdient es gleichfalls, in diese Reihe vorbildlicher Frauen aufgenommen zu werden. Ebenso wenig verunziert jene von dir geliebte Anne*, die Tochter des Barons de la Marche und die Schwester des jetzigen Herrschers, die nun mit Ludwig von Bayern, dem Bruder der französischen Königin, verheiratet ist, die Gesellschaft jener begnadeten und preiswürdigen Frauengestalten, denn ihre guten Eigenschaften sind Gott und der Welt genehm. Allen männlichen Schandmäulern zum Trotz gibt es so viele andere gutherzige und schöne Frauen – Gräfinnen, Baronessen, Edelfrauen, Edelfräulein, Bürgerinnen und Frauen aller Stände –, dass Gott, der sie in diesem Zustand erhalten möge, höchstes Lob dafür gebührt; zugleich möge er jenen, die schwach sind, den rechten Weg weisen. Lass dir also in dieser Hinsicht nichts einreden, denn ich versichere dir, dies alles ist wahr, auch wenn manche Leute, die Verleumder und Neider, das Gegenteil behaupten.«

Und ich, Christine, entgegnete sogleich: »Hohe Frau, es bereitet mir große Freude, dies aus Eurem Munde zu vernehmen.«

Daraufhin sie: »Liebe Freundin, mir scheint, ich habe nun hinreichend meines Amtes in der Stadt der Frauen gewaltet: Ich habe dort prächtige Paläste und manch stattliches Wohnhaus und Gebäude errichtet, sie mit edlen Frauen bevölkert und mit breiten Straßen jeder Art versehen, so dass sie nun schon voller Leben ist. Nun soll meine Schwester Frau Gerechtigkeit kommen, um das Ganze zu einem krönenden Abschluss zu bringen, und das muss dir dann genügen.

LXIX. HIER WENDET SICH CHRISTINE AN DIE FÜRSTINNEN UND AN ALLE FRAUEN.

Ihr ungemein ehrfurchtgebietenden, vortrefflichen und verehrungswürdigen Fürstinnen Frankreichs und aller anderen Länder und alle Adligen jeglichen Alters, Ihr Frauen jeglichen Standes aus Vergangenheit, Gegenwart und Zukunft, die Ihr Tugend und sittsames Verhalten liebtet, liebt und lieben werdet: Seid fröhlich und freut Euch an unserer neuen Stadt, die nunmehr mit Gottes Hilfe beinahe vollständig erbaut, mit Häusern ausgestattet und mit Bewohnerinnen bevölkert ist! Dankt und preist Gott, der mich durch große Mühen und beharrliches Studium dazu befähigt hat, Euch innerhalb der Umfriedung dieser Stadt bis ans Ende aller Zeiten eine angemessene Wohnstätte und dauerhafte Bleibe zu verschaffen. Bis hierhin bin ich also gekommen und hoffe nun, mein Werk mit der Hilfe und dem Beistand von Frau Gerechtigkeit zu vollenden, die versprochen hat, mir unermüdlich so lange hilfreich zur Seite zu stehen, bis der Bau der Stadt abgeschlossen und vollendet sein wird. Nun betet für mich, meine hochverehrten Frauen.«

HIER ENDET DER ZWEITE TEIL
DES BUCHS VON DER STADT DER FRAUEN.

Christine de Pizan: *Le Livre de la Cité des Dames*, Bibliothèque Nationale de France, Ms. fonds français 607, fol. 67v.

3

HIER BEGINNT DER DRITTE TEIL DES BUCHS VON DER STADT DER FRAUEN, IN DEM ERZÄHLT WIRD, WIE UND MIT WESSEN HILFE DIE HOHEN ZINNEN DER TÜRME VOLLENDET UND WELCHE EDLEN FRAUEN DAZU BESTIMMT WERDEN, DIE GROSSEN PALÄSTE UND HOHEN WEHRTÜRME ZU BEWOHNEN.

I. DAS ERSTE KAPITEL BERICHTET, WIE FRAU GERECHTIGKEIT DIE HIMMELSKÖNIGIN HERBEIFÜHRT, UM IN DER STADT DER FRAUEN ZU WOHNEN.

Sogleich schritt Frau Gerechtigkeit in ihrer ehrfurchtgebietenden Weise auf mich zu und sprach folgendermaßen zu mir: »Christine, mir scheint, du hast wirklich nach bestem Wissen und Vermögen, unterstützt von meinen Schwestern, mit ganzer Kraft an der Errichtung der Stadt der Frauen gearbeitet. Nun ist es an der Zeit, dass auch ich mein Versprechen einlöse, mich um die letzten Dinge kümmere und der Stadt ihre hochehrwürdige Königin, die Gebenedeite unter allen Frauen, mit ihrem vornehmen Gefolge zuführe, damit die Stadt von ihr regiert und beherrscht wird und bewohnt von den vielen edlen Frauen ihres Hofstaats und ihres Hauses. Denn ich sehe, dass die Paläste und hoch aufragenden Wohnstätten schon in vollem Schmuck bereitstehen und alle Straßen mit Blumen bedeckt sind, um sie und ihre ehrwürdige, vortreffliche Truppe mit Gefolgschaft zu empfangen. Nun bitte ich die Fürstinnen, Edelfrauen und alle anderen Frauen hervorzutreten, um in allen Ehren und mit großer Ehrfurcht diejenige in ihrer Mitte aufzunehmen, die nicht nur ihre Königin ist, sondern auch über die höchste Form von Einfluss und Macht verfügt – dank ihres einzigartigen Sohnes, dem Sohn Gottes, des Vaters, den sie austrug und vom Heiligen Geist empfing. Es ist also nur recht und billig, wenn die Gemeinschaft aller Frauen diese hochgeborene und verehrungswürdige Fürstin bittet, es möge ihr in ihrer Demut und ungeachtet ihrer Erhabenheit, die alle Frauen winzig erscheinen lässt, gefallen, hier mit ihnen, in ihrer Stadt und ihrer Gemeinschaft, zu leben. Ohne Zweifel werden es ihre unvorstellbar große Demut und ihre Sanftmut, die jene der Engel übertrifft, nicht zulassen, dass sie es ablehnt, in der Stadt der Frauen zu leben und sogar hoch oben über allen anderen im Palast, den meine Schwester Frau Rechtschaffenheit ihr schon eingerichtet hat und der ganz aus Ehre und Ruhm besteht. Deshalb bitte ich alle Frauen, gemeinsam mit mir vorzutreten und folgende Worte an sie zu richten:

»Wir begrüßen Dich, oh Himmelskönigin, mit dem Gruß des Engels, dem Gruß, den du allen anderen vorziehst, und sagen Dir: *Ave Maria.* Das gesamte fromme Geschlecht der Frauen bittet Dich untertänigst, es möge Dir nicht widerstreben, aus Gnade und Barmherzigkeit in seiner Mitte zu weilen, als seine Verteidigerin, Beschützerin, als sein Schild gegen die Angriffe der Feinde und der Welt, damit sich die Frauen am Quell der Tugend, der in Dir entspringt, so sehr laben und erquicken, dass ihnen jede Art von Sünde und Laster zuwider ist. Nun steig herab zu uns, Du Himmelskönigin, Tempel Gottes, Zelle und Kloster der Heiligen Geistes, Hort der Dreifaltigkeit, Entzücken der Engel, Leitstern und Orientierung der Verirrten, Hoffnung der wahrhaft Gläubigen! Oh Herrin, wer ist so tollkühn und wagt es angesichts Deiner Würde, zu denken oder Worte aus seinem Mund zu schleudern, die besagen, das weibliche Geschlecht sei verabscheuungswürdig? Denn selbst wenn alle übrigen Frauen von abgrundtiefer Bosheit wären, so überstrahlt doch der Glanz Deiner Güte alles so sehr, dass das Schlechte keinen Bestand mehr hat. Und da es Gott gefiel, seine vortreffliche Braut aus ebenjenem Geschlecht zu erwählen, müssen sich Dir zu Ehren alle Männer nicht nur hüten, die Frauen herabzuwürdigen, sondern müssen sie hoch verehren.«

Folgendes erwiderte die Heilige Jungfrau: »Gerechtigkeit, du teure Freundin meines Sohnes, mit großer Freude will ich inmitten meiner Schwestern und Freundinnen, den Frauen, wohnen und weilen, denn Vernunft, Rechtschaffenheit, du selbst und die Natur, sie alle geben mir dies ein. Da die Frauen mir ohne Unterlass dienen, mir huldigen und mich ehren, bin ich das Haupt des weiblichen Geschlechts und werde es bis in alle Ewigkeit sein, denn dies wurde schon vor Urzeiten vom göttlichen Vater besprochen und im Rat der Heiligen Dreifaltigkeit angeordnet.«

Daraufhin antworteten Gerechtigkeit und alle anderen Frauen mit gebeugten Knien und gesenkten Köpfen: »Dank und Preis gebühren Dir, oh Herrin, bis ans Ende aller Zeiten. Errette uns, Herrin, und halte für uns Fürbitte bei Deinem Sohn, bei dem Du alles vermagst.«

II. VON DEN SCHWESTERN UNSERER LIEBEN FRAU UND VON MARIA MAGDALENA

»Nun weilt die unvergleichliche Herrscherin unter uns, ob das nun den bösartigen Schandmäulern passt oder nicht. Deshalb ist es jetzt an der Zeit, ihr ihre gesegneten Schwestern und Maria Magdalena zuzugesellen, die ihr in unverbrüchlicher Treue neben dem Kreuz während der Leidenszeit ihres Sohns zur Seite standen. Oh, über welch starken Glauben und unendliche Liebe verfügten die Frauen, die den von allen seinen Aposteln verlassenen Gottessohn weder im Leben noch im Tode jemals verließen! Allem Anschein nach missbilligte Gott keineswegs diese starke weibliche Liebe als ein schwächlich Ding, wie einige das tun und behaupten, wenn er im Herzen der gebenedeiten Maria Magdalena und in dem anderer Frauen den Funken dieser starken Liebe entfachte, wie es dort offenbar wurde und was er so sehr guthieß.«

III. VON DER HEILIGEN KATHARINA

Nun soll die gesegnete Himmelskönigin, die oberste Herrscherin und Fürstin der Stadt der Frauen Gesellschaft bekommen. Zu diesem Zweck müssen wir den gebenedeiten Jungfrauen und den heiligen Frauen eine Wohnstätte in ihrer Nachbarschaft geben* und damit beweisen, wie sehr Gott das weibliche Geschlecht geschätzt hat. Genau wie den Männern hat er nämlich zarten und jungen Frauen genügend Standhaftigkeit und Kraft verliehen, um für seinen heiligen Glauben schreckliche Qualen zu erdulden. Diese Frauen ziert die Krone des Ruhms; es bereitet Vergnügen, ihren Lebensgeschichten zu lauschen, die für eine jede Frau das lehrreichste aller Exempel darstellen, und deshalb werden ebenjene Frauen die Krönung unserer Stadt sein.

Beginnen wir mit einer herausragenden Frauengestalt, der gesegneten Katharina, der Tochter des Königs Costus von Alexandrien. Jene glückselige Jungfrau blieb im Alter von achtzehn Jahren als Alleinerbin ihres Vaters zurück; sie verhielt sich standesgemäß und verwaltete klug ihr Erbe. Christin war sie, hatte ihr ganzes Leben Gott geweiht und lehnte jede andere Form von Heirat ab. Nun geschah es aber, dass der Kaiser Maxentius in der Stadt Alexandria eintraf. An einem hohen Festtag der dort verehrten Götter ließ er alle Vorbereitungen für ein feierliches Opfer treffen. Katharina hielt sich in ihrem Palast auf und vernahm das Geschrei der Tiere, die man für das Opfer herrichtete, ferner laute Geräusche, die von den Geräten herrührten. Sie sandte ihre Leute aus, um die Ursache hierfür zu erfahren, und als man ihr mitteilte, der Kaiser befinde sich bereits im Tempel, um ein Opfer darzubringen, begab sie sich sogleich dorthin und begann, dem Kaiser in wohlgesetzten Worten von diesem Irrweg abzuraten. Als große Gelehrte und in den Wissenschaften ausgebildete Frau begann sie, dem Kaiser in einer philosophischen Beweisführung darzulegen, dass es nur einen Gott, den Schöpfer aller Dinge, gebe und deshalb dieser und kein anderer anzubeten sei. Als der Kaiser die Worte jenes jungen Mädchens vernahm, das so vornehm, anmutig und gelehrt war, verschlug es ihm vor lauter Staunen die Sprache, was ihn jedoch nicht daran hinderte, sie ohne Unterlass anzustarren. Kurze Zeit später ließ er nach den weisesten Philosophen Ägyptens, das damals eine Hochburg der Philosophie war, aussenden, und bald standen rund fünfzig Philosophen vor ihm. Sie murrten jedoch, als sie erfuhren, weshalb man sie gerufen hatte: Sie sagten, es sei unsinnig, sie aus weit entfernten Ländern herbemüht zu haben, um ein Streitgespräch mit einem jungen Mädchen zu führen.

Kurz und gut, am Tag der Disputation setzte die gebenedeite Katharina ihnen derartig mit Argumenten zu, dass sie alle vollkommen überzeugt wurden, hatten sie doch Katharinas Fragen nichts entgegenzusetzen. So sehr der Kaiser auch gegen sie zürnte – vergebens, denn dank der Gnade Gottes bewirkten die heiligen Worte der Jungfrau die Bekehrung der Philosophen, und sie bekannten sich zu Jesus Christus. Aus Wut darüber ließ der Kaiser sie verbrennen. Die heilige Jungfrau spendete ihnen jedoch Trost in ihren Qualen, versicherte ihnen, es werde ihnen unvergänglicher Ruhm zuteil und betete zu Gott, auf dass dieser sie im rechten Glauben bestärke. Auf diese Weise wurden jene Männer durch sie zu gesegneten Märtyrern. Außerdem ließ Gott ein Wunder an ihnen geschehen: Das Feuer verschonte ihre Körper wie ihre Kleidung, so dass sie nach dem Flammentod unversehrt geblieben waren, kein einziges Haar verloren hatten und ihre Gesichter so aussahen, als weilten sie noch alle unter den Lebenden. Der Tyrann Maxentius, der Katharina aufgrund ihrer Schönheit heftig begehrte, begann nun, ihr mit allerlei süßen Worten zu schmeicheln, um sie sich gefügig zu machen. Als er jedoch sah, dass er damit nicht weiterkam, verlegte er sich aufs Drohen, dann aufs Foltern. So ließ er sie auspeitschen und dann zwölf Tage lang einkerkern, wobei ihr jede Art von Besuch versagt blieb: Auf diese Weise wollte er sie den Hungertod sterben lassen. Aber die Engel Unseres Herrn standen ihr bei und spendeten ihr Trost. Als Katharina dann vor den Kaiser geführt wurde und er sie gesünder und frischer als zuvor vor sich stehen sah, glaubte er, jemand sei zu ihr gekommen und befahl, die Gefängnisaufseher zu foltern. Katharina jedoch, die Mitleid mit diesen verspürte, versicherte nachdrücklich, sie habe lediglich himmlischen Beistand erhalten.

Nun wusste der Kaiser nicht mehr, auf welche Weise er sie noch stärkeren Qualen aussetzen sollte, und so ließ er schließlich auf Anraten seines Vogtes mit Messern gespickte Räder anfertigen, die sich gegeneinanderdrehten, so dass alles, was zwischen sie geriet, zerschnitten wurde. Dann ordnete er an, die nackte Katharina, die während der ganzen Zeit zu Gott betete, zwischen diese Räder zu spannen, woraufhin die Engel vom Himmel niederstiegen und mit so gewaltiger Kraft die Räder in Stücke schlugen, dass die Folterknechte dabei ums Leben kamen.

Als die Gemahlin des Kaisers von den Wundern erfuhr, die Gott an Katharina vollbrachte, vollzog sich bei ihr ein Gesinnungswandel. Sie tadelte den Kaiser für seine Taten und besuchte die heilige Jungfrau im Kerker, damit diese für sie zu Gott bete. Als der Kaiser davon hörte, ließ er seine Frau foltern und ihr die Brüste ausreißen. Da sprach die Jungfrau zu ihr: ›Fürchtet Euch nicht vor der Folter, hochgeborene Herrscherin, denn noch heute wird Euch die immerwährende Freude zuteilwerden.‹ Der Tyrann ließ seine Frau und eine große Anzahl von Menschen, die sich bekehrt hatten, enthaupten. Nun fragte der Kaiser Katharina, ob sie seine Frau werden wolle, und als er sah, dass sie allen seinen Bitten standhielt, befahl er schließlich, ihr den Kopf abzuschlagen. Sie sprach ihr letztes Gebet und betete für alle diejenigen, die sich ihrer Leiden erinnern und für jene, die sie in ihren eigenen Qualen anrufen würden. Und die Stimme kam vorn Himmel und sprach, ihr Gebet sei erhört worden. Auf diese Weise beendete sie ihren Leidensweg, und ihrem Körper entströmte Milch statt Blut. Die Engel ergriffen ihren heiligen Körper, um ihn zu dem zwanzig Tagereisen von dort entfernten Berg Sinai zu bringen und ihn daselbst zu bestatten. Am Ort dieses Grabes vollbrachte Gott zahlreiche Wunder, die ich hier um der gebotenen Kürze willen übergehe; ferner quillt aus diesem Grab ein Öl, das mancherlei Krankheiten heilt. Den Kaiser Maxentius bestrafte Gott jedoch auf eine schreckliche Weise.

IV. VON DER HEILIGEN MARGARETE

Aber auch die gesegnete heilige Jungfrau Margarete sollten wir nicht vergessen. Ihre Legende ist hinreichend bekannt; sie war das Kind vornehmer Eltern aus Antiochia und wurde in ihrer zarten Jugend von ihrer Amme bekehrt, deren Schafe sie jeden Tag in aller Demut hütete. So geschah es, dass Olibrius in Liebe zu ihr entbrannte und sie zu sich holen ließ. Als sie, um es kurz zu machen, ihm weder zu Willen sein noch dem Christentum abschwören wollte, ließ er sie erbarmungslos auspeitschen und ins Gefängnis werfen.

Da sie sich dort Versuchungen ausgesetzt fühlte, bat sie Gott, er möge dem, der ihr so übel zusetzte, eine Gestalt verleihen. Daraufhin erschien plötzlich eine Schlange, die sie gewaltig erschreckte und sie zu verschlingen drohte. Margarete jedoch schlug ein Kreuz und tötete so die Schlange. Gleich darauf erblickte sie in einem Winkel des Kerkers ein Gesicht, so dunkel wie das eines Äthiopiers. Margarete aber griff ihn furchtlos an und brachte ihn zu Fall; sie setzte ihren Fuß auf seine Kehle, bis er mit lauter Stimme um Gnade flehte. Als sich die Zelle wieder mit Licht füllte, trösteten die Engel sie. Dann wurde sie erneut vor den Richter geführt, der sie schlimmer als zuvor foltern ließ, als er erkannte, dass all seine Ermahnungen nicht gefruchtet hatten. Der Engel Gottes jedoch griff ein, um den Folterqualen Einhalt zu gebieten, und das junge Mädchen überstand sie unbeschadet, wodurch eine große Volksmenge bekehrt wurde. Als der tückische Tyrann dies sah, befahl er, ihr den Kopf abzuschlagen. Sie aber sprach zuvor ihr Gebet und betete für alle, die ihres Leids gedenken und sich in ihren eigenen Qualen an sie wenden würden, für die Schwangeren und ihre Kinder. Und der Engel Gottes stieg vom Himmel herab, um ihr zu verkünden, ihr Gebet sei erhört und sie werde im Namen Gottes seine Siegespalme erhalten. Daraufhin bot sie ihren Hals dar, wurde enthauptet, und die Engel trugen ihre Seele davon.

In ähnlicher Weise ließ jener tückische Olibrius die heilige Jungfrau Regina im zarten Alter von fünfzehn Jahren peinigen und ihr den Kopf abschlagen, weil sie ihm nicht zu Willen sein wollte und sich durch ihre Predigt viele Menschen zum Christentum bekehrten.

V. VON DER HEILIGEN LUCIA

Die gebenedeite heilige Jungfrau Lucia, eine gebürtige Römerin, darf in unserer Aufzählung nicht vergessen werden. Sie wurde von dem Barbarenkönig Aucejas geraubt und genommen. Als dieser wieder in seinem Lande war und sie vergewaltigen wollte, begann Lucia auf ihn einzureden; dieser ließ dank der Allmacht Gottes von seinem Vorhaben ab und staunte sehr über ihre Klugheit. Er verkündete, sie sei eine Göttin, ließ ihr in seinem Palast große Ehre zukommen, wies ihr und ihrem Gefolge eine angemessene Bleibe an und befahl, niemand dürfe ihr irgendwelche Schwierigkeiten bereiten. Jene fastete und betete ohne Unterlass; sie führte ein heiliges Leben und bat Gott, er möge ihren Gastgeber mit dem Licht des Glaubens erleuchten. Der König wiederum beriet sich in allen seinen Angelegenheiten mit ihr, und alle ihre Ratschläge gereichten ihm zum Vorteil. Wenn er in den Krieg zog, bat er sie, sie möge ihren Gott für ihn um Beistand bitten. Daraufhin segnete sie ihn, und er kehrte als Sieger zurück, weshalb er sie wie eine Göttin anbeten und ihr Tempel errichten lassen wollte. Doch sie erwiderte ihm, er solle das lassen, denn es gebe nur einen einzigen Gott, den man anbeten solle, und sie sei eine einfache Sünderin. Nachdem sie zwanzig Jahre lang auf diese Weise gelebt hatte, offenbarte Unser Herr ihr, sie müsse nach Rom zurückkehren, um dort ihr Leben in Qualen zu beenden. Sie teilte es dem König mit, was diesen sehr schmerzte, und er erwiderte ihr: ›Oh ich Unglücklicher, wenn du dich von mir trennst, dann werden meine Feinde mich angreifen, und ohne dich wird mir das Schicksal nicht mehr günstig sein.‹ Sie jedoch sprach zu ihm: ›Komm mit mir, König, und verzichte auf dieses irdische Reich, denn Gott hat dich dazu bestimmt, ein viel kostbareres, niemals endendes Reich zu besitzen.‹ Sofort ließ dieser alles zurück und ging mit der heiligen Jungfrau fort, nicht als Herrscher, sondern als Diener. Und als sie nach Rom kamen und sie sich als Christin zu erkennen gab, wurde sie sogleich gefangen genommen und zur Folter geführt. Den König Aucejas schmerzte dies sehr, er kam herbeigelaufen und hätte sich am liebsten auf ihre Peiniger geworfen, aber sie verbot es ihm. Da weinte er bitterlich und rief, jene seien böse Menschen, weil sie die Jungfrau Gottes peinigten. Und als man dann Anstalten machte, die heilige Jungfrau zu enthaupten, da legte er seinen Kopf neben ihren und rief: ›Ich bin Christ und schenke mein Haupt dem lebendigen Jesus Christus, zu dem Lucia betet!‹ So wurden sie gemeinsam enthauptet und ruhmvoll gekrönt; zugleich wurden zwölf andere durch das Beispiel der gesegneten Lucia bekehrt, und ihrer aller Fest wird an der siebten Kalende des Juli gefeiert.

VI. VON DER GESEGNETEN JUNGFRAU MARTINA

Auf keinen Fall darf die gesegnete Jungfrau Martina vergessen werden. Jene Glückselige stammte von vornehmen römischen Eltern ab und war sehr schön. Der Kaiser wollte sie zwingen, seine Frau zu werden, worauf sie ihm entgegnete: ›Ich bin Christin und gehöre dem lebendigen Gott, der sich an einem keuschen Körper und reinen Herzen erfreut; ihm weihe ich mich und begebe mich in seinen Schutz.‹ Aus Zorn über diese Worte ließ der Kaiser sie zum Tempel führen, um sie zu zwingen, die Götterbilder anzubeten. Jene kniete dort nieder; mit zum Himmel gerichteten Augen und gefalteten Händen wandte sie sich im Gebet an Gott. Sogleich stürzten die Götterbilder um und zerbrachen, und die Priester wurden von ihnen erschlagen. Der Teufel jedoch, der in dem höchsten Götzenbild hauste, schrie und gestand, Martina sei eine Dienerin Gottes. Um seine Götter zu rächen, setzte der tyrannische Kaiser Martina grausamen Folterungen aus, während derer Gott ihr erschien und sie tröstete. Sie aber betete für ihre Folterknechte, die daraufhin und durch das Verdienst der Martina gemeinsam mit vielen anderen Menschen bekehrt wurden. Angesichts dieser Vorgänge wurde der Kaiser nur noch verstockter und ließ sie auf immer grausamere Weise quälen. Jene aber, die sie folterten, riefen aus, sie sähen Gott und seine Heiligen vor der Jungfrau stehen, woraufhin sie um Gnade baten und bekehrt wurden. Da Martina sich in ihren Gebeten bei Gott für sie einsetzte, umgab ein Lichtkreis ihre Folterer, und vom Himmel ertönte eine Stimme, die sprach: ›Um der Liebe zu meiner über alles geliebten Martina willen verschone ich euch.‹ Und weil sich diese Männer also bekehrt hatten, rief ihnen der Richter zu: ›Oh ihr Narren, ihr wurdet betrogen von Martina, dieser Zauberin!‹ Jene antworteten jedoch, ohne auch nur eine Spur Furcht zu zeigen: ›Und dich, dich hat der Teufel, der in dir wohnt, betrogen, denn du erkennst noch nicht einmal deinen Schöpfer an!‹ Außer sich vor Wut gab der Kaiser den Befehl, sie zu hängen und ihre Leiber zu zerstückeln; jene Männer aber erlitten freudig ihr Martyrium und priesen Gott.

Daraufhin ließ der Kaiser Martina entkleiden, und die Schönheit ihrer lilienweißen Haut versetzte alle Anwesenden in Erstaunen. Und nachdem der Kaiser, der sie begehrte, lange Zeit auf sie eingeredet hatte und ihm bewusst geworden war, dass sie ihm nicht zu Willen sein wollte, ließ er sie zerstückeln. Aus ihren Wunden aber floss Milch statt Blut und verströmte einen durchdringenden Wohlgeruch. Daraufhin wütete er noch heftiger gegen sie, ließ ihre Glieder strecken und an Pfählen festbinden und ihren ganzen Körper so lange auseinanderreißen, bis die, die sie folterten, erschöpft waren. Aber Gott bewahrte sie vor einem schnellen Tod, auf dass ihre Folterer und das Volk einen Grund zur Bekehrung hätten. Jene Männer begannen zu rufen: ›Majestät, wir können nicht mehr, denn die Engel schlagen mit Ketten auf uns ein!‹ Dann traten neue Henker auf den Plan, um Martina zu quälen; sie starben jedoch sogleich, und der verwirrte Kaiser wusste sich keinen Rat mehr. Er ließ sie strecken und ihren Körper mit brennendem Öl in Brand setzen, aber jene wurde nicht müde, Gott zu rühmen, und ihr Mund verströmte einen sehr intensiven Wohlgeruch. Und nachdem ihre Henker sie so lange gequält hatten, bis sie selbst völlig erschöpft waren, warfen sie sie in ein finsteres Verlies. Eumenes aber, der Vetter des Kaisers, beobachtete sie heimlich im Kerker und sah Martina inmitten von Engeln auf einem kostbar geschmückten Thron sitzen; große Helligkeit umgab sie, und es ertönte wohlklingender Gesang. Sie hielt eine goldene Tafel in der Hand, auf der geschrieben stand: ›Süßer Herr Jesus Christ, über Deine gebenedeiten Heiligen verbreitet sich der Ruhm Deiner Werke.‹ Dies versetzte Eumenes in große Verwunderung, und er brach auf, um es dem Kaiser zu berichten, der ihm jedoch entgegnete, er habe sich von Martinas Zauberkräften täuschen lassen. Am folgenden Tag ließ der Tyrann sie aus dem Kerker holen, und jedermann war sehr verwundert, denn ihr Körper war ohne die geringste Verletzung; daraufhin wurden zahlreiche Menschen bekehrt.

Danach ließ er sie in den Tempel führen, um sie zu zwingen, den heidnischen Götzenbildern zu opfern. In diesem Augenblick begann der Teufel, der sich im Götzenbild verbarg, laut zu schreien: ›Oh ich Unglückseliger! Ich gebe mich geschlagen!‹ Die Jungfrau befahl ihm, herauszukommen und sich in seiner ganzen Hässlichkeit zu zeigen. Sogleich ertönte ein gewaltiger Donner, und vom Himmel fuhr ein Blitz, der das Götzenbild zerstörte und die Priester verbrannte. Nun wütete der Kaiser nur noch stärker gegen sie, ließ sie erneut ausstrecken und ihr mit eisernen Kämmen das Fleisch vom Körper reißen, aber jene betete ohne Unterlass zu Gott. Und als er sah, dass sie immer noch nicht starb, ließ er sie wilden Tieren zum Fraß vorwerfen. Ein großer Löwe, der seit drei Tagen nichts gefressen hatte, lief auf sie zu, ging vor ihr in die Knie, legte sich dann, einem Hündchen gleich, an ihrer Seite nieder und leckte ihr die Wunden. Jene aber pries Unseren Herrn und sprach: ›Gelobt seist Du, oh Gott, in dessen Macht es liegt, die Grausamkeit der wilden Tiere zu mildern!‹ Der Tyrann, den dieses Ereignis erzürnte, gab den Befehl, den Löwen in seine Grube zurückzubringen. Dieser jedoch richtete sich wütend auf, machte einen Satz und tötete Eumenes, den Vetter des Kaisers, was diesen sehr schmerzte. Er befahl, Martina in ein riesiges Feuer zu werfen, und als sie mit heiterer Miene inmitten der Flammen stand, ließ Gott einen starken Wind aufkommen, der das Feuer von ihr wegblies und ihre Folterknechte verbrannte.

Nun befahl der Kaiser, man solle ihr langes, prächtiges Haupthaar abschneiden, denn er meinte, in ihrem Haar steckten die Zauberkräfte. Da sprach die Jungfrau zu ihm: ›Du nimmst mir das Haupthaar, das nach den Worten des Apostels die Zierde einer Frau ist; Gott aber wird dich deines Reiches berauben und dich verfolgen, und du wirst in qualvollen Schmerzen deinen Tod erwarten!‹ Er ordnete an, sie in einem seinen Göttern geweihten Tempel einzuschließen; er selbst verschloss die Tür und versiegelte sie eigenhändig mit seinem Siegel. Nach drei Tagen kehrte er wieder zu diesem Tempel zurück und fand seine Götzenbilder umgestürzt, während die völlig unversehrte Jungfrau mit ihren Engeln spielte. Der Kaiser fragte sie, was sie denn mit seinen Göttern angestellt habe, worauf sie erwiderte: ›Die Allmacht Jesu Christi hat sie vernichtet!‹ Daraufhin befahl er, ihr die Kehle zu durchschneiden, und in diesem Augenblick ertönte eine Stimme, die sprach: ›Jungfräuliche Martina, da du in meinem Namen gekämpft hast, halte nun mit den Heiligen Einzug in mein Reich, um bis in alle Ewigkeit und in Freuden an meiner Seite zu leben!‹ Auf diese Weise starb also die gebenedeite Martina. Nach ihrem Tode eilten sogleich der Bischof von Rom und die gesamte Geistlichkeit herbei, und man bestattete ihre sterblichen Überreste in allen Ehren in der Kirche, Am gleichen Tage jedoch fuhr ein solcher Schmerz in den Kaiser, der Alexander hieß, dass er sich selbst zerfleischte.

VII. ÜBER EINE WEITERE HEILIGE JUNGFRAU NAMENS LUCIA, FERNER ÜBER ANDERE HEILIGE JUNGFRAUEN, DIE DEN MÄRTYRERTOD ERLITTEN

In der Stadt Syrakus lebte eine andere Heilige, die ebenfalls Lucia hieß. Als jene am Grabe der heiligen Agathe für ihre kranke Mutter betete, erschien ihr die heilige Agathe, umgeben von Engeln und mit Edelsteinen geschmückt, und sprach zu ihr: ›Lucia, meine Schwester, du gottgeweihte Jungfrau, weshalb erbittest du von mir etwas, was du selbst deiner Mutter geben kannst? Ich verheiße dir, dass die Stadt Syrakus durch dich in dem gleichen Maße an Bedeutung gewinnen wird, wie ich es für Catania bewirkt habe, denn mit deiner Reinheit hast du Unserem Herrn Jesus Christus gar köstliche Kleinodien geschenkt!‹ Da erhob sich Lucia, und nachdem ihre Mutter geheilt war, schenkte sie ihren ganzen Besitz Gott und beendete ihr Leben als Märtyrerin. Sie musste sehr viel erleiden; unter anderem drohte ihr der Richter damit, sie zur Stätte der ehrlosen Frauen führen zu lassen, damit sie dort, als Affront für ihren Gatten, vergewaltigt würde. Sie jedoch antwortete: ›Die Seele wird nur dann Schaden nehmen, wenn in Gedanken ein Einverständnis besteht, und wenn du mich mit Gewalt zu einem sündhaften Verhalten zwingst, so wird sich meine Keuschheit und folglich mein Sieg nur verdoppeln.‹ Als man sie nun aber zu jenem Ort führen wollte, da wurde sie auf einmal so schwer, dass man sie weder mit Hilfe von Ochsen noch verschiedener anderer Tiere, die man ihr vorspannte, vom Fleck bewegen konnte. Am Ende befestigte man Stricke an ihren Füßen, um sie fortzuschleifen – sie jedoch war so unbeweglich wie ein Berg. Als dann die Stunde ihres Todes gekommen war, da prophezeite sie die künftigen Geschicke des Reiches.

Eine ähnlich große Verehrung gebührt der ruhmreichen heiligen Jungfrau Benedicta, deren Wiege in Rom stand. Sie lebte in Gemeinschaft mit zwölf anderen, durch ihre Predigt bekehrten Jungfrauen. Da sie durch Predigten zur Ausbreitung des christlichen Glaubens beitragen wollte, brach sie in Gesellschaft ihrer Anhängerinnen auf, und jene gesegneten

Jungfrauen zogen durch viele Länder, ohne auch nur die geringste Furcht zu empfinden, denn Gott war mit ihnen. Unserem Herrn gefiel es, eine jede dann eigene Wege gehen zu lassen, und sie verteilten sich in verschiedene Gegenden, auf dass eine jede von ihnen nutzbringend handeln könne. Nachdem die heilige Jungfrau Benedicta mehrere Länder zum christlichen Glauben bekehrt hatte, errang sie am Ende ihres Lebens die Märtyrerkrone, und ähnliches geschah ihren heiligen Gefährtinnen.

Die heilige Fausta, eine vierzehnjährige Jungfrau, war von ähnlicher Vollkommenheit. Als sie es ablehnte, den Götzenbildern zu opfern, befahl der Kaiser Maximian, sie mit einer Eisensäge zu zersägen. Da jedoch die damit beauftragten Männer von der Stunde der Terza bis zur Nona* ohne Unterlass sägten, ohne sie zu verletzen, sprachen diese zu ihr: ›Wie schaffst du es nur, uns mit deinen Zauberkräften hier so lange festzuhalten, ohne dass wir dir auch nur das Geringste anhaben können?‹ Fausta aber begann, ihnen von Jesus Christus und dem christlichen Glauben zu predigen und sie so zu bekehren. Der Kaiser war darüber sehr aufgebracht und ließ sie Folterqualen verschiedener Art unterwerfen; unter anderem ließ er in ihren Kopf tausend Nägel schlagen, als wäre dies der Helm eines Ritters. Jene jedoch betete für ihre Peiniger, und der Vogt wurde bekehrt, denn er erblickte die geöffneten Weiten des Himmels und Gott, umgeben von seinen Engeln. Als man nun Fausta in einen Kessel mit kochendem Wasser warf, rief der Vogt: ›Heilige Dienerin Gottes, geh nicht fort ohne mich!‹ und sprang in den Kessel. Wie nun die beiden anderen von ihr bekehrten Männer dies sahen, sprangen sie ebenfalls in den Kessel, dessen Wasser brodelnd kochte; Fausta berührte sie, und alle Schmerzen verflogen. Sie aber sprach: ›Wie der Früchte tragende Weinstock, so stehe ich in der Mitte. Und wie sagte Unser Herr: Denn wo zwei oder drei versammelt sind in meinem Namen, da bin ich mitten unter ihnen!‹ Und eine Stimme ertönte, die sprach: ›Kommt her, ihr Glückseligen, den Vater verlangt es nach euch!‹ Jene, die dies vernahmen, starben in Freuden.

VIII. HIER IST DIE REDE VON DER HEILIGEN JUSTINA UND ANDEREN JUNGFRAUEN

Justina, eine heilige Jungfrau aus Antiochia, blutjung und ungemein schön, überwand den Teufel, der von einem Zauberer beschworen worden war und sich damit gebrüstet hatte, ihm würde es gelingen, sie einem Manne gefügig zu machen, der sehr in sie verliebt war und ihr keine Ruhe ließ. Als dieser Mann erkannte, dass er weder mit Bitten noch mit Versprechungen an sein Ziel gelangen würde, meinte er, es mit dem Feinde versuchen zu müssen. Das nützte ihm aber gar nichts, denn die ruhmreiche Justina vertrieb mehrere Male den Teufel, der verschiedenerlei Gestalt annahm, um sie zu versuchen; jedes Mal jedoch wurde er von ihr besiegt und musste gedemütigt den Rückzug antreten. Sie bekehrte durch ihre Predigt den Mann, der sie so maßlos begehrte, desgleichen den Zauberer namens Cyprianus, einen Mann von schlechtem Lebenswandel, der von ihr jedoch wieder auf den rechten Weg gebracht wurde. Viele andere Menschen wurden ebenfalls aufgrund der Zeichen, die Unser Herr an ihr offenbarte, bekehrt. Am Ende schied sie durch den Märtyrertod aus der Welt.

Gleiches gilt für die aus Spanien gebürtige selige Jungfrau Eulalia, die sich im Alter von zwölf Jahren von ihren Eltern fortstahl, die sie, da Eulalia ohne Unterlass von Jesus Christus sprach, eingeschlossen hielten. Sie floh mitten in der Nacht, warf die Götzenbilder des Tempels auf den Boden und rief den Richtern, die die Märtyrer verfolgten, zu, man habe sie getäuscht, und sie selbst wolle als Christin sterben. Auf diese Weise wurde sie in die Reihe der Gottesstreiter aufgenommen und erlitt Foltern verschiedener Art. Viele Menschen wurden angesichts der Zeichen, die Unser Herr an ihr offenbarte, bekehrt.

Eine andere heilige Jungfrau namens Macra wurde ebenfalls wegen ihres christlichen Glaubens grausam gefoltert: Unter anderem ließ man ihr die Brüste ausreißen. Dann jedoch, als sie sich im Kerker befand, sandte ihr Gott seinen Engel, der ihre Genesung bewirkte. Darüber war der Richter am nächsten Morgen aufs Höchste verwundert, was ihn aber nicht davon abhielt, sie noch verschiedenen anderen grausamen Folterqualen auszusetzen. Schließlich gab sie ihren Geist zurück an Gott. Ihre sterblichen Überreste liegen in der Nähe der Stadt Reims.

Die selige heilige Jungfrau Fida erlitt in ihrer Kindheit ebenfalls das Martyrium und zahlreiche Qualen. Am Ende krönte Unser Herr sie vor aller Augen durch seinen Engel, der ihr eine mit kostbaren Steinen besetzte Krone überbrachte. Gott offenbarte an ihr viele Zeichen, aufgrund derer zahlreiche Menschen bekehrt wurden.

Gleiches gilt für die selige Jungfrau Marciana, die sah, wie man das trügerische Abbild eines Götzen ehrte. Daraufhin ergriff sie jenes Götzenbild, warf es zu Boden und zerschmetterte es. Zur Strafe schlug man sie, bis sie halbtot auf dem Boden lag; dann sperrte man sie an einem Ort ein, wo ein abgefeimter Priester meinte, sie des Nachts vergewaltigen zu können. Dank der Gnade Gottes entstand jedoch zwischen diesem Mann und ihr eine so hohe Wand, dass er nicht zu ihr kommen konnte. Am nächsten Morgen erblickte das ganze Volk diese Wand, und viele Menschen wurden durch dieses Ereignis bekehrt. Marciana erlitt zahlreiche grausame Qualen, wurde aber nicht müde, den Namen Jesu Christi zu verbreiten. Schließlich bat sie Gott, er möge sie zu sich nehmen, und sie verschied, während man sie folterte.

Um des Namens Jesu Christi willen erlitt die heilige Eufemia ebenfalls große Qualen. Sie war sehr edler Abstammung und sehr schön, und der Richter Priscus forderte sie auf, die Götzenbilder anzubeten und Jesus Christus abzuschwören. Sie aber antwortete ihm so wortgewaltig, dass er klein beigeben musste. Von einer Frau besiegt worden zu sein, versetzte ihn in gewaltige Wut, und er ließ sie verschiedenen unmenschlichen Folterqualen unterwerfen. Obwohl ihr Körper durch zahlreiche Quälereien schwer verletzt war, nahm ihr Verstand nur zu, und aus ihren Worten sprach der Heilige Geist. Und während man sie folterte, stieg der Engel Gottes vom Himmel herab, zerbrach die Folterinstrumente und folterte die Folterknechte. Jene Jungfrau aber schritt mit heiterer Miene und völlig unversehrt davon. Daraufhin ließ der niederträchtige Richter ein Feuer entfachen, dessen Flammen vierzig Ellen hochschlugen, und ließ Eufemia in dieses Feuer werfen. Sie sang mitten in der Feuersglut Gottes Lob, und zwar mit so wohlklingender und starker Stimme, dass alle sie vernehmen konnten, und als das Feuer ausgebrannt war, kam sie heil und gesund heraus. Der immer wütender werdende Richter ließ nun glühende Zangen herbeischaffen, um ihr die Glieder auszureißen, aber die damit beauftragten Männer packte eine so große Angst, dass niemand Eufemia zu berühren wagte und man die Folter abbrechen musste. Schließlich ließ der heimtückische Tyrann vier Löwen und zwei weitere wilde Bestien herbeiführen, mit dem einzigen Resultat, dass jene Tiere der Jungfrau huldigten. Da die glückselige Jungfrau nun den Wunsch verspürte, zu ihrem Gott zu gelangen, bat sie diesen, er möge sie zu sich nehmen. Auf diese Weise starb sie, ohne von irgendeinem wilde Tier auch nur berührt worden zu sein.

IX. VON DER JUNGFRAU THEODOSINA, DER HEILIGEN BARBARA UND DER HEILIGEN DOROTHEA

In diesem Zusammenhang ist es gleichfalls angebracht, an die Standhaftigkeit der seligen Theodosina während ihres Martyriums zu erinnern. Diese Jungfrau war achtzehn Jahre alt, von edler Abstammung und von großer Schönheit. Sie verfügte ebenfalls über eine erstaunliche Klugheit und legte sich mit dem Richter an, der ihr mit der Folter drohte, falls sie Jesus Christus nicht abschwören würde. Da sie ihm jedoch mit göttlichen Worten antwortete, ließ er sie an den Haaren aufhängen und mit aller Gewalt schlagen. Jene aber sprach zu ihm: ›Es ist ohne jeden Zweifel ein Zeichen niedriger Gesinnung, über andere Menschen herrschen zu wollen, wenn man sich noch nicht einmal selbst beherrscht! Schmach über denjenigen, der alles daran setzt, sich selbst mit Fleisch vollzustopfen, den jedoch die Hungernden nicht dauern; verflucht sei der, der es warm haben will und der die vor

Kälte Sterbenden weder wärmt noch mit Kleidung versieht; Schmach über denjenigen, der selbst die Ruhe sucht und die anderen peinigt; verflucht derjenige, der alle Dinge sein eigen nennt, obgleich er sie doch aus Gottes Hand empfangen hat; und Schmach über denjenigen, der für sich Wohltaten will und der selbst alle Schandtaten begeht!‹ Sogar während der Folter sprach die Jungfrau also immer noch würdige Worte. Was ihr jedoch im Innersten ihres Herzens zu schaffen machte, war die Scham, die sie empfand, weil ihr ganzer Körper völlig nackt den Blicken des Volkes ausgesetzt war, woraufhin Gott ihr eine weiße Wolke sandte, die sie ganz umhüllte. Als Urban ihr nun immer stärker zusetzte, sprach sie zu ihm: ›Du wirst mich um kein einziges der Gerichte des Mahls bringen, das man mir bereitet.‹ Nun drohte ihr der Tyrann damit, sie ihrer Jungfräulichkeit zu berauben, worauf sie ihm entgegnete: ›Da Gott in ehrsamen Herzen seine Wohnstätte hat, drohst du mir vergeblich damit, mich zu schänden.‹ Der immer wütendere Richter ließ sie mit einem schweren Stein an ihrem Hals ins Meer werfen. Jener aber standen die Engel bei, und sie wurde von ihnen singend an Land gebracht; den Stein, der schwerer als sie selbst war, hielt die Jungfrau mit ihren Armen umschlungen. Dann ließ der Tyrann zwei Leoparden auf sie hetzen, die jedoch lediglich um sie herumsprangen und ihr huldigten. Schließlich befahl der Tyrann, der mit seinem Latein am Ende war, sie zu enthaupten, und ihrem Körper entflog, vor aller Augen, ihre Seele in Form einer strahlend weißen Taube. In ebendieser Nacht erschien Theodosina ihren Eltern; sie leuchtete heller als die Sonne, trug eine kostbare Krone, wurde von Jungfrauen begleitet, hielt ein goldenes Kreuz in der Hand und sprach zu ihnen: ›Seht den Ruhm, den ihr mir rauben wolltet!‹ Daraufhin bekehrten sich diese.

Ganz ähnlich verhält es sich mit der seligen Jungfrau Barbara, die von edler Abstammung und unvorstellbar schön war und deren Tugend zur Zeit des Kaisers Maximian erstrahlte. Ihr Vater hielt sie wegen ihrer Schönheit in einem Turm gefangen. Da sie plötzlich vom Glauben an Gott ergriffen wurde und niemand anders sie taufen konnte, nahm sie selbst Wasser und taufte sich im Namen des Vaters, des Sohnes und des Heiligen Geistes. Ihr Vater wollte sie sehr vornehm verheiraten, sie jedoch lehnte lange Zeit alle

Heiraten ab. Aber schließlich gestand sie, Christin zu sein und ihre Jungfräulichkeit Gott geweiht zu haben, worauf der Vater sie töten wollte; sie aber floh und entkam ihm. Und da ihr Vater sie in der Absicht verfolgte, sie umzubringen, fand er sie schließlich dank der Auskunft eines Hirten, der daraufhin sogleich gemeinsam mit seinen Tieren verdorrte. Nun zerrte der Vater sie vor den Richter. Weil Barbara sich all seinen Befehlen widersetzte, ließ er sie verschiedenen extrem grausamen Folterqualen unterwerfen und an den Füßen aufhängen. Sie aber sagte ihm: ›Du Jämmerling, merkst du denn nicht, dass mir die Folter gar nichts anhaben kann?‹ Außer sich vor Wut ließ jener ihr die Brüste ausreißen und sie in diesem Zustand in die Stadt bringen – sie jedoch pries ohne Unterlass Gott. Da sie sich wegen der Nacktheit ihres jungfräulichen Körpers schämte, sandte ihr Unser Herr seinen Engel, der alle ihre Wunden heilte und ihren Körper in ein weißes Gewand hüllte. Nachdem man sie hinreichend gefoltert hatte, brachte man sie vor den Richter, der total ausrastete, als er sie völlig unversehrt und mit sternenhellem Antlitz sah. Deshalb ließ er sie erneut foltern, so lange, bis die Kraft ihrer Folterknechte erschöpft war. Zu guter Letzt ordnete er wutschnaubend an, man möge sie aus seinem Blickfeld entfernen und ihr den Kopf abschlagen. Die Jungfrau sprach ihr letztes Gebet und bat Gott darum, all denjenigen beizustehen, die ihn im Gedenken an sie und an ihr Leiden um Beistand anflehten. Als sie ihr Gebet beendet hatte, ertönte eine Stimme, die sprach: ›Komm, du meine geliebte Tochter, um im Reich deines Vaters Ruhe zu finden und die Märtyrerkrone zu empfangen, und das, um was du gebeten hast, soll dir gewährt werden.‹ Als sie nun den Berg ihrer Hinrichtung erklommen hatte, schlug ihr der niederträchtige Vater eigenhändig den Kopf ab. Beim Herabsteigen von diesem Berg fuhr jedoch das Feuer des Himmels auf ihn nieder, so dass er zu Asche zerfiel.

Ähnlich gelagert ist der Fall der seligen Jungfrau Dorothea, die in Kappadokien ebenfalls Folterqualen verschiedener Art erduldete. Da sie keinen Mann heiraten wollte und ständig von ihrem Gatten Jesus Christus sprach, verspottete ein Schulmeister namens Theophilus sie und sagte ihr, als man sie zur Hinrichtung führte, sie solle, wenn sie bei ihrem Gatten weile, ihm wenigstens Rosen und Äpfel aus dessen Garten schicken. Dies versprach sie ihm. Kurz nachdem sie ihr Martyrium beendet hatte, geschah es, dass ein höchst anmutiges, etwa vierjähriges kleines Kind zu Theophilus kam, um ihm ein Körbchen mit unvorstellbar schönen Rosen und wohlduftenden, makellosen Äpfeln zu überbringen und ihm auszurichten, dies schicke ihm die Jungfrau Dorothea. Nun war es an Theophilus zu staunen, denn dies geschah im Wintermonat Februar. Aus diesem Grunde wurde er bekehrt und erduldete später im Namen Jesu Christi Folterqualen.

Wenn ich dir von allen heiligen Jungfrauen erzählen wollte, die dank ihrer Standhaftigkeit während des Martyriums im Himmel sind – von der heiligen Cäcilia, Agnes, Agathe und unzähligen anderen, so wäre das eine lange Geschichte. Willst du mehr über diese Frauen erfahren, so genügt ein Blick in den *Miroir historial*: Dort findest du zahlreiche andere Beispiele. Doch ich möchte dir noch von der heiligen Christine erzählen, und da sie deine Namenspatronin und eine Jungfrau großer Würde ist, will ich dir ausführlicher von ihrem vorbildlichen frommen Leben berichten.

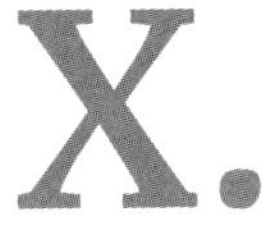

HIER IST VON DEM LEBEN DER HEILIGEN JUNGFRAU CHRISTINE DIE REDE.

Die gesegnete heilige Jungfrau Christine stammte aus der Stadt Tyrus und war die Tochter des Urban, des Leiters der Kavallerie. Diese wurde wegen ihrer großen Schönheit von ihrem Vater in Gesellschaft von zwölf Jungfrauen in einen Turm geschlossen. In der Nähe von Christines Gemach hatte ihr Vater einen sehr kostbaren Altar aufstellen lassen, zwecks Anbetung der Götter. Obgleich noch ein Kind im Alter von zwölf Jahren, erfüllte sie bereits der Glaube an Jesus Christus, und aus diesem Grunde beachtete sie die Götzenbilder überhaupt nicht, worüber sich ihre Begleiterinnen sehr wunderten und sie häufig dazu ermahnten, ein Opfer darzubringen. Nachdem sie aber Weihrauch genommen hatte, als wolle sie den Göttern opfern, kniete sie dann jedoch an einem nach Westen gerichteten Fenster nieder, blickte gen Himmel und opferte dem unsterblichen Gott Weihrauch. Den weitaus größten Teil der Nacht verbrachte sie an ebenjenem Fenster stehend; sie blickte auf zu den Sternen, seufzte, rief in ihrer Frömmigkeit Gott an und bat ihn, er möge sie im Kampf gegen seine Feinde unterstützen. Die jungen Mädchen aus ihrem Gefolge, die sehr wohl merkten, dass ihr Herz Jesus Christus gehörte, knieten oft mit gefalteten Händen vor ihr nieder und flehten sie an, sich keinem fremden Gott anzuvertrauen, sondern den Göttern ihrer Eltern zu huldigen, denn wenn jemand von ihrem Tun erführe, würde dies ihr und allen anderen zum Verhängnis. Christine antwortete ihnen, sie seien vom Teufel getäuscht worden, der sie dazu anhalte, so viele Götter anzubeten, während es doch in Wirklichkeit nur einen einzigen gebe.

Als zu guter Letzt ihr Vater von der Weigerung seiner Tochter erfuhr, die Götzenbilder anzubeten, schmerzte ihn das sehr, und er tadelte sie scharf. Daraufhin entgegnete sie, dem Gott des Himmels wolle sie mit Freuden opfern. Der Vater, der meinte, es handele sich um Jupiter, war überglücklich und wollte sie küssen; sie aber rief aus: ›Hüte dich, meinen Mund zu berühren, denn ich will vollkommen rein sein, wenn ich dem himmlischen Gott ein Opfer darbringe!‹ Das wollte der Vater noch gelten lassen. Dann betrat Christine ihr Gemach, verriegelte die Tür und fiel auf die Knie, um Gott weinend ein heiliges Gebet darzubringen. Und der Engel Unseres Herrn stieg vom Himmel herab, tröstete sie und brachte ihr weißes Brot und Fleisch, von dem sie aß, denn sie hatte seit drei Tagen kein Fleisch mehr zu sich genommen. Da sie kurze Zeit später einige arme Christen erblickte, die am Fuße ihres Turms bettelten, sie jedoch nichts besaß, was sie ihnen hätte geben können, ließ sie die goldenen und silbernen Götzenbilder ihres Vaters holen, schlug sie kurz und klein und verteilte die einzelnen Stücke an die Bettler. Als ihr Vater davon erfuhr, schlug er sie aufs Grausamste; sie jedoch sagte in aller Offenheit, er sei einem Irrtum erlegen, wenn er jene Trugbilder anbete, denn es gebe nur einen einzigen, dreifaltigen Gott, und allein diesem gebühre Verehrung. Zu diesem bekenne sie sich und werde keinen anderen anbeten, auch wenn sie deshalb sterben müsse. Voller Zorn gegen seine Tochter ließ ihr Vater sie nach diesen Worten in Ketten legen und sie, während er auf sie einschlug, über die öffentlichen Plätze führen und schließlich einkerkern. Er beharrte darauf, in dieser Angelegenheit selbst Richter zu sein, ließ sie sich am nächsten Morgen vorführen und drohte ihr mit allen Folterqualen, falls sie nicht die Götzenbilder anbeten wolle. Als er aber merkte, dass er weder mit Bitten noch mit Drohungen einen Gesinnungswandel herbeiführen konnte, ließ er sie ganz nackt an den Armen und Beinen ausstrecken und sie so lange schlagen, dass zwölf erwachsene Männer sich dabei erschöpften. Immer wieder fragte sie der Vater, ob sie es sich nicht anders überlegt hätte, und sagte ihr: ›Meine Tochter, ein natürliches Gefühl des Mitleids ergreift mit aller Macht mein Herz, wenn ich dich, mein eigenes Fleisch und Blut, so quäle. Aber das schulde ich der Ehrfurcht vor meinen Göttern, die du so sehr erzürnst.‹ Die heilige Jungfrau entgegnete: ›Tyrann, dem ich die Bezeichnung Vater versagen muss, weil er ein Feind meiner Glückseligkeit ist, nur zu, quäle ruhig das Fleisch, das du selbst gezeugt hast, denn das steht durchaus in deiner Macht! Den Geist jedoch, den mein himmlischer Vater erschaffen hat, vermagst du mit keiner Form der Versuchung zu rühren, denn Jesus Christus, mein Erretter, wacht über ihn.‹ Der grausame Vater ließ daraufhin ein Rad, das er hatte anfertigen lassen, herbringen. Er befahl, das zarte Kindchen auf dieses Rad zu binden und unter ihm ein Feuer anzuzünden; dann ließ er große Mengen kochenden Öls über Christines Körper gießen. Nun begann sich das Rad mit ihr zu drehen und riss sie in Stücke.

Gott jedoch, der barmherzige Vater, verspürte Mitleid mit seiner Dienerin und schickte seinen Engel, der alle Folterwerkzeuge zerbrach, das Feuer löschte und die Jungfrau, die heil und unversehrt war, befreite, zugleich tötete er mehr als tausend niederträchtige Bösewichter, die ihr ohne einen Hauch von Mitleid zusahen und dabei den Namen Gottes lästerten. Ihr Vater fragte sie: ›Sag an, wer lehrte dich solches Teufelswerk?‹ Sie aber entgegnete: ›Grausamer Tyrann, habe ich dir nicht erklärt, dass mich mein Vater Jesus Christus die Geduld und den rechten Glauben an den lebendigen Gott lehrte? Deshalb verachte ich die Schar deiner Folterknechte, und mit Hilfe des göttlichen Beistands werde ich aus allen teuflischen Attacken siegreich hervorgehen.‹ In seiner Schwäche und Verwirrung ließ jener sie in ein ganz besonders abscheuliches finsteres Loch werfen. Und als sie dort lag und über die gewaltigen göttlichen Mysterien nachdachte, da kamen, umflossen von viel Licht, drei Engel zu ihr, brachten ihr Nahrung und trösteten sie. Urban wusste nicht mehr, was er mit ihr anstellen sollte und sann Tag und Nacht darüber nach, auf welche Weise er sie sonst noch quälen könnte. Schließlich wurde er der Angelegenheit überdrüssig und ließ ihr, um sie ein für alle Mal aus der Welt zu schaffen, einen schweren Stein um den Hals binden und sie ins Meer werfen. In dem Augenblick, als man sie hineinstieß, ergriffen jedoch die Engel Christine, und sie verschwand mit ihnen über das Wasser. Nun richtete sie ihre Augen gen Himmel und erbat sich von Jesus Christus, es möge ihm gefallen, dass sie mit ebenjenem Wasser die heilige Taufe empfange, nach der sie sich so sehr sehnte. Daraufhin stieg der leibhaftige Heiland, umgeben von zahlreichen Engeln, vom Himmel herab, taufte sie auf seinen Namen ›Christine‹, krönte sie, schmückte ihr Haupt mit einem funkelnden Stern und brachte sie ans Land. Urban jedoch wurde in ebenjener Nacht vom Teufel heimgesucht und verschied.

Die glückselige Christine, der Gott es gewährte, sie nach ihrem Wunsch aufgrund ihres Martyriums zu sich zu nehmen, wurde von den Schurken zurück in ihren Kerker gebracht. Ein neuer Richter namens Dius, der wusste, was man ihr angetan hatte, ließ sie zu sich kommen und begehrte sie ihrer großen Schönheit wegen. Aber als er erkannte, dass er mit schönen Worten nicht weiterkam, ließ er sie aufs Neue foltern. Er befahl, einen großen Kessel mit Öl und Pech zu füllen, unter diesem ein Feuer anzuzünden und Christine mit dem Kopf zuerst hineinzuwerfen; vier Männer bewegten sie mit großen Eisenhaken hin und her. Die heilige Jungfrau jedoch brachte Gott mit wohlklingender Stimme Gesänge dar, verspottete ihre Folterknechte und drohte ihnen mit Höllenstrafen. Und als der niederträchtige und wütende Richter einsah, dass er so nicht weiterkam, ließ er sie vor aller Augen auf dem Marktplatz an ihren langen goldblonden Haaren aufhängen. Da stürzten sich die Frauen auf sie, die vor Mitleid weinten, als sie ein so zartes Kind so unmenschlichen Folterqualen ausgesetzt sahen, und schrien dem Richter ins Gesicht: ›Du grausamer Schurke, grausamer als eine wilde Bestie, wie kann ein Menschenherz solche Grausamkeiten gegen ein so schönes, zartes junges Mädchen aushecken?‹ Alle wollten sich auf den Richter werfen, der es jedoch mit der Angst zu tun bekam und zu ihr sprach: ›Christine, teure Freundin, lass dich nicht länger quälen, sondern geh mit mir und lass uns den höchsten Gott, der dir ein so großer Beistand war, anbeten.‹ Er meinte damit Jupiter, den er als den obersten Gott betrachtete, sie aber verstand seine Worte völlig anders und entgegnete ihm: ›Sehr wahr hast du gesprochen; ich gewähre es dir!‹ Er ließ sie herunterholen und führte sie, gefolgt von einer großen Volksmenge, zum Tempel. Als er sie, in dem Glauben, sie würde diese anbeten, vor die Götzenbilder geführt hatte, kniete sie nieder, blickte gen Himmel und betete zu Gott. Dann erhob sie sich, wandte sich an das Götterbild und sprach: ›Böser Geist, der du in diesem Götzenbild hausest, ich befehle dir im Namen Jesu Christi, komm raus!‹ Und sogleich sprang der Teufel heraus und machte ein gewaltiges, schreckliches Getöse, das alle Anwesenden so furchtbar erschreckte, dass sie zu Boden fielen. Nachdem sich der Richter wieder erhoben hatte, sprach er: ›Christine, du hast es verstanden, unseren allmächtigen Gott zu rühren: Da er Mitleid mit dir verspürte, ist er herausgekommen, um sein Geschöpf zu betrachten.‹ Die Jungfrau aber geriet über seine Worte in Zorn und tadelte ihn mit scharfen Worten für seine Verblendung, weil diese ihn die Allmacht Gottes verkennen lasse. Sie bat Gott darum, das Götterbild möge auf den Boden fallen und zu Staub werden, und ebendies trat ein. Mehr als dreitausend Menschen wurden durch die Worte und die Zeichen der Jungfrau bekehrt, worauf der entsetzte Richter sprach: ›Wüsste der König, welche Schmach unserem Gott durch Beweisführungen jener Christine angetan wird, dann hätte meine letzte Stunde geschlagen!‹ Da wurde der Richter so sehr von Angst geschüttelt, dass er wahnsinnig wurde und starb. Auf ihn folgte ein dritter Richter namens Julianus, der Christine festnehmen ließ und sich damit brüstete, dass er sie schon zur Anbetung der Götter bringen werde. Aber trotz aller Gewalt, die er aufbot, gelang es ihm nicht, sie vom Fleck zu bewegen, und deshalb ließ er um sie herum ein gewaltiges Feuer anzünden. In diesem Feuer blieb sie drei Tage lang, und während dieser Zeit hörte man aus dem Feuer süße Melodien. Die Folterknechte erschraken sehr angesichts der wunderbaren Zeichen, deren Zeugen sie wurden, aber als man dies dem Julianus hinterbrachte, glaubte er wahnsinnig zu werden. Nachdem das Feuer ausgebrannt war, sprang sie völlig unversehrt heraus. Nun ließ der Richter zwei gewöhnliche Nattern (dies sind sehr bösartige und giftige Schlangen) herbeibringen und dann noch zwei Giftnattern, aber diese Schlangen rollten sich mit gesenkten Köpfen und ohne ihr etwas zu tun vor Christines Füßen zusammen. Dann ließ man zwei weitere grässliche Schlangen, die Vipern heißen, auf sie los, die sich jedoch um Christines Brüste wanden und das Mädchen lediglich leckten. Da blickte Christine zum Himmel auf und sprach: ›Ich danke dir, göttlicher Herrscher, Jesus Christus, dass Du in Deiner Heiligkeit mich so sehr hast erhören wollen, dass die schrecklichen Schlangen in mir Deine Würde anerkennen.‹ Der verstockte Julianus, der diese Wunder mit eigenen Augen sah, schrie dem Schlangenwärter zu: ›Auch du scheinst mir von Christine verhext zu sein: Denn weshalb vermagst du die Schlangen nicht auf sie zu hetzen?‹ Jener, der den Richter fürchtete, war nun so vermessen, die Schlangen auf Christine loszulassen, aber diese warfen sich auf ihn und töteten ihn. Als nun alle große Angst vor diesen Schlangen hatten und sich ihnen niemand zu nähern wagte, befahl Christine ihnen im Namen Gottes, dahin zurückzukehren, von wo sie gekommen waren und niemandem Leid zuzufügen, was sie denn auch taten. Dann rief sie den Toten ins Leben zurück, und dieser warf sich sogleich zu ihren Füßen nieder und wurde bekehrt. Der Richter aber, den der Teufel so sehr verblendet hatte, dass er des göttlichen Mysteriums nicht gewahr wurde, sagte zu Christine: ›Jetzt reicht es mir aber mit deinen Zauberkünsten!‹ Sie jedoch antwortete völlig außer sich: ›Hättest du Augen im Kopf, um die Allmacht Gottes zu erkennen, dann würdest du dich überzeugen lassen!‹ Daraufhin ließ ihr jener wutentbrannt die Brüste herausreißen, und sogleich entströmte ihnen Milch anstelle von Blut. Da sie ohne Unterlass den Namen Jesu Christi aussprach, ließ er ihr die Zunge abschneiden – sie jedoch sprach besser und deutlicher als zuvor von den göttlichen Offenbarungen, pries Gott und dankte ihm für die Wohltaten, die er ihr erwies. Dann begann sie ihr Gebet zu sprechen und bat ihn, er möge sie zu sich nehmen, auf dass sich die Krone ihres Märtyrertums vollende.

In diesem Augenblick ertönte aus dem Himmel eine Stimme, die sprach: ›Christine, du Reine und Unberührte, die Himmel öffnen sich dir; das immerwährende Reich ist dein, und die gesamte Gemeinschaft der Heiligen preist Gott um deinetwillen, hast du doch von Kindesbeinen an den Namen deines Herrn Jesus Christus verteidigt.‹ Sie aber rühmte Gott und erhob ihre Augen gen Himmel. Noch einmal vernahm man die Stimme, die sprach: ›Komm, Christine, du meine über alles geliebte und auserkorene Tochter: Empfange in meinem Namen die ewige Krone und die Belohnung für dein leiderfülltes Leben.‹ Als der niederträchtige Julianus diese Stimme vernahm, tadelte er die Folterknechte und sagte, sie hätten Christines Zunge nicht kurz genug abgeschnitten und befahl ihnen, sie so zu beschneiden, dass es Christine nicht mehr möglich sei, so viel von ihrem Christus zu erzählen. Nun rissen ihr diese die Zunge heraus und schnitten sie ihr bis zur Kehle ab; sie aber spuckte den Schnipsel ihrer Zunge dem Tyrannen ins Gesicht, worauf er auf einem Auge erblindete. Sie aber sprach zu ihm mit ebenso klarer Stimme wie zuvor: ›Tyrann, was nützt es dir schon, mir die Zunge abgeschnitten zu haben, um mich am Gotteslob zu hindern, wird doch mein Geist ihn immerdar preisen, während deiner ihn ewig verfluchen wird! Und da du meiner Rede keinen Glauben geschenkt hast, geschieht es dir ganz recht, wenn du durch meine Zunge erblindet bist!‹ Sie, die bereits Jesus Christus zur Rechten seines Vaters sitzen sah, beendete ihren Leidensweg durch zwei Pfeile, deren einer ihre Seite und deren anderer ihr Herz durchbohrte. Einer ihrer Verwandten, den sie bekehrt hatte, bestattete den heiligen Leib und zeichnete ihre ruhmreiche Legende auf.«

»Oh gesegnete Christine, du würdige und dank Gott glückselige Jungfrau, du ruhmreiche, auserwählte Märtyrerin, um der Heiligkeit willen, die Gott dir geschenkt hat: Bete für mich Sünderin, die ich deinen Namen trage, und sei mir eine gewogene und mitleidige Namenspatronin. Wahrlich, ich bin sehr glücklich, einen Anlass zu haben, deine heilige Legende in meine Schriften einzufügen, und dir zu Ehren habe ich deine Geschichte besonders ausführlich wiedergegeben. Möge es dir genehm sein! Bete für alle Frauen, denen dein heiliges Leben ein Vorbild dafür sei, ihr eigenes Leben in Frömmigkeit zu beenden. Amen.«

»Schöne Freundin, was soll ich dir noch erzählen, damit sich unsere Stadt mit ähnlicher Gesellschaft füllt? Mit ihrer gewaltigen Schar von elftausend Jungfrauen komme die heilige Ursula; sie alle erlitten im Namen Jesu Christi den gesegneten Märtyrertod und wurden enthauptet, als sie zwecks Verheiratung auf die Reise geschickt wurden. Sie gelangten in ein von Heiden regiertes Land, wo man sie zwingen wollte, dem Glauben an Gott abzuschwören. Sie aber wählten lieber den Tod, als auf ihren Erretter Jesus Christus zu verzichten.«

XI. ÜBER MEHRERE HEILIGE, DIE MIT EIGENEN AUGEN ANSAHEN, WIE MAN IHRE KINDER VOR IHNEN FOLTERTE.

»Oh, was auf der Welt ist anrührender als eine Mutter mit ihrem Kind, und welcher Schmerz ist größer als der, den ihr Herz verspürt, wenn sie ihr Kind leiden sieht? Nach meiner eigenen Erfahrung ist der Glaube jedoch noch stärker. Dies zeigt das Beispiel mancher mutigen Frau, die wegen der Liebe zu Unserem Herrn ihre eigenen Kinder der Folterqual aussetzte: so zum Beispiel die selige Felicitas, die mit ansah, wie man ihre sieben Söhne, sehr stattliche Jünglinge, vor ihren Augen folterte. Diese ungemein edelmütige Frau tröstete sie und forderte sie auf, geduldig zu sein und den wahren Glauben nicht zu verleugnen. Jene vortreffliche Frau hatte, um der Liebe Gottes willen, ihr Mutterherz und die leibliche Sorge vergessen, und nachdem sie alle ihre Söhne hingeopfert hatte, wollte sie sich auch selbst opfern und erlitt die Folterqual.

Ähnliches gilt für die glückselige Julita, die einen Sohn namens Quiricus besaß. Jene edle Frau schenkte diesem in gleichem Maße körperliche wie geistige Nahrung, denn sie hielt ihn ohne Unterlass zum echten Glauben an, so dass er, der noch ein kleines Kind war, durch keine Folterqual dazu bewogen werden konnte, dem Namen Jesu abzuschwören. Vielmehr rief er während der Folter mit seiner zarten klaren Stimme und so laut er konnte: ›Ich bin Christ, ich bin Christ; ich danke Dir, Du unser Herr und Gott!‹ Er sprach mit ebensolcher Klarheit, wie es ein vierzigjähriger Mann getan hätte. Seine edle Mutter, die ebenfalls auf das Grausamste gequält wurde, tröstete ihn, lobte ohne Unterlass Gott, tröstete die übrigen Märtyrer, erzählte ihnen von der himmlischen Freude, die ihrer harrte, und beschwor sie, keine Angst zu haben. Desgleichen: Was lässt sich von der wirklich erstaunlichen Standhaftigkeit und Kraft der seligen Blandina berichten? Sie musste selbst mit ansehen, wie ihre fünfzehnjährige Tochter, die sie sehr liebte, gefoltert wurde; trotzdem spendete sie ihr heiter Trost. Später setzte sie sich dann so heiter wie eine Frau, die ihrem Gatten entgegengeht, der Folter aus und wurde auf vielfältige Weise so sehr gequält, dass ihre Peiniger sich an ihr müde folterten. Man legte sie auf einen Rost, zerfetzte ihren Körper mit eisernen Haken und setzte sie dem Feuer aus. Sie jedoch wurde nicht müde, Gott zu preisen und fuhr in dieser Weise fort bis zu ihrem Ende.

XII. HIER WIRD VON DER HEILIGEN JUNGFRAU MARINA ERZÄHLT.

Man könnte von einer großen Zahl jungfräulicher Märtyrerinnen erzählen, desgleichen von anderen, die im Kloster und auf manch andere Weise ein heiliges Leben führten. Von zwei Jungfrauen möchte ich dir jedoch gesondert berichten; ihre Legenden sind äußerst erbaulich und liefern weiteres Beweismaterial für weibliche Standhaftigkeit. Ein Laie hatte eine einzige kleine Tochter namens Marina, die er in die Obhut eines Verwandten gab. Er selbst wurde Mönch und führte ein ausgesprochen gottgefälliges Leben.

Dennoch zog es ihn aufgrund der natürlichen Bande immer wieder zu seiner Tochter, deren Leid ihm großen Kummer bereitete. Dies versetzte ihn in einen solchen Zustand tiefer Nachdenklichkeit, dass der Abt ihn so lange nach der Ursache seiner Traurigkeit fragte, bis er diesem antwortete, seine Gedanken beschäftigten sich ausschließlich mit einem kleinen Sohn, den er in der Welt zurückgelassen habe und nicht vergessen könne, worauf der Abt ihm entgegnete, er solle ihn nur holen lassen und zu sich ins Kloster nehmen. So geschah es, dass jene Jungfrau als junger Mönch verkleidet mit ihrem Vater zusammenlebte; sie verstand sich vorzüglich zu verstellen und war ein vorbildlicher Mönch. Sie vervollkommnete sich immer mehr, und als sie das Alter von achtzehn Jahren erreicht hatte, verstarb ihr Vater, der sie in äußerster Frömmigkeit erzogen hatte. So blieb sie allein in der väterlichen Zelle zurück und führte ein so gottgefälliges Leben, dass der Abt und alle anderen Mönche ihr frommes Leben lobten und der Meinung waren, sie sei ein Mann.

Jene Abtei lag drei Meilen von einer Stadt entfernt, in der Markt gehalten wurde, und manchmal war es erforderlich, dass sich die Mönche zu ebenjenem Markt begaben, um das ihnen Notwendige zu erstehen. Zur Winterzeit, wenn über ihren Besorgungen die Nacht hereinbrach, schliefen sie zuweilen in der Stadt. So blieb auch Marina, genannt Bruder Marinus, hin und wieder in einer gewissen Herberge in der Stadt, in der die Mönche gewöhnlich übernachteten. In jener Zeit wurde jedoch die Tochter des Wirtes schwanger, und da ihre Eltern sie drängten, ihnen mitzuteilen, von wem sie schwanger sei, beschuldigte sie den Bruder Marinus. Daraufhin beschwerten sich die Eltern beim Abt, der Marinus holen ließ und den diese Angelegenheit sehr bekümmerte. Die heilige Jungfrau jedoch nahm lieber die Schuld auf sich, als sich zu entlasten und zu bekennen, sie sei eine Frau. Weinend kniete sie deshalb vor dem Abt nieder und sprach: ›Vater, ich habe gesündigt; schließt mich in Eure Gebete ein, ich bin bereit zu büßen.‹ Der zornige Abt ließ sie grausam schlagen, warf sie aus dem Kloster und verbot ihr, es je wieder zu betreten. Marinus legte sich vor der Pforte nieder, blieb dort in Büßerhaltung liegen und bat die Brüder lediglich um ein einziges Stück Brot. Später brachte die Wirtstochter einen Sohn zur Welt, den ihre

Mutter zu Marinus vor das Kloster brachte und dort zurückließ. Die Jungfrau nahm sich seiner an und nährte mit jenem Stück Brot, das die Eintretenden ihr gaben, das Kind, als wäre es ihr eigen Fleisch und Blut. Nach einer gewissen Zeit wurden die Brüder vom Mitleid ergriffen und baten den Abt, er möge doch den Bruder Marinus um der Barmherzigkeit willen wieder aufnehmen, was sie unter großen Mühen erreichten; Marinus hatte zu diesem Zeitpunkt bereits fünf Jahre lang gebüßt. Als er wieder ins Kloster kam, trug der Abt ihm die schmutzigsten und unangenehmsten Verrichtungen auf; ihm oblag es, das Wasser zur Reinigung der Toiletten heranzuschleppen und alle anderen Mönche zu bedienen. Die heilige Jungfrau jedoch führte dies demütig und ohne Widerrede aus.

Kurze Zeit später holte Unser Herr sie heim, und nachdem die Brüder dies dem Abt mitgeteilt hatten, sagte er ihnen: ›Seht, seine Sünde war so groß, dass er keine Vergebung verdient, aber wascht ihn trotzdem und begrabt ihn dann weitab vom Kloster!‹ Als sie ihn entkleidet hatten und feststellten, dass es sich um eine Frau handelte, begannen sie sich selbst zu geißeln und vor Schmerz und Beschämung zu klagen angesichts des Unrechts, das sie einem so heiligen Wesen ohne jeden Grund getan hatten; der Lebenswandel der Jungfrau versetzte sie in höchste Verwunderung. Man meldete dies dem Abt, der sogleich herbeieilte, um sich laut klagend zu Füßen des heiligen Leichnams niederzuwerfen; er klagte sich heftig selbst an, flehte um Gnade und bat um Vergebung. Dann ordnete er an, sie in einer Kapelle innerhalb der Klostermauern zu bestatten. Alle Mönche kamen dorthin, und unter ihnen befand sich ein Einäugiger, der sich vor dem Leichnam verneigte, ihn in großer Frömmigkeit küsste und dem sogleich das Augenlicht wiedergegeben wurde. Am selben Tage wurde jene Frau, die das Kind geboren hatte, wahnsinnig und bekannte laut schreiend ihre Verfehlung; man führte sie daraufhin zum heiligen Leichnam, und sie wurde sogleich wieder gesund. Mehrere andere Wunder geschahen und geschehen noch immer an ebenjenem Ort.

XIII. HIER IST VON DER SELIGEN JUNGFRAU EUPHROSINA DIE REDE.

In Alexandrien gab es eine ähnliche Jungfrau namens Euphrosina, die Gott dank der Gebete eines Abtes und der Mönche eines Klosters in der Umgebung ihrem Vater Paphnutius, einem sehr reichen Mann, geschenkt hatte. Als jene Tochter herangewachsen war, wollte ihr Vater sie verheiraten. Sie jedoch, die sich ganz Gott geweiht hatte, floh in Männerkleidung, um ihre Jungfräulichkeit zu wahren. Sie bat in jenem Kloster um Aufnahme und gab vor, ein Jüngling vom kaiserlichen Hofe zu sein, dessen Frömmigkeit ihn zu jener Abtei gelenkt habe. Der Abt, der die große Ergriffenheit des Jünglings sah, nahm ihn gern auf. Als der Vater seine geliebte Tochter nun nirgends finden konnte, schmerzte ihn das sehr, und er ging zum Abt, um diesem von seinem gewaltigen Schmerz zu erzählen, um Trost zu finden und ihn darum zu bitten, zu Gott zu beten, er möge ihm doch eine Nachricht zukommen lassen. Der Abt tröstete ihn und sagte ihm, er könne sich nicht vorstellen, dass ein gottgeweihtes Mädchen umgekommen sei. Er und mit ihm die gesamte klösterliche Gemeinschaft beteten um dieser Angelegenheit willen lange zu Gott.

Da er aber gar nichts vom Verbleib des Mädchens hörte und der gute Mann in seiner Seelenqual alle Tage bei ihm Zuflucht suchte, sprach der Abt eines Tages zu ihm: ›Wahrlich, ich glaube nicht, dass deiner Tochter etwas Schlimmes zugestoßen ist, denn wenn es so wäre, so hätte Gott es uns gewiss offenbart. Aber unter uns weilt ein Klosterbruder, der vom Hofe des Kaisers kommt und den Gott seiner Gnade so sehr hat teilhaftig werden lassen, dass er jedem, der mit ihm spricht, Trost spendet; wenn du möchtest, kannst du ja einmal mit ihm sprechen.‹ Paphnutius bat in Gottes Namen darum, mit ihm sprechen zu dürfen, worauf der Abt den Vater zu seiner Tochter, die dieser nicht wiedererkannte, führte. Jene aber erkannte den Vater sehr wohl, und ihre Augen füllten sich sogleich mit Tränen, weshalb sie sich abwendete und so tat, als sei sie im Begriff, ein Gebet zu vollenden. Die Schönheit und Frische ihres Antlitzes hatten allerdings schon stark unter dem harten asketischen Leben gelitten. Danach sprach sie mit dem Vater, tröstete ihn sehr und versicherte ihm, seine Tochter verweile an einem sicheren Ort und diene Gott. Vor seinem Tode werde er sie wiedersehen, und sie werde noch einmal die Ursache großer Freude sein. Der Vater, der meinte, der Mönch wisse dies dank göttlicher Kraft, ging sehr getröstet von dannen und sagte zum Abt, seit dem Verlust seiner Tochter habe sein Herz noch nie so viel Beruhigung erfahren wie jetzt. ›Und bin ich‹, so sprach er, ›so heiter dank der Gnade Gottes, als hätte ich meine Tochter wiedergefunden!‹ Damit empfahl er sich dem Abt und den Gebeten der Klosterbrüder an und ging fort. Aber er unterließ es nicht, häufig jenen heiligen Bruder aufzusuchen, denn sein einziges Glück bestand darin, mit diesem zu sprechen.

Dieser Zustand währte so lange, bis jene Tochter, die sich Bruder Smaragdus nennen ließ, mittlerweile bereits achtunddreißig Jahre in ihrer Zelle verbracht hatte und es Gott gefiel, sie heimzurufen. Eine Krankheit bemächtigte sich ihrer, und der gute Mann, den dies sehr schmerzte, besuchte sie. Als er sah, dass Smaragdus im Sterben lag, begann er zu rufen: ›Du Unglückseliger, wie steht es mit deinen süßen Worten und den Versprechungen, die du mir gemacht hast, ich würde meine Tochter wiedersehn?‹ So ging Smaragdus heim zu Gott, und der Vater war nicht gegenwärtig, als er verschied. Smaragdus hielt jedoch in seiner Hand ein Schriftstück, das niemand ihm entreißen konnte; der Abt und alle Mönche versuchten es, aber ohne Erfolg. In diesem Augenblick traf der Vater ein und weinte und klagte lauthals um seinen guten Freund, den er tot vorfand und der die Quelle seines Trostes gewesen war. Und als er sich dem Leichnam näherte, um diesen vor aller Augen zu küssen, öffnete der Tote seine Hand, um ihm das Schriftstück zu übergeben. Jener ergriff es und entnahm ihm, dass der Verstorbene seine Tochter war, die verfügte, niemand anders als ihr Vater solle sie berühren, um sie zu bestatten. Dies dünkte ihm, dem Abt und dem gesamten Kloster ein gewaltiges Wunder, und alle priesen sehr ihre heilige Standhaftigkeit und Tugend. Der Vater jedoch weinte nur um so heftiger, denn er war erfüllt von Mitleid, zugleich aber auch getröstet angesichts ihres heiligen Lebens. Er veräußerte seinen gesamten Besitz, trat ins Kloster ein und lebte dort bis ans Ende seiner Tage.

»Damit habe ich dir genug von einigen Jungfrauen erzählt und will dir nun von anderen Märtyrerinnen berichten.«

XIV. ÜBER DIE GESEGNETE FRAU ANASTASIA

Zur Zeit der großen Christenverfolgung in Rom unter dem Kaiser Diokletian lebte in dieser Stadt eine ebenso vornehme wie wohlhabende Frau namens Anastasia, die dort zu den Einflussreichsten zählte. Jene edle Frau empfand tiefes Mitleid angesichts der Qualen, die, wie sie selbst beobachtete, täglich den glückseligen christlichen Märtyrern zugefügt wurden. Um diese zu trösten und ihnen beizustehen, kleidete sie sich jeden Tag wie eine arme Frau und ging, nur von einem jungen Mädchen begleitet, in die Kerker, in denen die Christen festgehalten wurden, um ihnen mit erlesenen Weinen, verschiedenen Fleischsorten und allem, was in ihrer Macht stand, das Leben zu erleichtern. Sie wusch ihnen die Wunden aus, verband sie und versah sie mit köstlichen Salben. Dies ging so lange gut, bis dies dem Publius, einem edlen Römer, der sie zur Frau begehrte, hinterbracht wurde. Dieser regte sich sehr darüber auf und ließ Anastasia so streng bewachen, dass sie nicht mehr herauszugehen wagte.

Zu diesem Zeitpunkt befand sich gemeinsam mit anderen Märtyrern auch der heilige Chrysogono im Gefängnis, ein bedeutender Mann, der schlimme Folterqualen erlitten hatte. Die Wohltaten und der Besuch jener heiligen Frau Anastasia waren ihm eine große Hilfe. Über eine zuverlässige Christin ließ dieser Heilige heimlich der Anastasia mehrere Briefe zukommen, in denen er ihr riet, geduldig zu sein, und jene schickte ihm auf dem gleichen Wege ebenfalls Briefe. Schließlich gefiel es Gott, den Mann, der Anastasia so sehr drangsaliert hatte, sterben zu lassen. Daraufhin verkaufte sie ihr gesamtes Hab und Gut und verwendete alles auf den Beistand und die Hilfe, die sie den Märtyrern gewährte. Jene vornehme Frau verfügte über ein großes Gefolge christlicher junger Mädchen und Frauen, und unter ihnen befanden sich drei Jungfrauen, drei Schwestern vornehmer Abstammung, die ihr besonders nahestanden. Die erste hieß Agape, die zweite Chionia und die dritte Irene. Eines Tages erfuhr der Kaiser, dass diese drei vornehmen Schwestern Christinnen waren, worauf er sogleich nach ihnen schickte und ihnen, unter der Bedingung, dass sie Jesus Christus verleugneten, kostbare Geschenke und Ehemänner vornehmer Abstammung versprach. Da die drei Mädchen indes nicht die geringsten Anstalten machten, darauf einzugehen, ließ er sie auspeitschen und dann in einen finsteren Kerker werfen; dort suchte sie ihre heilige Freundin Anastasia auf, die weder Tag noch Nacht von ihrer Seite wich. Anastasia betete zu Gott, er möge sie so lange am Leben lassen, bis sie all ihr Hab und Gut für dieses heilige Werk ausgegeben hätte. Der Kaiser befahl seinem Vogt Dulcitius, alle in den Verliesen befindlichen Christen mittels Folter dazu zu zwingen, die heidnischen Götterbilder anzubeten. Der besagte Vogt ließ sich also alle Christen, unter denen sich auch die drei gesegneten Schwestern befanden, vorführen.

Als der charakterlose Vogt diese erblickte, begehrte er sie, denn sie waren sehr schön; er ließ sie heimlich in wohlgesetzten Worten wissen, er verspreche ihnen ihre Freiheit, wenn sie sich ihm hingäben. Da die drei Mädchen dies alles jedoch weit von sich wiesen, ließ er sie von einem seiner Diener in Obhut nehmen und in sein Haus führen. Er dachte bei sich, er würde sich – sei es nun mit oder ohne ihr Einverständnis – ihrer schon zu bemächtigen wissen. Er brach also bei Anbruch der Nacht allein und ohne ein Licht zu dem Haus auf, in das er jene Mädchen hatte bringen lassen. Als er sich nun dorthin begeben wollte, wo er die Stimmen der Jungfrauen vernahm, die die ganze Nacht hindurch Gott priesen, da ging er durch eine Kammer, in der sich alles Küchengerät befand. Er aber, der des Teufels war und dessen Geist von der Wollust getrübt war, begann (und dies war die Absicht Gottes), erst ein Gerät, dann ein anderes zu umfangen und mit Inbrunst zu küssen, denn er war in dem Glauben befangen, es handele sich um die Jungfrauen. Dies ging eine ganze Weile so, bis er schließlich völlig erschöpft war. Als es dann tagte, begab er sich zu seinen Leuten, die draußen auf ihn warteten, die jedoch, als sie ihn erblickten, meinten, sie sähen einen Teufel, so schmutzig, fettverschmiert und kohlrabenschwarz war der ganze Kerl, und da außerdem sein Gewand völlig zerrissen war und nur noch in Fetzen an ihm herunterhing, ergriffen sie voller Schrecken die Flucht. Als er nun sah, dass sie vor ihm flohen und sich vor ihm fürchteten, wunderte er sich sehr darüber und fragte sich, welches der Grund hierfür sein könne. Sobald er sich auf der Straße zeigte, verspotteten ihn alle, die ihm begegneten, und er beschloss deshalb, sich schnurstracks zum Kaiser zu begeben und sich bei diesem darüber zu beklagen, dass ihn alle Welt verspotte, sobald er sich irgendwo zeige. Beim Betreten des Palastes, wo in den Morgenstunden zahlreiche Menschen warteten, empfing ihn sogleich ein gewaltiges Gejohle; andere schlugen ihn mit Ruten und wiederum andere stießen ihn mit den Worten zurück: ›Verschwinde, du scheußlicher Unglücksvogel, denn du stinkst ganz fürchterlich!‹ Ein anderer spuckte ihm ins Gesicht, worüber die übrigen sich ausschütteten vor Lachen. Dies alles versetzte ihn in eine so heillose Verwirrung, dass er beinahe wahnsinnig wurde, und weil der Teufel ihm die Augen so verschlossen hielt, dass er sich selbst nicht wahrnehmen konnte, kehrte er höchst aufgebracht in sein Haus zurück.

Man ersetzte ihn durch einen anderen Richter, der sich die drei gesegneten Jungfrauen vorführen ließ, um sie zur Anbetung der heidnischen Götter zu bringen. Da sie dies um keinen Preis wollten, befahl er, sie völlig zu entkleiden, um sie auspeitschen zu lassen – doch niemand schaffte es, sie auszuziehen, denn ihre Gewänder klebten förmlich an ihren Leibern, so dass es niemandem gelang, sie ihnen vom Körper zu reißen. Dann ließ er sie in ein hell loderndes Feuer werfen, aber das machte ihnen gar nichts aus; sie baten jedoch Gott, ihr Leben in diesem Feuer zu beenden, falls er damit einverstanden sei. Das Feuer, gleichsam um zu beweisen, dass es ihrem Willen unterworfen war, verbrannte ihnen weder ein einziges Haar noch ihre Gewänder, und nachdem es ausgebrannt war, fand man ihre Leichname. Die Mädchen hatten ihre Hände zusammengelegt und waren so unversehrt und ihre Gesichter so rosig, als wenn sie schliefen. Die gesegnete Anastasia jedoch, die über die Mädchen wachte, bestattete sie.

XV. VON DER GESEGNETEN THEODORA

Anastasia besaß eine andere vornehme Gefährtin, die Theodora hieß und drei kleine Söhne hatte. Da jene edle Frau sich weigerte, den Grafen Leucadius zu heiraten und es ablehnte, den Göttern zu opfern, wurde sie verschiedenen Arten der Folter ausgesetzt. Schließlich wollte man sie über ihr mütterliches Mitleid zum Nachgeben zwingen und ließ einen ihrer Söhne foltern. Jedoch war die Kraft ihres Glaubens stärker als die Natur, und so tröstete sie ihren Sohn und sprach zu ihm: ›Mein Sohn, fürchte dich nicht vor diesen Qualen, denn durch sie erwirbst du gewaltigen Ruhm!‹ Als jene Frau im Gefängnis war, kam ein Teufelssohn zu ihr, um ihre Reinheit zu beschmutzen; jedoch begann sogleich seine Nase heftig zu bluten, worauf er schrie, einer ihrer Jünglinge habe ihm einen Faustschlag auf die Nase versetzt. Theodora wurde erneut gefoltert; schließlich tötete man sie und desgleichen ihre drei Söhne, die ihren gesegneten Geist in Gottes Hand gaben und diesen rühmten. Wiederum war es die preiswürdige Anastasia, die sie bestattete.

Nun hatte jene gesegnete Anastasia so viele Märtyrer besucht, dass sie schließlich selbst in den Kerker geworfen wurde und es ihr fortan unmöglich war, Gottes Heilige aufzusuchen. Sie hatte weder zu essen noch zu trinken. Gott jedoch, der es nicht duldete, dass jene, die so unermüdlich seine glückseligen Anhänger getröstet und gespeist hatte, selbst Mangel litte, schickte ihr den Geist ihrer gesegneten Gefährtin Theodora, die von einem Lichtkreis umgeben war; diese deckte ihr den Tisch und brachte ihr verschiedene köstliche Stärkungen. Dies dauerte dreißig Tage lang, und während der ganzen Zeit hatte man ihr nichts zu essen gebracht; man nahm deshalb an, sie sei längst Hungers gestorben. Sie wurde jedoch in einem quicklebendigen Zustand aufgefunden und so vor den Richter geführt, dem das heftig zusetzte. Da sich angesichts dieses Wunders zahlreiche Menschen zum Christentum bekehrten, ließ er sie gemeinsam mit mehreren zum Tode verurteilten Verbrechern auf ein Schiff bringen. Mitten auf dem Meer führten die Matrosen dann das aus, was man ihnen zu tun befohlen hatte: Sie zerstörten dieses Schiff und wechselten selbst auf ein anderes über. Da erschien den Schiffbrüchigen die gesegnete Theodora und geleitete sie eine Nacht und einen Tag so sicher über das Meer, als befänden sie sich in einer Ebene auf dem Festland. Schließlich landeten sie auf der Insel Palmaria, dem Verbannungsort zahlreicher Bischöfe und heiliger Männer, und sie wurden dort mit Gotteslob und großer Freude empfangen. Jene aber, die gemeinsam mit Anastasia hatten entkommen können, wurden getauft und glaubten seitdem an Gott. Später kam diese Geschichte dem Kaiser zu Ohren, der seine Häscher nach ihnen ausschickte. Insgesamt waren sie mehr als dreihundert Männer, Frauen und Kinder, und sie alle ließ er auf grausame Weise umbringen. Die gesegnete Anastasia jedoch empfing die Märtyrerkrone, nachdem sie zuvor noch mehrere Streitgespräche mit dem Kaiser bestanden und Folterqualen verschiedener Art erlitten hatte.

XVI. VON DER EDLEN HEILIGEN NATALIA

Natalia, die edle Gemahlin Adrians, eines Reiterführers unter Kaiser Maximian, war zur Zeit der Christenverfolgung in aller Heimlichkeit Christin geworden. Da erfuhr sie, dass ihr Gemahl Adrian, für den sie ohne Unterlass zu Gott betete, plötzlich bekehrt worden war, nachdem er gesehen hatte, wie man die Märtyrer peinigte. Er hatte sich zu Jesus Christus bekannt, worauf der hocherzürnte Kaiser ihn in ein finsteres Verlies hatte werfen lassen. Die gesegnete Frau, sehr erfreut über die Bekehrung ihres Gatten, brach sogleich zum Gefängnis auf, um ihn zu trösten und darum zu bitten, er möge doch verharren in dem, was er begonnen hatte. Sie küsste die Fesseln, die ihn hielten, und weinte vor Mitleid und Freude. Sie schärfte ihm ein, er solle nicht den flüchtigen irdischen Freuden nachjammern, sondern den Blick auf den großen Ruhm heften, der ihm bestimmt sei. Jene heilige Frau verblieb lange dort; sie tröstete ihren Mann und alle anderen Märtyrer und bat gleichzeitig Gott, er möge sie diesen schon bald zugesellen. Ferner legte sie den anderen sehr ans Herz, ihrem Gemahl beizustehen, denn sie befürchtete, dass unter dem Druck der Folterqualen die Beständigkeit seines Glaubens ins Wanken geriete. Jeden Tag besuchte sie ihn, und jedes Mal ermahnte sie ihn sehr eindringlich zur Standhaftigkeit. Weil jedoch sie und einige andere Frauen die heiligen Märtyrer besuchten, ließ der Kaiser eines Tages den Frauen den Zugang zum Gefängnis verbieten, weshalb sich Natalia als Mann verkleidete. So war sie an seiner Seite, als der Tag der letzten Folterqual ihres Mannes anbrach; sie verband ihm seine Wunden, küsste sein Blut, weinte Tränen der Frömmigkeit und bat ihn, ihr Fürsprecher bei Gott zu sein. So starb der glückselige Adrian, und sie bestattete ihn, wie es sich für einen Christen ziemte. Sie behielt jedoch eine seiner Hände, die man ihm abgeschnitten hatte, und barg sie gleich einer heiligen Reliquie in einer kostbaren Umhüllung.

Nach dem Tode ihres Gemahls wollte man jene Frau zu einer neuen Ehe zwingen, denn sie war nicht nur vornehmer Abstammung, sondern auch schön und reich. Sie betete deshalb ohne Unterlass zu Gott, er möge sie aus den Händen jener befreien, die sie dazu zwingen wollten. Im Traum erschien ihr ihr Gemahl, der sie aufforderte, nach Konstantinopel zu reisen, um die Leichname zahlreicher Märtyrer zu bestatten, die sich dort befanden; dies führte sie auch aus. Und nachdem sie eine ganze Zeit lang Gott gedient hatte, indem sie die heiligen Märtyrer in ihren Kerkern aufsuchte, erschien ihr Adrian erneut und sprach zu ihr: ›Süße Schwester und Freundin, du Magd Jesu Christi, komm her in den immerwährenden Ruhm, denn Unser Herr ruft dich zu sich!‹ Da erwachte sie und starb kurz darauf.

XVII. VON DER HEILIGEN AFRA, EINER EHEDEM SITTENLOSEN FRAU, DIE DANN BEKEHRT WURDE

Afra war eine zum Christentum bekehrte Frau von schlechtem Lebenswandel. Sie wurde vom Richter angeklagt, der zu ihr sprach: ›Dir genügt nicht die Verderbtheit deines Leibes, du musst auch noch dein Fehlverhalten auf die Spitze treiben und einen fremden Gott anbeten! Opfere lieber unseren einheimischen Göttern, auf dass sie dir vergeben.‹ Da entgegnete Afra: ›Ich werde allein meinem Gott Jesus Christus opfern, der Mensch geworden ist um der Sünder willen, denn in Seinem Evangelium steht geschrieben, dass ihm eine Sünderin mit ihren Tränen die Füße wusch und ihr daraufhin verziehen wurde. Außerdem verachtete er weder sittenlose Frauen noch notorische Sünder, sondern duldete sie an seiner Tafel.‹ Der Richter entgegnete ihr: ›Wenn du den Göttern nicht opferst, dann werden sich deine Liebhaber von dir abwenden und dir keine Geschenke mehr zukommen lassen.‹ Daraufhin sie: ›Niemals mehr werde ich ein Geschenk der Sünder entgegennehmen, und jene, die ich zu Unrecht erhalten habe, habe ich den Armen mit der Bitte angeboten, sie möchten für mich beten.‹ Da Afra nicht den Göttern opfern wollte, verurteilte der Richter sie zum Feuertod. Als man sie zur Marter führte, betete sie und sprach: ›Herrgott, allmächtiger Jesus Christus, der Du die Sünder zur Buße aufrufst, nimm in dieser meiner Leidensstunde gnädig mein Martyrium an und befreie mich durch dieses körperliche Feuer, dem man meinen Leib aussetzt, vom ewigen Höllenfeuer!‹ Und von Flammen umzingelt sprach jene: ›Herr Jesus Christus, nun bitte ich Dich, empfange mich arme Sünderin, die um Deines heiligen Namens willen geopfert wird. Du, der Du Dich allein für die gesamte Welt geopfert hast und gekreuzigt wurdest als Gerechter für die Ungerechten, als Guter für die Bösen, als Gesegneter für die Verfluchten, als sanftes Wesen für die Verbitterten, als sündenloser Mensch für die Sünder: Dir, der Du bis ans Ende aller Zeiten lebst und regierst mit dem Vater und dem Heiligen Geist, bringe ich die Opfergabe meines Leibes dar.‹ Auf diese Weise starb die heilige

Afra, an der Unser Herr in der Folgezeit noch zahlreiche Wunder geschehen ließ.

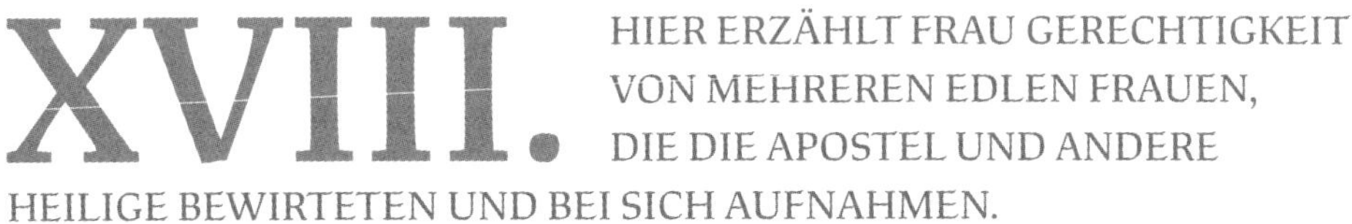

XVIII. HIER ERZÄHLT FRAU GERECHTIGKEIT VON MEHREREN EDLEN FRAUEN, DIE DIE APOSTEL UND ANDERE HEILIGE BEWIRTETEN UND BEI SICH AUFNAHMEN.

Schöne Freundin Christine, was soll ich dir noch zu diesem Thema erzählen? Ohne Unterlass könnte ich dir ähnliche Beispiele ins Gedächtnis zurückrufen. Da du dich jedoch, wie du zuvor sagtest, darüber gewundert hast, dass beinahe alle Männer die Frauen so heftig tadeln, möchte ich an dieser Stelle doch noch etwas richtigstellen: Was immer du in den Schriften heidnischer Autoren gefunden haben magst – in den heiligen Legenden und Geschichten um Jesus Christus und seine Apostel wirst du selten auf Kritik an Frauen stoßen. Ähnliches gilt, wie du selbst sehen kannst, für die Geschichten der Heiligen; dort findest du vielmehr Beispiele erstaunlicher Standhaftigkeit und unzähliger Tugenden, mit denen die Frauen dank der Gnade Gottes gesegnet sind. Oh, wie wohltätig, barmherzig, unerschrocken, umsichtig und freundschaftlich handelten die Frauen im Umgang mit den Dienern Gottes! Fallen denn etwa die Gesten der Gastfreundschaft und andere Wohltaten überhaupt nicht ins Gewicht? Auch wenn einige Narren männlichen Geschlechts diese als völlig unbedeutend betrachten, so kann doch niemand bestreiten, dass in unserer Religion solche Werke Leitern in den Himmel sind.

Dies gilt etwa für die rechtschaffene Witwe Drusiana, von der überliefert wird, sie habe bei sich zu Hause den Evangelisten Johannes aufgenommen und sich um sein leibliches Wohl gekümmert. Als nun jener heilige Johannes aus der Verbannung zurückkehrte und die Stadtbewohner ihm ein großes Fest bereiteten, bestattete man gerade Drusiana, die aus Kummer über sein langes Ausbleiben gestorben war. Ihre Nachbarn sagten zu Johannes: ›Johannes, hier liegt Drusiana, deine gutherzige Wirtin, die aus Schmerz über dein so spätes Kommen starb: Sie wird dich von nun an nicht mehr umsorgen können.‹ Da sprach der heilige Johannes zu ihr: ›Erhebe dich, Drusiana, geh in dein Haus und bereite mir eine Stärkung‹, woraufhin jene Frau vom Tode erwachte. Ähnliches gilt für eine mutige vornehme Frau aus Limoges namens Susanna; sie beherbergte als erste den heiligen Martial, den der heilige Petrus zwecks Bekehrung jener Gegend ausgesandt hatte; sie erwies ihm zahlreiche Wohltaten. Desgleichen bestattete die hochherzige Maximilla den heiligen Andreas, nachdem sie ihn zuvor vom Kreuz heruntergeholt hatte, und riskierte dabei die Todesstrafe.

In gleicher Weise folgte die heilige Jungfrau Ephigenia aus Frömmigkeit dem heiligen Evangelisten Matthäus und diente ihm; nach seinem Tode ließ sie ihm eine Kirche errichten.

Ähnlich verhält es sich mit einer anderen rechtschaffenen Frau, die dem heiligen Apostel Paulus so sehr zugetan war, dass sie ihm überallhin folgte und mit großer Sorgfalt diente. Ebenfalls zu Lebzeiten der Apostel begab sich eine edle Königin namens Helene (das ist nicht die Mutter des Konstantin, sondern die Königin von Adiabene) nach Jerusalem, wo aufgrund der dortigen Hungersnot eine gewaltige Lebensmittelverteuerung eingetreten war. Als sie erfuhr, dass die Heiligen Apostel Unseres Herrn, die sich in der Stadt aufhielten, um zu predigen und das Volk zu bekehren, beinahe Hungers starben, ließ sie so viele Lebensmittel aufkaufen, dass die Apostel für die gesamte Zeit der Hungersnot versorgt waren.

Ähnliches geschah, als man den heiligen Paulus auf Neros Befehl zur Enthauptung führte und eine rechtschaffene Frau namens Plautilla, die ihn immer umsorgt hatte, vortrat und sehr heftig weinte. Der heilige Paulus bat sie um den Schleier, den sie um ihren Kopf gewunden hatte. Sie gab ihm diesen, und böse Zungen, die Zeugen dieser Geste waren, verspotteten Plautilla, weil der Schleier sehr schön war und für sie einen großen Verlust bedeutete. Der heilige Paulus verband sich damit eigenhändig die Augen. Nach seinem Tode brachten die Engel der Frau den blutbefleckten, für sie äußerst kostbaren Schleier. Dann erschien ihr der heilige Paulus, um ihr mitzuteilen, sie habe sich auf der Erde um ihn gekümmert, und er werde es nun im Himmel für sie durch seine Gebete tun. – Ich könnte dir noch eine ganze Menge ähnlicher Fälle erzählen.

Die vornehme Basilissa zeichnete sich vor allem durch ihre Barmherzigkeit aus. Sie wurde dem heiligen Julian zur Frau gegeben, und bereits in der Hochzeitsnacht weihten sie sich in gemeinsamem Einverständnis dem Ideal der Jungfräulichkeit. Die Heiligkeit des Lebenswandels jener Jungfrau übersteigt jede Vorstellungskraft, und unvorstellbar groß war auch die Zahl der Frauen und Jungfrauen, die dank Basilissas heiliger Ermahnung errettet und zu einem gottgefälligen Leben bekehrt wurden. Kurz und gut, dank ihrer übergroßen Barmherzigkeit vollbrachte sie so viele Gnadenhandlungen, dass in der Stunde ihres Todes Unser Herr zu ihr sprach.

Ich weiß nicht, was ich dir noch sagen soll, Freundin Christine: Unzählige Geschichten von Frauen verschiedener Stände, ob Jungfrauen, Witwen oder verheiratete Frauen, könnte ich dir erzählen, Frauen, an deren wundersamer Kraft und Standhaftigkeit Gott seine Allmacht offenbart hat. Aber nun soll es damit genug sein, denn mir scheint, ich habe meine Pflicht voll und ganz erfüllt, indem ich den Bau der hohen Zinnen deiner Stadt vollendet und dir deine Stadt, wie versprochen, mit außergewöhnlichen Frauen bevölkert habe. Jene Frauen, von denen zum Schluss die Rede war, werden die Tore und die Umfriedung unserer Stadt bilden, und obwohl ich dir hier unmöglich alle Heiligen nennen kann, die es gegeben hat, gibt und geben wird, so sollen sie doch allesamt in diese Stadt der Frauen aufgenommen werden, einer Stadt, von der sich sagen lässt: *Gloriosa dicta sunt de te, civitas Dei.** Ich übergebe sie dir hiermit also wie versprochen, in gut befestigtem und vollendetem Zustand. Lebewohl, der Friede Gottes sei stets mit dir.«

XIX. AM SCHLUSS DES BUCHES WENDET SICH CHRISTINE AN DIE FRAUEN.

»Meine edlen, hochverehrten Frauen, gepriesen sei Gott, denn jetzt ist unsere Stadt erbaut und vollendet. Ihr Frauen der Vergangenheit, Gegenwart und Zukunft, die Ihr Tugend, Ehre und Unbescholtenheit liebt, findet hier eine Bleibe, denn unsere Stadt wurde für alle ehrsamen Frauen gegründet und errichtet. Da es, geliebte Frauen, ferner in der Natur des menschlichen Herzens liegt, sich zu freuen, wenn ein Unternehmen erfolgreich beendet ist und seine Widersacher überwunden sind, so dürft Ihr, meine lieben Frauen, Euch nun in aller Ehrsamkeit und Gottesfurcht am Anblick dieser neuen, vollkommenen Stadt erfreuen. Sie soll Euch Freundinnen der Tugend nicht nur als Zufluchtsort dienen, sondern auch – vorausgesetzt, Ihr verteidigt sie gut – als Hort und Zuflucht gegen Eure Feinde und Angreifer. Denn Ihr seht, dass sie ganz und gar aus dem Stoff der Tugend besteht, einer strahlenden Tugend, in der Ihr Euch alle spiegeln könnt. Dies gilt natürlich ganz besonders für die hohen Giebel des letzten Teils, aber auch für alle anderen Frauenfiguren, die Euch etwas bedeuten. Und dann, meine lieben Frauen, bitte missbraucht dieses neue Vermächtnis nicht, wie es die Überheblichen tun, denen die Mehrung ihres Wohlstands und ihrer Güter zu Kopf steigt. Nehmt Euch lieber ein Beispiel an Eurer Königin, der hohen Jungfrau, die, nachdem man ihr die unermessliche Ehre der Muttergottesschaft verkündet hatte, noch mehr Demut als zuvor an den Tag legte und sich als Magd Gottes bezeichnete. Da es sich also so verhält, dass mit der moralischen Vollkommenheit eines Geschöpfes auch seine Demut und Sanftmut wachsen, soll Euch diese Stadt dazu veranlassen, vorbildlich zu handeln und tugendhaft und demütig zu sein.

Ihr Frauen jedoch, die Ihr im Stande der Ehe lebt, seid nicht traurig darüber, in so hohem Maße Euren Männern unterworfen zu sein, denn oft ist der Zustand der Freiheit nicht von Vorteil für den Menschen, wie es der Engel Gottes auch dem Esra kundtat, als er sprach: ›Jene, die allein nach ihrem Willen handelten, verfielen der Sünde, verachteten Unseren Herrn und schmähten die Gerechten; dies wurde ihnen zum Verhängnis.‹

Alle Frauen aber, die friedfertige, gutherzige, weise und sie liebende Männer haben, sollten Gott für diese Wohltat schätzen, denn sie ist nicht gering, und auf dieser Welt konnte ihnen kein kostbareres Gut geschenkt werden. Sie sollten deshalb darauf bedacht sein, ihre Männer zu umsorgen, zu lieben und zu schätzen mit der Treue ihres Herzens, wie sie es tun müssen, damit ihren Frieden bewahren, und Gott bitten, ihnen diesem zu erhalten. Und die Frauen mit mittelprächtigen Männern zwischen Gut und Böse müssen Gott dafür danken, dass sie nicht noch Schlimmere erwischt haben; ferner sollen sie sich bemühen, die Abartigkeit jener Männer zu mindern und diese – soweit es ihnen möglich ist – in Frieden zu halten.

Jene Frauen schließlich, denen wankelmütige, gottlose und störrische Männer zuteilwurden, sollten sich bemühen zu widerstehen, damit sie deren Bösartigkeit besiegen und, wenn sie das schaffen, diese wieder zu einem Leben in Vernunft und Güte bewegen. Und falls die Verstocktheit der Männer dies vereiteln sollte, so erwerben diese Frauen doch dank ihrer Tugend der Geduld einen großen Schatz für ihre Seele, und alle Welt wird sie preisen und auf ihrer Seite stehen.

Deshalb, meine lieben Frauen, seid bescheiden und langmütig, und die Gnade Gottes wird wachsen in Euch und Ihr werdet gelobt und Euch wird das himmlische Reich geschenkt werden. Wie der heilige Gregorius sagt, ist Langmut der Weg Jesu Christi und der Schlüssel zum Paradies. Deshalb darf keine von Euch sich in leichtfertige, unvernünftige Meinungen verrennen und in diesen verharren oder zu Eifersüchteleien, abartigen Gedanken, hochmütiger Rede oder verrückten Taten hinreißen lassen, denn dies sind Dinge, die sie um den Verstand bringen und die betroffene Person fast in den Wahnsinn treiben – für Frauen völlig deplatziert und unpassend.

Und Ihr, Ihr unschuldigen Jungfrauen, seid rein, gelassen, zurückhaltend und ohne Koketterie, denn die Netze der Verführer sind schon für Euch ausgelegt. Senkt Euren Blick, seid zurückhaltend in Eurer Sprache und vorsichtig bei all Euren Unternehmungen; wappnet Euch mit sittsamer Kraft gegen die Schliche der Verführer und meidet den Umgang mit ihnen.

Für die Witwen sind Ehrsamkeit in Kleidung, Auftreten und Sprechweise, Zurückhaltung in Wort und Tat, umsichtiges Verhalten, Geduld – die ist besonders wichtig –, Stärke und Standhaftigkeit bei allen Heimsuchungen und wichtigen Angelegenheiten geboten, ferner Demut des Herzens, der Haltung und der Rede sowie eine praktizierte Barmherzigkeit.

Kurz und gut, Ihr Frauen aller Stände, ob vornehmer, bürgerlicher oder einfacher Herkunft, seid stets wachsam und auf der Hut gegen die Feinde Eurer Ehre und Unbescholtenheit! Ihr seht ja, liebe Frauen, wie die Männer Euch von allen Seiten so vieler Laster anklagen. Straft sie also allesamt Lügen, indem Ihr Eure Tugend beweist, um mit dem Psalmisten sagen zu können: ›Die Boshaftigkeit der Bösen fällt auf sie selbst zurück.‹ Und deshalb hütet Euch vor hinterhältigen Schmeichlern, die versuchen, Euch mit allerlei Verlockungen und auf vielfache Weise Euer höchstes Gut, das heißt: Eure Ehre und Euren makellosen Ruf zu nehmen. Oh Ihr Frauen, flieht, flieht vor der *fole amour**, zu der sie Euch überreden wollen! Um Himmels Willen, flieht, flieht vor ihr! Denn für Euch ist sie keineswegs gut, trotz der trügerischen Verführungsmanöver – die Rechnung zahlt am Ende immer Ihr! Lasst Euch nur nicht das Gegenteil einreden, denn es kann ja gar nicht anders kommen! Ihr lieben Frauen, vergesst niemals, wie sehr jene Männer Euch einerseits der Schwäche, Leichtfertigkeit und Flatterhaftigkeit bezichtigen – wie sehr sie aber andererseits sich aller erdenklichen, höchst seltsamen Schliche bedienen, um Euch unter großen Anstrengungen zu fangen wie Tiere in Netzen. Flieht, flieht, liebe Frauen und meidet solche Annäherungsversuche, denn hinter ihrem Lächeln verbergen sich grausame, tödliche Gifte. Deshalb, Ihr meine hochverehrten Frauen, möge es Euch gefallen, erfreuen und guttun, die Tugenden anzulocken und die Laster zu verjagen, um unsere Stadt noch weiter auszubauen und ihre Bewohnerschaft zu mehren.

Und ich, Eure Dienerin, sei Euch anempfohlen, und ich bete zu Gott, Seine Gnade möge es mir gestatten, zu leben und Ihm zu dienen, damit Er am Ende meiner irdischen Existenz Mitleid angesichts meiner schweren Verfehlungen empfindet und mir jene unendliche Freude schenkt, die Seine Gnade auch Euch gewähren möge. Amen.«

HIER ENDET DER DRITTE UND LETZTE TEIL DES BUCHS VON DER STADT DER FRAUEN.

Camilla Falsini: *Christine de Pizan und ihre Stadt der Frauen* (2018).
Wandbild auf der Wand eines Wohnhauses in Turin, Corso Belgio.
Entstanden im Rahmen des Gender Equality-Projekts »Towards 2030«.

ANMERKUNGEN

Dieser Anmerkungsteil will in erster Linie Erläuterungen zu den von Christine erwähnten Frauengestalten und Autoren mit ihren Werken geben sowie einige Begriffe und Vorstellungen des spätmittelalterlichen Denkens erklären.

Die folgenden Anmerkungen sollen Verständnisschwierigkeiten beseitigen, einen Eindruck von Christines Umgang mit ihren Quellen vermitteln und außerdem informieren über das Verhältnis von authentischen (das heißt: historisch nachweisbaren) Frauengestalten einerseits und solchen, die der biblischen Überlieferung, den Mythen, Legenden und der antiken Literatur entnommen sind, andererseits. Die Trennungslinie verlief allerdings im Mittelalter und damit für Christine de Pizan anders als für heutige Leser:innen.

Im Folgenden beziehen sich die römischen Ziffern auf das jeweilige Kapitel, die arabischen Ziffern auf die Seitenzahlen.

ERSTES BUCH

I/9 *»... dass es ›Matheolus‹ hieß«*: Dies sind die um 1300 entstandenen frauenfeindlichen, in lateinischer Sprache und in Versen verfassten *Lamentationes Matheoli* bzw. der *Liber lamentationum Matheoluli* (*Die Klagen des* Mattheus bzw. *Das Buch der Klagen des Mattheus*). Sein Verfasser ist der Kleriker Matthaeus aus Boulogne-sur-Mer. Es zeigt den Einfluss antiker (vor allem den Ovids) und mittelalterlicher Quellen wie des *Rosenromans* aus dem 13. Jh., auch von sog. Exempla – Beispielgeschichten –, die immer wieder in Predigten oder pädagogischen Schriften verwendet werden, sowie derbkomischer Schwankerzählungen, der *Fabliaus*. Diese Klagen über die vermeintliche Bösartigkeit der Frauen und über die Qualen des Ehelebens werden formuliert aus der Sicht eines Klerikers, den die Ehe mit der Witwe Petra um alle Privilegien des Klerikerstands gebracht hat. Beschrieben werden die Leiden eines Mannes, der zum Zusammenleben mit einer Megäre verdammt ist: Individuelle Erfahrungen verbinden sich hier mit altbekannten Gemeinplätzen des frauenfeindlichen Diskurses. Aber nicht im lateinischen Original erlebte dieses literarisch unbedeutende Werk seine größte Verbreitung, sondern in der französischen Übersetzung und Bearbeitung durch einen anderen Verfasser, einen gewissen Jehan Le Fèvre (letztes Drittel des 14. Jahrhunderts). – Um nun die Textstelle in der *Stadt der Frauen* zu verstehen, ist es gut zu wissen, dass Jehan Le Fèvre auf »den« von ihm übersetzten Matheolus(text) noch einen »Gegentext« mit dem Titel *Le Livre de Leesce – Das Buch der Freude* – folgen ließ, ein Loblied auf die Frauen und die Freuden der Ehe. Für den spätmittelalterlichen Leser bilden diese beiden Werke also eine Einheit, und Christines erfreute Reaktion dürfte sich auf das *Livre de Leesce* bezogen haben.

I/10 *»dass nämlich Frauen in ihrem Verhalten und ihrer Lebensweise zu allen möglichen Formen des Lasters neigen«*: Christine fasst hier ihre leidvollen Erfahrungen mit der starken Strömung misogyner Literatur zusammen, die sich – trotz Marienverehrung und Verklärung der Frau in einem Teil der höfischen Dichtung – im gesamten Mittelalter beobachten lässt; dabei liefern antike Autoren wie etwa Ovid oder Juvenal für Schriftsteller des Mittelalters wichtige Impulse. – Für das Spätmittelalter sei neben dem *Roman de la Rose* (s.u.) auf Boccaccios *Il Corbaccio* (*Die Krähe*, um 1365) verwiesen, das finstere Porträt einer Witwe; ferner auf den »Ehespiegel« des mit Christine befreundeten Eustache

Deschamps, *Le Miroir du Mariage* (um 1390), eine wahre Fundgrube für ›Argumente‹ gegen die Ehe und die Frauen.

I/10 »*die weiblichen Stände*«: Das sind nach der Bibel die Jungfrau, die Ehefrau und die Witwe.

II/14 *Rosenroman*: Eins der berühmtesten Werke der mittelalterlichen Literatur, das aus zwei Teilen besteht. Teil I wurde um 1220/30 von Guillaume de Lorris verfasst, von diesem jedoch aus unbekannten Gründen als Fragment hinterlassen. Es ist der Entwurf einer höfischen Szenerie mit allegorischen Figuren und dem vergeblichen Werben der männlichen Hauptfigur um eine als »Rose« bezeichnete Frau. Zwischen 1268 und 1285 greift Jean de Meun, ein streitbarer Kleriker aus Paris, diesen Handlungsstrang wieder auf und bringt den *Rosenroman* zum Abschluss mit einer Vergewaltigungsszene. Er entfernt sich damit weit von dem Stil und den Inhalten von Teil I. In den rund 14.000 von ihm verfassten Versen ist nichts mehr von höfischer Liebe und Frauenkult zu spüren, sondern es dominiert der Versuch, kompaktes Wissen zu verschiedenen Bereichen zu vermitteln und zugleich mit scharfer Satire gegen gesellschaftliche Missstände und bestimmte Gruppen und Institutionen vorzugehen. Hierzu gehören für den Autor auch die Frauen und die Ehe. So finden sich in diesem zweiten *Rosenroman* lange frauenfeindliche Passagen (v.a. die sog. »Rede der Alten«), die Christine zum Anlass nimmt, in ihrem berühmten Streit um den *Rosenroman* (um 1400) gegen diese Diffamierung der Frau anzugehen. Dies ist eine frühe Form von feministischer Literaturkritik, denn sie attackiert erfolgreich eine literarische und intellektuelle Autorität und dessen um 1400 bereits zu einem ›Klassiker‹ gewordenes, viel zitiertes und gelesenes Werk.

III/17 *»den Händen Pharaos zu entreißen«*: Anspielung auf die Befreiung des Volkes Israel aus der ägyptischen Knechtschaft.

IV/19 *»Ich heiße Frau Vernunft«*: Christine bedient sich hier und im Folgenden einer verbreiteten Form mittelalterlichen Denkens, der Allegorie, zu deren Verbreitung der *Rosenroman* wesentlich beigetragen hatte. Die Allegorie stellt abstrakte Begriffe oder Eigenschaften als Personen dar, die handeln und sprechen. Besonders beliebt ist die Darstellung von Tugenden und Lastern als Allegorien.

VII/23 *»Ich bin doch keineswegs der heilige Apostel Thomas«*: Anspielung auf den Apostel Thomas und eine Legende, der zufolge er in Parthien und Indien gepredigt und dort das sogenannte Thomaschristentum begründet haben soll.

IX/29 *»was fällt Ovid ein«*: Der römische Dichter Ovid (43 v. Chr. – 17 n. Chr.), im Mittelalter einer der beliebtesten antiken Dichter, ist der Verfasser eines dreibändigen Lehrgedichtes mit Ratschlägen für das Verhalten in Liebesdingen, der Liebeskunst (*Ars Amatoria*), deren beiden ersten Bände Ratschläge für die Männer enthalten; später fügte Ovid einen dritten Band mit Ratschlägen für die Frauen hinzu. Das im Folgenden erwähnte Buch *Heilmittel gegen die Liebe* (*Remedia amoris*) bildet eine Art Fortsetzung und ist der Frage gewidmet, wie Liebesverhältnisse zu beenden sind.

IX/30 *Cecco d'Ascoli:* eigentlich Francesco Stabili, geboren um 1290 in Ancarano bei Ascoli Piceno, gestorben 1327 in Florenz; italienischer Dichter, Arzt und Astrologe, der in Bologna lehrte, jedoch 1324 des Ketzertums angeklagt, seines Amtes enthoben und am 16.9.1327 verbrannt wurde. Im IV. Buch seines Hauptwerks *L'Acerba* (*Die Bitternis*), einem Lehrgedicht, findet sich eine lange frauenfeindliche Passage, auf die Christine im Folgenden anspielt. Wahrscheinlich stand dieses Werk in der väterlichen Bibliothek.

IX/30 *Secreta Mulierum*: Die Abhandlung *Die Geheimnisse der Frauen* war ein im späteren Mittelalter beliebtes Handbuch über Schwangerschaft und Geburt und wurde lange Zeit fälschlicherweise dem Theologen Albertus Magnus (um 1193–1280) zugeordnet.

IX/32 *Marcus Tullius Cicero:* römischer Staatsmann, Schriftsteller und Redner (106–43 v. Chr.); im Folgenden bezieht sie sich wahrscheinlich auf seine Schrift *De officiis* (*Über die Pflichten*).

X/33 »*jener Cato Uticensis*«: Feind Cäsars, ein Stoiker (95–46 v. Chr.); Christine schreibt ihm hier irrtümlich, wie damals üblich, die *Dicta Catonis* (*Sprüche Catos*) zu, eine im Mittelalter beliebte Sammlung von Lebensregeln.

X/34 »*ihr Stand*«: Gemeint ist das, was im Mittelalter als »Naturstand« der Frau bezeichnet wird und womit ihr ›natürliches‹ Wesen gemeint ist.

X/36 »*den er auferweckte*«: siehe hierzu Joh. 11.

XI/40 *Problemata*: Dies ist eine fälschlich Aristoteles zugeordnete Schrift.

XII/41 *Nicaula*: Sie ist identisch mit der Königin von Saba, von deren Weisheit die Bibel berichtet; Christine stützt sich hier auf Bocaccios *De claris mulieribus* (1360–62), Kap. X.

XIII/42 *Fredegunde*: Frankenkönigin, um 545–397; erst Nebenfrau, dann Gemahlin von König Chilperich. Nach dessen Tod (584) regierte sie zeitweilig für ihren Sohn Chlotar II. Sie verfolgte erbarmungslos die Merowingerkönigin Brunhild und veranlasste die Ermordung mehrerer Frankenkönige. Christine präsentiert hier ein ›geschöntes‹ Bild dieser Herrscherin.

XIII/43 *Blanca*: Blanca von Kastilien (1188–1252), Königin von Frankreich, Tochter des Alfons VIII. von Kastilien und der Eleonore von England, wurde 1200 mit dem späteren französischen König Ludwig VIII. verlobt. Nach dessen plötzlichem Tod (1226) übernahm sie für ihren unmündigen Sohn Ludwig IX. die Regentschaft (bis 1234) und erwies sich als kluge und erfolgreiche Herrscherin. Auch nach der Volljährigkeit ihres Sohnes übte sie starken Einfluss auf die französische Politik aus und übernahm während des VII. Kreuzzugs (1248–1254) erneut die Regentschaft.

XIII/44 *Jeanne*: Jeanne d'Evreux, die dritte Frau Charles IV., die am 4.3.1371 starb. Dieses Datum ist von Bedeutung, weil es dazu beiträgt, Christines eigene Ankunft in Frankreich zu datieren.

XIII/44 *»ihre edle Tochter«*: Blanca von Frankreich (1327–1392), die Frau des Herzogs Philipp von Orléans.

XIII/44 *»Blanca, Königin von Frankreich, die verstorbene Frau des Königs Jean«*: Die Identität dieser Königin ist unklar, denn der erwähnte König Jean (= Johann II. der Gute, 1319–1364) war in erster Ehe mit Bonne von Luxemburg, dann mit Johanna von Boulogne verheiratet.

XIII/44 *»die tüchtige und weise Herzogin von Anjou«*: Marie de Blois (1345–1404), Königin von Neapel und Herzogin der Provence durch ihre Heirat mit Ludwig I. von Anjou. Während der Minderjährigkeit ihres Sohns Ludwigs II. von Anjou übte sie die Regentschaft aus und blieb auch danach politisch einflussreich.

XIII/45 *»die Comtesse de la Marche, Edelfrau und Comtesse von Vendôme und Castres«*: Catharina von Vendôme, die 1364 Johann von Bourbon, Herzog von La Marche, heiratete. Nach dem Tode ihres Bruders (vor 1375) erbte sie die Ländereien von Vendôme und Castres. Ihr Mann starb 1393, und sie regierte bis zu ihrem Tod am 1.4.1411 über ihre Ländereien.

XV/48 *Semiramis*: Königin von Assyrien (um 800 v. Chr.), der einzige Fall von Frauenherrschaft in Assyrien. Mit der Gestalt der Semiramis, die später zu einem beliebten literarischen Stoff wird, verbinden sich verschiedene Sagen: so etwa die von den Hängenden Gärten zu Babylon, deren Schöpferin sie sein soll, oder von der Einführung der Hose als Bekleidungsstück für Frauen.

XVI/51 *Amazonen*: Dies ist das sagenhafte Volk kriegerischer Frauen, die bereits in Homers *Ilias* erwähnt werden. Die wichtigsten Elemente der Amazonensage sind folgende: Die Amazonen gründeten einen Frauenstaat im Nordosten Kleinasiens am Thermodon, mit der Hauptstadt Themiskyra. Zwecks Fortpflanzung lebten sie im Frühling zwei Monate mit einem Nachbarvolk zusammen. Die Knaben töteten sie oder schickten sie zu ihren Vätern zurück oder machten sie für den Kriegsdienst untauglich; die Mädchen bekamen eine kriegerische Ausbildung und blieben Jungfrauen, bis sie drei Feinde getötet hatten; in ihren Stammbäumen zählten die Väter nicht. Die meist berittenen Amazonen kämpften mit Pfeil und Bogen und einem Schwert, das an einem über die Brust laufenden Band hing. Es besteht eine Verbindung zwischen den Amazonen und verschiedenen griechischen Sagenkreisen (Achill, Theseus,

Herakles, Jason). – Die Forschung sieht in der Amazonensage einen Nachhall historischer Kämpfe mit matriarchalischen asiatischen Stämmen, vermischt mit märchen- und sagenhaften Motiven. Amazonenbilder finden sich häufig auf antiken Vasen, Wandmalereien, Friesen, Reliefs oder Statuen.

XVI/51 *»liegt ein Land namens Skythien«*: Die Ortsangabe davor ist nur verständlich, wenn man berücksichtigt, dass Christine noch vom aristotelischen Weltbild – die Erde als Scheibe, umgeben von den Meeren – ausgeht.

XIX/58 *Penthesilea*: die berühmteste Amazonenkönigin, deren Gestalt in die Literatur eingegangen ist – so zum Beispiel in Heinrich von Kleists Drama *Penthesilea* (1808).

XX/62 *Zenobia*: Herrscherin (um 240–273) von Palmyra, der alten Karawanenstadt der nordarabischen Wüste, die unter Zenobia zur kulturellen und wirtschaftlichen Metropole des Orients aufstieg. Ihr Bildungsbedürfnis ist historisch überliefert, und mit ihrem Namen verbindet sich »die erste große Expansion in der Geschichte des Arabertums« (H. Bengtson).

XXI/66 *Artemisia*: Gemeint ist Artemisia II., die Schwester und Frau des Mausolos (377–353 v. Chr.), des Herrschers von Karien. Nach seinem Tod übernahm sie die Herrschaft, eroberte Rhodos und errang durch die Errichtung des Mausoleums unsterblichen Ruhm.

XXII/69 *Lilli*: Mutter von Theoderich dem Großen, des Königs der Ostgoten (474–526).

XXIII/70 *Fredegunde*: siehe die Anm. zu Kap. XIII des Ersten Buchs.

XXIV/72 *Camilla*: Figur aus Vergils *Aeneis* (siehe vor allem den siebten Gesang, Vers 803 ff.). Tochter des Volskerkönigs Metabus und der Camilla. Nach dem Tod der Mutter und der Vertreibung des Vaters wurde sie mit dem Vater durch ein Wunder gerettet; dieser weihte sie der Diana. Sie wurde mit Stutenmilch genährt und betätigte sich als jungfräuliche Jägerin; Camilla kämpfte heldenmütig auf der Seite des Turnus.

XXV/73 *Veronika von Kappadokien*: Christine übernimmt ihre Geschichte aus Boccaccios *De claris mulieribus*, Kap. LXXI.

XXVI/74 *Clelia*: römische Jungfrau; die Episode der Geiselbefreiung ist historisch überliefert. Christine stützt sich hier wieder auf Boccaccios *De claris mulieribus*, Kap. LII.

XXVIII/77 *Cornificia*: römische Dichterin und Tochter des Cicero-Freundes Cornificius.

XXVII/78 *Proba*: Petronia Proba, Frau des römischen Konsuls Clodius Celsinus Adelphius. Sie lebte im 4. Jh. n. Chr. und ist die Verfasserin des *Cento* (Flickgedicht, um 360 n. Chr.), einer Bibelfassung in Versen, inspiriert von der Dichtung Vergils.

XXIX/78 *»die Sieben Freien Künste«*: Dies ist die aus der Antike übernommene Gliederung des mittelalterlichen Bildungs- und Wissensstoffes. Die Sieben Freien Künste bestehen aus dem Trivium (Grammatik, Dialektik, Rhetorik) und dem Quadrivium (Arithmetik, Geometrie, Astronomie, Musik).

XXX/80 *Sappho*: die bedeutendste und berühmteste Dichterin der Antike, die im 7. Jh. v. Chr. auf Lesbos lebte, verheiratet war und eine Tochter namens Kleis hatte. In ihrer Obhut lebten, wie damals in Griechenland üblich, junge Mädchen;

mit diesen verband sie eine leidenschaftliche Zuneigung (auch dies im damaligen Griechenland nicht ungewöhnlich). In Sapphos Dichtung, von der heute nur Fragmente überliefert sind, geht es vor allem um Liebe und Emotionen. Ferner schrieb sie Hochzeitslieder für ihre Mädchen und ist die Erfinderin der sog. »sapphischen Strophe«. Schon früh begannen Legende und Klatsch das Bild dieser außergewöhnlichen Frau zu überwuchern und zu trüben: So dichtete man ihr eine unglückliche Liebe zu dem Schiffer Phaon an, die zu ihrem Todessprung vom leukedischen Felsen geführt habe; ihre Liebe zu den Mädchen erschien einer Nachwelt, die in Unkenntnis des kulturgeschichtlichen Hintergrundes urteilte, als widernatürlich. – Im 17. Jahrhundert unternahm die Französin Anne Dacier mit ihrer Sappho-Ausgabe eine erste Ehrenrettung.

XXX/81 *Lai*: beliebte lyrische Erzählform in der französischen Literatur des Mittelalters und im 14. Jh. und Form des individuellen Liebeslieds, später erfolgt eine Ausweitung zur Versnovelle. Die berühmteste Lai-Dichterin war im 12./13. Jahrhundert Marie de France.

XXX/81 *Leontion*: berühmte, geistreiche Hetäre aus Athen, die eine Anhängerin und Freundin des Philosophen Epikur und im Kreise der Epikureer sehr geschätzt war. Sie verfasste einen Traktat gegen den Philosophen Theophrast.

XXXI/82 *Manto*: Tochter des Sehers Tiresias; dieser ist mit dem Sagenkreis um den thebanischen König Ödipus verbunden. Christine greift wiederum auf *De claris mulieribus*, Kap. XXX, zurück.

XXXII/83 *Medea*: Tochter des Aietes und der Okeanide und Frauengestalt aus der Argonautensage, in der sie als zauberkundige Helferin des Jason auftritt. Mit diesem lebte sie nach der Sage jahrelang glücklich zusammen, bis Jason sie eines Tages verließ, um Glauke, die Tochter des Königs Kreon, zu heiraten. Medea rächte sich grausam für diesen Verrat: Sie tötete Glauke und Kreon wie auch ihre beiden Kinder, deren Vater Jason war. – Der Medea-Stoff wurde in der Literatur oft bearbeitet, unter anderem von Christa Wolf.

XXXII/83 *Circe*: Frauenfigur aus Homers Odyssee, die auch in Ovids Metamorphosen vorkommt. Sie war eine Zauberin (zuweilen auch als Schwester der Medea bezeichnet), die auf der Insel Aiaia lebte und alle Fremden durch ihren Zauberstab und einen Zaubertrank in Tiere verwandelte. Ein Teil der Leute des Odysseus erlitt dieses Schicksal, jedoch wurde Circe von diesem gezwungen, sie wieder zurückzuverwandeln; Odysseus selbst genoss ein Jahr lang ihre Gastfreundschaft und Liebe.

XXXIII/85 *Carmentis (auch Carmenta)*: eine altrömische Gottheit, zu deren Ehren ein zweitägiges Fest, die Carmentalia, gefeiert wurde (am 11. und 15. Januar). Sie spielte in der Literatur eine wichtige Rolle als Prophetin und wird manchmal als Nicostrata identifiziert. Sie erfand das lateinische Alphabet.

XXXIV/87 *Minerva*: italische Göttin der Kunst und des Handwerks, die mit der griechischen Athene gleichgesetzt wurde, von der sie auch die kriegerische Seite übernimmt. Christine identifiziert sie mit der Pallas Athene, der griechischen Göttin des Kriegs, der Weisheit und Schutzherrin der Künste und des Handwerks.

XXXV/89 *Ceres*: altitalische Göttin des Wachstums der Ackerfrüchte; ihr Fest, die Cerealia, wurde in Rom am 19. April gefeiert. Sie wurde früh mit der griechischen Göttin der Landwirtschaft Demeter und der Erdgöttin Tellus gleichgesetzt.

XXXVI/91 *Isis*: ägyptische Göttin, Frau des Osiris und Mutter des Horus; seit dem 4. Jh. v. Chr. verbreitet sich ihr Kult in der hellenistischen Welt. Sie galt als Schutzgöttin gegen Krankheiten und Schlangen- oder Skorpion-Bisse. Später wurde sie mit Demeter gleichgesetzt, und dieser Tradition scheint auch Christine zu folgen.

XXXIX/96 *Arachne*: Frau aus Lydien (Kleinasien), berühmt für ihre Webkunst; sie forderte die Pallas Athene zu einem Wettkampf heraus und wurde zur Strafe von dieser in eine Spinne verwandelt (»Arachne«, griech. »Spinne«).

XL/98 *Pamphila*: Griechin, der laut Plinius dem Älteren das Verdienst zukommt, die Technik des Pflückens, Kämmens und Webens von Baumwolle erfunden zu haben.

XLI/99 *Thamaris*: Nicht zu verwechseln mit der Amazonenkönigin Tamaris (siehe Kap. XVII des Ersten Buchs). Christine übernimmt das Porträt der griechischen Malerin Thamaris aus dem LVI. Kap. in Boccaccios *De claris mulieribus*.

XLI/99 *Irene*: griechische Malerin, Tochter und Schülerin des Cratinos; siehe dazu erneut *De claris mulieribus*, Kap. LIX.

XLI/99 *Marcia*: berühmte römische Malerin, bekannter unter dem Namen Lala (oder Laia, Iaia).

XLI/101 *Anastasia*: Zeitgenossin Christines und Handschriftenillustratorin aus Paris, deren Identität noch nicht geklärt werden konnte. Sie war spezialisiert auf Ausschmückungen und auf »fonds ouvrés (›champaignes‹)« (ausgearbeitete Hintergrundmalerei) (Villela-Petit 2020, S. 95).

XLII/101 *Sempronia*: berühmte römische Dichterin und Zeitgenossin Ciceros.

XLIII/103 *Prudentia*: Lateinische Bezeichnung für die Vorsicht, eine der Sieben Tugenden (Glaube, Liebe, Hoffnung, Gerechtigkeit, Vorsicht, Mäßigkeit und Stärke); ich übersetze meist mit »Lebensklugheit«, »Umsicht«.

XLIV/105 *»Brief Salomos«*: die Bezeichnung »Brief« (»epistre«) Salomos, die sich in Christines Text für die Sprichwörter Salomos findet, ist ungewöhnlich. – Im Folgenden greift die Autorin auf das berühmte IX. Kap. (»Das Lob der tüchtigen Frau«) des Buchs der Sprichwörter im Alten Testament zurück.

XLV/106 *Gaia Cirilla (auch Tanaquil)*: Frau des römischen Königs Tarquinius Priscus (616–579 v. Chr.).

XLVI/107 *Dido (auch Elissa)*: sagenhafte tyrische Königstochter, die vor allem durch ihre in Vergils *Aeneis* geschilderte unglückliche Liebe zu Aeneas Berühmtheit erlangte; sie gilt ferner als die Gründerin Karthagos. Das Schicksal der unglücklich liebenden Dido, die sich aus Liebesschmerz den Tod gab, hat zu zahlreichen Bearbeitungen dieses Stoffs angeregt.

XLVII/112 *Ops*: römische Gottheit, Schwester und Frau des römischen Gottes Saturn.

XLVIII/113 *Lavinia*: Frauenfigur aus Vergils *Aeneis*, Tochter des Königs Latinus und später Frau des Aeneas, mit dem sie die Stadt Lavinium im Latium (heute Pratica di Mare) gegründet haben soll.

I/117 *»die zehn Sibyllen«*: Zuerst existierte nur eine Sibylle, eine sagenhafte Prophetin, die an mehreren Orten verehrt wurde; im 4. Jh. v. Chr. kam der Glaube auf, es habe mehrere Sibyllen an verschiedenen Orten gegeben. »Sibylle« wird so eine generelle Bezeichnung für eine weissagende Frau. Besonders berühmt sind die Sibyllen von Cumae und Erythrea. Im Christentum erhalten die Sibyllen eine ähnliche Stellung wie die Propheten des Alten Testaments (siehe z.B. die Darstellung der erythräischen und der cumäischen Sibylle, gemeinsam mit dem Propheten Micha, auf dem Genter Altar des Jan van Eyck von 1432).

IV/123 *Debora*: jüdische Prophetin (um 1100 v. Chr.), gemeinsam mit Barak Anführerin im Kampf gegen die Kanaanäer (siehe das Buch Richter, 4); nach der Überlieferung stammt von ihr das Deboralied (Ri 5, 2–31), eines der ältesten Zeugnisse der hebräischen Literatur.

IV/123 *Elisabeth*: Base der Jungfrau Maria, Prophetin (siehe Lukas 1, 39–45).

IV/123 *Hanna*: Prophetin zur Zeit der Geburt Jesu (siehe Lukas 2, 36–38).

IV/124 *»die Königin von Saba«*: siehe auch die Anm. zum XII. Kap. des Ersten Buchs. Vom Besuch der Königin von Saba bei Salomo berichtet das erste Buch der Könige, 10; ferner das zweite Buch der Chronik, 9. Diese Szene wurde in der Malerei späterer Jahrhunderte oft dargestellt.

V/125 *Nicostrata*: siehe die Anm. auf S. 307 zum XXXIII. Kap. des Ersten Buchs (»Carmentis«).

V/125 *Kassandra*: Tochter des Priamos von Troja und legendäre Seherin. Nachdem sie sich dem Gott Apollon verweigert hatte, machte dieser ihre von ihm verliehene Sehergabe zum Fluch: Sie sollte immer nur Unheil wahrsagen, aber nirgends Glauben finden.

V/125 *Basena*: Frau des Frankenkönigs Childerich I. (ca. 436–481) und Mutter von Chlodwig.

VI/127 *Antonia*: in Wirklichkeit Theodora (Christine übernimmt den Namen »Antonia« aus den *Grandes Chroniques*), die Frau des oströmischen Kaisers Justinian (527–565 n.Chr.); Theodora übte einen starken politischen Einfluss auf Justinian aus.

VIII/132 *Drypetina*: Tochter des Königs Mithridates VI. von Pontos (um 132–63 v. Chr.).

IX/133 *Hypsipyle*: Tochter des Königs Thoas von Lemnos; Christine inspiriert sich zwar an Boccaccios Version der Hypsipyle-Sage (*De claris mulieribus*, Kap. XV), übernimmt jedoch nur das Moment der Tochterliebe.

X/134 *Claudia*: römische Vestalin, Tochter des Appius Claudius Pulcher; siehe *De claris mulieribus*, Kap. LXII.

XI/135 *»eine Römerin«*: siehe wiederum *De claris mulieribus*, Kap. LXV.

XI/136 *Griselda*: Hauptfigur der berühmtesten Novelle aus Boccaccios *Decameron* (1348); die Geschichte der Griselda wird dort als 10. Novelle des X. Tages erzählt. Bei Boccaccio wird das Verhalten des Markgrafen von Saluzzo bereits einleitend durch Dioneo, den Erzähler dieser Novelle, kritisiert: Dieser spricht von der »verrückten Unmenschlichkeit« des Markgrafen. – Boccaccios Novelle wird von Petrarca ins Lateinische übersetzt und tritt so ihren europäischen Siegeszug an; sie findet sich besonders häufig in der für Frauen bestimmten Haus- und Erziehungsliteratur der folgenden Jahrhunderte.

XIII/138 *»Valerius in seinem Brief an Rufinius«*: Dies ist ein im Spätmittelalter häufig zitierten Text Walter Maps mit dem Titel *Dissuasio ad Ruffinum philosophum ne uxorem ducat*, ein Traktat gegen die Ehe.

XIV/138 *»Theophrast sagt in seinem Buch«*: Der griechische Philosoph Theophrastos von Eresos (um 371 – um 287 v. Chr.) blieb unverheiratet, um sich ganz Forschung und Lehre zu widmen, und verfasste ein Buch gegen die Ehe.

XIV/141 *Hypsicrathea*: Gemahlin des Königs Mithridates VI. von Pontos (um 132–63 v. Chr.).

XV/143 *Triaria*: die zweite Frau des Lucius Vitellius, der seinerseits ein Bruder des römischen Kaisers Aulus Vitellius (15 n. Chr. – ?) war.

XVI/144 *Artemisia*: siehe die Anm. auf S. 304 zum XXI. Kap. des Ersten Buchs.

XVII/146 *Argeia*: Frauenfigur aus dem thebanischen Sagenkreis und Gemahlin des Polyneikes.

XVIII/148 *Agrippina*: Agrippina die Ältere (14 v. Chr. – 33 n. Chr.), Frau des Germanicus, dem sie neun Kinder, unter anderem Caligula, gebar. Sie wurde im Jahr 29 n. Chr. von Tiberius verbannt und starb freiwillig den Hungertod.

XIX/149 *Julia*: zweite Frau des Pompeius (106 v. Chr.–49 v. Chr.) und Tochter des Julius Cäsar, die 54 v. Chr. im Kindbett (und nicht auf die von Christine geschilderte Weise) starb.

XX/151 *Aemilia Tertia*: Frau des Scipio Africanus Major (236–184 v. Chr.).

XXI/152 *Xanthippe*: Frau des Philosophen Sokrates, die aufgrund einer Textstelle bei Xenophon als der Inbegriff der zänkischen Ehefrau gilt; in vielen Anekdoten wird ihr ein stets gleichmütig-schlagfertiger Sokrates gegenübergestellt. – Christine deutet hier diese Figur um.

XXII/153 *Pompeia Paulina*: Frau des Politikers, stoischen Philosophen und Dichters Lucius Annaeus Seneca (geboren im I. Jh. v. Chr., gestorben 65 n. Chr.).

XXII/153 *»Diese Adlige, die Tochter eines mächtigen bretonischen Barons«*: Jeanne de Laval, die 1374 die zweite Frau des 1380 verstorbenen Bertrand Du Guesclin wurde, den sie um mehr als fünfzig Jahre überlebte.

XXIII/154 *Sulpicia*: Frau des Cornelius Lentulus Cruscelio; Christine stützt sich wiederum auf *De claris mulieribus*, Kap. LXXXV.

XXV/156 *Porcia*: Tochter des Caro Uticensis und Cousine und zweite Frau des Cäsar-Mörders Marcus Junius Brutus (um 85–42 v. Chr.).

XXVI/158 *Turia*: Frau des Quintus Lucretius Vespillo, der im Jahre 43 v. Chr. auf den Proskriptionslisten stand und dessen Begnadigung von seiner Frau Turia und seinen Freunden bewirkt wurde.

XXVIII/161 *Cornelia*: Sie heiratete 52 v. Chr. den sehr viel älteren Pompeius, mit dem sie nach Ägypten ging, wo sie Zeugin der Ermordung ihres Mannes wurde.

XXIX/163 *Antonia*: Frau des Belisarios (um 505–565), eines Generals von Justinian I. Belisarios verdankte ihr seinen unermesslichen Reichtum wie auch seinen politischen Einfluss.

XXX/166 *Thermutis*: siehe dazu Exodus 2, 5–10.

XXXI/167 *Judit*: siehe dazu im Alten Testament das Buch Judit.

XXXII/169 *Ester*: siehe dazu im Alten Testament das Buch Ester.

XXXIII/171 »*die Sabinerinnen*«: Töchter der Sabiner, eines mittelitalienischen Volkes, die der Sage nach von den Römern geraubt wurden.

XXXIV/174 *Veturia*: Römerin und Mutter des Marcius Coriolan, einer der großen Gestalten der römischen historischen Legende; römischer General des V. Jahrhunderts v. Chr. Veturia konnte ihren Sohn, der im Jahre 491 mit einem volskischen Heer gegen Rom zog, davon abhalten, seine Vaterstadt zu erobern.

XXXV/175 *Chlothilde*: Nichte des Königs von Burgund, Frau des merowingischen Königs Chlodwig (um 466–511), deren politische Bedeutung erst mit dem Tod ihres Gatten einsetzte. Später verließ sie Paris, siedelte nach Tours über und gründete dort ein dem Apostel Petrus geweihtes Frauenkloster. Sie lebte von 474–545.

XXXV/176 *Catulla*: die Geschichte von der Witwe Catulla entnimmt Christine den *Grandes Chroniques de France* (Buch II, 2. Kap.).

XXXVI/178 *Hortensia*: Tochter des berühmten Redners Quintus Hortensius (11450 v. Chr.).

XXXVI/178 *Novella*: Tochter des in Bologna lehrenden Rechtsgelehrten Giovanni Andreae (1275–1347); das Werk, das Christine an dieser Stelle erwähnt, ist Andreaes *Novella super Decretalium* oder *Novellae*.

XXXVII/179 *Susanna*: Frauenfigur aus dem Alten Testament (Buch Daniel 13; 1–64); die Susanna-Erzählung findet sich häufig in der lehrhaften Dichtung des späteren Mittelalters und bleibt bis ins XX. Jahrhundert ein beliebter Stoff in Literatur und Kunst, neuerdings auch im Zusammenhang mit *Me Too*.

XXXVIII/181 *Sara*: Frauenfigur aus dem Alten Testament (Genesis 20).

XXXIX/181 *Rebecca*: Frauenfigur aus dem Alten Testament (Genesis 24).

XL/182 *Rut*: Frauenfigur aus dem Alten Testament (Buch Rut).

XLI/183 *Penelope*: Figur aus Homers *Odyssee*; Frau des Odysseus, Sinnbild der unverbrüchlichen Treue.

XLII/184 *Mariamne*: Frauenfigur aus dem Alten Testament, Tochter des Makkabäers Alexander (und nicht, wie Christine angibt, des Aristobolus) und Frau des Herodes (72 v. Chr. – 4 v. Chr.), der sie im Jahre 29 v. Chr. aufgrund einer falschen Anklage hinrichten ließ.

XLIII/185 *Antonia*: Dies ist Antonia minor (36 v. Chr. – 37 n. Chr.), die jüngere Tochter des Triumvirn Marcus Antonius und der Octavia. Sie wurde um 16 v. Chr. mit Drusus verheiratet und die Mutter des Germanicus, der Livilla und des späteren Kaisers Claudius. Nachdem sie 9 v. Chr. Witwe geworden war, ging sie keine neue Ehe ein. Antonia wurde 37 n. Chr. von ihrem eigenen Enkel, dem Kaiser Caligula, in den Tod getrieben.

XLIV/186 *Lucretia*: die Geschichte der Lucretia, die im Mittelalter, aber auch in späteren Jahrhunderten, äußerst beliebt war, stammt aus dem Geschichtswerk des Titus Livius (59 v. Chr.–17 n. Chr.), *Ab urbe condita libri.*

XLV/188 »*Königin der Galater*«: Christine übernimmt diese Geschichte aus dem LXXIII. Kap. von Boccaccios *De claris mulieribus.*

XLII/192 *Epistre au Dieu d'Amours*: Christines im Mai 1399 entstandener, in Versen verfasster *Brief vom Liebesgott* ist eine Vorstufe zum *Buch von der Stadt der Frauen.*

XLIX/196 »*seitdem Konstantin der Kirche beträchtliche Einkünfte und Reichtümer verschafft hat*«: Anspielung Christines auf die sog. Konstantinische Schenkung, eine (erst im 15. Jh. und nach Christine als Fälschung entlarvte) Urkunde, nach der Konstantin der Große (280–337) den Vorrang Roms über alle Kirchen anerkannte und dem Papst die Herrschaft über Rom und alle abendländischen Provinzen zugestand. Hier formuliert die Autorin deutliche Kritik an der Epoche des Großen Schismas (1378–1417) und damit an der Krise der Kirche.

XLIX/196 *Athalis*: Frauenfigur aus dem Alten Testament (2. Buch der Könige, 11).

XLIX/196 *Jesabel*: Frauenfigur aus dem Alten Testament (2. Buch der Könige, 9).

XLIX/197 *Brunhild*: merowingische Königin (um 548–613) und Gemahlin von Sigibert I., des Königs der autrasischen Franken, den sie zum Krieg gegen den neustrischen König Chilperich I. anstiftet. Nach Chilperichs Ermordung führte sie den Krieg allein weiter; sie war die erbitterte Feindin von Fredegunde, der Frau Chilperichs (siehe dazu die Anm. zum XI. Kapitel des Ersten Buchs). Brunhild regierte bis 613 in Austrien, wurde aber nach Ausbruch einer Adelsrevolte (613) an Chlothar ausgeliefert und hingerichtet.

L/198 *Griselda*: Siehe dazu die Anm. auf S. 311 zum XI. Kap. des Zweiten Buchs.

LI/204 *Crescentia*: ein im Mittelalter beliebter Stoff, dessen älteste überlieferte Fassung sich in der Kaiserchronik (1135/50) findet; Christines Fassung geht auf die *Miracles de Nostre Dame par personages* (1222/23) des Gautier de Coinci zurück.

LI/204 *Miracles de Nostre Dame*: Gautier de Coincis Sammlung von Marienlegenden dient Christine vor allem für die Wiedergabe des Crescentia-Stoffes.

LII/206 *»die Frau des Genuesers Bernabò«*: Christine greift hier auf die 9. Novelle des II. Tages aus Boccaccios *Decameron* zurück.

LV/207 *Dido*: Siehe hierzu die Anm. auf S. 309 zum XLVI. Kap. des Ersten Buchs.

LVI/219 *Medea*: Siehe dazu die Anm. auf S. 307 zum XLVI. Kap. des Ersten Buchs.

LVII/220 *Thisbe*: Die Liebesgeschichte von Pyramus und Thisbe findet sich im 4. Buch von Ovids *Metamorphosen*. Christine hat wahrscheinlich den sog. *Ovide moralisé* (1316/28) als Quelle benutzt.

LVIII/222 *Hero*: Ovid gibt in seinen *Heroiden* die wohl bedeutendste Fassung dieser Liebesgeschichte; auch hier greift Christine auf den *Ovide moralisé* zurück.

LIX/223 *Ghismonda*: Christine erzählt hier ihre Version der 1. Novelle des IV. Tages des *Decameron*.

LX/230 *Lisabetta*: als Vorlage für die Geschichte der Lisabetta dient Christine die 5. Novelle des IV. Tages des *Decameron*.

LX/233 »*von einer anderen Frau, deren Ehemann sie das Herz ihres Geliebten essen ließ*«: Anspielung auf die 9. Novelle des IV. Tages des *Decameron*, die ihrerseits wahrscheinlich auf das berühmte provenzalische Herzmäre aus der Lebensbeschreibung des Troubadours Guilhem de Cabestaing zurückgeht (11. Jh.).

LX/233 »*die edle Frau des Fayel, die den Schloßherrn von Coucy liebte*«: Anspielung auf den *Roman du Chatelain de Coucy et de la Dame du Fayel* von Jakemes (13. Jh.).

LX/233 »*die Schloßherrin von Vergy*«: Anspielung auf den altfranzösischen Versroman *La Châtelaine de Vergy* (um 1230–40).

LX/233 *Isolde*: Anspielung auf die berühmte Liebesgeschichte von Tristan und Isolde; der Hinweis ist jedoch zu kurz, um sagen zu können, welche Fassung dieses Stoffes Christine gekannt hat.

LX/233 *Deianeira*: Frau des Zeus-Sohns Herakles; die eifersüchtige Deianeira tötete sich selbst, nachdem sie Herakles ein mit Gift getränktes Gewand geschickt hatte.

LXI/234 *Juno*: Tochter des Saturn und der Ops, bedeutendste Göttin des alten Rom, der verschiedene Sondergottheiten angeglichen wurden (u.a. die große Geburtsgöttin Juno Lucina); Juno wurde früh mit dem Wechsel der Mondgestalt in Verbindung gebracht.

LXI/235 *Jokaste*: Königin von Theben, als Gattin des Laios und Mutter des Ödipus eine Gestalt aus der thebanischen Heldensage.

LXI/235 *Medusa oder Gorgo*: eigentlich ein Ungeheuer der griechischen Mythologie mit Schlangen statt Haaren und Stoßzähnen, deren Aussehen alle, die sie ansahen, zu Stein erstarren ließ. Christine folgt jedoch der hellenistischen Tradition, in der das furchteinflößende Ungeheuer zur schönen Jungfrau wird.

LXI/235 *Polyxene*: Figur aus der griechischen Mythologie (Achilleus-Stoff); Tochter des Priamos und der Hekabe, die von Neoptolemos auf dem Grab des Achill geopfert wurde.

LXIII/237 *Claudia*: Christine stützt sich hier auf das LXXVII. Kap von Boccacios *De claris mulieribus*.

LXV/239 *Blanca*: siehe dazu die Anm. auf S. 302 zum XIII. Kap. des Ersten Buchs.

LXVII/243 *Busa (auch Paulina)*: Busa von Canusium, eine reiche Apulierin, die sich um die von Hannibal besiegten römischen Soldaten kümmerte; Christine übernimmt die Geschichte der Busa aus dem LXIX. Kap. von Boccacios *De claris mulieribus*.

LXVII/244 *Marguerite de la Rivière*: französische Adlige, die Frau von Bureau de la Rivière und Freundin Christines, die sie auch in ihrem Geschichtswerk *Faits et bonnes meurs du sage roi Charles V.* (1404) erwähnt. Marguerite starb 1420. Mit ihr beginnt in der *Stadt der Frauen* eine Aufzählung von Adligen, die als Christines Gönner:innen zu betrachten sind. Christines Verhalten darf aus moderner Perspektive nicht als Unterwürfigkeit missverstanden werden, sondern als das überlebensnotwendige Verhalten einer Autorin, die von der Gunst ihrer adligen Gönner:innen abhängig ist.

LXVIII/245 *Isabeau de Bavière*: französische Regentin (1371–1435), die Gemahlin des geisteskranken Charles VI.

LXVIII/245 »*die Herzogin von Berry*«: Jeanne, Herzogin von Boulogne und der Auvergne. Sie heiratete 1389 den Herzog von Berry, einen der wichtigsten Gönner Christines, der eine Abschrift der *Cité des Dames* besaß; sie starb 1423 oder 1424.

LXVIII/245 »*die Herzogin von Orléans*«: Valentina Visconti (1366 oder 1368–1408), Tochter des Gian Galeazzo Visconti und Frau des Herzogs Ludwig von Orléans. Ludwig von Orléans und sie gehörten zu den Gönner:innen von Christine.

LXVIII/246 »*die Herzogin von Burgund*«: Margarete von Bayern, die 1385 den burgundischen Herzog Johann Ohnefurcht (1371–1419) heiratete; dieser führte einen der glänzendsten Höfe Europas. Margarete starb 1423. Das Paar gehörte zu den wichtigsten

Gönner:innen Christines; in ihrem Besitz befand sich eine Handschrift der *Cité des Dames*, deren Ausführung Christine persönlich überwachte und die sie selbst dem Herzogpaar übergab. Sie ging später in den Besitz des Sohnes über, des Herzogs Philipps des Guten (1396–1467).

LXVIII/246 »*die Herzogin von Clermont*«: Marie von Berry, die im Jahre 1400 Johann von Clermont heiratete; sie erbte eine im Besitz der Berry befindliche Handschrift der *Cité des Dames*. Marie gehörte wahrscheinlich wie ihr Vater Johann zum Kreis von Christines Gönner:innen.

LXVIII/246 »*die edle Herzogin der Niederlande und Baronin des Hennegau*«: Margarete von Burgund, die Tochter des burgundischen Herzogs Philipps des Kühnen. Sie heiratete Wilhelm VI. von Bayern, der 1404 Herzog von Holland und Seeland wurde.

LXVIII/246 »*die Herzogin von Bourbon*«: Anna von Auvergne, die 1371 den bourbonischen Herzog Ludwig II. heiratete. Sie war die Mutter von Johann von Clermont, des Gemahls der Marie von Berry, und lebte mindestens bis 1416.

LXVIII/246 »*die Baronin von Saint-Pol*«: Bonne von Bar, eine Cousine des französischen Königs Charles VI. Sie heiratete Valeran von Luxemburg, Baron von Saint-Pol und Ligny, und lebte mindestens bis 1419.

LXVIII/246 »*jene von dir geliebte Anne*«: Anna von Bourbon, die Tochter von Johann I. von Bourbon, Herzog von La Marche, und der Catharina von Vendôme. Sie heiratete 1402 Ludwig von Bayern, einen Bruder der französischen Regentin Isabeau de Bavière, und starb nach 1406.

DRITTES BUCH

III/254 *»den gebenedeiten Jungfrauen und den heiligen Frauen eine Wohnstätte in ihrer Nachbarschaft geben«*: Die folgenden Heiligenlegenden gehen zurück auf die Legenden aus dem *Speculum historiale* (14. Jh.) des Vincent von Beauvais. Christine hat wahrscheinlich mit der 1333 von Jean de Vignay angefertigten französischen Übersetzung dieses Buchs, dem *Miroir historial*, gearbeitet, den sie auch am Ende des IX. Kap. des Dritten Buchs erwähnt. Die im Mittelalter beliebte Sammlung *Legenda aurea* des Jacobus da Voragine, die ebenfalls von Jean de Vignay 1333 als *Légende dorée* ins Französische übertragen wurde, scheint Christine dagegen kaum benutzt zu haben.

VII/264 *»von der Stunde. der Terza bis zur Nona«*: Im Mittelalter wurde die Zeit nach den sog. kanonischen Stunden gemessen, zu denen von den Ordensmitgliedern bestimmte Gebete verrichtet wurden; die Terza (»hora tertia«) entspricht ungefähr 9 Uhr, die Nona (»hora nona«) ungefähr 15 Uhr.

XVIII/292 *»Gloriosa dicta sunt de te, civitas Die«*: »Ruhmreich ist das über dich, oh Gottesstaat, Gesagte«: Christine zitiert die berühmte Schrift *De civitate Dei* (*Vom Gottesstaat*) des Aurelius Augustinus (entstanden zwischen 413 und 426/27?).

XIX/295 *»Oh lhr Frauen, flieht, flieht«*: Christine greift hier eine berühmte Formulierung aus Jean de Meuns *Rosenroman* auf (»Liebe Herren, hütet Euch vor den Frauen / wenn Euch Euer leibliches und seelisches Wohl am Herzen liegt, (...) Flieht, flieht, flieht, flieht, / Flieht, Kinder, flieht dieses Wesen!«), kehrt sie jedoch bezeichnenderweise um in eine beschwörend-eindringliche Warnung vor männlichem Liebeswerben und *»fole amour«*:

wörtlich übersetzt »törichte/irrsinnige/sinnlose/wahnwitzige Liebe«; gemeint ist hier eine außer- bzw. voreheliche Liebesbeziehung oder ein ehelicher ›Seitensprung‹. Beides ist im Mittelalter für Frauen verhängnisvoll: Eine voreheliche Liebesbeziehung zerstört den Ruf einer Frau, setzt sie gesellschaftlicher Ächtung aus und macht sie zum ›Freiwild‹ für andere Männer. Wenn eine verheiratete Frau eine Affäre mit einem anderen Mann hat, riskiert sie je nach ihrem sozialen Stand und der Region, in der sie lebt, Strafen wie öffentliche Ächtung, körperliche Gewalt des Ehemannes, Tötung oder Steinigung (siehe hierzu den Artikel »Ehebruch« in https://www.mittelalter-lexikon.de/wiki/Ehebruch).

ZEITTAFEL

1364	Charles V. wird König von Frankreich	**1364**	Geburt von Christine de Pizan in Venedig.
		um 1365	Rückkehr der Familie nach Bologna. Berufung Tommasos da Pizzano an den Hof von Charles V.
1368	Geburt von Charles VI.	**1368**	Die Mutter siedelt mit der Großfamilie nach Paris über und wird dort im Dezember feierlich von Charles V. empfangen.
1371	Geburt Isabeau de Bavière (Elisabeth von Bayern)		
1379	Christine heiratet Etienne du Castel.		
1380	Tod Charles' V.		
1385	Heirat Charles' VI. mit Isabeau de Bavière	**um 1385**	Tod von Christines Vater
1388	Charles VI. übernimmt die Regierungsgeschäfte.		
		um 1389	Tod Etienne du Castels
1392/93	Ausbruch der Geisteskrankheit des Königs Charles VI.		
		um 1394	Christine beginnt zu schreiben.
		1399	Gedichtzyklus der *Hundert Balladen* für Königin Isabeau de Bavière – *Otheas Brief an Hektor – Der Sendbrief vom Liebesgott*
		1400	*Das Gedicht von Poissy. Moralische Belehrungen*
		1401/02	Streit um den *Rosenroman*
		1402	*Das Buch vom Weg des langen Lernens*
		1402/03	*Das Buch von den Wechselfällen des Schicksals*
1404	Tod von Philipp dem Kühnen, Herzog von Burgund Nachfolge seines Sohns Johann Ohnefurcht		
		1404/05	*Das Buch von den großen Taten und Tugenden des weisen Königs Charles V. Das Buch von der Stadt der Frauen*
		1405	*Das Buch von den drei Tugenden. Christines Vision. Das Buch vom wahrhaft liebenden Herzog. Der Brief an die Königin*

1407 Ermordung von Ludwig von Orléans

1409 *Sieben allegorisierte Psalmen*

1410 *Hundert Balladen eines Liebenden und seiner Dame. Klage über die Missstände in Frankreich* (23. August). *Das Buch vom Waffenhandwerk und von der Ritterschaft*

Ca. 1410–1414 Zusammenstellung von Christines Gesammelten *Werken* (Ms. Harley 4431) für Isabeau de Bavière.

1411 Beginn des Bürgerkriegs zwischen Armagnaken und Burgundern

1412/13 *Das Buch vom Frieden*

1413 Aufstand der Cabochiens in Paris

1415 Niederlage der Franzosen bei Azincourt

1416 *Epistel vom Gefängnis des menschlichen Lebens*

um 1418 Christine verlässt Paris

1419 Ermordung des Herzogs Johann Ohnefurcht

1420 Vertrag von Troyes

1422 Tod von Charles VI.

um 1425 Tod von Christines Sohn Jean du Castel – *Heures de contemplacion sur la passion de Nostre Seigneur*

1429 Aufhebung der Belagerung von Orléans durch Jeanne d'Arc

1429 *Gedicht auf Jeanne d'Arc* (31. Juli)

nach 1429 Tod Christines

1431 Tod von Isabeau de Bavière

Christine de Pizan an ihrem Schreibpult

Margarete Zimmermann:

Christine de Pizan und ihr *Buch von der Stadt der Frauen*

Gegenwärtigkeiten

Christine de Pizan, aktiv vor mehr als sechshundert Jahren, ist dennoch eine noch immer extrem präsente, ja populäre Autorin. Sie wirkt überraschend nah und zeitgenössisch, obwohl sie die Mode des 15. Jahrhunderts trägt und ihre Ideen gern in Allegorien kleidet, eine mittelalterliche Denkform, bei der uns abstrakte Vorstellungen oder Eigenschaften wie Gerechtigkeit, Vernunft oder Geiz fast wie lebende Figuren begegnen. Heute gehört sie zu den meistgelesenen Autor:innen des europäischen Mittelalters. Christine de Pizan und ihr Werk faszinieren noch immer und regen zu neuen Aktualisierungen an, in der Literatur, der Musik oder in anderen Künsten wie Film, Fotografie oder Tanz.[1]

Obwohl ihr *Buch von der Stadt der Frauen* erst in den 1970er-Jahren des 20. Jahrhunderts wiederentdeckt und – was sehr ungewöhnlich ist – nicht im Original, sondern über seine Übersetzungen zu einem Klassiker der Weltliteratur wurde, war seine Verfasserin auch in den Jahrhunderten davor nie vollständig vergessen. Die oft aufwendig illuminierten Abschriften ihrer Werke waren immer kostbare Schätze vieler großer europäischer Bibliotheken und in Christines Zeit im Besitz von Adligen wie Isabeau de Bavière (Elisabeth von Wittelsbach), später von Diana von Poitiers oder Margarete von Navarra. Im 16./17. Jahrhundert gilt sie als Initiatorin des großen Geschlechterstreits, der *Querelle des Femmes*[2], im 18. Jahrhundert kennen sie Aufklärer wie Denis Diderot und Christoph Martin Wieland oder die Feministin Madame de Kéralio, während der frühe Feminismus um 1900 sie zu einer Leitfigur von emanzipatorischen Bewegungen unterschiedlichster Couleur macht: Wenn die Sozialdemokratin Lily Braun (1865–1916) in ihr eine Vorläuferin der modernen Frauenbewegung sieht, feiern sie andere als Verfechterin eines konservativen Frauenideals.[3]

Wer aber war Christine de Pizan, wie konnte sie im Spätmittelalter zu einer Schriftstellerin und Verlegerin werden – und weshalb verfasste sie ihr berühmtes *Livre de la Cité des Dames*, das *Buch von der Stadt der Frauen?*

Junge Frau im blauen Kleid

Ihr Nachruhm beruht ganz wesentlich auch auf der Schaffung eines eigenen Bildgedächtnisses, wie mit diesem wohl berühmtesten Autorinnenbild (s. S. 326).

Bereits sein Ort ist aufschlussreich und geschickt gewählt: Diese Miniatur findet sich nach der Frontispizminiatur mit der Königin Isabeau de Bavière und einem Huldigungsgedicht an diese gleich zu Beginn der reich bebilderten Sammelhandschrift ihrer Werke, dem sog. *Queen's Manuscript* von 1414. Die Gestaltung dieses Porträts durch eine heute unbekannte Person[4], desgleichen die gesamte Herstellung dieser Handschrift hat Christine selbst beaufsichtigt, wie im Übrigen alle zu ihren Lebzeiten entstandenen Abschriften ihrer Werke.[5] Wir sehen eine zierliche Frau bei der Arbeit in ihrer Studierstube und an ihrem Schreibpult. Sie ist damit beschäftigt, die Seiten eines Buchs zu beschreiben, in ihrer Rechten eine Schreibfeder, in der Linken ein Federmesser für Korrekturen. Sie trägt ein Gewand in einem marianischen Blau, der »neuen«, »moralischen« Farbe des Mittelalters.[6] Ihr Dekolleté bedeckt ein Schleier, und auf ihrem Kopf trägt sie eine weiße Hörnerhaube. Zu ihren Füßen sitzt ein kleiner weißer Hund – ein Sinnbild ehelicher Treue, der *fidelitas*.

Eng verbunden mit diesem Selbstporträt als schreibende Frau ist ein architektonisches Konstrukt: Wir blicken von außen auf das Innere eines ›Gehäuses‹, eines einstöckigen Hauses mit rotem Dach und blauen Gaubenfenstern. Es umschließt den leicht gedrehten, in die linke Bildhälfte versetzten Frauenkörper, es schützt ihn und verweist auf einen gesicherten sozialen Status. Wie wichtig dieses Detail für Christine gewesen sein muss, zeigt sich daran, dass es bereits in ihren früheren Selbstdarstellungen immer diesen Architektur-Rahmen, diese materielle und soziale Schutzhülle des ›Hauses‹ gibt.[7]

Das Grundproblem einer solchen bildlichen Selbstinszenierung bestand in dem Fehlen einer weiblichen Tradition. Christine musste auf bereits bestehende Darstellungen von männlichen Gelehrten zurückgreifen und diese für ihre Zwecke umformen. Hier dienten Bilder von Francesco Petrarca (1304–1374) in seinem *studiolo* sowie die von Evangelisten oder von Kirchenvätern wie Augustinus und Hieronymus als Vorlage. Sie selbst schafft damit einen Prototyp von sich selbst als Autorin, leicht wiederzuerkennen an ihrer Gestalt und Kleidung. Mit dieser klugen ›Bildpolitik‹ entwirft sie ein Selbst-Porträt als einer frühhumanistisch gelehrten und zugleich gut vernetzten Schriftstellerin.[8] Hier gehen »Text und Bild, zwei Sprachen eines identischen Diskurses, […] zusammen, um das Bild einer gelehrten Frau zu schaffen und um Christine de Pizan als Autorität zu setzen.«[9] Sie kreiert auf diese Weise also ihr eigenes Bildgedächtnis und schreibt sich damit in das kulturelle Gedächtnis ein. Doch wer ist die Frau, der dies mitten im »männlichen Mittelalter« (Georges Duby) gelingt?

Soziale Herkunft und kulturelles ›Kapital‹

»Ich, Christine, die ich elf Jahre lang hinter Klostermauern geweint habe …«[10]: So beginnt ihr *Gedicht auf Jeanne d'Arc*, ihr letztes (heute noch erhaltenes) Werk und zugleich ihr literarisch-politisches Testament, eine präzis auf den 31. Juli 1429 datierte Huldigung der Jungfrau von Orléans als Retterin Frankreichs. Wem gehört diese Stimme, die sich mitten im Toben des Hundertjährigen Kriegs selbstbewusst als *Ich, Christine* zu Wort meldet und die als Allererste Jeanne d'Arc ein Denkmal setzt?

Christine de Pizans Lebensdaten – 1364 bis um 1430 – fallen zusammen mit einer der schwersten politischen Krisen Frankreichs, dem Hundertjährigen Krieg, als die Existenz Frankreichs als unabhängige Monarchie auf dem Spiel steht. Außenpolitisch muss sich das Land gegen die Ansprüche der Könige von England auf die französische Krone behaupten, innenpolitisch wird es ab 1380 unter dem psychisch kranken und deshalb oft handlungsunfähigen König Charles VI. zum Spielball rivalisierender Adliger. In dieser bewegten Zeit gehört die in den Kreisen des Adels gut vernetzte, angesehene Autorin mit ihren politischen Schriften zu den Ratgebern der Mächtigen ihrer Zeit.[11] Ebenfalls erfolgreich ist sie mit ihren Erziehungsbüchern für beide Geschlechter und mit ihren Gedichten, in denen immer die Signatur dieses Zeitalters spürbar ist – Krise, Allgegenwart des Todes, Melancholie, Eskapismus in Gestalt spielerischer poetischer Miniaturen –, oder mit philosophischen Abhandlungen wie in ihrer Schrift über das Einwirken der Schicksalsgöttin Fortuna auf die Menschheitsgeschichte und auf die individuelle Biografie der Christine.

Sie wird 1364 in Venedig geboren und dort in der Kirche von San Moïsé in der Nähe des Markusplatzes getauft.[12] Ein genaues Todesdatum kennen wir nicht, um 1430, vermutlich in dem Dominikanerinnenkloster Saint-Louis de Poissy westlich von Paris. Ihre Ausgangsbedingungen für einen Start in ein ungewöhnliches Frauenleben sind extrem günstig. Die Eltern – der Arzt Tommaso da Pizzano,[13] ein astrologisch wie medizinisch geschulter Vertreter der damals angesehenen »astrologia medica«[14] und von 1342–54 Dozent an der Universität Bologna, und eine Mutter unbekannten Namens – entstammen dem norditalienischen Landadel aus der Umgebung von Bologna bzw. aus einer bürgerlichen Familie in Forlì, unter ihnen zwei Ärzte und zahlreiche Notare.[15] Diese Konstellation führt bereits das Kind Christine auf den *Weg des langen Lernens* (so der Titel eines ihrer Werke: *Le Livre du Chemin de Long estude*) und vermittelt ihr über den gelehrten Tommaso einen unstillbaren Wissensdurst mit einer unbezähmbaren Lust zu lernen. Doch rückblickend beklagt sie oft, wie wenig ihr als Mädchen der Zugang zu den väterlichen Wissensschätzen gewährt wurde und dass sie sich erst viel später als Autodidaktin Teile dieses Wissens aneignen konnte. Trotzdem: Ohne diese günstigen Ausgangsbedingungen, ohne dieses soziale und kulturelle ›Kapital‹ (Pierre Bourdieu) wäre ihre spätere Entwicklung undenkbar gewesen. Die nächsten Veränderungen in ihrem Leben bringen sie sogar noch einen Schritt weiter.

Von Bologna nach Paris: Migration als Chance

Kurz nach ihrer Geburt wird Tommaso, bis zu diesem Zeitpunkt als Dozent an der Universität Bologna und ab 1357 als Berater der Stadt Venedig tätig,[16] als renommierter Arzt und Astrologe nach Paris an den Hof von König

Charles V. berufen, wo er eigentlich nur kurz bleiben will, geschmeichelt und getrieben von dem Wunsch, »Einblicke in das intellektuelle Leben und den Glanz des französischen Hofs«[17] zu erhalten, um dann nach Bologna zurückzukehren, wo seine Familie seit 1365 wieder lebt. Doch der König unternimmt alles, um Christines Vater in Paris zu halten, macht ihn zu seinem Geheimen Rat und erlaubt ihm nicht, nach Italien zurückzukehren. Er verspricht vielmehr ihm und seiner Familie »Besitztümer, Renten und Pensionen«, um standesgemäß zu leben, wenn diese damit einverstanden wären, »ihr Leben für immer in Frankreich in seiner [des Königs] Nähe zu verbringen.«[18] Merkwürdigerweise zögert Christines Vater volle drei Jahre, »immer noch auf eine Rückkehr hoffend«[19], kann sich dann aber nicht länger dem Druck des Königs entziehen.

Im Herbst 1368 macht sich deshalb seine Frau mit ihren vier Kindern von Bologna über die Alpen auf den langen Weg zu ihrem Mann nach Paris, eine beschwerliche Reise, die viele Wochen gedauert haben dürfte und für die eine männliche Begleitung, etwa durch Familienmitglieder, notwendig ist.[20] Der König empfängt sie im Dezember 1368 höchstpersönlich in seinem Palast, dem Louvre. An dieses Ereignis, ein wichtiger Bestandteil des Gruppengedächtnisses ihrer Familie, aber auch des individuellen Gedächtnisses der damals vierjährigen Christine, erinnert sie sich zeit ihres Lebens:

> »Feierlich wurden die Frau und die Kinder von [...] Meister Tommaso, meinem Vater, bei ihrer Ankunft in Paris empfangen. Der wohlwollende, gütige und weise König wollte sie, die noch ihre reich verzierten, kostbaren lombardischen Gewänder trugen, wie sie für Frauen und Kinder von Stand angemessen sind, schon bald nach ihrer Ankunft sehen und mit Freuden empfangen. Im Dezember hielt sich der König im Schloss Louvre zu Paris auf anlässlich der öffentlichen Vorstellung der besagten Großfamilie zusammen mit den ihn begleitenden vortrefflichen, ehrenwerten Verwandten und empfing diese Frau und ihre Familie mit großer Freude und üppigen Geschenken.«[21]

Meister der Cité des Dames: Fortuna und ihr Rad, aus: Christine de Pizan: L'Épître Othea © *The British Library Board, Ms. Harley 4431, fol. 129.*

Christine wächst damit in einem nicht nur sozial, sondern auch im Hinblick auf Bildung und Buchkultur privilegierten Milieu auf: Paris ist zu dieser Zeit ein Zentrum der Buchherstellung sowie der spätgotischen Kunst.[22]

Trotz ihres weiblichen Geschlechts erwirbt sie deshalb bereits in ihrer Jugend und als wissbegierige Vater-Tochter ein hohes ›Bildungskapital‹. Denn Charles V., ein königlicher Intellektueller und Buchliebhaber,[23] dessen

Regierungszeit von 1364–1380 für Frankreich eine Zeit des Friedens und Wohlstands bedeutet, besitzt auf drei Etagen seines Palastes eine der größten Bibliotheken Europas – größer als die der Sorbonne. Neben Nachschlagewerken, Kompendien, wissenschaftlichen Schriften finden sich dort auch Ritterromane, höfische Liebesdichtung und der *Roman de la Rose*. Darüber hinaus fördert Charles V. französische Übersetzungen vor allem lateinischer Schriften aus den Bereichen Politik, Astrologie, Medizin und Philosophie. Zu diesen Wissensschätzen dürfte Christine über ihren Vater und später über ihren Mann, den königlichen Sekretär Étienne du Castel, Zugang gehabt haben. Außerdem ist anzunehmen, dass die Familie des Tommaso ihre eigene große Bibliothek mit vielen gelehrten Schriften über Medizin, Astrologie, Philosophie sowie Literatur von Dante, Boccaccio und Petrarca aus Bologna mitbringt, weshalb Christine in der italienischen Kultur verwurzelt bleibt.[24]

Zunächst weist alles auf ein Leben in konventionellen Bahnen hin: Mit fünfzehn heiratet sie 1380 den zehn Jahre älteren pikardischen Adligen Étienne du Castel, hat mit ihm drei Kinder, eine Tochter und zwei Söhne (von denen einer um 1396/99 verstirbt), und bezeichnet diese Ehe im Rückblick immer als glücklich. Doch ihr Leben steht, wie das vieler Zeitgenoss:innen, unter dem Zeichen der launischen, oft übellaunigen Fortuna mit ihrem Rad, das die Menschen von den Höhen des Glücks in die Abgründe von Schmerz und Not schleudern kann. Über deren Wirken schreibt sie immer wieder, zuerst in ihrer *Épître Othea* (*Brief der Othea*, 1399) einem Erziehungsbuch für junge Ritter, und dann vor allem in ihrem großen geschichtsphilosophischen Werk *Le Livre de la mutacion de Fortune* (*Das Buch von den Wechselfällen des Schicksals*, 1403).

Für Christine verändern innerhalb eines knappen Jahrzehnts drei Todesfälle radikal den Verlauf ihrer Lebenslinie: 1380 der Tod des königlichen Gönners Charles V., mit dem sich die Situation der Familie dramatisch verschlechtert, denn der einstige Günstling Tommaso stürzt ab, verliert seine Position, gerät ins Abseits und verstirbt 1387 nach längerer Krankheit. Drei Jahre später wird ihr 34-jähriger Ehemann Étienne, der den König Charles

VI. nach Beauvais begleitet hatte, vermutlich dort ein Opfer der Pest – »und mit 25 Jahren hinterblieb ich mit der Last von drei kleinen Kindern und einem großen Haushalt. Deshalb war ich aus gutem Grund verbittert, weil mir seine liebenswürdige Nähe und die vergangene Freude fehlten, die nicht mehr als zehn Jahre gedauert hatten. Als ich erkannte, wieviel Qual auf mich zukam, wollte ich lieber sterben als leben, und da ich die ihm gelobte Treue und unverbrüchliche Liebe nicht vergaß, traf ich die vernünftige Entscheidung, niemals wieder einen anderen [Ehemann] haben zu wollen.«[25]

Armutserfahrungen

»Damit öffnete sich die Pforte zu unserem Unglück, und ich, die ich noch sehr jung war, wurde hineingestoßen«[26], schreibt Christine rückblickend. In der Tat: Sie erkrankt, und ihre gesamte Situation – emotional, wirtschaftlich, sozial – wie auch die ihrer Familie verschlechtert sich rasant, auch deshalb, weil sich der große Wissenschaftler Tommaso kaum um finanzielle Dinge gekümmert hatte: »Jetzt bedrängten mich Sorgen von allen Seiten, und ich befand mich inmitten von Klagen und Prozessen – das tägliche Brot der Witwen.«[27] Nach der Rückkehr ihrer Brüder Paolo und Aghinolfo nach Italien zwecks Regelung von Erbschaftsangelegenheiten wird die 25-jährige Christine unfreiwillig zum Vorstand ihrer Familie, einer Gruppe von zunächst etwa zehn Personen, die sich im weiteren Verlauf reduziert auf die Kernfamilie mit ihrer Mutter, einer »povre niepce« (»armen Nichte«[28]), ihren eigenen drei Kindern sowie vermutlich einer Dienstmagd.

Als Italienerin in der Fremde, ohne Verankerung in einer Großfamilie, erfährt sie jetzt Armut nicht nur als materielle Not, sondern auch als soziale Schwäche mit der daraus resultierenden Scham. Diese extrem belastende Situation, mit »Gläubigern, die jeden Tag zum Wohnhaus kommen, dort herumschreien, keifen und üble Witze reißen«[29], und der Erfahrung sexistischer Demütigungen der jungen Witwe und Ausländerin bei dem Versuch, sich im Justizpalast in Auseinandersetzungen mit Schuldnern durchzusetzen,[30] bestimmen ihr Leben. Nur mit großer Anstrengung gelingt es ihr, trotz fortschreitender Verarmung die fragil gewordene Fassade eines standesgemäßen Lebens zu wahren und ihre Verletzbarkeit zu verbergen:

»Von meinem Äußeren und meiner Kleidung ließ sich nur schwerlich auf die Last meiner Sorgen schließen; unter meinem pelzgefütterten Mantel und meinem abgeschabten, scharlachfarbenen Überwurf verspürte ich jedoch nur allzu oft Angst, zitterte sehr und verbrachte viele schlaflose Nächte in meinem schönen, wohlgeordneten Bett. Doch Schmalhans war Küchenmeister, wie das bei einer Witwe üblich ist, und trotzdem muss man leben. Ach, mein Gott, wenn ich daran denke, wie viele Morgenstunden ich im königlichen Gericht vergeudet habe und dabei im Winter vor Kälte fast erfror – und das alles nur, um meinen Gönnern aufzulauern, sie an meine Anliegen zu erinnern und um Unterstützung zu bitten. Wie oft vernahm ich dort Beschlüsse, die mir Tränen in die Augen trieben, und wie viele höchst befremdliche Antworten musste ich mir anhören! Oh Gott, wie viele Belästigungen und widerliche Blicke, wie viel Spott aus dem Munde angetrunkener Männer musste ich mir dort gefallen lassen! Aber aus Angst, meinen Belangen zu schaden, ließ ich mir nichts anmerken, antwortete nicht (…) oder ich tat so, als hätte ich nicht verstanden.«[31]

Mit einer geradezu unerbittlichen und für diese Zeit ungewöhnlichen Präzision beschreibt hier eine Frau grundlegende Formen weiblicher Armut und die damit verbundenen Emotionen: Angst vor sozialem Abstieg und vor totalem wirtschaftlichen Ruin als Folge wiederholter Pfändungen und der Entnahme selbst kleiner Gegenstände, verbunden mit großem psychischen Stress: »Gott allein weiß, wie sehr ich litt, wenn in meinem Haus Zwangsvollstreckungen durchgeführt wurden und mir die Schergen der Justiz mein jämmerliches Hab und Gut davontrugen. Doch so groß der Schaden für mich auch war: Noch mehr fürchtete ich die Schande!«[32]

Das »ruinierte Haus«

Wie überlebt eine verwitwete, verschuldete, verarmte Ausländerin im Paris des ausgehenden 14. Jahrhunderts und in ihrem oft von kreischenden Gläubigern umzingelten Haus in der Nähe der Tour Saint-Jacques im Herzen von Paris? Sie selbst spricht von »le désolé mainage hors de son lieu et païs«, dem »ruinierten ›Haus‹, fernab von seinem Herkunftsland.«[33] Gemeint ist mit ›Haus‹ die größere Gruppe von Menschen, die unter einem Dach als Lebens- und Produktionsgemeinschaft zusammenlebt. Wie schützt sie sich gegen Gewalt? Wie geht sie mit Einsamkeitserfahrungen um, denen sie etwas später mit ihrem wohl berühmtesten Gedicht »Seulette suis« eine vollendete poetische Form gibt? Denkt sie an einen Rückzug ins Kloster, verbringt sie ihr Leben in wehmütiger Erinnerung an glücklichere Zeiten, erwägt sie eine neue Ehe, um besser geschützt zu sein? Nichts von alledem. Christine de Pizan entscheidet sich nach einer kurzen depressiven Phase für einen anderen Weg.

Wahrscheinlich bringt sie sich und ihre Familie zunächst als Kopistin durch, mit dem Abschreiben fremder Werke, ähnlich wie zahlreiche andere Frauen in europäischen Großstädten wie Köln oder Brüssel. Eine erste informelle Anleitung hierzu dürfte sie über ihren Ehemann Étienne bekommen haben, dem sie vielleicht beim Abschreiben von Dokumenten geholfen oder über die Schulter gesehen hat. Gleichzeitig muss sie unentwegt gelesen, geschrieben, sich um die Erweiterung ihres Wissenshorizonts bemüht haben.[34] Auf diese Weise wächst sie – langsam – in eine neue Rolle hinein, die für eine Frau in dieser Zeit nicht vorgesehen war: die einer professionellen und gelehrten Schriftstellerin, die sich zudem selbst um die Herstellung und den Vertrieb ihrer Bücher kümmert.

Diese von den Lebensumständen erzwungene Übernahme einer neuen Geschlechterrolle fasst sie später in das Bild ihrer Verwandlung von einer Frau in einen Mann, eine Metamorphose, die nach dem »Schiffbruch« ihres Lebens erfolgt und unter der Regie der Schicksalsgöttin Fortuna:

»Mit Leichtigkeit erhob ich mich,
Verflogen die tränenselige Trägheit,
Die meine Verzweiflung noch vermehrt hatte.
Plötzlich hatte ich ein starkes, kühnes Herz,
Was mich verwunderte, doch ich spürte:
Ich war tatsächlich ein Mann geworden. (...)
Wie Ihr hört, bin ich noch immer ein Mann,

Bin es länger als geschlagene dreizehn Jahre.
Doch eigentlich wäre ich viel lieber
Wieder wie früher eine Frau.«[35]

Anders formuliert: Mit der Notwendigkeit, zu arbeiten und eine neue Existenzform zu finden, verbindet sich fast zwangsläufig ein Genderwechsel. Christine – das heißt: ihr Text-Ich – wird in einen ›Mann‹ verwandelt, indem sie durch eine neue, aktive Existenz und ihre erfolgreiche schriftstellerische Arbeit wirtschaftlich unabhängig wird. Auch großes soziales Prestige erwirbt sie auf diese Weise sowie ein Renommee, das weit über Frankreich hinausgeht.

Vermutlich beginnt sie um 1394 zu schreiben und vollzieht 1399 den ersten Schritt in die Öffentlichkeit, als sie der französischen Königin Isabeau de Bavière – eigentlich: Elisabeth von Bayern aus dem Hause Wittelsbach und wegen ihrer Herkunft eine oft angefeindete ›Ausländerin‹ – ihr erstes Werk überreicht, die *Cent Balades*, einhundert Gedichte in der damals beliebten Balladenform. Hier stehen neben Liebesgedichten ihre autobiografisch gefärbten Witwenklagen sowie erste politische Gedichte über die Situation in Frankreich und das Versagen des ersten Standes, des Adels, der seine Pflicht vernachlässigt habe, die Witwen und Waisen zu schützen. Von 1400–1430 entsteht dann in schneller Abfolge ein umfangreiches Werk in Prosa und in Versen, dessen Hauptanliegen ein politisches, erzieherisches und reformerisches ist. So schreibt sie 1405 die bis heute maßgebliche Biografie von König Charles V., entfacht um 1400 mit ihren Briefen gegen Jean de Meuns *Rosenroman* eine öffentliche Debatte um das Frauenbild des Verfassers, verfasst politische Flugschriften wie die *Klage über die Misstände in Frankreich* (1410) und 1412 ihr *Buch über den Frieden*, um den blutigen Bürgerkrieg zu beenden, und wagt sich als Frau sogar an ein *Buch über das Waffenhandwerk*, das einige Jahrzehnte nach ihrem Tod als ihre erste Schrift ins Deutsche übersetzt wird. Nach ihrem hymnischen Gedicht auf Jeanne d'Arc von Ende Juli 1429 verstummt die kluge, tapfere Stimme der Christine de Pizan. Vermutlich stirbt sie kurze Zeit später.

Chefin einer Schreibwerkstatt und Verlegerin

Ihre Sonderstellung innerhalb der mittelalterlichen Literatur zeigt sich auch daran, dass es unter ihren Werken ungewöhnlich viele Autografe gibt – das heißt: von ihr selbst abgeschriebene Werke. Dies ist im Mittelalter extrem selten. Da sie ihre Bücher zumindest am Anfang immer ›vorfinanzieren‹ muss, verringert das zuallererst die Herstellungskosten. Außerdem geht aus vereinzelten Passagen in ihren Schriften hervor, dass sie mit den handwerklichen Verfahren der damaligen Buchherstellung vertraut ist. Da wir uns in der Epoche vor der Erfindung des Buchdrucks befinden, ist eine Schreibwerkstatt zugleich eine Art Verlagshaus und sie damit die Verlegerin ihrer Bücher. Wie müssen wir uns dies im Einzelnen vorstellen?[36]

Am Anfang schreibt Christine ihre Werke allein ab, bis sie in den Jahren 1403–07, nachdem sie erfolgreicher geworden ist, mehrere Kopien braucht und dies nicht mehr allein schafft. Vermutlich hat sie in ihrem eigenen Wohnhaus einen Arbeitsraum eingerichtet, in dem außer ihr noch zwei andere Personen arbeiten: Dies sind der professionelle Kopist P[ierre?] de la Croix, genannt »R«, und der jüngere, unerfahrene, jedoch zunehmend professionelle Schreiber »P«. Hinter diesem Buchstaben verbirgt sich wahrscheinlich Christines Sohn Jean (1385–1425), der zu diesem Zeitpunkt 18–22 Jahre alt ist. Überall aber, in allen Abschriften, auch in denen von »R« und »P«, ist immer wieder Christines Handschrift (»X«)[37] präsent, die korrigiert, ergänzt, umstellt und deren besonderes Merkmal ein Hang zu Verspieltheit und Humor ist. So verziert sie z. B. Initialen gern mit Akanthusblättern, fügt kleine Zeichnungen von Tieren oder Herzchen ein oder versieht Buchstaben mit grimmigen Gesichtern.[38] Sie bleibt immer die »Werkstatt-Chefin und vorrangige Ansprechpartnerin für ihre Auftraggeber:innen«[39] sowie diejenige, die die Arbeit organisiert. Alle in ihrem Atelier entstandenen Bücher zeigen, dass Christine de Pizan eine »professionelle Buchhändlerin bzw. Verlegerin« ist, die »verschiedene Buch-Profis«[40] beschäftigt.

Für die weitere Ausschmückung und Strukturierung einer für ihre adligen Gönner:innen bestimmten Handschrift sind kleine, in den Text eingefügte Abbildungen, die sog. Miniaturen, notwendig, und zu diesem Zweck verlassen die Handschriften Christines Werkstatt.[41] Miniaturen illustrieren den Text nicht nur, sondern »sie haben wie dieser etwas zu erzählen«.[42] Hinzu kommen Schmuckelemente wie verzierte Initialen oder Weinblattranken. Dies und anderes ist das Werk hochspezialisierter Personen, von denen Christine eine Einzige – »Anastasia«, eine »ornamentiste«, die Verzierungen ausführt – in der *Stadt der Frauen* namentlich erwähnt und als besonders renommiert (und teuer) bezeichnet.[43]

Das *Buch von der Stadt der Frauen*: Entstehung und erste Leser:innen

Das *Buch von der Stadt der Frauen*, ein dreiteiliges Prosawerk, entsteht in erstaunlich kurzer Zeit, in den wenigen Monaten von Dezember 1404 bis April 1405, und zu einem Zeitpunkt, als sie bereits eine anerkannte und gefragte Schriftstellerin ist. Über die Entstehungsumstände wissen wir nur dies: Es ist, im Gegensatz zu anderen Büchern aus ihrer Feder, kein Auftragswerk. Die Besitzer der beiden kostbarsten illuminierten Abschriften sind zwei mächtige Angehörige des französischen Hochadels, zunächst Isabeau de Bavière, die Frau von König Charles VI. Ihr überreicht die Autorin die letzte und von ihr selbst ausgeführte Abschrift dieses Werks, als Bestandteil ihrer kostbaren ›gesammelten Werke‹ von 1414, dem Ms. Harley 4431, heute im British Museum. Ferner ist der Herzog Jean de Berry der Eigentümer des in der Bibliothèque nationale in Paris befindlichen Manuskripts Ms. BnF, f. fr. 607. Die früheste und noch schlichte Abschrift ohne Miniaturen gehörte vermutlich Margarete von Bayern[44], der Frau von Johann Ohnefurcht, und nach ihrem Tod ihrer Tochter Agnes von Burgund.

Die Entstehung der Abschriften des *Buchs von der Stadt der Frauen* lässt sich ziemlich genau nachvollziehen. Sie zeigen, dass die Autorin mit besonderer Sorgfalt, aber auch unter großem Zeitdruck gearbeitet hat, abzulesen an ihrer eigenen Schrift bei den Korrekturen. Die Entstehung der *Stadt der Frauen* als ein sich in Text und Bild langsam perfektionierendes *work in progress* lässt sich anhand der acht existierenden Handschriften von eigener Hand bzw. von ihr immer wieder korrigiert aus den Jahren 1405 bis etwa 1414 nachverfolgen. Mehrere Kopisten arbeiten an diesem Buch, vor allem aber ihr Sohn Jean.

Die *Stadt der Frauen* ist bereits zu Lebzeiten Christines erfolgreichstes Werk und heute in zahlreichen, zum Teil illuminierten Handschriften überliefert, die oft in weiblicher Linie vererbt wurden. Im 15./16. Jahrhundert entstehen eine niederländische und eine englische Übersetzung, bevor das Buch dann in einen jahrhundertelangen Dornröschenschlaf versinkt. Denn am Ende des 15. Jahrhunderts erscheint die französische Übersetzung von Boccaccios *De claris mulieribus (Von berühmten Frauen)*, eine Frauenlobschrift, aus der auch Christine de Pizan einige Beispiele entnommen und für ihre Zwecke bearbeitet hatte. Von diesem Zeitpunkt an werden Boccaccios opulent bebildertes Werk und Christines *Stadt der Frauen* von der zeitgenössischen Leserschaft miteinander verwechselt, zu Ungunsten von Christine. Deshalb werden die Abschriften ihres Buchs seltener, ja, sie brechen schließlich sogar ganz ab. Im Unterschied zu anderen Werken aus ihrer Feder wird die *Stadt der Frauen* im 16. Jahrhundert also nicht in den Druck überführt, sondern verbleibt im Stadium der handschriftlichen Überlieferung. Als kostbare Handschrift ist sie weiterhin kundigen Leser:innen der folgenden Jahrhunderte bekannt, doch deren Zahl bleibt bis ins 20. Jahrhundert klein.

Schlagartig ändert sich dies in den 1970er-Jahren, als fast gleichzeitig Monica Lange und Maureen C. Curnow die mittelalterliche Handschrift der *Cité des Dames* transkribieren und sie damit einer modernen Leserschaft zugänglich machen. Danach entstehen von 1982–1997 die modernen Übersetzungen (in dieser Reihenfolge) ins Englische, Niederländische, Deutsche, Neufranzösische, Katalanische, Spanische und Italienische, die Christines Schrift zu einer weltweiten Verbreitung verhelfen. Zugleich findet auf diesem Wege eine ›Demokratisierung‹ dieses Buches statt, das jetzt ein breites Publikum erreicht.

Ein Gang durch die Stadt der Frauen

Der von Christine geschickt gewählte Titel verweist auf einen großen Vorgänger, den Kirchenvater Augustinus und seine Schrift *Vom Gottesstaat (De civitate Dei)*, ein im Europa um 1400 vielgelesenes Werk. Sie teilt mit ihm das Projekt einer Verteidigung (bei Augustinus die des Christentums) und die Betonung der Bedeutung der *civitas*, der Sozialform der Stadt. Die *Stadt der Frauen* beginnt mit einer mittlerweile berühmt gewordenen Leseszene, der selbstbewussten Inszenierung des Text-Ichs Christine als gelehrt-souveräne Leserin an ihrem Schreibpult. In einem langen, gewundenen Satzgefüge, das den spätmittelalterlichen Kanzleistil imitiert, präsentiert sich dieses Ich als eine buchliebende, wissensdurstige Frühhumanistin. Es ist ein Lese- und Arbeitsbild mit einer einsamen Leserin und der Beginn eines Buchs besonderer Art, das wiederum auf der Lektüre anderer Bücher beruht. Letztere geben den Impuls zum Umschreiben, zur *ré-écriture* von übermächtigen, extrem frauenfeindlichen Texttraditionen überwiegend klerikaler Herkunft. Doch zunächst geht es nur um ein Innehalten und die Ankündigung eines Lektürewechsels mit fatalen Folgen:

> »Als ich eines Tages in meiner Studierstube saß, so wie ich es gewohnt war und es meinem Lebensrhythmus entsprach, umgeben von vielen Büchern aus verschiedenen Sachgebieten, und mich dem Studium der Schriften widmete, da war mein Verstand es zu jener Stunde einigermaßen leid, die gewichtigen Lehrsätze verschiedener Autoren, mit denen ich mich seit Längerem auseinandersetzte, zu durchdenken. Also sah ich von meinem Buch auf und beschloss, diese komplizierten Dinge eine Weile ruhen zu lassen und mich stattdessen bei der Lektüre heiterer Dichtung zu zerstreuen.« (S. 9)

Was hier sofort auffällt: Diese Selbstinszenierung ist die einer professionellen Schriftstellerin und Gelehrten, einer *clergece*. Bei ihrem Umgang mit schwierigen Texten, so erfahren wir, handelt es sich um eine regelmäßige, keineswegs zufällige Tätigkeit. Doch ihre Selbstsicherheit gerät schon bald heftig ins Wanken, denn statt einer leichten Lektüre fällt ihr »unerwartet ein seltsames Buch in die Hand«[45], das sie zunächst zur Seite legt, um es am nächsten Morgen wieder zu öffnen. Schnell erweist es sich als ein ausgesprochener Missgriff, denn es handelt sich um die *Klagen des Matheolus*, die zunächst in lateinischer Sprache verfasste misogyne und misogame (ehefeindliche) Schrift des nordfranzösischen Geistlichen Matthaeus von Boulogne, genannt Matheolus (um 1260 – um 1320). Doch erst in ihrer französischen Übersetzung durch Jehan Le Fèvre (Ende des 14. Jahrhunderts) tritt sie ihren Siegeszug als Klassiker des spätmittelalterlichen Sexismus auf die Lesepulte einer männlichen Leserschaft an.[46] Matheolus/Le Fèvre präsentieren unter Rückgriff auf antike Quellen wie Ovid und auf volkssprachliche Literatur des Mittelalters (hier vor allem auf den sog. zweiten *Rosenroman* des Jean de Meun, auf Exempla-Sammlungen zum Thema »Frau« und auf die obszönen, meist misogynen Fabliaus[47]) eine sich in langen – über 10000 Versen! –, öden Tiraden dahinwälzende Klage über das weibliche Geschlecht und die Qualen des Ehelebens für einen Mann. Hier eine Kostprobe (Vers 2 776 ff.):

»Alle ihre Handlungen sind abgeschmackt und verrückt.
Niemals tut eine Frau Gutes,
Vielmehr zerstört und vernichtet sie es.
Frauen tragen die Schuld an vielen Kriegen
Und Gemetzeln überall auf der Welt;
Ihretwegen werden Burgen abgefackelt und geplündert,
Ihretwegen die Armen davongejagt.
Jeder Mann, jede Frau weiß sehr wohl,
Unter tausend Kriegen gibt es keinen Einzigen,
Der nicht auf eine Frau und deren üble Brut zurückginge.
[...]
Bestünde das gesamte Meer aus Tinte,
Wäre die Erde mit all ihren Flächen und Wegen
Papier und Pergament,
Und wären alle Wälder Schreibfedern,
Um damit Notizen und Bücher zu verfassen,
Und fingen alle des Schreibens Kundigen
Sogleich und ohne Unterlass an zu schreiben:
So wären sie dennoch nicht in der Lage,
Alle Schmach und Schande darzulegen,
Aufzuschreiben, zu memorieren,

> Zu künden oder auch nur zu registrieren,
> Die dem weiblichen Geschlecht eigen sind.«

Diese Lektüre erschüttert das Selbstbewusstsein der Leserin Christine, die angesichts dieser Flut von Schmähungen ihres eigenen Geschlechts und einer *hate speech* (Judith Butler) *avant la lettre* in lähmende Selbstzweifel versinkt:

> »[...] In meinem Innern war ich verstört und fragte mich, welches der Grund, die Ursache dafür sein könnte, dass so viele und so verschiedene Männer, ganz gleich welchen Bildungsgrades, dazu neigten und noch immer neigen, in ihren Reden, Abhandlungen und Schriften derartig viele teuflische Widerwärtigkeiten über Frauen und ihre Lebensumstände zu verbreiten. Und zwar nicht nur einer oder zwei oder jener literarisch völlig unbedeutende Matheolus, [...], nein: Überall, in allen möglichen Abhandlungen, scheinen Philosophen, Dichter, alle Redner [...] wie aus einem einzigen Munde zu sprechen und alle zu dem gleichen Ergebnis zu kommen, dass nämlich Frauen in ihrem Verhalten und ihrer Lebensweise zu allen möglichen Formen des Lasters neigen.« (S. 10).

Sogar der Rückgriff auf die eigene Erfahrung und auf die anderer Frauen helfen da nicht weiter. In dieser Situation treten die drei lichtumstrahlten Allegorien Gerechtigkeit, Rechtmäßigkeit und Vernunft (*Justice, Droiture, Raison*) gleichsam als Vervielfältigung der weiblichen Sprecherinstanzen und der eigenen Stimme Christines auf den Plan, halten energisch Gegenrede zu diesen selbstzerstörerischen Überlegungen und versprechen tatkräftige Hilfe durch die Errichtung einer unzerstörbaren »Festung«, das heißt: die gemeinsame Abfassung eines Buchs als kämpferische Gegen-Schrift und die Schaffung eines Archivs für ein neues und anderes Wissens über Frauen, über ihre Leistungen in der Menschheits- und Kulturgeschichte. Es ist ein »Bauwerk ganz besonderer Art«, zu errichten in gemeinsamer Arbeit:

»Wisse, wir sind hier, um ebenjenen Irrtum, dem du aufgesessen bist, aus der Welt zu schaffen und um künftig allen edlen und tüchtigen Frauen einen Ort der Zuflucht, eine umfriedete Festung gegen die Schar der boshaften Belagerer zu bieten. Allzu lange schon stehen die edlen Frauen ganz allein, sind ungeschützt wie ein Feld ohne Hecke [...], weshalb es nicht weiter verwunderlich ist, dass ihre missgünstigen Gegner und die gewaltbereiten Finsterlinge, die auf die Frauen alle möglichen Pfeile abgeschossen haben, diesen Krieg für sich entscheiden konnten, fehlte es doch an einer angemessenen Verteidigung. Welche Stadt, ganz gleich, wie stark ihre Befestigungen sind, ließe sich nicht einnehmen, wenn es an Widerstand mangelt? [...] Wir, die drei großen Frauen, die wir hier vor dir stehen, [...] sind gekommen, um dir von einem Bauwerk ganz besonderer Art zu künden. Es wird der Umfriedung einer solide gemauerten und gebauten Stadt gleichen. Du bist dazu bestimmt, es mit unserer Hilfe und unserem Beistand zu errichten.« (S. 17).

Diese drei allegorischen Frauenfiguren und Kronen tragende Lichtgestalten, von dem Text-Ich Christine meist als »dames« (»edle Frauen«) angesprochen, werfen viele Fragen auf. Wenn zuallererst in der Dunkelheit des selbstzerstörerischen Denkens der Protagonistin ein Lichtstrahl von der Präsenz dieser »dames« kündet, so ist dies ein vertrautes Motiv aus spätmittelalterlichen Verkündigungsszenen mit der lesenden Maria.

Wenn beim ersten Auftreten der drei Tugenden immer wieder auf ihren hell leuchtenden Gestalten, auf ihrer Lichthaftigkeit, insistiert wird, dann könnte dies auf Christines italienische Herkunft und auf einen politisch-kommunalen Zusammenhang verweisen: In der *Sala della pace,* dem Friedenssaal des *Palazzo Comunale* von Siena, werden sowohl in den Inschriften als auch in den Freskenmalereien die Tugenden, und hier vor allem die auch in der *Stadt der Frauen* auftretende Gerechtigkeit, immer wieder als »hell leuchtend«[49] beschrieben, wie auch die »Vorstellung von Ruhm und Größe einer Stadt« häufig mit der »Metapher des Lichts«[50] umschrieben wird.

Auf diese zunächst visuelle Wahrnehmung der drei Tugenden als Lichtgestalten folgt die Hinwendung zu Wort und Stimme in Form einer längeren feierlichen Ansprache an die überraschte Christine, in der die drei Frauen ihre Identität offenbaren sowie den Plan, gemeinsam eine alle Zeiten überdauernde Frauenstadt zu bauen. Diese ist verankert in der konkreten Vorstellung eines idealen Orts, eines *locus amœnus,* an dem alle mittelalterlichen Nöte und Mängel wie Hunger, Naturkatastrophen, Epidemien oder Krieg außer Kraft gesetzt sind. Hier geschieht etwas Besonderes. Eigentlich werden intellektuelle Prozesse und Bewusstseinsveränderungen in Gang gesetzt, die jedoch in die Begrifflichkeit von körperlicher Arbeit übersetzt werden – so ergreift das Text-Ich Christine eine Spitzhacke, sie hebt einen Graben aus und Frau Vernunft, ihre erste Gesprächspartnerin, schafft die Erde eigenhändig fort:

> »Jetzt fang an, Tochter! Lass uns, ohne noch mehr Zeit zu verlieren, hinaus aufs Feld der Literatur gehen: Dort soll die Frauenstadt auf einem fetten und fruchtbaren Boden errichtet werden, dort, wo alle Früchte wachsen, sanfte Flüsse fließen und die Erde überreich ist an guten Dingen aller Art. Nimm die Spitzhacke deines Verstandes, grabe tief und hebe überall dort einen tiefen Graben aus, wo es dir mein Lot anzeigt, und ich werde dir mit meinen eigenen Schultern helfen, die Erde fortzuschaffen.« (S. 24).

Was jetzt folgt – in ähnlicher begrifflicher Doppelbödigkeit und in permanenten Übergängen von einer gedanklichen Ebene zur anderen – ist die Errichtung eines Text-Gebäudes, eines Buchs, dessen Entstehung sich Schritt für Schritt nachvollziehen lässt, einer Text-Festung aus Bausteinen besonderer Art, denn diese sind aus dem Material von Beispiel-Geschichten, die um vorbildliches Tun, Wirken und um bedeutende Erfindungen von Frauen aller Epochen kreisen. Dies geschieht als Antwort auf jeweils ein misogynes Vorurteil, das die Textfigur Christine mit gespielter Naivität vorträgt und das dann regelmäßig von einer der drei Tugenden zerfetzt wird.

Die Eingangsminiatur zu den maßgeblichen Handschriften des *Buchs von der Stadt der Frauen*, ausgeführt in der »Werkstatt des Meisters der Cité des Dames [...], deren Arbeiten Christine wahrscheinlich beaufsichtig hat«[51], ist ein narratives Doppelbild, das den Text ergänzt und erweitert (S. 8). Links der Besuch der drei Tugenden in Christines Studierstube, rechts der Baubeginn. Eine offene Tür verweist auf die Möglichkeit des Übergangs von einem Bereich zum anderen. Auf diesem Simultanbild erscheint zunächst links erneut die verkürzte Darstellung eines Hauses mit einer Gelehrtenstube, einem im Spätmittelalter männlich konnotierten Ort der geistigen Arbeit, hier jedoch bewohnt von einer gelehrten Frau. Damit erfolgt im Medium des Bildes eine Durchkreuzung zeitgenössischer Geschlechternormen. Diese Strategie wird verstärkt durch die gekrönten drei Tugenden, mit deren Hilfe das Text-Ich Christine die Frauenstadt errichten wird.

Die rechte Bildhälfte zeigt den Übergang vom Innenbereich des Hauses in den Außenbereich. Hier wird durch den beginnenden Bauprozess die Natur sogleich umgeformt in den sozialen und symbolischen Raum der Stadt. Das handwerkliche Arbeitsbild von zwei Frauen mit Maurerwerkzeug, Mörtelkelle und Mörtelkasten steht erneut im Gegensatz zu zeitgenössischen Geschlechternormen (auch wenn es in den mittelalterlichen Handwerkerzünften Frauen gab). Zugleich vollzieht sich im Übergang von der linken zur rechten Bildhälfte ein Übergang von der *vita contemplativa* zur *vita activa* wie auch der Übergang von der vereinzelnden, einsamen Arbeit am Schreibtisch zu der Arbeit einer Gruppe von Frauen an einem Gemeinschaftsprojekt.

In schneller Wechselrede zwischen dem Text-Ich Christine und den drei großen Frauen entsteht nun ein besonderer – utopischer? – Raum, der den »Beginn eines neuen Reiches der Frauen«[52] in der Nachfolge der Amazonen markiert, der aber, im Unterschied zu deren Reich, auf Dauer angelegt ist – und, anders als im Reich der Amazonen, mit keinerlei Gebärzwang verbunden ist.[53]

Die tatkräftige Allegorie Frau Vernunft erklärt dann der erstaunten – und zugleich geschmeichelten – Christine sogleich diesen ersten Arbeitsschritt:

»Aber du wirst mit dieser von dir zu erbauenden Stadt ein weitaus beständigeres Werk schaffen. Nach unser dreier Ratschluss soll ich den Anfang machen und dich mit haltbarem, unverfälschtem Mörtel versehen, damit ein solider Grund gelegt wird; dann um sie herum starke Mauern ziehen, mit tiefen Aushebungen, breiten und starken Türmen und wehrhaften Kastellen mit Gräben, Festungsanlagen, Wassergräben und Bollwerken, eben allem, was zu einer stark und dauerhaft befestigten Stadt gehört. Und auf unser Geheiß wirst du sie tief in den Boden einlassen, damit sie mehr Halt haben, und dann ziehst du die Mauern so hoch, dass sie niemanden zu fürchten brauchen.« (S. 19).

Stets wird bei der Entstehung dieses Konstrukts die allegorische mit der real-konkreten Ebene, der Mörtel des Gebäudebaus mit dem der Beispiel-Geschichten verbunden. Bei diesem Übergang von einem individuellen weiblichen Mikro- zu einem kollektiven Makro-Raum entsteht der Großraum einer idealen Stadt, die am Ende den Frauen aller Zeiten übergeben wird. Deren wichtigste Merkmale sind eine ausschließlich feminine Bevölkerung – in Gestalt von Geschichten weiblicher Vorbildlichkeit auf den verschiedensten Gebieten –, die Wehrhaftigkeit dieser Stadt, ihre Beständigkeit und damit Zeitenthobenheit sowie schließlich ihre Schönheit.

Immer wieder greift die Autorin auf die heilige Dreizahl zurück: Die drei Frauen Vernunft, Rechtmäßigkeit und Gerechtigkeit erschaffen gemeinsam mit dem Text-Ich Christine in drei Schritten eine imaginäre Frauenstadt, deren Bau wiederum in den drei Teilen des *Buchs von der Stadt der Frauen* erzählt und über drei Miniaturen visualisiert wird. Der erste beginnt mit der Diskussion misogyner Positionen und ihrer Urheber – in der Baumetaphorik gleichgesetzt mit der Aushebung der Erde und der Fundamentlegung – und geht dann über zu den großen Leistungen von Herrscherinnen aller Epochen. Besonders lange verharrt Christine hier beim Reich der Amazonen und seinen Königinnen, um dann überzugehen zu Frauen aus verschiedenen Schichten der Gesellschaft, die sich durch Intelligenz, Gelehrsamkeit, Erfinderinnengeist und Lebensklugheit – *prudentia* – ausgezeichnet haben. Dies sind »Mauern, die die Stadt der Frauen umschließen«, die auch schon »mit Farbe verputzt«[54] seien.

Mit der Allegorie der Rechtmäßigkeit beginnt die zweite Bauphase, und jetzt gilt es, den Umkreis der Befestigung mit passenden Gebäuden zu füllen, so der Arbeitsauftrag für Christine:

> »Nimm also dein Werkzeug und folge mir! Komm her, mische den Mörtel im Tintenhorn und mauere tüchtig drauflos, im Rhythmus des Eintauchens deiner Feder; genügend Material will ich dir schon beschaffen. Mit Gottes Hilfe werden wir binnen kurzem die hochaufragenden Königspaläste und prächtigen Wohnstätten für die vortrefflichen, hochberühmten Damen errichten, die in dieser Stadt bis ans Ende aller Zeiten Zuflucht und Bleibe finden sollen.« (S. 117).

In diesem Bauabschnitt werden mit den Sibyllen, ferner mit Prophetinnen und Visionärinnen sowie mit vorbildlichen Töchtern, die »königliche[n] Paläste [...] und die Zwinger und die Wehrtürme der Stadt«[55] geschaffen. In einem nächsten Schritt geht es um die Bewohnerinnen der Stadt, »edle und kluge Frauen«.[56]

Im dritten und letzten Teil erfolgt mit Hilfe von Frau Gerechtigkeit der Einzug der heiligen Frauen – der Jungfrau Maria und weiblicher Heiliger –, deren Martyrium erzählt wird. Der Geschichte der »heiligen Jungfrau Christine«[57] kommt dabei auch wegen ihrer zentralen Stellung innerhalb dieses Teils eine besondere Bedeutung zu. Er endet mit einem Aufruf zur Freude angesichts der vollendeten Stadt und mit einem Appell an die zeitgenössischen Frauen, denen diese Stadt »als Hort und Zuflucht gegen Eure Feinde und Angreifer«[58] und als Tugendspiegel übergeben wird.

Die mittelalterliche Stadt als idealer Raum – und Tugend als ›Eintrittsbillet‹

Christine errichtet mit der *Stadt der Frauen* den Raum einer mittelalterlichen Stadt mit Festungscharakter. Hatte sie bei der Abfassung ihres Traktats eine konkrete Stadtarchitektur vor Augen? Vermutlich dürfte sie von dem einzigartigen Insel-Bauwerk des normannischen Mont Saint-Michel gehört, vielleicht auch darüber gelesen oder an italienische Städte mit Festungscharakter gedacht haben. Auf jeden Fall nimmt hier der neue Raum der Frauen die Gestalt einer Stadt und nicht etwa die eines Klosters an.

Wenn sich die Autorin auf die Stadt als ein Modell menschlichen, hier des ausschließlich weiblichen Zusammenlebens bezieht, so ist dies kein Zufall, denn die Stadt gilt seit dem 13. Jahrhundert als »Metapher des vollkommenen Lebens« und als »Vollendungsform menschlicher Gemeinschaft.«[59] Sie ist zudem der Ort einer bestimmten Form des Friedens, der *pax civilis,* sowie der Ort einer ganz spezifischen Form von Schönheit[60], wobei der Aspekt des Friedens gerade für Christines Stadt der Frauen besonders wichtig scheint. Denn in diesem Buch sind verschiedene Formen von Gewalt und Gewalttätigkeit allgegenwärtig – die gegen Frauen (wenn diese vergewaltigt oder als Märtyrerinnen gefoltert werden), aber auch von ihnen selbst ausgeübt werden, um Gegner zu vernichten oder legitime Herrschaftsansprüche durchzusetzen. Die drei Fragen, die sich im Zusammenhang mit diesem Sozialgebilde immer wieder stellen – die Frage nach der Gestalt der Stadt, die nach ihren Bewohnerinnen und die nach den Bedingungen der Mitgliedschaft – strukturieren ebenfalls die Erschaffung von Christine de Pizans Frauenstadt und verdeutlichen ihre Nähe zu zeitgenössischen Stadtentwürfen.

Auffällig an dieser Konstruktion eines ausschließlich feminin besetzten Raums ist die Prozesshaftigkeit. Gezeigt wird die Entstehung, nicht aber ein endgültiger Zustand oder ein konkretes ›Funktionieren‹ der imaginierten Frauenstadt nach bestimmten Regeln. Auf welche Weise wird nun der Zugang zu dieser idealen Stadt geregelt? Tugend (*vertu*) ist das vorrangige Auswahlprinzip für ihre Bewohnerinnen, sozusagen das ›*Eintrittsbillet*‹. Dieser Vorstellung von Tugend liegt allerdings ein Verständnis zugrunde, das im Mittelalter und ganz besonders bei Christine de Pizan keineswegs jenen »sauertöpfischen Beigeschmack« besitzt, der ihr heute eigen ist, sondern sie war »ein höchst anmutiges, anlockendes und charmantes Wesen«, bedeutete ein »dauernd lebendiges, glückseliges *Könnens- und Machtbewußtsein* zum Wollen und Tun eines in sich selbst und gleichzeitig für *unsere* Individualität allein Rechten und Guten«[61] und kann am ehesten mit der antiken *virtus* verglichen werden. Wenn wir dies in eine uns vertrautere Begrifflichkeit übersetzen, so ließe sich Christines Tugendbegriff umschreiben mit einer Form von Selbstverwirklichung und zugleich der Verantwortung für ein Gemeinwesen oder für Mitmenschen.

Die *Stadt der Frauen* als unzerstörbare Festung, gebaut für alle Ewigkeit, als wehrhafte, zudem kostbar ausgestattete Stadt ist zudem eine Art gesteigertes Amazonenreich, eine Vollendung dieses historischen Entwurfs eines »royaume de femenie« (»Königreichs der Frauen«), in dessen Nachfolge Christine sie stellt und bei dessen Darstellung sie besonders lange verweilt. Zu dem Faszinosum dieser Frauengruppe und ihren Königinnen, vor allem zu Penthesilea, kehrt sie immer wieder zurück.

Christines Frauenstadt ist ein durch und durch geistiges, ja intellektuelles Konstrukt, ein Buch über die Entstehung eines Buches, entstanden in weiblicher Gemeinschaftsarbeit, konzipiert als Trost- und Exemplabuch für alle lesefähigen Frauen des Spätmittelalters. Eingeschrieben in den Text-Raum der *Stadt der Frauen* sind also auch die Bilder lesender Frauen, jener Leserinnen, die vom endenden Mittelalter und bis zum heutigen Tag im Prozess ihrer Lektüren immer wieder aufs Neue das vielgestaltige Potenzial dieses Stadtentwurfs lebendig werden lassen.

Zugleich entwirft die Autorin einen neuen Vorstellungsraum von Weiblichkeit, um, ähnlich wie in der Auseinandersetzung mit Matheolus oder Jean de Meuns *Rosenroman*, deformierende und diffamierende Fremddefinitionen von Weiblichkeit zu zerstören. Dass Christines *Stadt der Frauen* auch von späteren Leserinnen als ein Imaginarium wahrgenommen wurde, das als Kraftquelle und als Medium der Selbstvergewisserung funktionieren konnte, zeigt sich an einem aufschlussreichen Medienwechsel. Denn zahlreiche Herrscherinnen und Mäzeninnen im Europa der Frühen Neuzeit,

Frauen wie Margarete von Österreich oder Anne de Bretagne, ließen großformatige Wandteppiche mit Motiven aus der *Cité des Dames* herstellen. Diese Tapisserien aus nordfranzösischen oder flandrischen Webereien hingen in den repräsentativen Gemächern von Herrscherinnen, zum Beispiel in Räumen, in denen sie fremde Diplomaten empfingen, und besaßen eine herrschaftslegitimierende wie auch eine Schutz-Funktion.[62]

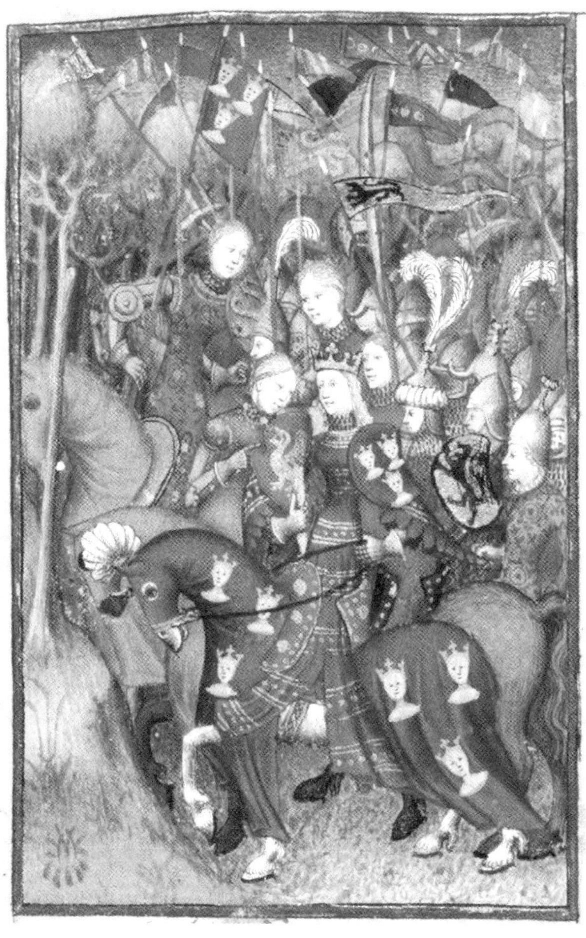

Die Amazonenkönigin Penthesilea.

›Toxische‹ und andere Formen von Männlichkeit

Es gibt viele Repräsentanten einer düster-toxischen Männlichkeit, deren Schatten auf den Bau der Stadt der Frauen fallen: Da sind die unbelehrbaren Finsterlinge, die Frauen grundsätzlich als minderwertig betrachten und ihnen den Zugang zu Bildung und einem besseren Leben verwehren. Da sind die frauenfeindlichen Schreiberlinge, aber auch Autoren von Rang wie Ovid oder Jean de Meun, die in Frauen das grundsätzlich gegnerische und durch Unterdrückung zu bekämpfende Geschlecht sehen. Da sind die vielen Vergewaltiger und schließlich die heidnischen Bösewichte, die die christlichen Märtyrerinnen immer neuen Gewaltorgien aussetzen – und die immer wieder von diesen meist jungen Frauen anscheinend spielend besiegt werden und sich schließlich selbst vernichten. Zu diesen Verfolgern gehören auch Väter, die im heidnischen Glauben verharren wollen und deshalb gegen ihre Töchter wüten.

Als ebenfalls hochgradig ›toxisch‹ präsentiert Christine andere männliche Verwandte – Väter wie jener der Ghismonda oder Brüder wie die der Elisabetta –, die es jungen Frauen verwehren, ihre Sinnlichkeit mit einem ihnen ebenbürtigen Mann auszuleben und die diese Frauen damit in den Tod treiben, wie es Christine nach Boccaccios *Decameron* erzählt (II. Buch, Kap. LIX und LX).

Aber es gibt auch andere, und zuallererst das strahlende Dreigestirn der drei ›guten Väter‹, deren Wirkungszeit die Antike, die nahe Vergangenheit und die eigene Gegenwart miteinander verbindet und die alle drei mit einem für Christine besonders wichtigen Problembereich verbunden sind: dem Zugang von Frauen – in diesem Fall: Töchtern – zur Bildung (II. Buch, Kap. XXVII). Der erste ist Quintus Hortensius (114–50 v. Chr.), der neben Cicero bedeutendste Redner der republikanischen Zeit. Er lässt seiner Tochter Hortensia eine so gute Ausbildung in Redekunst und Literatur zukommen, dass es in dieser Hinsicht zu einem Gleichstand von Vater und Tochter kommt. Diese Tochter wiederum setzt, ganz im Sinne Christines, ihre exzellente Bildung für die Sache der Frauen ein, die sie mit ihrer brillanten Rede auf dem Forum davor bewahrt, zu hohe Kriegsabgaben zu leisten.

Die Autorin macht dann einen großen Zeitsprung, um (fast) in ihrer eigenen Gegenwart zu landen: »(…) so meinte etwa vor knapp sechzig Jahren der berühmte Jurist Giovanni Andreae aus dem reichen Bologna keineswegs, Bildung sei für Frauen von Nachteil und ließ deshalb seine schöne, gutherzige Tochter Novella, die er über alle Maßen liebte, das Schrifttum und die Gesetze studieren«. Sie vertritt schließlich sogar ihren Vater bei dessen Abwesenheit als Dozentin seiner Jura-Studenten. Bei dieser Novella (1312–?) handelt es sich um eine authentische Figur, die in die Tradition gelehrter Frauen von Bologna gehört.[63] Sie muss eine Vorbildfunktion für Christine gehabt haben, die sicher von ihr in Bologna gehört hat.

In der *Stadt der Frauen* schwenkt sie unmittelbar von Novella zu ihrem eigenen Vater über und spricht von dessen Förderung der Tochter. Da Tommaso allerdings nur »kleine Bruchstücke« (S. 179) seines Wissens an Christine weitergibt und nicht dessen Totalität, wie Hortensius und Giovanni Andreae, erscheint er als ein etwas schwächerer Vertreter dieses Vater-Typus.

Eine andere Kategorie von ›guter‹ Männlichkeit wird verkörpert durch sanfte Männer. Sie erkennen die Wünsche einer überlegenen Frau sofort als prioritär an und richten ihr eigenes Verhalten daran aus. So zum Beispiel (in Buch II, Kap. LXV) der Herzog Thiébaut de Champagne, Verehrer der Königin Blanca von Kastilien (1188–1252), zeitweilig französische Regentin. Die schon etwas ältere, mütterliche Frau dämpft zuerst seine kriegerischen Aggressionen gegen ihren Sohn Ludwig den Heiligen, und der Herzog bewundert sie wegen ihrer »große[n] Charakterstärke und Tugend« (S. 240). Gerade diese wirken so erotisierend auf ihn, dass er in einen Liebesrausch verfällt. Seine Leidenschaft sublimiert er jedoch, indem er sich zu Blancas treuem Gefolgsmann macht und seine Gefühlslage in Literatur verwandelt, in »unglaublich schöne[n] Gedichte[n]« sowie »bezaubernde Lieder, die er auf die Wände seines großen Saals in Provins und auch in Troyes schreiben« lässt (S. 240). Der Dichter und Minnesänger Thiébaut de Champagne (1201–1253) ist der berühmteste Troubadour seiner Zeit, der hier bei Christine aber vor allem als ein Vertreter idealer Männlichkeit gewürdigt wird und als ein junger Mann, der dem mütterlichen Eros einer ihm überlegenen älteren Frau verfällt – und der dies ›öffentlich macht‹ auf den Wänden seiner Paläste.

Die Stadt der Frauen – eine Utopie?

Eine letzte Frage bliebe zu klären: Hat es im Mittelalter überhaupt schon utopisches Denken gegeben, konnte es dies damals schon geben und wenn ja: Ist Christine de Pizans Vorstellung von einer Stadt der Frauen Teil ebendieses Denkens?[64] Wenn es auf den ersten Blick schwierig scheint, überhaupt von mittelalterlichen Utopien zu sprechen, dann deshalb: »Der Begriff der Utopie ist mit der ersten literarischen Utopie-Schrift, der 1516 veröffentlichten ›Utopia‹ des Thomas Morus verbunden, welche immer wieder aufs Neue als genuines Zeugnis der Neuzeit interpretiert wird.«[65] Stellt man diese mittlerweile fast selbstverständlich gewordene Setzung in Frage, so öffnet sich ein in verschiedene Richtungen weisender Diskussionsraum zu dem Begriff und dem Phänomen der Utopie. Nur wenn man die enge Verklammerung von »Neuzeit« und »Utopie«, welche die »Erscheinungsformen des Utopischen in anderen Kulturen und Epochen nicht zulässt«, aufbricht, um »die Wahrnehmung des Utopischen in der Geschichte zu flexibilisieren und zu präzisieren«[66], geraten neue und andere Formen, Utopie zu denken, in den Blick. Wenn wir außerdem das weitverbreitete, diffuse Verständnis von »Utopie« und »utopisch« aufbrechen, dann öffnen sich erkenntnisfördernde Freiräume für eine dezidiert historische Annäherung an das Phänomen der Utopie, und Christines *Stadt der Frauen* wird zu einer besonderen und einzigartigen Form utopischen Denkens des ausgehenden Mittelalters auf der Schwelle zum Humanismus.

Für utopisches Denken der Neuzeit, aber auch des Mittelalters, ist der Begriff des Wunsch-Raums hilfreich, zu verstehen als eine Form des »›wirklichkeitstranszendierenden‹ Denkens«,[67] das einen von der übrigen Welt abgegrenzten Raum bezeichnet. Unterscheiden ließe sich zwischen »zwei Hauptgestaltungsformen menschlicher Sehnsüchte: Zukunftshoffnungen und Fernphantasien, Wunschzeiten und Wunschräume, chiliastische Träume und utopisch-rationalistische Bildprojektionen«[68]. Damit lassen sich verschiedene Formen des Utopischen präziser beschreiben und voneinander abgrenzen. Das literarische Konstrukt einer von Frauen für Frauen errichteten und von ihnen bewohnten Stadt gehört im Hinblick auf sein utopisches Potenzial zu einem »Denken in Wunschräumen«. Diese wären zu verstehen als »ausgegrenzte und in sich abgeschlossene Räume, [...] in denen einige oder viele Menschen leben können, nicht aber alle Menschen leben müssen.«[69]

Ist *Stadt der Frauen* eine Raumutopie? Nein – wenn wir den Kriterienkatalog von Schriften wie Thomas Morus' *Utopia* oder Campanellas *Sonnenstaat* anlegen. Ja – wenn wir Christine de Pizans Schrift in eine Tradition utopischen Denkens im Mittelalter stellen und mit ihr zugleich eine neue Tradition beginnen lassen. Es handelt sich bei ihrer Frauenstadt um den Entwurf eines idealen Raums, zugleich eines Zufluchts- und Trostraums, bewohnt von einer femininen Elite. Sie definiert sich über besondere Leistungen auf verschiedensten Gebieten des menschlichen Zusammenlebens und zugleich über eine permanente Bereitschaft zur Vervollkommnung – dies ein Prozess, bei dem das Buch eine zentrale Rolle spielt.

In dieser Hinsicht haben wir es zugleich mit einer ›geschlossenen‹ und einer ›offenen‹ Gruppe der Bewohnerinnen der Stadt der Frauen zu tun: Sie ist geschlossen im Hinblick auf die historischen Frauengestalten aus den Sammlungen »großer Frauen«, denen wir in Christine de Pizans *Buch von der Stadt der Frauen* begegnen. Sie ist aber zugleich offen im Hinblick auf die Möglichkeiten einer jeden Frau, zu einer Bewohnerin dieser virtuellen Stadt zu werden. Christine de Pizans Frauenstadt ist ein idealer Raum »ohne Vertäuung in der Realität«.[70] Aber macht sie nicht gerade diese Eigenschaft besonders anziehend und deshalb immer wieder aufs Neue aktualisierbar?

ANMERKUNGEN

1 Ich nenne hier nur Stefania Sandrellis Biopic *Christine Christina* (2010), Bettina Flitners 2014 entstandenes Foto von Alice Schwarzer in der Berliner Staatsbibliothek, mit der deutschen Übersetzung von Christine de Pizans *Buch vom Fechten und der Ritterschaft* in den Händen, Judy Chicagos Installation *Dinner Party* (1974–79) oder die Serie blauer Tuschzeichnungen (*lavis*) der Französin Colette Deblé (seit den 1990er Jahren). Um 1900 inspiriert ihr berühmtes Gedicht »Seulette suis« zudem den Jugendstil-Künstler Émile Gallé zur Kreation einer Vase mit ebendieser Aufschrift, anzusehen auf https://fr.wikipedia.org/wiki/Christine_de_Pizan. Es gibt außerdem zahlreiche Vertonungen ihrer Gedichte, zuletzt durch das Ensemble VocaMe (*Christine de Pizan: Chanson et Ballades* (2015). Die Literatur durchläuft sie als Haupt- oder Nebenfigur, so z.B. in Rainer Maria Rilkes *Aufzeichnungen Malte Laurids Brigge* (1910), Barbara Tuchmans *Der ferne Spiegel* (1978), Dietrich Schwanitz' Roman *Der Campus* (1995) oder in aktuellen Kriminal- und historischen Romanen wie Sabrina Capitanis *Buch der Gifte* (2006) und Tanya Bayards vierbändiger *Christine de Pizan's Mystery Series* (2018–2021).

2 Hierzu: Bock/Zimmermann (Hg.) 1997.

3 Siehe Zimmermann 1995, S. 156–186.

4 Villela-Petit 2020, S. 49. Übers. Margarete Zimmermann, wie auch alle folgenden Zitate aus französischen Quellen.

5 Informationen zu allen wichtigen Handschriften und Bildprogrammen in Ouy/Reno/Villela-Petit 2012.

6 Siehe hierzu Pastoureau 2013.

7 Andere Beispiele in Zimmermann 2002, S. 29, 50, 71, 100, 112.

8 Siehe dazu detailliert Zühlke 1994.

9 Villela-Petit 2020, S. 49.

10 *Ditié de Jehanne d'Arc* [2]2003, S. 28.

11 Hierzu Krynen 1981.

12 Für alle Details zur Herkunft und zur Familie der Autorin verweise ich auf die Publikationen von Nikolai Wandruszka.

13 Christines Familie stammt aus Pizzano, einem Dorf südöstlich von Bologna. Wäre sie in Italien geblieben, hätte ihr Name Cristina da Pizzano gelautet.

14 Diese Verbindung von Astrologie und Medizin ist im Spätmittelalter üblich; die Astrologie ist zudem Teil der ärztlichen Ausbildung (siehe hierzu Wandruszka, a.a.O.).

15 So praktizierte Tommaso di Mondino, Christines Großvater mütterlicherseits, als Arzt in Venedig, und auch ihr Urgroßvater war akademisch gebildet (diese Informationen nach Wandruszka, a.a.O.)

16 Hierzu ebd., Kap. 3.9: »Tommaso in Venedig«.

17 Christine de Pizan, *L'Avision Christine*, S. 96.

18 Ebd.

19 Ebd.

20 Im einzelnen hierzu: Wandruszka, Kap. »Die Reise nach Paris«.

21 *L'Avision-Christine*, S. 96–97.

22 Vgl. hierzu: Cooper-Davis 2022 und *Paris 1400* 2004.

23 Beschrieben von Tesnière 2001, S. 225–233.

24 Sie wird später zu einer Kulturvermittlerin *par excellence*, die sich für Dante, Boccaccio und Petrarca einsetzt, drei um 1400 in Frankreich kaum bekannte große italienische Autoren. Auch vergleicht sie zuweilen die politischen Verhältnisse in Italien mit denen in Frankreich.

25 Christine de Pizan, *L'Avision Christine*, S. 100.

26 Ebd., S. 98.

27 Ebd., S. 100.

28 Zu dieser nur in burgundischen Rechnungsbüchern belegten Person: Wandruszka, Kap. 1.3.

29 Christine de Pizan, *Le livre des Trois Vertus*, 1998, S. 153.

30 Dies., *L'Avision Christine*, S. 103.

31 Ebd.

32 Ebd., S. 103.

33 Ebd., S. 100.

34 Sie beschreibt diese autodidaktischen Studien in ihrer *L'Avision Christine*, S.110–111.

35 Christine de Pizan, *Le livre de la mutacion de fortune*, 1959–1966, Bd. 1, S. 52–53.

36 Zum Folgenden: Villela-Petit 2020.

37 Diese ›Namen‹ für die Schreiber verweisen bei »R« auf das Adjektiv »raide« (»steil«, »steif«), das dessen Schrift kennzeichnet, bei »P« auf eine besondere Art, diesen Buchstaben zu schreiben, »X« für die (mit großer Sicherheit) Handschrift Christines verweist auf ihre Eigenheit, ihren Vornamen häufig als »xpine« abzukürzen.

38 Hierzu Villela-Petit 2020, S.75–76; einige Beispiele S. 27.

39 Ebd., S. 82.

40 Ebd.

41 Hierzu detailliert ebd., S. 90–124.

42 Ebd., S. 100.

43 *Das Buch von der Stadt der Frauen*, 1. Buch, Kap. XLI, S. 101, im Zusammenhang der Diskussion darüber, ob es bedeutende Künstlerinnen gebe.

44 Margarete von Bayern (*1363–1423), die Tochter des Wittelsbacher Herzogs Albrecht I. von Straubing-Holland, heiratet 1385 Johann Ohnefurcht, den acht Jahre jüngeren Erben des Hauses Burgund. Margarete besuchte regelmäßig Isabeau de Bavière.

45 *Das Buch von der Stadt der Frauen*, S. 9.

46 Die *Lamentations de Mathéolus* sind eine von einem Kleriker verfasste ehe- und frauenfeindliche Schmährede. Der Fehlgriff der fiktiven Leserin Christine (die sich auf eine heiter-entspannende Lektüre gefreut hatte) erklärt sich damit, dass dieselbe Handschrift nach den *Lamentations* auch eine lange Abhandlung über die Freuden der Ehe enthält.

47 Die mehrheitlich anonym überlieferten Fabliaus des 12.–14. Jahrhunderts sind meist in städtischen Milieus spielende Verserzählungen. In ihnen geht es um Strategien, deren Ziel sexuelle Lust oder die Übervorteilung eines Kontrahenten ist.

48 Besonders bei der Beschreibung ihrer Erscheinung. Im Folgenden greife ich auf Überlegungen zurück aus Zimmermann 2013.

49 Seidel 1999, S. 62.

50 Skinner 2009, S. 115.

51 Hierzu Zühlke 1994, S. 124 ff. mit der Analyse dieser Frontispizminiatur.

52 *Das Buch von der Stadt der Frauen*, S. 137.

53 So erläutert Frau Gerechtigkeit, die »Würde« dieses neuen Frauenreiches sei »allerdings ungleich höher als die des Frauenreichs früherer Zeiten, denn seine Frauen werden nicht gezwungen sein, ihr Territorium zu verlassen, um Nachfolgerinnen zu empfangen und zu gebären und ihren Besitz über die Zeiten hinweg, von einem Geschlecht zum anderen, zu erhalten: Die Frauen, die wir jetzt dort ansiedeln, werden alle Zeiten überdauern« (ebd).

54 Ebd., S. 114.

55 Ebd., S. 136.

56 Ebd., S. 137.

57 Ebd., S. 270.

58 Ebd., S. 293.

59 Meier 1994, S. 28, 32.

60 Vgl. hierzu ebd., S. 51 f.

61 Scheler [4]1955, S. 15. – Hervorhebungen vom Autor.

62 Diese Teppiche existieren anscheinend nicht mehr oder sie sind verschwunden in den Archiven großer europäischer Museen. Susan Groag Bell hat für ihr Buch *The Lost Tapestries of the City of Ladies* in jahrelangen Recherchen in ganz Europa jedoch zumindest indirekt ihre Existenz aus Inventarlisten, Rechnungen, Testamenten oder zeitgenössischen Berichten erschlossen.

63 Wandruszka Kap. 5: »Novella und Christine. Zur Historizität gelehrter Frauen an der Universität von Bologna«. – Novella Andreae, die laut Überlieferung ihre Schönheit

hinter einem Schleier verbarg, wenn sie unterrichtete, inspiriert um 1800 die Porträtmalerin Marie-Éléonore Godefroid zu einer Darstellung ebendieser Szene. Im 20. Jahrhundert erhält Novella ein Gedeck in Judy Chicagos *Dinner Party*.

64 Ausführlicher hierzu und zum Begriff der feministischen Utopie: Zimmermann 1998, S. 7–23. https://nbn-resolving.org/urn:nbn:de:0168-ssoar-329826, v.a. S. 8–11, sowie: dies. 2021, S. 117–137.

65 Oexle 1997, Sp. 1345.

66 Ebd., Utopie, Sp. 1346.

67 Ebd., Utopie, Sp. 1346.

68 Doren 1927, S. 158.

69 Oexle 1977, S. 303.

70 Krechel 2015, S. 15.

AUSWAHLBIBLIOGRAPHIE

I. Primärliteratur

L'Avision Christine. Hg. Liliane Dulac u. Christine M. Reno. Paris 2000/ *Christine's Vision*, übers. von Glenda McLeod, Abdington-on-Thames, 1999.

»*Ich, Christine*«. Autobiografische Texte, hg., übersetzt u. m. einem Essay v. Margarete Zimmermann (in Vorbereitung).

Das Buch von der Stadt der Frauen. Hg. und übers. von Margarete Zimmermann, Berlin 1986, München 1990 u. ö.

Ditié de Jehanne d'Arc, hg. von Angus J. Kennedy und Kenneth Varty, Oxford [2]2003.

Epistre d'Othéa. Farbmikrofiche-Edition der Hs. Erlangen-Nürnberg, Univ.-Bibl., Ms. 2361, Einführung zu Christines ›Buch der Weisheit‹ von Helga Lengenfelder, München 1996.

Lamentacion sur les maux de la France/ Lament on the Evils of the Civil War. Hg. u. übers. von Josette Wisman. New York/London 1984.

Le Livre de la Cité des Dames. Édition bilingue introduite et traduite par Anne Paupert. Édition et notes par Claire Le Ninan et Anne Paupert, Paris 2023.

Les lamentations de Matheolus et le Livre de Leesce de Jehan Le Fèvre, 2 Bd., hg. von A. van Hamel, Paris 1892 und 1905.

Le livre de la mutacion de fortune, hg. von Suzanne Solente, 4 Bde., Paris 1959–1966.

Le livre des Trois Vertus, hg. von Charity Cannon Willard, Paris 1998,

Der Schatz der Frauen. Weibliche Lebensklugheit in der Welt des Spätmittelalters. Ein Quellentext, übers. v. Claudia Probst, hg. u. eingel. v. Claudia Opitz, Freiburg i. Br./Basel/Wien 1996.

Der Sendbrief vom Liebesgott, übers. u. hg. von Maria Stummer. Graz 1987

Wege in die Stadt der Frauen. Texte und Bilder der Christine Pizan, übers. u. kommentiert von Margarete Zimmermann, Zürich 1996.

II. Sekundärliteratur

1. Internet-Ressourcen

https://www.kleio.org/de/geschichte/renaissance/frauen/c_pizan/

www.pizan.lib.ed.ac.uk

www.judithmathes.de/history/christine_de_pizan.html

http://www.arlima.net/ad/christine_de_pizan.html

https://frauenmediaturm.de/historische-frauenbewegung/christine-de-pizan-1365-1431-1440/

Werke von und über Christine de Pizan bei Internet ArchiveWorks und Project Gutenberg

2. Medien

Christine – Cristina. Regie: Stefania Sandrelli. Spielfilm mit Amanda Sandrelli, Alessio Boni u. a., Italien 2010.

Christine de Pizan: CD *Chansons et ballades*. Ensemble Vocame, Hamburg 2015.

3. Zu Einzelfragen

Brown-Grant, Rosalind, »Feminist Linguist *avant la lettre*?«, in: John Campbell/Nadia Margolis (Hg.), *Christine de Pizan 2000. Studies on Christine de Pizan in Honour of Angus J. Kennedy*, Amsterdam 2000, S. 65–77.

Butler, Judith, *Haß spricht. Zur Politik des Performativen*. Übers. von Kathrin Menke und Markus Krist, Berlin 1998.

Cooper-Davis, Charlotte, *Christine de Pizan: Life, Work, Legacy*, Chicago 2022

Alfred Doren: »Wunschräume und Wunschzeiten«, in: *Vorträge der Bibliothek Warburg* 1924/25; Leipzig-Berlin 1927, S. 158–205

Echtermann, Andrea, »Christine de Pizan und ihre Hauptwerke zur Frauenthematik. Eine Einführung«, in: *Kennt der Geist kein Geschlecht?* Hg. von Elisabeth Gössmann. München 1994, S. 1–75.

Die europäische Querelle des Femmes. Geschlechterdebatten seit dem 15. Jahrhundert, hg. von Gisela Bock und Margarete Zimmermann, Stuttgart/Weimar 1997.

Feichtinger, Barbara, »Antikerezeption mit Ambitionen. Christine de Pizans ›Livre de la Cité des Dames‹ und Boccaccios *De claris mulieribus*«, in: *Die Frau in der Renaissance*, Hg. Paul Gerhard Schmidt, Wiesbaden 1994, S. 203–221.

Groag Bell, Susan, *The Lost Tapestries of the »City of Ladies«. Christine de Pizan's Renaissance Legacy*, Berkeley/Los Angeles/London 2004.

Dies., »Christine de Pizan in her study«, in: *Cahiers de recherches médiévales et humanistes*, https://journals.openedition.org/crmh/3212.

Klemperer, Victor, »Christine de Pisan«, in: Ders., *Einführung in das Mittelfranzösische*. Leipzig/Berlin 1921, S. 30–35.

Kottenhoff, Margarete, *›Du lebst in einer schlimmen Zeit‹. Christine de Pizans Frauenstadt zwischen Sozialkritik und Utopie*, Köln/Weimar/Wien 1994.

Krechel, Ursula, »Mit den Bausteinen ihres Verstandes: Christine de Pizan«, in: dies., *Stark und leise. Pionierinnen*, Salzburg 2015, S. 10–19.

Krynen, Jacques, *Idéal du prince et pouvoir royal en France à la fin du Moyen Âge (1380–1440)*, Paris 1981.

Leisch-Kiesl, Monika, *Dame Vernunft und das Schreiben von Geschichte. Christine de Pizans »Livre de la cité des dames«*, Hildesheim/Zürich/New York 2021.

Margolis, Nadia, *An Introduction to Christine de Pizan*, Gainesville 2011.

Müller, Mario, *Verletzende Worte. Beleidigung und Verleumdung in Rechtstexten aus dem Mittelalter und aus dem 16. Jahrhundert*, Hildesheim/Zürich/New York 2017.

Oexle, Otto Gerhard, Otto Gerhard Oexle: Art. »Utopie«; in: *Lexikon des Mittelalters* 8, 7. Lieferung; München 1997, Sp. 1345.

Oexle, Otto Gerhard, Utopisches Denken im Mittelalter: Pierre Dubois; in: *Historische Zeitschrift*, Bd. 224, 1977, S. 293–340.

Ouy, Gilbert/Reno, Christine M./Villela-Petit, Inès, *Album Christine de Pizan*, Turnhout 2012.

Paris 1400. Les arts sous Charles VI, hg. von Élisabeth Taburet-Delahaye, Paris 2004.

Pastoureau, Michel, *Blau. Die Geschichte einer Farbe*, Übers. von Antoinette Gittinger, Berlin 2013.

Pernoud, Régine, *Christine de Pizan. Das Leben einer außergewöhnlichen Frau und Schriftstellerin im Mittelalter*. Vorwort v. Margarete Zimmermann, übers. v. Sibylle A. Rott-Illfeld, München 1990.

Probst, Claudia, *Ein Ratgeberbuch für die weibliche Lebenspraxis. Christine de Pizans ›Livre de trois vertus‹*, Pfaffenweiler 1996.

Rautert, Fee-Isabelle, *Christine de Pizan zwischen Krieg und Frieden. Die politischen Schriften 1402–1429*, Hamburg 2005.

Richarz, Michael, *Idealzustand und Krise Frankreichs in der politischen Theorie der Christine de Pizan*, Berlin 2004.

Röschel, Dieter, *Christine de Pizans »Epistre Othea«: der Einfluss der Autorin auf die Illustration des Werks*, Simbach am Inn 2017.

Bettina Roß, *Politische Utopien von Frauen: Von Christine de Pizan bis Karin Boye*, Dortmund 1998ö

Schäfer, Lucie, »Die Illustrationen zu den Handschriften der Christine de Pizan«, in: *Marburger Jahrbuch für Kunstwissenschaft* 10, 1937, S. 119–208.

Schild, Wolfgang, »Recht und Gerechtigkeit bei Christine de Pizan«, in: *Rechts- und Sozialphilosophie des Mittelalters*. Hg. Erhard Mock u. Georg Wieland. Frankfurt a. M./Bern/New York/Paris 1990, S. 141–167.

Schoell-Glass, Charlotte, *Aspekte der Antikenrezeption im Frankreich und Flandern im 15. Jahrhundert: Die Illustrationen der »Epistre Othea« von Christine de Pizan*. 2 Bde., Hamburg 1993.

Seidel, Max, *Dolce vita. Ambrogio Lorenzettis Porträt des Sieneser Staates*, Basel 1999.

Skinner, Quentin, *Visionen des Politischen*; Frankfurt a.M. 2009

Solterer, Helen, *The Master and Minerva. Disputing Women in Medieval Culture*, Berkeley 1995.

Tesnière, Marie-Héléne, »La librairie modèle«, in: *Paris et Charles V. Arts et Architeccture*, hg. von Frédéric Pleybert, Paris 2001, S.225–237.

Tiller, Elisabeth, »Christine de Pizans Städtebau«, in: *lendemains* 36. Jg. 142/143, 2011, S. 109–129.

Villela-Petit, Inès, *L'atelier de Christine de Pizan*, Paris 2020.

Wandruszka, Nikolai, *Christine de Pizan: Familie, Herkunft und sozialer Hintergrund*, Hamburg 2023.

Wieland, Christoph Martin, »Christine von Pisan«, in: *Verzeichniß und Nachrichten von französischen Schriftstellerinnen. Teutscher Merkur 1781*, I, S. 200–229.

Willard, Charity Cannon, *Christine de Pizan. Her Life and Works*. New York 1984.

Wolfzettel, Friedrich, »Spätmittelalterliches Selbstverständnis des Dichters im Zeichen von Fortuna: Guillaume de Machaut und Christine de Pizan«, in: *Providentia – Fatum – Fortuna*. Hg. von Joerg O. Fichte, Berlin 1996, S. 111–128.

Wyrwa, Christiane, *Literarische Utopien von Frauen vom 15. bis 20. Jahrhundert*, München 2021

Zimmermann, Margarete, *›Wirres Zeug und übles Geschwätz‹. Christine de Pizan über den Rosenroman*, Steinfurt 1993 [Schriftenreihe Rosenmuseum Steinfurt].

Dies., »Christine de Pizan und die Feminismus-Debatten des frühen XX. Jahrhunderts«, in: Renate Kroll/Margarete Zimmermann, *Feministische Literaturwissenschaft in der Romanistik*, Stuttgart 1995, S. 156–185.

Dies., »Gedächtnisort und utopischer Wunschraum: Christine de Pizans *Stadt der Frauen*«, in: *Freiburger FrauenStudien. Zeitschrift für Interdisziplinäre Frauenforschung* 4,2. S. 7–23; https://nbn-resolving.org/urn:nbn:de:0168-ssoar-329826

Dies., *Christine de Pizan*. Reinbek 2002.

Dies., »Christine de Pizan: Memory's Architect«, in: Barbara K. Altmann/Deborah L. McGrady (Hg.), *Christine de Pizan. A Casebook*, New York/London 2003, S. 57–77.

Dies., »Minervas jüngere Schwester: die politische Schriftstellerin Christine de Pizan«, in: Patrimonia 254: *Christine de Pizan. ›Das Buch vom Fechten und von der Ritterschaft‹*, hg. von Eef Overgaauw, Berlin 2005, S. 11–47.

Dies., »Von monastischen und weltlichen ›Häusern‹. Denkformen des ›Hauses‹ bei Christine de Pizan«, in: Christina Schaefer/Simon Zeisberg (Hg.), *Das Haus schreiben. Bewegungen ökonomischen Wissens in der Literatur der Frühen Neuzeit*, Wiesbaden 2019, S. 85–107.

Dies., »Eine Raumutopie und ein ›Bauwerk ganz besonderer Art‹: Christine de Pizans Buch von der Stadt der Frauen (1405)«, in: Matthias Klein (Hg.), *Utopie. Von Averlino über Christine de Pizan bis Filarete*, München 2021, S. 117–137.

Dies., »Ein Buch mit Folgen: Christine de Pizans *Stadt der Frauen*«, in: Annette Kreutziger-Herr/Katrin Losleben (Hg.), *History/Herstory: Alternative Musikgeschichten*, Köln 2009, S. 1–15.

Dies., »Christine de Pizans ›Drei Tugenden‹: Ein Tugendkonzept mit politischem Hintergrund?«, in: Mariacarla Gadebusch Bondio (Hg.), *Im Korsett der Tugenden. Moral und Geschlecht im kulturhistorischen Kontext*, Hildesheim/New York 2012, S. 151–167.

Dies., »Christine de Pizan als Leserin von Boccaccio. Formen des Kulturtransfers zwischen Frankreich und Italien«, in: Achim Aurnhammer/Rainer Stillers (Hg.), *Boccaccio*, Wolfenbüttel 2013

Zühlke, Bärbel, *Christine de Pizan in Text und Bild. Zur Selbstdarstellung einer frühhumanistischen Intellektuellen*, Stuttgart/Weimar 1994.

Dies., »›Je, Christine...‹. Zur Selbstdarstellung der Christine de Pizan. Leben und Werk«, in: *Geschriebenes Leben. Autobiographik von Frauen*, hg. v. Michaela Holdenried, Berlin 1995, S. 33–48.

Namenregister

Gewöhnlich werden bei den Namen französischer Adliger die deutschen Bezeichnungen verwendet. Eine Ausnahme: Der französische König Charles VI. (1368–1422) wurde nicht ›eingedeutscht‹, um eine Verwechslung mit dem Habsburger Kaiser Karl VI. (1685–1740) zu vermeiden. In Analogie hierzu haben wir auch allen anderen Charles' ihren französischen Namen gelassen.

A

B

C

D

E

F

G

H

I

J

K

L

M

N

O

P

Q

R

S

T

U

V

W

X

Y

Z

Zur Herausgeberin und Übersetzerin

Die Kulturwissenschaftlerin, Romanistin und Übersetzerin Margarete Zimmermann hat seit langem eine besondere Beziehung zu Christine de Pizan und zu ihr zahlreiche Aufsätze und Bücher publiziert, unter anderem die Rowohlt-Monografie Christine de Pizan (2002). Als renommierte ›Christinienne‹ – Christine de Pizan-Forscherin und -Liebhaberin – war sie die erste Präsidentin der Internationalen Christine de Pizan-Gesellschaft. Außerdem interessiert sie sich für die Literatur und Kunst des 20./21. Jahrhunderts, für Künstler:innen und Autor:innen ›zwischen‹ den Kulturen sowie im Augenblick vor allem für die ukrainisch-russisch-französische Künstlerin und Designerin Sonia Delaunay.
Margarete Zimmermann lebt und arbeitet in Berlin und Paris.

Editorische Notiz

Aus dem Mittelfranzösischen übersetzt, kommentiert und mit einem Nachwort versehen von Margarete Zimmermann. Überarbeitete, aktualisierte und erweitere Neuausgabe.

Originaltitel: Christine de Pizan, *Le Livre de la Cité des Dames*, Paris 1405.
Übersetzt auf der Grundlage der Sammel-Handschrift Ms. Harley 4431, fol. 290ro-374o, aus dem British Museum, London.

Leseproben und weitere Informationen über unser Verlagsprogramm finden Sie unter www.aviva-verlag.de

Umschlagbild: Miniatur aus *Cité des Dames* von Christine de Pizan,
Maître de la Cité des Dames. Bibliothèque Nationale de France
© ullstein bild – Heritage Images / Fine Art Images
S. 296: © Camilla Falsini, mit freundlicher Genehmigung der Künstlerin

Lektorat: Britta Jürgs
Layout und Satz: Kerstin Weber
Druck: Finidr, s.r.o.
Printed in Europe

5. Auflage 2025
© 2023 AvivA Verlag
AvivA Britta Jürgs GmbH
Emdener Str. 33
10551 Berlin
info@aviva-verlag.de
www.aviva-verlag.de

ISBN: 978-3-949302-13-8